Mme Dondel du Faouëdic

VOYAGES
LOIN DE MA CHAMBRE

TOME II

REDON PARIS
AUG. BOUTELOUP **TÉQUI**
Imp.-Editeur Libraire-Editeur
rue Victor-Hugo rue de Tournon

1898

VOYAGES

LOIN DE MA CHAMBRE

OUVRAGES DE Mme DONDEL DU FAOUËDIC

VOYAGES LOIN DE MA CHAMBRE
2 vol. in-12, 4 fr.

A TRAVERS LA PROVENCE ET L'ITALIE
1 vol. in-8, 3 fr. 50

IMPRESSIONS D'UN TOURISTE SUR SAUMUR ET SES ENVIRONS
1 vol. in-12, 1 fr. 25

LE LIVRE DE GRAND'MÈRE
Histoires détachées
Ouvrage récompensé d'une Médaille d'honneur
par la Société Nationale d'Encouragement au Bien
(décrétée d'utilité publique)
en sa séance solennelle du 19 mai 1895
2 volumes in-12, le vol. 2 fr. ; les 2 vol. 3 fr. 50

BAGATELLES
Ouvrage plusieurs fois couronné
Médaille de 1re classe au grand Concours de l'Académie du Maine 1896
1 vol. in-12, 2 fr.

MENUE MONNAIE
1 vol. in-12, 2 fr.

BRIMBORIONS
1 vol. in-12, 2 fr.

LE GUIDE DE L'EXCURSIONNISTE
(REDON et ses environs)
1 vol. avec gravures.

Madame N. DONDEL du FAOUËDIC

VOYAGES
LOIN DE MA CHAMBRE

« Le causeur dit tout ce qu'il sait,
L'étourdi ce qu'il ne sait guère,
Les vieux disent ce qu'ils ont fait,
Les jeunes... ce qu'ils voudraient faire. »

REDON
AUGUSTE BOUTELOUP, LIBRAIRE-ÉDITEUR
Rue Victor-Hugo

1898

ÉTÉ 1887

TRÉSORS ARCHÉOLOGIQUES

Amboise, Blois, Chaumont,
Chambord,
Azay-le-Rideau, Chenonceaux

Autres Châteaux historiques,

L'Abbaye de Marmoutiers, Savonnière,

Les Jardins Mame,

Le Parc de Beaujardin, La Colonie de Mettray,

Coup d'œil sur la ville de Tours

A mon fils Henri.

L'été est venu, le soleil visite la terre, et pendant que tes pas nonchalants tracent un sillon doré sur le sable des plages, pendant que ta rêverie plane sur la vague éternelle et que ta pensée s'égare dans l'infini, je parcours le *Paradis terrestre de la Touraine*, pour me servir de l'expression d'un Tourangeau [1], et je répète avec nos pères : La France est un beau royaume.

Je t'envoie quelques descriptions doublées de mes impressions. Tu les liras à l'ombre d'une roche sauvage, tapissée de varech, fleurie de perce-pierre.

Ces souvenirs, écho d'un passé plein des agitations de la vie et des œuvres humaines viendront te chercher dans la suave solitude des grèves, au milieu des beautés grandioses de la nature en face de ces immenses plaines azurées qui se nomment la mer et le ciel.

---

(1) Ouvrage publié en 1661, *Le Paradis de la Touraine*, par le père Martin Martineau, carme déchaussé.

AMBOISE

—

Amboise, dont les armes sont : Paillé d'or et de gueules de six pièces, s'élève aux bords de la Loire. La situation de cette petite ville est charmante. Le regard suit avec délice le fleuve puissant qui chemine sous le beau ciel de la Touraine, à travers des coteaux boisés, des plaines verdoyantes, des rives fleuries. Son histoire liée à celle de toute la province, dont elle était autrefois la capitale, offre de l'intérêt. Le château a grand air de loin et de près.

Cent ans avant Jésus-Christ, César avait déjà un fort bâti sur la montagne, dans l'emplacement même où se trouve le château. Les empereurs Dioclétien, Constantin, Gratien, le possédèrent tour à tour. Il passa ensuite en bien des mains, soutint des sièges, fut pris et repris, et tout cela ne favorisait guère le développement de la ville, mais alors on passait la vie... à se battre.

Le fort n'existe plus depuis des siècles, mais un quartier de la ville actuelle porte encore le nom de *vieille Rome*, et la domination romaine a laissé là un souvenir fort curieux, et qui fixe l'attention des touristes. Il s'agit de vastes souterrains ouverts dans le roc de la montagne, sous le château. On appelle ces souterrains creusés de main d'hommes, et bien cimentés, *greniers de César*. Ils ont chacun quatre étages. Au milieu se trouve un escalier en pierre, de cent vingt marches, communiquant à chaque étage.

Ce n'est guère que sous Charles VII, Louis XI et Charles VIII, que la ville d'Amboise parvint au point où nous la retrouvons aujourd'hui. Mal percée, mal bâtie, son petit cachet vieillot n'est pas déplaisant ; au contraire, il contraste avec le mouvement qui l'anime. La Loire favorise son commerce et son activité.

Le château la domine de sa majestueuse grandeur. Quels larges remparts et quelles grosses tours ! Elles sont là deux jumelles, l'une au nord, l'autre au midi, ayant trente mètres de haut et cinq mètres de diamètre. Le plus curieux, c'est qu'elles ont à l'intérieur une route carrossable. On pouvait autrefois arriver en voiture jusqu'au faîte, qui se trouve au niveau de la cour intérieure, d'où la vue est splendide. J'admire le grand balcon en fer forgé. Un cruel souvenir s'y rattache cependant. Au dire de notre cicérone, c'est à ce grand balcon, que furent pendus les pauvres Huguenots, qui avaient conspiré contre Henri II et la terrible Catherine de Médicis.

Involontairement, je me suis baissée, en passant

à la petite porte où Charles VIII, se rendant en courant au Jeu de Paume, se frappa si durement le front qu'il en mourut quelques heures après, bien jeune, à vingt-huit ans.

Nous avons admiré la chapelle ogivale, dédiée à Saint Hubert, et regardée comme un véritable bijou d'architecture gothique.

C'est principalement à partir du XV° siècle que la ville d'Amboise s'agrandit et que le château devient le témoin d'évènements qui forment quelques pages intéressantes de l'histoire de France.

En 1469, Louis XI y institua l'Ordre de Saint Michel.

Charles VIII y naquit en 1470.

Saint Vincent de Paul, quittant la Calabre, mandé par Louis XI, séjourna au château d'Amboise.

Louis XII vint rarement à Amboise, c'est cependant lui qui fit forger le grand balcon, dont je viens de parler.

François I⁰ʳ passa une grande partie de sa jeunesse au château d'Amboise, avec sa mère ; mais devenu roi, il trouva cette demeure trop petite. Ce fut dans ce château que, célébrant en 1515, la première année de son règne, les noces de Renée de Montpensier avec le duc de Lorraine, il perça de son épée un sanglier furieux, qui, s'échappant de la cour royale, où on l'avait enfermé, s'était élancé dans un escalier qu'il avait gravi jusqu'aux appartements de la reine.

Trois ans plus tard, en 1519, mourait à Amboise,

où ses cendres reposent, Léonard de Vinci, le grand artiste, tout à la fois peintre, poète, écrivain et architecte, que François Ier, par sa munificence et son goût éclairé pour les arts, retenait près de lui.

Au mois de décembre 1539, Francois Ier arrivant de Loches avec Charles-Quint montait au château par l'escalier de la grosse tour, lorsque le feu prit aux tapisseries qui décoraient les rampes ; les deux monarques faillirent être brûlés.

Henri II fit son entrée solennelle à Amboise, le 16 avril 1554 ; François II et Marie Stuart y arrivèrent le 29 novembre 1559.

A la fin de 1562, Charles IX fit paraître à Amboise un édit de pacification entre les catholiques et les protestants.

Henri III y fonda un collège en 1574.

La Fontaine dit en parlant du château d'Amboise : « Il fut un temps où on le faisait servir de berceau à nos rois, et véritablement, c'était un berceau d'une matière assez solide et qui n'était pas pour se renverser facilement. »

Non, ce berceau n'était pas pour se renverser facilement, car il était aussi l'une des quatre places fortes : Amboise, Tours, Loches et Chinon, que possédait encore le pauvre roi de Bourges, Charles VII, avant que l'*Envoyée* des Cieux ne fût venue relever la couronne de France et raffermir le trône.

Cependant, dès la fin du XVe siècle, la Cour ne vint plus séjourner à Amboise. Les rois de France préférèrent habiter leur capitale et les châteaux voisins, tels que Fontainebleau, Versailles, Compiègne et autres demeures royales plus rapprochées de Paris.

On ne l'a pas oublié, c'est dans le château d'Amboise qu'Abd-el-Kader, prisonnier de guerre, fut détenu avec toute sa famille pendant cinq ans, depuis 1847, jusqu'en octobre 1852, date de sa mise en liberté.

LE CHATEAU DE BLOIS

—

Ce beau château qui fut le séjour favori des Valois est rempli de souvenirs, au point de vue de l'art et de l'histoire. Comme l'a écrit M. de la Saussaye : si le style c'est l'homme, ne peut-on pas dire aussi que l'art c'est l'époque, car dans les monuments qu'il nous a laissés, on retrouve comme un reflet de l'esprit et du caractère des mœurs et des habitudes du temps.

Le château de Blois, composé d'édifices de différents styles, se partage en quatre parties distinctes.

La première remonte à la plus haute antiquité : ce fut d'abord une forteresse, à laquelle se rattache, pendant plusieurs siècles, l'histoire des comtes de Blois, issus de Hugues Capet.

Cette première partie renferme la Grande Salle des Etats, ou Halle des Comtes de Blois. Cette salle, destinée aux assemblées populaires ou seigneuriales, était alors une partie aussi intégrante d'un édifice du moyen âge, que la tour du donjon dans un château féodal

Au temps de la bataille d'Azincourt (XVe siècle) le château de Blois était une place formidable. La chapelle et le corps de bâtiments dans lequel s'ouvre la porte principale ont été construits par Louis XII, dans le style architectural qui précède la Renaissance. La façade du nord est due à François Ier, qui avait la manie de la truelle. La façade ouest, à Gaston d'Orléans, d'après les plans de Mansard. Cette partie serait superbe et digne du célèbre architecte, si elle ne se trouvait pas si voisine des chefs-d'œuvre de Louis XII et de François Ier. Bref, tout ce qui reste de ces immenses constructions est magnifique. Ah ! quelle brillante époque que celle de la Renaissance, avec toutes ses richesses d'ornementations, avec cette profusion de détails exquis qui la caractérise. Tout est orné, brodé, enjolivé, jusqu'aux tuyaux de cheminées. C'est un amas de gigantesques gargouilles en pierres, de pilastres cannelés, d'arcades ogivales, de colonnettes élancées, de délicieuses arabesques. L'art s'est montré prodigue. Voici le porc-épic de Louis XII et la salamandre de François Ier. Ce n'est pas non plus sans un petit frémissement de satisfaction, que j'ai retrouvé les armes d'Anne de Bretagne, tantôt encadrées de la Cordelière, tantôt soutenues par des anges. On sait combien ce sujet a été poétiquement traité par les sculpteurs du moyen âge, que l'on appelait alors avec raison *Les maîtres de pierres vives.*

Malheureusement, les pierres vives du château

de Blois, ont encore plus souffert de l'injure des hommes que de celle du temps.

C'est la façade nord qui m'a le plus séduite. Ce fut celle-là aussi qui convint davantage au bon La Fontaine, lorsqu'il visita Blois, en 1663. « Ce qu'a fait faire François Ier, dit-il, à le regarder au dehors, me contenta plus que tout le reste ; il y a force petites galeries, petites fenêtres, petits balcons, petits ornements sans régularité et sans ordre, et c'est justement cela, qui fait quelque chose de grand, qui plaît. »

La Fontaine avait raison, sauf qu'il a un peu trop prodigué l'adjectif petit.

« L'ensemble de cette partie est pleine d'élégance et de majesté. Ici, comme à Chambord, c'est le grand escalier à jour, magnifique de pensée et d'exécution, qui est la pièce capitale.

« Et l'esprit, soudain se représente cet admirable escalier, revêtu de tout le luxe de sa décoration primitive ; il revoit ses balcons avec leurs balustres, les salamandres et les F couronnées, dans les caissons des rampes ; les sculptures des niches et des entablements, les chiffres gigantesques de François Ier et de Claude de France, les hermines et les fleurs de lys sans nombre, et les arabesques qui étreignaient les contreforts comme les rameaux entrelacés d'un lierre. Puis, il croit voir passer le roi François Ier montant les degrés, entouré de sa cour brillante ; les femmes aux chaperons de velours étincelants de pierreries, aux étroits corsages et aux robes traînantes ; les hommes à la toque ornée d'une longue plume, au justaucorps noir, à crevés couleur de feu, au manteau court et à la large dague : ou bien encore, le roi Henri III, descendant de ses appartements à la nuit, suivi de ses pages et de ses mignons, entouré de ses quarante-cinq, et allant aux flambeaux, entendre à Saint-Sauveur, la messe de Noël... »

Ce magnifique escalier conduit aux appartements du premier étage, occupés jadis par Catherine de Médicis. Voilà son oratoire, sa chambre à coucher où elle mourut en 1589, son cabinet de toilette, son cabinet de travail, dont les ravissantes boiseries sculptées ne comptent pas moins de deux cent quarante-huit sujets d'ornementation, tous différents les uns des autres, nous dit notre guide. Toutes ces pièces sont complètement vides, il ne reste que quelques peintures murales, des boiseries et de magnifiques cheminées sculptées. De ce cabinet de travail si élégant, on passe dans la tour du moulin ou des oubliettes et l'on entre dans une affreuse prison fermée de portes de fer, un noir cachot qui se trouve ainsi de plain-pied avec les appartements royaux. Ce sont ces mêmes appartements qu'habita Marie de Médicis, lorsqu'elle était sinon prisonnière, du moins exilée au château de Blois. C'est de là, qu'elle s'échappa, en descendant de la fenêtre de l'oratoire, par une échelle de corde et avec l'aide du duc d'Epernon. Au second étage se trouvent les appartements de Henri III, distribués exactement comme ceux de sa mère. Nous avons gravi le petit escalier de pierre, enfoui dans la muraille, par lequel il descendit chez elle après le meurtre du duc de Guise.

Voilà le cabinet de travail du roi, où il se tint pendant la sanglante tragédie. Voilà son cabinet de toilette, où deux moines en prière demandaient à Dieu « le succès d'une expédition entreprise pour le repos du royaume. » Voici le couloir, sorte d'arrière-cabinet, avec sa porte biaise, près de laquelle Guise reçut les premiers coups. Voici enfin la chambre à coucher du roi, dans laquelle Guise vint mourir !

Comme tous les vieux châteaux, le château de Blois, qui aurait si bien pu se contenter de l'Histoire, a ses légendes, des légendes terribles, bien entendu. On parla longtemps avec mystère des *oubliettes*, au pied desquelles, dans un souterrain, gisaient les ossements des victimes. Des travaux entrepris par le génie militaire ont permis d'examiner ces lieux, jadis inaccessibles. Ce souterrain étroit et profond renfermait effectivement quantité d'ossements, mais ils avaient tous appartenu à des animaux domestiques, et il y a lieu de penser que c'était là qu'on jetait les débris des cuisines situées suivant l'usage dans les dessous du château.

La chapelle, d'un style élégant, fut construite par Louis XII, sur l'emplacement d'une autre chapelle très ancienne, dont il était déjà question au IXe siècle.

Les fins détails d'architecture sont bien conservés, mais il ne reste plus rien de la tribune en bois sculpté, d'un travail précieux, dans laquelle le roi assistait à l'office divin ; disparus aussi, les beaux tableaux donnés par Louis XII et ses successeurs, parmi lesquels on remarquait une vierge du Pérugin. Je me suis accoudée au balcon de la chambre à coucher de Louis XII. C'était de ce balcon qu'il se plaisait à causer avec son premier ministre et ami le cardinal d'Amboise, qui se plaçait à la fenêtre d'une petite construction en bois, élevée au-dessus de la porte d'un hôtel que l'on voit tout proche du château.

Beaucoup d'évènements importants se sont déroulés au château de Blois. Bien des questions militaires et politiques s'y sont agitées. Nombre de pages de l'Histoire de France sont là inscrites sur ses pierres. En remontant la chaîne des âges, le touriste ému, pénétré de son sujet, revient par la pensée, vers un passé de plusieurs siècles, et le reconstitue tout entier. En précisant ses souvenirs, il évoque les grands personnages qui habitèrent le château de Blois, il les voit, il les écoute, il revit avec eux les jours évanouis et il retrouve comme en un rêve superbe, les grandes figures de Louis XII, Anne de Bretagne, Charles IX, Catherine de Médicis, Henri III, Marguerite de Valois, la Marguerite des marguerites, Jeanne d'Arc, Dunois, le premier homme de guerre de son époque, les Guises, François I*er*, qui n'habita guère le château de Blois qu'au commencement de son règne, pendant qu'il faisait construire la partie qui porte son nom. Chambord ensuite fit tort à Blois.

Il voit encore défiler Charles-Quint qui séjourna quelques jours à Blois en allant à Chambord, Jeanne d'Albret, Isabelle de France, Marie Stuart, Coligny, Mademoiselle de Montpensier, la grande Mademoiselle, Charles II, le prétendant à la couronne d'Angleterre, Louis XIV, qui s'y arrêta quelques jours en se rendant à Saint-Jean-de-Luz, pour épouser l'infante d'Espagne. C'est là qu'il vit pour la première fois Mademoiselle de La Vallière.

Voilà la chambre où Valentine de Milan (dont l'histoire a enregistré la tendresse conjugale) vint avec ses enfants, pleurer son époux, assassiné en 1407. C'est là, dans ce vieux château de Blois, qu'elle prit pour emblème, une *chantepleure* (arrosoir), entre deux S, initiales de *soupir* et de *soucy*, avec la mélancolique devise restée célèbre : « Plus ne m'est rien, rien ne m'est plus » que l'on voyait répétée sur toutes les tentures noires qui garnissaient sa chambre. C'est en vain qu'elle demanda justice. Elle ne put survivre à sa douleur et au triomphe de son ennemi, et mourut à Blois, à l'âge de trente-huit ans, après avoir donné l'exemple de la plus chaste vertu, au milieu de la cour licencieuse d'Isabeau de Bavière. « Le quatrième jour de décembre, dit Juvénal des Ursins, mourut de courroux et de deuil, la duchesse d'Orléans. »

C'est encore dans l'enceinte fortifiée du château de

Blois que Jeanne d'Arc (avril 1429), fit son entrée aux acclamations de la multitude. Elle y séjourna plusieurs jours, en attendant les renforts promis par le roi. Pendant ce temps là, Jeanne priait et écoutait ses voix, sainte Catherine et sainte Marguerite qui lui dirent : « *Prends l'étendard de par le Roi du Ciel et fait quérir l'épée de Charles-Martel* »

C'est donc à Blois et non à Poitiers comme l'ont prétendu quelques écrivains, que Jeanne fit faire l'étendard qui devait la conduire au triomphe.

Quant à l'épée, voici son histoire.

On croit que l'église primitive de la paroisse Sainte-Catherine, dans l'arrondissement de Chinon, fut fondée par Charles Martel, en 732, après la bataille gagnée sur Abdérame et à l'endroit où l'on avait cessé de poursuivre les Sarrazins. Il y déposa l'épée dont il s'était servi durant le combat, et ce fut cette même épée que Jeanne d'Arc envoya chercher (1429) comme un signe de victoire.

La cœur s'émeut au souvenir de ces preux héroïques, de ces fiers chevaliers qui, conduits par Jeanne, guerroyaient pour le roi et sauvaient la patrie !...

C'est encore au château de Blois, dans l'un de ces appartements majestueux, que Charles d'Orléans, le prince le plus accompli de son temps, charmé des beautés de la nature, en un jour de printemps, écrivit ce charmant rondel, qui le place en tête des poètes du XV° siècle :

> Le temps a laissié son manteau
> De vent, de froidure et de pluye,
> Et s'est vestu de broderye,
> De soleil raiant (1) cler et beau.
>
> Il n'y a beste, ne oiseau
> Qui en son jargon ne chante ou crye :
> Le temps a laissié son manteau
> De vent, de froidure et de pluye.
>
> Rivière, fontaine et ruisseau
> Portent, en livrée jolie,
> Gouttes d'argent, d'orfèvrerie ;
> Chacun s'abille de nouveau,
> Le temps a laissié son manteau
> De vent, de froidure et de pluye.

En 1462, le 27 juin, Louis XII, fils de Charles d'Orléans et de Marie de Clèves, naquit au château de Blois. Louis XI fut son parrain et lui donna son nom. « Il eut à cette occasion de *grandes chères* à merveille, dit saint Gelais, trop longues *à mettre par escrit.* » Ce qui nous prive encore une fois de tous ces détails intimes de la vie au moyen-âge, dont nous sommes si friands aujourd'hui. C'est au château de Blois que le filleul de Louis XI apprit, dans la nuit du 7 avril 1498, l'évènement qui le faisait roi, c'est-à-dire la mort imprévue de Charles VIII au château d'Amboise. C'est aussi dans ce même château que Louis XII, parlant à la Trémoïlle, prononça ces paroles mémorables :

---

(1) Rayonnant.

« Ce n'est pas au Roi de France, à venger les injures du duc d'Orléans. »

Le célèbre Machiavel fit deux séjours au château de Blois, en 1501 et en 1510, pour prendre part à des conférences diplomatiques, comme ambassadeur de la république florentine, alliée de Louis XII.

C'est au château de Blois, que naquit le 25 octobre 1510, la seconde fille de Louis XII et de Anne de Bretagne. Elle reçut le nom de Renée, qu'elle devait illustrer un jour, dit Dom Lobineau, par son savoir et par la protection qu'elle accorda aux lettres.

C'est encore ici que Jeanne d'Albret entourée d'une brillante escorte, vint préparer le mariage de son fils avec Marguerite de Valois.

Sans les chroniqueurs du temps, il serait impossible de se faire une idée du somptueux intérieur des châteaux royaux et princiers du moyen âge ; des plaisirs variés : tournois, comédies, musique, bals et festins qu'on y donnait, avec « grande ordonnance » et grand souci du cérémonial et du décorum qui régnait déjà parmi les dames et les demoiselles d'honneur, les pages, les chevaliers. On le voit, de tous temps, M. Protocole et Mme Etiquette ont fait des leurs.

Le château de Blois eut donc ses jours de fêtes et ses jours de deuil. Joies et douleurs, sourires et larmes, n'est-ce pas la vie ?

Anne de Bretagne mourut au château de Blois le 9 janvier 1514. « Louis XII, dit Seyssel, qui l'avait si tant aimée, qu'il avait déposé en elle tous ses plaisirs et toutes ses délices, la pleura amèrement. Il voulut porter le deuil en noir, contre l'usage, et resta trois jours enfermé dans son cabinet, sans vouloir voir personne. Il serait difficile aussi de peindre le chagrin de ses dames d'honneur et de ses chevaliers bretons ; car c'est à tort qu'on a attribué à François I*er* l'introduction des dames d'honneur à la cour, c'est à la reine de France, Anne de Bretagne, qu'on doit cette institution.

La reine Anne habita souvent le château de Blois après son second mariage, avec Louis XII, qui avait une prédilection marquée pour ce château.

La cour de la reine Anne, dit Brantôme, était une fort belle école pour les dames et les demoiselles qui, pouvant se façonner sur le modèle de la reine, restaient sages et vertueuses.

Anne est la première reine de France qui ait eu ses gardes particuliers ; usant de ses prérogatives de duchesse de Bretagne, elle avait en plus des gentilhommes ordinaires de la cour, cent chevaliers, tous bretons, qui l'accompagnaient aux offices et dans ses promenades. Si ses chevaliers appartenaient aux premières familles de la Bretagne, ses dames et demoiselles d'honneur portaient les plus beaux noms de France : Charlotte d'Aragon, Anne de Bourbon, Catherine et Germaine de Foix, Blanche de Montgazon, Jeanne de Rohan-Guémenée, Catherine de Barres, Louise de Bourdeille, tante de Brantôme, et bien d'autres. Ces dames se réunissaient autour de la reine pour travailler ensemble à des ornements d'église. On garde à Blois le souvenir d'une chape, ruisselante de perles et d'or, destinée au Pape. Les bonnes mœurs, l'esprit et la grâce, qui régnaient alors à la cour de France, étaient en grande réputation dans toute l'Europe.

Mais je m'oublie, il en est toujours ainsi quand je parle de notre bonne duchesse, quand je me rappelle sa vie si courte par les années, si longue par ses œuvres et ses bienfaits.

Ce fut aussi au château de Blois, que la princesse Claude de France, sa fille, trépassa à vingt-cinq ans, le 20 juillet 1524. « Fatale année pour la France, dit un historien, car elle perdit le duché de Milan, deux armées et sa reine. »

C'est dans le château de Blois, que l'on réunit les sommes nécessaires à la rançon de celui qui pouvait écrire après la défaite de Pavie : « Tout est perdu fors l'honneur. »

François Ier préférait à Blois, Chambord ; et plus tard à Chambord, Fontainebleau, qui devint sa demeure favorite, ce qui lui faisait dire quand il y allait : *Je m'en vais chez moi.* C'est François Ier qui fit transporter au château de Fontainebleau la belle bibliothèque du château de Blois, formée par Louis XII. Elle se composait alors d'environ mille neuf cent volumes, dont cent neuf seulement étaient imprimés. Au dire des savants, cette bibliothèque, l'orgueil de la France, faisait l'admiration de l'Europe.

Parmi tant de manuscrits précieux, on remarquait au premier rang les heures d'Anne de Bretagne, qui sont encore aujourd'hui l'un des plus riches trésors de la bibliothèque nationale.

Toutes les marges de ce précieux volume sont ornées d'une fleur, d'une plante peinte d'après nature, avec son nom en latin et en français. On en compte trois cents, exécutées avec une telle perfection, qu'on ne ferait pas mieux à présent, et que cet ouvrage est regardé comme le type le plus parfait de l'art à cette époque.

C'est à Blois, à la fin de l'année 1565, que Charles IX trama avec une patience et une dissimulation extraordinaires, l'odieuse, l'abominable St-Barthelémy.

Blois, qui fut le premier témoin de la popularité et de la domination des Guises, devait devenir plus tard le témoin de leur ruine, et leur tombeau.

Henri III, malgré cette noblesse de parole et cette bienveillance de langage, qui lui étaient habituelles, sentait grandir chaque jour son excitation contre les Guises. Son cœur était plein, il allait déborder.

Le château traverse alors une ère d'horreurs et de crimes. La reine Catherine, très ébranlée par tous ces évènements, ne tarda pas elle-même à mourir. Je viens de voir la chambre où elle rendit le dernier soupir.

A l'avènement de la Maison de Bourbon, l'importance historique du château de Blois commence à décroître. En 1635, Gaston d'Orléans lui rend quelque prestige ; retiré à son château de Blois, il le restaure, il entreprend même une reconstruction générale. Ses jardins, où il entretient des collections de plantes les plus rares, sont comparés aux célèbres vergers d'Alcinoüs, et les terrasses, aux jardins suspendus de Babylone.

Le duc d'Orléans ne recherche pas la gloire ardente des conquérants : ses plaisirs sont plus doux, et il cultive toutes les plantes utiles à la santé et les fait distribuer aux pauvres de Blois.

« Que l'on cesse désormais d'admirer les parterres de Pestum, où la rose fleurit deux fois l'année, et les pommes des Hespérides, confiées à la garde du Dragon toujours éveillé ! S'il était permis de comparer quelque chose aux champs de l'Eden, ce serait Blois, le merveilleux ouvrage de Gaston. Dans l'étroit espace d'un jardin, il a rassemblé et fait croître toutes les plantes que la terre féconde nourrit dans son sein, les plus humbles comme les plus superbes. Le fils de Bersabée avait appris à connaître tous les végétaux, depuis l'herbe des gazons jusqu'au cèdre du Liban ; Gaston les cultiva tous et sut leur assigner le terrain propre à chacun d'eux, plaçant sur un sol aride les plantes des montagnes, et confiant à une terre humide, celles des vallées, afin que toutes se montrassent parées de leurs ornements naturels, et que l'étude en fût rendue plus facile. »

Voilà pour l'extérieur. L'intérieur s'enrichit d'un

riche médailler, d'estampes et de pierres gravées, de collections d'oiseaux et d'insectes. « Gaston d'Orléans n'était étranger, selon l'expression du temps, à aucun genre de curiosité. »

Une remarque très particulière, c'est que les trois collections artistiques les plus précieuses, possédées par la France : la Bibliothèque des manuscrits, le Cabinet des médailles et le Muséum d'Histoire naturelle doivent leur origine ou leur accroissement aux richesses accumulées dans le château de Blois.

Pendant les règnes de Louis XV et de Louis XVI, le château de Blois fut confié à des gouverneurs qui ne daignèrent même pas l'habiter.

La Révolution le mutila horriblement pour en faire une caserne.

Plus tard, avec cet esprit qui détruit les choses sous prétexte de les utiliser, on songea à y installer la Préfecture. Il fut question de jeter bas *les masures* de Louis XII pour y subsistuer une belle grille de fer.

Une Commission réclama en vain les jardins du Roi pour y établir un jardin botanique, ils furent vendus en détail. L'Administration civile et militaire semblait ne pas comprendre la valeur de ces chefs-d'œuvre, et se complaire à leur destruction.

Les jours se suivent et ne se ressemblent pas. Il en est ainsi fort heureusement des générations et des goûts.

En 1841, la Comission des monuments historiques vint enfin classer et sauver le château de Blois des mains, quelque peu vandales, qui le mutilaient depuis trop d'années.

C'est avec soin maintenant que l'on entretient cet admirable château, ce superbe diamant, parmi les joyaux du beau royaume de France.

A chaque instant, je consultais l'excellent ouvrage de M. de la Saussaye, sur le château de Blois.

Rien n'est plus saisissant que de lire les grandes pages de l'histoire, sur le lieu même où elles se déroulèrent. C'est ce que je faisais de temps en temps, à la grande contrariété du guide, qui voulait tout expliquer à sa manière.

Nous avons visité le Musée, au premier étage de l'aile de Louis XII. Les tableaux offrent sans doute de l'intérêt, mais tout l'ensemble m'a paru trop moderne.

Une dernière salle attend les touristes ; elle est remplie de photographies plus ou moins réussies, de bibelots plus ou moins artistiques, représentant sur papier, sur bois, sur porcelaine, le château sous tous ses aspects.

Notre guide en jupon, c'est une justice à lu rendre, ne s'est pas montrée plus aimable comme marchande que comme cicérone ; et je l'avoue tout bas, cette dernière salle m'a fait complètement descendre des hauteurs de l'histoire, pour rentrer dans les mesquines réalités de la vie.

La vieille ville de Blois a beaucoup de cachet ; elle fut entièrement dévalisée par les Prussiens en 1870.

C'est égal, l'ennemi qui sut lui voler tant de choses, n'a pu lui enlever son grand air d'autrefois

Les vieux hôtels habités jadis par les seigneurs de la Cour intéressent par leur architecture et les souvenirs qu'ils rappellent. Je citerai les hôtels d'Amboise, d'Epernon, de Cheverny ou petit Louvre, de Guise, d'Alluye, de la Chancellerie et... il y en a d'autres.

J'ai encore vu avec intérêt la belle vieille fontaine Louis XII, la Halle au blé, style moyen-âge.

Le plus bel édifice moderne de Blois, est l'évêché. Les jardins s'étendent en terrasses régulières, et de la plus élevée, le panorama est délicieux.

C'est aussi à Blois que se trouve l'église Saint-Nicolas, la plus belle de tout le département, après celle de Vendôme.

Blois a de jolies promenades. Quelle ville, d'ailleurs, n'a pas son Mail ! La promenade des *Allées* est une belle arrivée sous bois, elle a plus d'une demi-lieue et aboutit à une forêt. De la butte des Capucins, chantée par Victor Hugo, la vue n'a d'autres bornes que la limite d'un horizon sans fin. Les trois forêts qui entourent Blois étaient extrêmement considérables au moyen-âge. Depuis trois siècles, elles ont la même étendue, et comprennent environ dix mille hectares, rapportant annuellement un million.

En 1814, l'Impératrice Marie-Louise se retira à Blois ; c'est de là que sont datés ses derniers actes.

Autour de Blois sont encore de bien beaux châteaux. J'ai visité Chaumont et Chambord, le roi des châteaux.

Les autres, hélas, je ne les ai vus... que dans mon guide qui signale particulièrement Cheverny, dont l'architecture extérieure et le mobilier intérieur, sont dignes l'un de l'autre ; le château de Beauregard, monument historique fort remarquable et les imposantes ruines du château de Bury.

CHAUMONT

Chaumont, rebâti par l'amiral Charles de Chaumont, neveu du cardinal Georges d'Amboise, présente le type imposant du château féodal dans toute sa sévère grandeur.

Ponts-levis et fossés, chemin de ronde couvert sur les machicoulis, tours et tourelles, hautes cheminées et toits pointus, rien ne manque à cette antique demeure qui garde son aspect formidable. Un pont-levis donne accès au porche, au-dessus duquel se détache un médaillon sculpté aux armes de Louis XII et d'Anne de Bretagne. La lettre L est posée sur un semis de fleurs de lys, et l'A au milieu des hermines de Bretagne ; d'autres armoiries sont incrustées à la hauteur de ce médaillon sur les deux grosses tours qui gardent le porche : à droite les armes de Georges d'Amboise, d'illustre mémoire, surmontées du chapeau de cardinal ; à gauche, celles de son neveu Charles de Chaumont, amiral et grand maître de France ; à l'entrée, sur les créneaux de la tour de droite, se voient aussi les signes cabalistiques de Catherine de Médicis.

De la cour intérieure, formant terrasse, s'ouvre une perspective admirable sur la vallée de la Loire et les forêts qui teintent l'horizon de leurs masses foncées. On pourrait presque dire, comme devant l'Océan, qu'on a la vue de l'infini. C'est une mer de feuillage que la brise fait onduler en leur donnant l'agitation et le bruissement des vagues.

Le fleuve complète le tableau. Quelle belle nappe argentée et miroitante que la Loire à cet endroit ! Le pont qui la traverse semble posé là pour l'agrément du décor. Du reste, j'admire tous les ponts jetés sur la Loire, soit par l'Etat, soit par l'administration des chemins de fer ; ce sont des œuvres de conception hardie et de grandiose exécution. L'un d'eux, assis sur cinquante-neuf arches de vingt-et-un mètres de hauteur a sept cent cinquante-et-un mètres de longueur.

« Le voyageur qui parcourt la belle levée de Tours aperçoit constamment Chaumont pendant plus de six lieues sous des aspects aussi variés qu'enchanteurs. »

Il faut croire qu'il n'en était pas ainsi autrefois, car on assure que ce vieux donjon, accroché au flanc d'un coteau boisé, était si bien caché dans la verdure, qu'il put échapper ainsi au sac révolutionnaire de 1793. Cela explique sa conservation et celle de tous les objets précieux qu'il renferme.

Les salons, sobrement meublés dans le style Renaissance, sont tendus de magnifiques tapisseries de Beauvais et des Gobelins, fraîches comme si elles dataient d'hier. C'est avec le plus grand intérêt que j'ai visité les appartements historiques : la chambre de Diane de Poitiers, la chambre de Catherine de Médicis, la salle du Conseil, la salle des Gardes, la grande galerie qui rappelle celle de Louis XII au château de Blois ; la chapelle avec son rétable et ses sièges en chêne sculpté, et ses beaux vitraux, le chapeau du cardinal d'Amboise y tient une place d'honneur. La chambre *authentique* de Catherine de Médicis m'a particulièrement frappée. Voilà le lit à colonnes tendu de soie à ramages pâlie par le temps, où cette reine impérieuse cherchait le sommeil et où l'insomnie dut tenir plus d'une fois sa paupière ouverte. Ces sièges à hauts dossiers, tourmentés par l'habile ciseau d'un artiste inconnu, durent aussi bien souvent reposer ses membres fatigués.

Voilà le prie-Dieu brodé aux armes de France, sur lequel elle s'agenouilla. Le missel est encore ouvert sur l'accoudoir, ses feuilles sont jaunes et semblent garder la trace, l'usure des doigts, de celle qui les tournait souvent, et distraitement, sans doute, quand son esprit s'occupait plus de la terre que du ciel. Voilà la table de toilette, l'aiguière, les flacons, les coupes, les boîtes à poudre et à mouches dont l'élégante florentine se servait « pour réparer du temps l'irréparable outrage. » Voici également les chandeliers à deux branches, en cuivre massif, garnis de grosses chandelles du temps en cire jaune. Tout en allant d'un meuble à l'autre, du bureau de travail qui contint plus d'un secret d'Etat, aux coffres sculptés qui servaient à ramasser le linge et les effets personnels, je me demandais si vraiment toutes ces choses avaient appartenu et servi à Catherine de Médicis et je me disais qu'en tout cas : *si non è vero...*

Cette chambre ouvre directement sur la tribune de la chapelle, dont elle n'est séparée que par un lourd rideau d'étoffe foncée. A droite de cette tenture, une petite porte conduit à la chambre qu'occupait Ruggieri, « l'astrologue aux almanachs, et aux horoscopes, » comme l'appelait le peuple ; le confident, le conseil de la reine, qui l'accompagnait dans tous ses voyages. Il était chargé, comme chacun sait, de prédire suivant la marche et les différents reflets des étoiles, les destinées du royaume.

Les personnes qui aiment à lire dans l'avenir consultent encore Cosme Ruggieri, cherchant à appliquer ses prédictions au temps présent, et à tirer des oracles de ses phrases embrouillées sujettes à différentes interprétations ou de ses paraboles savantes, auxquelles chacun peut donner le sens qui lui plaît ; langage obscur et mystérieux qui constitue la véritable science des sorciers du passé et des voyants de l'avenir.

Sa chambre aux sombres boiseries, est fort modeste. Elle ne contient plus que son coffre-fort en fer. Son énorme clef, presque effrayante à voir, doit rappeler celles que portaient à cette époque, les guichetiers de la Bastille et autres lieux du même genre. Voilà pour le passé. Quant aux communs récemment construits, ils ont mis à contribution tout ce que l'élégance et le confort modernes ont de plus perfectionné. C'est dans l'emplacement de ces servitudes qu'au XVIIIme siècle, l'italien Nini établit une fabrique de poterie, dont quelques spécimens sont conservés sous vitrine, dans l'une des salles du château.

Le parc est beau, certaines parties sont fort pittoresques, entr'autres, la vallée ombreuse d'un petit ruisseau qui coule au bas de pentes rapides et boisées, sur lequel on a jeté deux ponts rustiques du plus charmant effet. Ces deux ponts solidement charpentés, et pour lesquels on semble ne pas avoir ménagé le bois, sont cependant d'un genre nouveau.

Au bout du premier pont, on aperçoit le faîte d'un gigantesque tronc creux ; on pense que cet arbre antique est contemporain du château. C'est un vieux chêne miné par le temps, écorce rugueuse et crevassée, branches sans feuillage, tordues et brisées. Vous pénétrez dans ce tronc, dont l'intérieur est encore plus large que celui du chêne légendaire de la Prévalaye, près Rennes, et vous avez la surprise d'y rencontrer un escalier en spirale, qui dégringole dans toute la hauteur du tronc.

En bas, nouveau pont rustique franchissant la petite vallée. Le curieux de tout ceci, et pourquoi je me suis étendue sur cette description, c'est que les deux ponts, aux massives rondelles de bois, à peine équarri, taillé à coups de hache, ainsi que le gigantesque chêne, tout cela d'une imitation parfaite, est en ciment.

On a conservé et entretenu d'après les premiers plans, le *Mail* de la Reine, orné l'été, de grands orangers, peut-être contemporains de ceux de Versailles, et la *Motte*, sa promenade favorite, pleine d'ombre et de fraîcheur. Ah ! si ces vieux arbres pouvaient parler, si ces témoins muets d'un autre âge pouvaient raconter l'histoire intéressante de leur époque, que de choses nouvelles, que de révélations piquantes n'entendrait-on pas !

En 1559, Diane de Poitiers, à son grand déplaisir, se vit contrainte par Catherine de Médicis, d'échanger son cher Chenonceaux contre Chaumont. Il passa ensuite entre les mains de la duchesse de Bouillon, qui épousa Henri de la Tour, père de Turenne. Madame de Staël y séjourna pendant son exil. Benjamin Constant l'a également habité. Il est aujourd'hui la propriété de la Princesse de Broglie.

CHAMBORD

—

C'est en silence et muette d'admiration que j'ai contemplé Chambord, cette création splendide, le plus beau des châteaux de la vallée de la Loire. La merveille des merveilles du style renaissance enfoui comme un trésor dans le pays le plus triste et le plus malsain de la France, la Sologne.

Voilà donc Chambord, le don national de la France au duc de Bordeaux qui toute sa vie en porta le nom et ne l'habita jamais.

Depuis le jour où il lui fut offert, que de changements, que d'illusions tombées, que de rêves évanouis ! Là, dans ces vastes appartements si longtemps éclairés du pur rayon de l'espérance, et qu'aujourd'hui le vide et la solitude envahissent de plus en plus ; là, dans cette belle demeure si déserte et que personne ne semble plus devoir faire revivre, l'esprit s'emplit de souvenirs et l'âme de tristesse. Ah ! dans ce grand château français, que de châteaux en Espagne furent bâtis jadis par tous les royalistes qui vinrent le visiter ; alors on comptait voir le roi reprendre non seulement possession de son château, mais aussi de sa couronne. L'enfant de la Providence en est devenu le vieillard, sans qu'il lui ait été donné de reprendre le chemin de sa patrie et le trône de ses ancêtres. La mort est venue briser les derniers espoirs fondés sur ce prince religieux et chevaleresque, grandi encore par l'exil et qui, de l'aveu même des ennemis les plus acharnés de la royauté, restera dans l'histoire l'une des plus nobles figures du XIXe siècle.

Le château de Chambord forme un carré long de cent cinquante-six mètres sur cent dix-sept, flanqué aux angles de grosses tours rondes. Ce système de construction en enveloppe un second, soutenu également par de massives tours circulaires à pignons pointus. Les deux façades se confondent au nord en une immense ligne partagée en trois sections par les tours qui s'y rencontrent. Ce qui caractérise surtout le château de Chambord à l'extérieur, c'est le nombre et la variété de ses ornements.

« Chambord, monument féerique, forêt de campaniles, de tours, de cheminées, de lucarnes, de dômes et de tourelles », est un éblouissement pour l'archéologue et même pour le simple touriste ; principalement dans la partie supérieure que décorent d'innombrables sculptures, salamandres gigantesques, flèches aiguës, clochetons élégants, terrasses à balustres.

Le joyau de l'intérieur de Chambord est l'escalier central en spirale, à double rampe superposée, tout en appartenant au même noyau ; la disposition est telle que deux personnes peuvent en même temps monter et descendre sans se rencontrer. Au-dessus des voûtes des quatre salles, divisées en trois étages, et au niveau des terrasses qui les recouvrent, s'arrête la double rampe et commence le couronnement de forme pyramidale ayant trente-deux mètres de hauteur, surmonté d'une fleur de lys en pierre, d'au moins deux mètres ; il produit le plus grand effet.

La chapelle, achevée par Henri II, est en parfait état de conservation. On compte à Chambord treize grands escaliers, sans parler des petits, cachés dans l'épaisseur des murs ; quatre cent quarante pièces : chambres, salles, salons, galeries. Je n'ai point essayé de parcourir ce dédale d'appartements où il n'y a rien à voir : ce beau château n'est pas meublé; quelques tableaux de maîtres, des portraits, ornent particulièrement le grand salon et la chambre du maréchal de Saxe. On y voit Louis XIV, Mme de Maintenon, Anne d'Autriche, Mme de la Fayette, etc. La statue d'Henri V, d'une grande pureté de lignes et d'une vérité d'expression remarquable, décore le grand salon de réception.

L'enceinte du parc forme la limite d'une commune qui y est contenue tout entière ; il compte trente-cinq kilomètres de tour, et comprend de magnifiques futaies et d'immenses taillis peuplés de toute espèce de gibier.

La forêt de Chambord n'approche certainement

pas de celle de Fontainebleau qui compte près de dix-neuf mille hectares, mais elle est plus grande que la forêt de Chantilly qui n'a que deux mille quatre cent cinquante hectares ; le parc de Chambord compte cinq mille cinq cents hectares, dont quatre mille cinq cents de bois, cinq fermes et quatorze étangs.

Il est traversé par une rivière, le Cosson. On y arrive par six portes et avenues, avec pavillons de garde. Dès l'an 1090, il est question de Chambord, maison de plaisance et de chasse des comtes de Blois.

Plus tard, il fut acquis avec le comté de Blois par Louis d'Orléans, frère de Charles VI, et réuni à la couronne par l'élévation au trône de Louis XII. « Pendant bien longtemps, on attribua cette admirable construction à des artistes italiens.

On nommait le Primatice et le Rosso, mais des recherches plus modernes permettent d'en attribuer la construction à Pierre Nepveu, dit Trinqueau, architecte natif d'Amboise.

Le domaine appartenait depuis longtemps à la couronne, quand François Ier fit commencer les travaux. Pendant douze ans, dix-huit cents ouvriers, dit-on, y travaillèrent sans relâche, et en 1519, Charles-Quint, visitant Chambord, l'appelait déjà *un abrégé des merveilles que peut enfanter l'industrie humaine.* Pendant la plus grande partie de sa vie, François Ier habita Chambord, devenu son œuvre et sa résidence favorite. Il avait deux bonnes raisons pour cela, son goût pour la chasse, et son amour pour la comtesse de Toury qui habitait un château voisin. D'après les archives du trésor royal, François Ier dépensa à construire Chambord quatre cent quarante-quatre mille cinq cent soixante-dix livres, ce qui représente aujourd'hui plus de cinq millions, et mourut sans que son œuvre fut complètement terminée.

Henri II continua les travaux inachevés par son père. Après lui, la Cour habita Chambord, mais sans l'embellir. Louis XIII s'y plaisait. Louis XIV, qui portait partout son amour du faste et des grandeurs, y donna des fêtes brillantes et pour y loger sa suite fit exécuter divers remaniements. C'est à Chambord qu'eurent lieu les premières représentations de *Pourceaugnac* 1669, et du *Bourgeois gentilhomme* 1670. Louis XV donna Chambord à son beau-père, le roi Stanislas de Pologne, qui l'habita huit années, et combla les fossés. Le maréchal de Saxe, auquel il avait été donné en 1748, loin de l'embellir n'y fit rien de bien, au contraire. La famille de Polignac en obtint la jouissance du roi Louis XVI en 1777. Pendant la révolution, le gouvernement y établit un dépôt de remonte.

Napoléon Ier y installa la quinzième cohorte de la Légion d'Honneur, mais c'est au Camp de Boulogne en 1804 que furent distribuées les premières décorations. L'Empereur présida à cette imposante cérémonie, assis dans l'antique fauteuil du roi Dagobert expressément transporté de Paris à Boulogne, avec les casques de Bayard et de Duguesclin.

C'est sur cet antique fauteuil que s'asseyaient les rois francs de la première race pour recevoir, lorsqu'ils prenaient le commandement, les hommages et serments des grands du royaume ; il est de bronze, doré par places, fondu et ciselé avec des têtes de panthères pour ornements.

Ce siège, tout *ce qu'il y a de plus authentique*, fut conservé pendant plusieurs siècles dans le trésor de l'Abbaye de Saint-Denis ; Après la suppression des monastères, il passa au Palais-Royal, où il fut conservé avec tout le soin que méritait un meuble aussi précieux, plus tard il fut déposé au cabinet des médailles.

Il fit encore un long séjour au Musée des Souverains, installé dans le beau château de Saint-Germain. Aujourd'hui il habite la bibliothèque nationale où on peut le voir au Cabinet des Antiques.

Après la bataille de Wagram l'empereur érigea Chambord en principauté et en fit don au maréchal Bertier à la condition de terminer le château. Après la mort du prince de Wagram, sa veuve ne pouvant l'achever ni même l'entretenir, obtint l'autorisation, après en avoir coupé tous les bois, de le vendre.

C'est alors qu'une souscription nationale, proposée par le Comte Adrien de Calonne, combattue par Paul-Louis Courier, racheta le domaine de

Chambord au prix de un million cinq cent quarante deux mille francs, pour l'offrir au duc de Bordeaux qui venait de naître.

Avant de partir et pendant que mes yeux s'absorbaient une dernière fois, dans la contemplation de cette spendide demeure, mon esprit voyageait grand train et déroulant les évènements d'un demi-siècle, je rêvais mélancoliquement au passé qu'était alors l'avenir, lequel n'a rien tenu de ce qu'on attendait de lui. Cette terre essentiellement française, cet ancien domaine de nos rois, ce château qui aurait dû rester l'apanage des princes légitimes du pays, appartient maintenant à un étranger, à un prince italien, peut-être hostile, en tout cas, indifférent, qui se contentera désormais de palper les revenus et d'entretenir tout juste la toiture des bâtiments pour qu'ils ne tombent pas tout à fait en ruine !

Je suis partie navrée.

Vraiment les choses de ce monde n'ont de stable que leur instabilité même !

AZAY-LE-RIDEAU

Encore une demeure attrayante, un vrai régal pour les yeux. C'est avec une satisfaction sans cesse renouvelée que l'archéologue et le touriste visitent tant de purs chefs-d'œuvre du style renaissance. Tous ces châteaux m'émerveillent, je finis par devenir un peu enfant. C'est toujours le dernier visité qui me paraît le plus beau. Donc je retrouve ici même grâce dans les lignes, même profusion dans les sculptures, pilastres et colonnes, balustres et clochetons, niches et bas-reliefs. Là, j'admire la salamandre au milieu des flammes avec la devise du roi chevalier : *Nutriseo et exstinguo.* Ailleurs, je remarque les armes de Claude sa femme, l'hermine bretonne, et je lis cette autre devise : *Ung seul désir*, et tout cela supérieurement fouillé, ciselé, si je puis m'exprimer ainsi.

Azay-le-Rideau est bâti sur pilotis, flanqué de tourelles qui forment, avec les deux principaux corps de bâtiment, un ensemble plein de grandeur et de suprême élégance. Le portail d'entrée présente une des plus belles façades de l'édifice, orné de colonnes recouvertes d'arabesques du meilleur goût, il se termine par un fronton armorié, et renferme à l'intérieur un escalier des plus curieux.

Les appartements sont un vrai musée, remplis de meubles rares de toutes les époques et de magnifiques tableaux, portraits historiques des meilleurs maîtres : Charles VIII, Louis XI, Charles IX, Louis XIII, Louis XV enfant, Anne de Bretagne, Anne d'Autriche, Anne de Montmorency, Rabelais, Michel Cervantès, Catherine de Médicis, Ambroise Paré, Henriette d'Entragues, le maréchal d'Ancre, Mademoiselle de La Vallière, Madame de la Sablière, Marie-Thérèse d'Autriche, Marie Leczinska, la duchesse de Chateauroux, etc., etc.

La principale chambre garde son titre de chambre du Roi, parce que Louis XIV y coucha. Le parc est ravissant. L'Indre, déroulant sans entraves ses capricieux anneaux, dessine des îlots verdoyants, découpe et festonne les pelouses au gré de sa fantaisie. Rien de charmant comme les gracieux méandres de ce ruban d'argent, baignant au nord et au midi les assises du château, puis se faufilant dans les prairies, rayé de temps en temps par de légers ponts qui le traversent ; tout au fond la rivière s'échappe de l'enclos par une belle chûte d'eau.

Azay-le-Rideau est un chef-lieu de canton qui passerait certainement inaperçu sans son magnifique château.

Cette bourgade avait autrefois le titre de châtellenie. Son nom lui vient de l'un de ses seigneurs, Hugues de Ridel ou de Rideau, chevalier banneret sous Philippe-Auguste, 1213. Le château actuel bâti au commencement du XVIe siècle par Gilles Berthelot, appartient aujourd'hui au marquis de Biencourt qui n'est point à court de bien, tant s'en faut, puisque le château et ses collections, contenant et contenu, sont estimés sept millions.

Je termine par une jolie page de la vie du marquis de Biencourt.

C'était pendant l'année terrible, le prince Frédéric-Charles et son état-major étaient installés au château d'Azay-le-Rideau. On y faisait bombance. Un jour un officier demande à parler au marquis de Biencourt de la part du prince Frédéric-Charles.

« Il y a ici, monsieur le marquis, cinq voitures qui vous appartiennent.

— Cinq, en effet.

— Son Altesse désirerait s'en servir et je suis chargé de vous en demander l'autorisation.

— Je ne prête pas mes voitures.

— Alors, son Altesse se verra, à son grand regret...

— Faites ce que vous voudrez, ce sera un vol de plus, voilà tout.

— Oh ! on vous les rendra. »

Maintenant, pourquoi ces messieurs avaient-ils besoin des voitures du marquis de Biencourt ?

Tout simplement pour s'y promener en compagnie d'une douzaine de drôlesses qu'ils avaient fait venir pendant l'armistice. La petite fête terminée, les voitures furent rendues à leur propriétaire.

Le lendemain, Frédéric-Charles passait une revue en face du château.

Tout à coup au milieu de la revue, on vit une grande flamme devant la porte principale. C'étaient les cinq voitures qui brûlaient ; monsieur le marquis de Biencourt ne voulant plus s'en servir après ceux qui les avaient souillées, avait ordonné d'y mettre le feu.

Voilà un trait bien français et qui mérite d'être conservé.

C'est toujours ce même esprit chevaleresque qui dictait un jour cette noble parole d'un gentilhomme à Charles-Quint. Celui-ci le sollicitait de recevoir le Connétable de Bourbon, c'était après la bataille de Pavie. Le gentilhomme répondit : « J'obéirai, Sire, mais je vous préviens que le jour même où le traître aura quitté ma demeure, j'y mettrai le feu de mes propres mains, car jamais, ni moi ni les miens ne resterons dans le logis d'un traître. »

CHENONCEAUX

Chenonceaux, situé au dire de nos rois de France « en un beau et plaisant pays, » est un château d'un aspect très particulier, et me semble unique en son genre.

Nous y sommes allés par bateau à vapeur. Lorsqu'on a le temps, et qu'on veut bien voir, le bateau est infiniment plus agréable que la locomotive qui passe trop rapidement.

Nous arrivons donc au quai d'embarquement au coup de huit heures, heure annoncée pour le départ. Le bateau n'est pas beau, c'est un petit *patouillard* qui se repose tout l'hiver, et ne se met en route qu'une ou deux fois par semaine l'été, lorsqu'il trouve un nombre suffisant d'excursionnistes à promener. Un seul homme est à bord, faisant le service et cumulant les emplois. Il est mécanicien, chauffeur, serviteur, etc. Son costume se ressent de son métier. Il porte un vieux pantalon de velours rapé, et une chemise qui semble n'avoir jamais eu de démêlés avec la blanchisseuse.

La vapeur mugit, un long panache de fumée se

déroule dans l'air, le bateau semble prêt à démarer, et cependant nous ne partons pas. Huit heures et demie viennent de sonner à toutes les horloges. Le mécanicien, à plusieurs reprises, a jeté des regards anxieux du côté de la ville. Evidemment il attend quelqu'un. En effet nous apercevons dans le lointain une dame et une petite fille de cinq à six ans, qui accourent de toutes leurs jambes vers le bateau. Enfin ! dit le mécanicien, et il s'empresse de donner le signal du départ. J'examine les nouvelles voyageuses.

La dame, en robe de laine noire, me paraît trop simplement mise pour être la mère de l'enfant en ravissante toilette de cachemire blanc, ornée de dentelles crèmes avec capote assortie d'une rare élégance, et mignons souliers de cuir blanc à boufettes de satin, et je me dis en moi-même : la dame, c'est une gouvernante, et la petite fille est sans doute l'heureuse héritière de quelque beau château que nous allons rencontrer sur notre route. Bientôt la dame ouvre un panier, en tire des poires et du pain qu'elle dépose sur une sorte de table pliante et la petite fille se met à manger. Cela m'étonne un peu... Soudain l'homme du bord, noir comme un cyclope, le cou et les bras nus, la barbe et les cheveux en broussailles, sort de la soute au charbon et s'approche de ces dames. Mon sentiment est qu'il ne se gêne pas ; mais, comment peindre ma surprise quand je l'entends tutoyer la petite fille : « As-tu fini de manger ? Puis il ajoute (je n'en croyais pas mes oreilles) : Allons, embrasse papa maintenant ! A ces mots l'enfant devient maussade. Elle jette un rapide coup d'œil sur son père d'abord, sur sa belle toilette ensuite, et répond en s'enfuyant : non, non tu es trop sale !... C'était le cri du cœur, et la mère avait l'air d'approuver sa fille ! Le père sans se fâcher, trop fier d'ailleurs de sa progéniture, s'en fut chercher le balai pour nettoyer les miettes de pain et les pelures de poires.

Il y a des gens qui sont en avant sur leur siècle, moi je suis en retard ; j'étais aussi indignée contre les parents que contre l'enfant. Quelle réponse ! mais aussi quelle éducation ! Quoi ! ce sont les parents eux-mêmes de cette fillette, qui dès sa plus tendre enfance, commencent à en faire une déclassée !

Comment tournera la jeune fille dont on aura développé des goûts trop au-dessus de sa condition. Il faudrait une bien forte dose de raison et de vertu pour résister à la tentation. Il est à craindre qu'à dix-huit ans, elle ne méprise tout à fait son père et ne cherche des gens de bonne volonté pour lui payer des toilettes.

J'ai fait part de mes réflexions. Mes amies m'ont traitée d'arriérée, de réfractaire au progrès... L'une d'elles s'est écrié : « La soie est à qui la paie et les parents ont bien le droit de mettre leurs enfants comme ils veulent. » L'autre a dit : « Si cela les amuse de les habiller comme des gravures de mode, c'est leur affaire ; d'ailleurs l'étoffe de laine blanche n'est pas plus chère que l'étoffe de laine noire. L'argument m'a paru triomphant, je n'ai pas cherché à le combatre, j'ai laissé les personnes pour revenir aux choses, pour revenir aux beautés de la nature qui défilaient sous mes yeux.

Les rivières se montrent parfois jalouses des fleuves dont elles sont tributaires. C'est le cas pour le Cher dont les rives, sur un moindre espace sans doute, sont belles à l'égal de celles de la Loire. Quel délicieux paysage, calme, reposé, plein de fraîcheur ! Ah ! les jolis bosquets feuillus et les jolies prairies d'herbe lisse et moirée ! Le Cher tout ensoleillé se déroule comme un collier d'or dans un écrin de velours vert.

Il me semblait humer la brise d'antan, et j'avais plaisir à me repaître de tant de souvenirs historiques enfouis sous les feuillées.

Rien d'original et de grandiose comme l'aspect de Chenonceaux, de ce château en partie assis sur un pont, bâti lui-même sur les piles énormes d'un ancien moulin. Ses arches massives, profondes, barrent entièrement la rivière ; vous passez en bateau sous le château avant d'y entrer ; une superbe galerie, surmontée d'un second étage, s'étend sur toute la longueur du pont ; Les premières arches sont creuses et renferment les caves, les cuisines, les pièces de service et de dégagement.

Chenonceaux remonte très loin dans l'histoire, puisqu'on assure que les Romains, séduits par son site enchanteur, y avaient construit une ravissante villa ; on fouille le passé de Chenonceaux sans effroi, sans arrière pensée, la politique n'est pas venue là ourdir ses trames, le sang n'a pas rougi ses pierres, on n'évoque aucun fantôme de victime ou d'assassin ; la beauté, l'amour, le plaisir, les arts, l'ont tour à tour habité. J'ai trouvé délicieuse cette journée passée dans cette royale demeure, où j'ai pu laisser ma pensée errer au au milieu des plus charmants souvenirs. Diane de Poitiers y apporta l'éclat de sa beauté ; Marie Stuart y passa calme et souriante le plus heureux temps de sa vie ; Catherine de Médicis qui acheva cette merveille et y entassa les chefs-d'œuvre de sa patrie, vint s'y reposer et oublier les intrigues de la Cour ; la reine Marguerite s'y amusa ; Louise de Lorraine vint y cacher sa douleur après l'assassinat de son mari par Jacques Clément, et pleurer sous les ombrages mystérieux et profonds qui nous abritent encore. Elle ne sortait de sa retraite que le samedi pour aller entendre la messe à l'église de Francueil, toujours habillée de blanc, suivant l'étiquette du deuil des reines, ce qui l'avait fait surnommer par le peuple qui la voyait passer, *la Reine blanche.*

Plus tard, Gabrielle d'Estrée fredonna à Chenonceaux les chansons amoureuses que le bon roi Henri composait pour elle. Marie de Luxembourg et Françoise de Lorraine appellent Chenonceaux leur séjour favori. Laure Mancini accompagnée de son oncle le cardinal Mazarin, vint à Chenonceaux dans le but de plaire à Vendôme et de l'épouser. La poétique La Vallière y rêva à son tour.

En 1730, Monsieur Dupin, ancien fermier général, l'achète, le restaure, l'habite et y reçoit l'élite de la société française du XVIII° siècle. Madame Dupin célèbre par son esprit et ses relations avec J.-J. Rousseau et les autres philosophes du dernier siècle, y mourut en 1779, à l'âge de quatre-vingt-treize ans. C'est grâce aux relations de cette dame avec tous les hommes politiques de la Révolution, que le château de Chenonceaux passa, sans être inquiété, les années désastreuses de la Terreur, et il appartint ensuite au comte René de Villeneuve, son petit-fils. Après lui, le domaine mis en vente aux enchères publiques, devint en 1863 la propriété de Monsieur Pelouze, chimiste.

L'ancienne salle des gardes, un peu sombre aujourd'hui, dont l'extrémité s'ouvrait autrefois sur un balcon, est meublée en chêne et noyer sculptés; des panoplies d'armes et d'armures remontant à François Ier, Henri II et Henri III, décorent les murailles. La plupart des appartements sont tendus en toiles peintes d'un genre particulier, on peut même dire unique, très apprécié des des amateurs.(1)

(1) Elles se composent de lés de toile de 3 ou 4 mètres de hauteur sur 80 de largeur. Les unes sont à fond d'or ou d'argent, les autres à fond de couleur, enjolivées d'arabesques, de fruits, de fleurs, d'oiseaux, quelques-unes ont des personnages, et représentent une chasse. Le curieux, c'est que ces ornements ne sont

On nous a montré la chambre de la belle Diane, avec sa toilette et son lit tendu de satin blanc ; la chambre est vaste, de la fenêtre, un peu petite cependant, on découvre toute la vallée du Cher.

On peut dire que Diane de Poitiers fut l'enchanteresse de son époque ; les arts et la littérature doivent la bénir, elle encouragea tous les artistes, les écrivains, les poètes, sauf Marot cependant; mais l'histoire doit se montrer plus sévère, et la morale la condamne absolument.

Diane de Poitiers qui avait des goûts artistiques très développés et très purs s'attacha à Chenonceaux qu'elle embellit à ravir. C'est elle qui fit élever l'admirable façade du levant, ainsi que la magnifique galerie des fêtes bâtie sur le pont, et qui s'ouvre comme je viens de le dire à gauche et à droite sur les deux rives du Cher. Cet édifice grandiose est vraiment la réalisation d'un rêve royal. Cette aile qui s'asseoit tranquillement sur la rivière et prend toute la largeur, est une conception tout à la fois étrange et captivante ; la galerie du rez-de-chaussée est une sorte de musée renfermant de nombreux objets de prix. Cette même galerie qui se retrouve au deuxième étage doit devenir un musée de tableaux. On visite aussi le salon vert entièrement tendu et meublé

---

pas le fait d'un pinceau habile, tous les dessins sont des applications de *tontures* de laine, ce qui leur donne le riche aspect du velours. Elles ont dû être fabriquées sur place. Elles ont servi de modèle à la restauration de plusieurs châteaux de la Renaissance. C'est à Blois qu'on les a imitées pour la première fois.

de la couleur de l'espérance. La bibliothèque de Catherine de Médicis, sombre, peu éclairée serait d'un bien haut intérêt si on avait le loisir de l'étudier, elle renferme les archives de Chenonceaux, commençant au XIII° siècle et comprend cinq mille pièces contenues en cent quarante registres soigneusement reliés.

L'escalier qui est souvent un écueil pour les architectes est ici conçu avec un rare bonheur.

« L'architecte a abandonné la vis de Saint-Gilles et adopté une innovation italienne, c'est-à-dire l'escalier à travées parallèles réunies par des paliers ; cet escalier, appliqué au milieu de la façade du couchant, n'en dérange point l'ordonnance. L'escalier de Chenonceaux et celui d'Azay-le-Rideau sont, sinon les plus anciens, au moins les plus somptueux modèles de cette disposition importée d'Italie ; car l'escalier de Chambord, malgré la conception magistrale de sa double vis, reste encore fidèle aux antiques traditions de l'art français. »

La chapelle, due à François Ier, intelligemment réparée, a conservé son cachet primitif, c'est un charmant spécimen du style gothique Renaissance ; de sveltes colonnettes en faisceaux supportent des tribunes et une voûte à pendentifs sculptés et découpés à jour ; l'autel n'est qu'une simple table de pierre soutenue aux angles par des colonnettes très élégantes ; à côté de la crédence on remarque une étroite ouverture en œil-de-bœuf oblique, qui communiquait avec l'oratoire de la Reine Louise. Une loge s'ouvre à droite, dans l'épaisseur de la muraille : c'est la place d'honneur réservée aux châtelains. Un caveau sépulcral est établi sous la chapelle.

Les vitraux peints, fort remarquables, sortent certainement de cette admirable Ecole de Tours qui a produit tant de chefs-d'œuvre ; ils sont au nombre de six, représentant Notre Seigneur Jésus-Christ, saint Michel, saint Pierre, saint Thomas et saint Gatien ; sur trois verrières modernes, on voit sainte Marguerite, sainte Catherine et saint Guillaume.

La consécration de cette chapelle fut faite en 1518, par Antoine Bohier, Cardinal-Archevêque de Bourges, et frère de Thomas Bohier, premier propriétaire, et on peut dire fondateur du château.

Les chroniqueurs du XVIe siècle ont décrit les fêtes somptueuses qui se donnèrent à Chenonceaux.

Ils nous racontent les superbes *triomphes* que Catherine de Médicis fit organiser à l'intention de François II et de Marie Stuart. L'entrée solennelle des jeunes princes eut lieu le dimanche, dernier jour de mars 1560. Les artistes, les décorateurs, les poètes frottés d'un peu de mythologie, firent des merveilles empreintes d'un cachet exceptionnel de grandeur et de nouveauté.

« Les arcs de triomphe, les obélisques, les colonnes, les statues, les fontaines jaillissantes, les autels antiques, étaient chargés d'emblèmes et d'inscriptions empruntées aux grands poètes de Rome, de la Grèce et de l'Italie moderne. Les feux artificiels y mêlèrent leurs surprises : « dont tout le monde, les yeux ouverts et les bouches béantes, non seulement fut esbahy mais estonné de joie et grande admiration pour n'avoir esté auparavant ce jour jamais veu chose semblable ; » enfin, trente canons, rangés en bataille sur la terrasse de la rivière, y ajoutèrent par leurs salves répétées, quelque chose d'imposant. » Peu d'années après la reine-mère reçut son fils Charles IX à Chenonceaux et le fêta pendant quatre jours mais les détails manquent sur cette réception. En 1577 Catherine offre à ses deux fils, Henri III et le duc d'Alençon, la plus fameuse de toutes ses fêtes. Le 2 mai, le duc d'Alençon avait repris sur les protestants la ville de la Charité et ce succès méritait d'être célébré.

Le 15 du même mois, le roi donna un grand festin à son frère au Plessis-lez-Tours, et le sombre château de Louis XI vit une de ces fêtes orientales auxquelles son fondateur ne l'avait guère habitué. Les dames y parurent en habits d'hommes, vêtues de vert (c'était la couleur des fous) et firent le service à la place des officiers de la Cour. Tous les assistants furent aussi habillés de vert, et la dépense de ces vêtements ne s'éleva pas à moins de soixante mille livres.

Le dimanche suivant, Catherine de Médicis fêta

à son tour le jeune triomphateur et ses compagnons de guerre. Elle reçut la cour à Chenonceaux et lui offrit un banquet dont le faste licencieux devait éclipser celui du Plessis.

Les traits principaux de ces plaisirs fantastiques nous ont été transmis par Pierre de l'Estoile, dans le *Journal de Henri III*.

Le festin eut lieu dans le jardin, derrière la grosse tour, près de la fontaine du Rocher. Le roi y figura habillé en femme, comme il le faisait quelquefois dans les fêtes, il portait un collier de perles et trois collets de toile, dont deux à fraise et un rabattu, tels que les portaient les dames de la cour. »

« Si qu'au premier abois chascun estait en peine
S'il voyoit un roy-femme, ou lui un homme-reyne »

« Au dessous du roy s'assirent ses mignons, tous fardés, peints, pommadés comme leur maître avec de grandes fraises empesées larges d'un demi-pied, de façon dit l'Estoile qu'à voir leurs testes dessus leurs fraises, il sembloit que ce fust le chef de saint Jean en un plat. » Les trois reines assistaient au festin, Catherine, Marguerite sa fille et Louise de Lorraine sa bru, les Reines étaient entourées de leurs Dames d'honneur, et de tout l'escadron volant des jeunes filles ; l'Estoile ajoute qu'en cette fête qui coûta cent mille livres, c'est-à-dire un million et demi de notre monnaie actuelle « tout estait parfait et en bel ordre. » Franchement c'eût été malheureux qu'après une pareille dépense, les choses n'eussent pas réussi.

Si j'étais architecte je ferais avec les expressions techniques une description savante de Chenonceaux, cette merveille de la Renaissance, cela m'est impossible, je ne sais qu'admirer cet ensemble incomparable : ici la grande cour d'honneur, le pont levis, le donjon superbe qui sort des douves profondes, remplies des eaux du Cher ; là les sveltes tourelles, les hautes cheminées, et les fenêtres sculptées qui se détachent des toits pointus.

La façade orientale, vue du parterre de Diane aux bords de la rivière, est admirable ; le décorateur de l'Opéra comique s'en est inspiré dans le décor du second acte des Huguenots.

J'ai éprouvé la même admiration pour le parc. Le jardin français, tel que le tailla Le Nôtre avec ses belles ordonnances, ses terrasses à balustre, ses bassins, ses cascades, ses statues et ses rocailles, ses charmilles, ses labyrinthes, ses vastes boulingrins, ses grandes lignes régulières qui s'allongent dans l'espace, me semble plus grandiose que le jardin anglais proprement dit. Celui-ci primitivement a dû être inventé pour dissimuler son peu d'étendue et son irrégularité. Le regard sans cesse arrêté soit par une allée tournante qui souvent se replie sur elle-même, soit par un massif épais qui barre l'horizon, le regard, dis-je, ne peut réellement se rendre compte de l'importance du terrain, ceci n'est point une critique. Si le jardin français s'aperçoit d'un coup d'œil, le jardin anglais sait ménager les surprises et l'imprévu, et je reconnais tout le parti que le parc anglais permet de tirer d'un emplacement ingrat, où il eut été impossible de dessiner le vrai jardin français avec ses majestueuses ordonnances, jardin en définitive beaucoup plus coûteux que des pelouses ou prairies semées çà et là de grands arbres, de massifs, d'arbustes et de quelques corbeilles de fleurs.

La création de jardins et de parterres dignes des constructions, occupa longuement la reine Catherine et la favorite Diane. Des jardiniers italiens et français, Le Nôtre et même le célèbre potier Bernard Palissy, donnèrent des plans et des dessins.

« Sous l'influence des artistes italiens, l'horticulture prit un grand essor. Les jardins du XVIe siècle représentaient des figures de toutes sortes. Les unes géométriques, les autres de pure fantaisie et dessinaient de capricieuses arabesques et d'élégantes broderies, de fleurs odoriférantes principalement. » On préférait alors l'arôme à la beauté. Les bordures étaient de buis ou de romarin, avec des avenues de grands arbres, des palissades de coudriers et de charmes, et des haies d'aubépines. De longs berceaux de charpente, couverts de treilles et flanqués de cabinets ombreux, entouraient le parterre ou le divisaient en plusieurs jardins particuliers. Les arbres et les arbustes étaient taillés en figures bizarres et peuplaient les parcs d'un monde d'êtres fantastiques. Des bassins et des jets d'eau complétaient la décoration froide et trop symétrique des jardins italiens, où tout semblait subordonné à une loi unique : la fraîcheur, l'ombre et le mystère.

C'est dans ce goût étranger que Diane de Poitiers entreprit les jardins de Chenonceaux ; elle employa pour la préparation des terrains seulement, quatorze mille journées d'ouvriers, et la dépense s'éleva à plus de trois mille livres, somme énorme pour le temps. L'argent était rare à cette époque, et nous voyons, d'après les comptes même de l'intendant de Chenonceaux, qu'un maître maçon gagnait quatre sols par jour, un simple ouvrier, deux sols six deniers, une journalière vingt deniers ; mais aussi le froment ne valait en 1547, que quinze à dix-sept sols l'hectolitre, et le vin, trois livres le poinçon soit, deux cent cinquante litres.

Diane fit venir un fontainier de Tours pour diriger les sources et en tirer parti. Elle fit ouvrir des allées avec des cabinets de verdure ; elle fit un jeu de paume et un jeu de bague et enfin un magnifique *dedalus*, labyrinthe inextricable où l'on pouvait errer longtemps dans les isoloirs sans trouver d'issue. Bernard Palissy exposa lui-même ses idées dans son *Dessein d'un jardin délectable*, écrit spécialement pour Chenonceaux et dédié à la reine-mère. « Il emprunte au style italien la division du jardin en compartiments symétriques, les allées à angle droit, les avenues d'ormeaux, les tourelles et les cabinets de verdure. Mais ce qui est entièrement propre à Palissy, ce qui est nouveau, c'est le goût de la nature qu'il introduit dans le jardin, c'est l'idée de marier le jardin avec le paysage environnant, avec le coteau, la prairie et la rivière ; ce sont ces grottes rustiques, ces rochers ruisselants d'eau, ces fontaines, ces ruisseaux aux méandres capricieux avec des îles et des ponts, ces mouvements de terrain unissant la colline à la plaine. Palissy eut trouvé le jardin moderne s'il n'eût été trop préoccupé des travaux de son art de terre et de ses figures émaillées.

On nous a montré le chêne de Jean-Jacques, la fontaine de Henri III, mais nous n'avons pas vu le fameux chêne planté jadis par Diane et dont j'avais entendu raconter l'histoire. Ce chêne avait commencé par une promenade de cent mètres qu'on lui fit faire pour s'en aller des bords du Cher qu'il habitait, au beau milieu du parc. Ce changement de demeure n'avait point nui à sa vigoureuse santé il s'acclimata fort bien, l'opération était pourtant difficile. Tous les bœufs du pays n'avaient pas eu les cornes assez fortes pour ébranler le chêne et la masse de terre qui lui servait de piédestal, il fallut établir des machines et d'énormes cabestans pour en venir à bout.

Cela coûta cinquante mille francs. Et, pendant un an, un jardinier n'eut pas d'autre ouvrage que d'arroser le chêne en été et de le réchauffer en hiver par de fortes fumures. Après tout, ce chêne est peut-être celui qu'affectionnait Jean-Jacques qui lui aura donné son nom.

C'est avec un plaisir extrême que nous avons promené notre rêverie dans les lieux enchanteurs où s'égaraient autrefois les beaux pages et les gentes damoiselles de la Cour ; et nous avons répété avec le chantre de l'allée de Sylvie :

« Qu'à m'égarer dans dans ces bocages
Mon cœur goûte de voluptés !
Que je me plais sous les ombrages,
Que j'aime ces flots argentés. »

On dit que Madame Pelouze a déjà dépensé un million et demi à la restauration de Chenonceaux ; mais il faudra encore beaucoup d'argent pour rendre à ce fier château et à ces beaux jardins leur éclat primitif. Ainsi le grand parterre entouré de balustres avec sa fontaine monumentale au centre est dans un lamentable état de délabrement.

J'ai eu quelques déceptions, il n'y a point de médailles sans revers. J'avais entendu parler du cocher grand style de Madame Pelouze. N'oubliez pas, m'avait-on dit, de visiter les écuries qui contiennent trente magnifiques chevaux. Le cocher grand style vous énumèrera avec complaisance les qualités des nobles coursiers dont vous verrez les noms inscrits en lettres d'or au-dessus de chaque *box*. Quand vous serez arrivé aux remarquables purs-sang envoyés par l'empereur du Maroc à M. Grévy, qui s'était empressé de les expédier chez sa sœur, vous verrez avec quel superbe dédain le cocher grand style vous glissera cette petite phrase : en effet ces chevaux sont d'admirables bêtes, c'est un joli cadeau, l'empereur du Maroc a fait de son mieux, mais qu'est-ce qu'un sultan à à côté du président de la République Française !... Nous avons donc demandé à voir les chevaux. Je ne sais trop, je vais m'informer, a murmuré le valet pris par d'autres visiteurs et que déjà nous avions dû attendre assez longtemps.

Cette fois il n'a pas tardé à revenir suivi d'un domestique grisonnant, fort modeste celui-là, qui nous a humblement avoué qu'il venait d'expédier tous les chevaux à Paris pour y être vendus. Il ne reste qu'une vieille jument, en ce moment à la prairie, a-t-il ajouté, je puis aller la chercher. « Non, non me suis-je écriée un peu étourdiment, c'est inutile ne la dérangez pas. »

La pluie d'ailleurs commençait à tomber, une de ces petites pluies fines qui n'ont l'air de rien et qui mouillent beaucoup. Nous avions plusieurs fois croisé la dame et la petite fille qui visitaient, comme nous, Chenonceaux.

Revenue sur le bateau j'ai eu ma revanche du matin. La toilette de la petite fille était fort abîmée, sa capote n'avait plus son idéale blancheur, les dentelles mouillées pendaient piteusement sur la robe défraîchie, les souliers semblaient déformés et complètement salis, et je n'ai pu m'empêcher de faire remarquer que, si la petite fille avait porté une simple robe en grisaille de laine ou un costume en toile de Vichy, la toilette n'eut point été perdue. Un coup de savon des mains maternelles lui eût rendu son premier lustre ; mes amies ont eu le bon goût de se rendre à l'évidence et de me donner raison.

Si j'insiste sur ces petits détails c'est que je leur crois plus d'importance qu'il ne paraissent en avoir. Ils sont le signe évident des tendances fâcheuses et des aspirations malsaines qui se développent outre mesure depuis quelque temps ; ils sont l'indice en cette fin de siècle d'un déclassement qui nous mènera loin, je le crains.

Il a fait mauvais jusqu'au soir, quand le ciel pleure, la terre est moins gaie, mais je rapportais une si belle provision de souvenirs et tant d'enchantements dans les yeux que j'ai pardonné au temps les maussaderies du retour (1).

---

(1) Il parait qu'on ne peut plus visiter Chenonceaux, le Crédit Foncier qui avait acquis ce domaine l'a revendu à un Américain du Sud, Monsieur Terry, qui l'aime passionnément, jalousement même et l'habite avec sa famille. Les Touristes ne pouvant plus visiter Chenonceaux en sont réduits à saluer de loin la noble demeure tout en promenant dans le parc dont l'accès n'est pas interdit.

Autres châteaux historiques,
L'abbaye de Marmoutier, Savonnières
Les Jardins Mame
Le Parc de Beaujardin, La Colonie de Mettray
Coup d'œil sur la ville de Tours

Comme tu le vois, mon cher Henri, tantôt c'est l'extérieur qui étale d'admirables beautés, tantôt c'est l'intérieur somptueusement décoré, parfois ce sont les deux qui brillent d'un éclat incomparable.

Ici, le parc l'emporte sur le château par le pittoresque de sa situation : vue étendue et variée, sites enchanteurs, eaux vives, cascades tapageuses, pelouses veloutées, drapées de grandes corbeilles de fleurs ou incrustées de mosaï-culture d'une régularité parfaite. Là, le château qui se détache sur l'émeraude des vastes prairies, se mire dans la transparence des eaux ou s'abrite sous l'ombre épaisse des bois et domine par son aspect féodal et princier, par son architecture remarquable.

C'est aussi de la dentelle de pierre, pierre blanche plus facile à travailler, plus agréable à l'œil ; mais qui ne vaut pas quand même celle des antiques clochers à jours et des vieux châteaux-forts de Bretagne, façonnés dans le granit. L'intérieur arrive à son tour avec ses meubles rares, ses collections précieuses, ses bibelots artistiques, ses tableaux de maîtres. Cependant je consignerai ici mon intime pensée. Plusieurs de ces beaux châteaux sont un peu le palais de la Belle au bois dormant, j'ai ressenti ce sentiment d'une manière très vive à Chenonceaux, ils ne sont point habités. Pas de maîtres et pas beaucoup plus de domestiques. Un portier qui reste dans sa loge, il faut bien quelqu'un pour répondre, et cependant il me souvient d'avoir un certain dimanche parcouru dans tous les sens un joli parc entourant un joli château auquel nous sonnâmes en vain, sans rencontrer âme qui vive. Le gardien, cette après-midi là, avait sans doute pris la clef des champs.

Lorsque vous êtes entré, un valet de chambre se présente pour vous faire visiter. En général les maîtres sont en voyage, c'est la phrase stéréotypée sur les lèvres des serviteurs ; ils voyagent ou vivent ailleurs plus simplement que ne le comporterait leur propriété. Il est certain que pour mener le train considérable qu'exigent de pareils châteaux, il faudrait une fortune énorme, que tous leurs propriétaires n'ont pas.

Leurs châteaux sont des musées qu'ils respectent

des trésors dont ils sont fiers à juste titre et qu'ils gardent précieusement, mais dont ils ne peuvent se servir.

Les magnifiques châteaux dont je viens de te parler en détail sont les gros diamants dont la Touraine est en partie l'écrin ; mais que de perles précieuses, que de ravissants joyaux, ce bel écrin renferme encore ! Dans ce fortuné pays, on peut dire que chaque bourgade, ville ou village, a son château qui le préserve de l'oubli par ses souvenirs historiques, ou l'embellit de sa propre beauté.

Je citerai : Beaumont-la-Ronce, ancien château seigneurial ; le château de la Tourballière, tous les deux érigés en marquisat, le premier en 1757, le second en 1656.

Le château de Beugny qui s'enfonce dans la forêt de Chinon. Boussay qui détache son profil gothique au milieu des eaux. Dans ce château sont nées quatre illustrations de la famille de Merou : Jean, chambellan du roi (1363), Pierre, amiral de France (1416); Philippe, chambellan du roi Louis XI (1461) ; Jacques-François, président de l'Assemblée Nationale (1789), général de division, mort en 1810.

Le château de Brizay, qui appartenait jadis à la famille de Maillé, et fut alors le théâtre d'un évènement douloureux : tous ses habitants furent un jour ensevelis sous les plafonds qui s'écroulèrent à la fois. Simon de Maillé, archevêque de Tours, qui se trouvait dans une partie très élevée du château, survit seul à désastre.

Le très beau château de Commaire, construction moderne, appartenant au marquis de Lussac.

Le château de Grillemont, possédé par le fameux Tristan, et habité par Louis XI.

L'ancien château de Plessis-Rideau, que Gédéon Tallemant des Réaux acheta vers 1650, au prix de cent quinze livres, et auquel il donna le nom de château Réaux.

Le château de la Guerche, construit sous Charles VI, est fort curieux ; situé sur les bords de la Creuse, il présente du côté de la rivière qui le baigne, une élévation de plus de cent pieds. On y voit six rangs de voûtes superposées. Les greniers sont au rez-de-chaussée du côté de la cour, et se composent de vastes pièces voûtées bien sèches, bien aérées, quoiqu'au niveau de la Creuse. Les murs à leur base ont cinq mètres d'épaisseur.

Le beau château de Chavigny, bâti dans le goût de la Renaissance. Le château d'Epigny, où naquit en 1717, le chevalier Pierre de Fontenailles, qui a laissé diverses poésies.

Le château de Montbazon situé sur une haute colline, construit au commencement du XIe siècle par Foulques Nerra. En 1459, Charles VII, tenant sa Cour dans le château de Montbazon, y reçut de François II l'hommage du duché de Bretagne.

Le château de la Bourdaisière où naquit Gabrielle d'Estrées en 1565.

Le château de la Vallière, d'où la famille de Baume-Le-Blanc avait pris son nom et qui rappelle tout à la fois la pieuse carmélite et les jours ensoleillés d'amour du grand roi.

Le vieux manoir de la Mothe-Sonzay, qui éveille l'attention des archéologues, fut construit par Henri II pour Diane de Poitiers.

Le château de Rochecotte, ancienne habitation et lieu de naissance du fameux chef vendéen Guillon, marquis de Rochecotte, condamné et fusillé en 1798, à la plaine de Grenelle, à Paris, à l'âge de vingt-neuf ans.

Un peu plus loin on remarque le château moderne de Saint-Patrice, appartenant à Monsieur le comte de Chabrol. Son parc renferme une épine miraculeuse qui commence sa floraison dans le mois de décembre et s'épanouit même sous la neige. La tradition populaire attribue ce phénomène végétal à saint Patrice qui jadis, après avoir traversé la Loire, planta son bâton en ce lieu. Ce bâton prit racine, devint buisson et se couvrit de fleurs. Depuis cette lointaine époque, le buisson qui repousse toujours, rappelle fidèlement chaque année le passage en ces lieux du patron de l'Irlande. Aussi les Irlandais qui visitent la Touraine ne manquent-ils jamais de faire ici un pieux pèlerinage.

Le majestueux château d'Ussé, qui, de son cadre de grands bois, domine le vaste bassin de la Loire. Ce château date de la première moitié du XVIe siècle. Il fut en partie construit par Vauban qui l'habita. Sa chapelle gothique est tout à fait charmante.

J'oublie certainement quelques vieux châteaux semés çà et là par Charles VII. Mais voici la Herpinière, une de ses maisons de plaisance, et Bonaventure, un pavillon élégant qu'il aimait et qu'il avait fait construire pour Agnès Sorel. Il venait souvent avec elle prendre le plaisir de la chasse à l'oiseau, dans les environs.

Le château de la Roche-Racan m'a fort intéressée. C'est là que naquit en 1589 et que mourut en 1670, âgé de quatre-vingt-un ans, le célèbre poète Honorat de Breuil, marquis de Racan, d'une des plus anciennes familles de Touraine. Le château de la Roche bâti à mi-côte et dont les murs ont quatre mètres d'épaisseur à la base, est remarquable aussi par une tour octogone d'où la vue s'étend sur une superbe vallée. Je comprends qu'en présence de cette belle campagne calme et recueillie, l'âme rêveuse du poète ait cherché dans la contemplation des beautés de la nature qui conduisent à Dieu, ses meilleures inspirations. Son esprit bercé, dans un rêve infini, a produit des odes sacrées tirées des psaumes et des poésies pastorales qui, si elles manquent de force, ont cependant donné à la langue poétique une harmonie et une grâce naturelles. qu'on ne connaissait pas jusque là.

J'énumèrerai encore, entrevus à vol d'oiseau :

Le vieux château-fort de Montrésor, autrefois flanqué de tours et entouré de douves profondes.

Le château de Candé qui appartient à la famille Drake del Castillo.

Le château d'Armilly. Le château des Hérissaudières. L'ancien château fortifié de Noisay, à la physionomie sévère.

Le château de Brou, bâti au XVe siècle par le maréchal de Boucicaut.

Le château des Etangs qui était autrefois une des principales forteresses du pays. Les Ligueurs y avaient un corps de troupes qui ravageaient les environs

Le château de Bouffret construit en style gothique.

Le château de Corcoué, style Renaissance.

Les vieux châteaux de Saché et de Marcilly-sur-Maulne.

Le beau château de la Ferrière avec sa grande forêt du même nom.

Gizeux, demeure du XIIe siècle.

Le château de Vantourneux, à Madame la comtesse de Montesquiou.

Le château de Bossay avec son antique donjon du XIIIe siècle.

Le château de la Chenardière qui appartint aux familles de Montmorency, de Laval, de Maillé. Les châteaux de Sennevières, de Sazilly, du Coudray-Montpensier, de Valesne, de Courcelles, de Sonnay, de la Guérinière, de Montgoger, de Rouvray, de Coulaines, de Custière, de la Branchoire, de Valmer, de Poillé, d'Alette, des Recordières, des Ports, des Bordes, de la Brèche, de Saint-Ouen, etc., etc.

J'en passe sans doute beaucoup et peut-être des

plus beaux, mais quand on voyage rapidement, on ne peut tout voir, et encore moins tout retenir.

Cette façon prompte de parcourir le pays ne manque pas d'attraits. Ce qu'on voit se présente sous son meilleur aspect, on n'a pas le temps d'envisager l'envers des choses ni d'examiner leur mauvais côté.

LANGEAIS

—

J'ai vivement regretté de ne pouvoir visiter le vieux château de Langeais, en mémoire de notre bonne duchesse. En effet, n'est-ce pas dans la grande salle de ce château qu'eut lieu en 1491 le mariage de Charles VIII avec Anne de Bretagne. Oui, l'élégante Touraine est remplie de souvenirs de notre fière Bretagne, qui semble avoir posé sa griffe de granit sur tout ce qu'elle a touché.

Des étrangers ont, paraît-il, acheté ce château qui reste fermé aux visiteurs, mais il n'y a pas bien longtemps encore on pouvait lire sur une pierre posée dans l'escalier, l'inscription suivante : « La pierre phyllozofalle, c'est estre content de ses biens ; qui n'a souffisance, n'a rien ; 1520. »

Le donjon du château de Langeais est le doyen des édifices de ce genre, il fut construit vers 992 par le duc d'Anjou, Foulques Nerra. Plus tard le château devint la propriété de Pierre de Brosse, barbier de Louis IX. Il passa ensuite aux mains de Jean Bourré, ministre et favori de Philippe le Hardi qui le reconstruisit entièrement. C'est à Langeais que se passait autrefois une coutume étrange, un devoir féodal des plus singuliers. Quand un roi de France arrivait dans cette bourgade pour la première fois, ses habitants étaient obligés d'aller à sa rencontre à une demi-lieue, tenant chacun en main une petite botte de paille. Hein ! les habitants ne se mettaient pas en frais pour recevoir leur roi ! Cette bienvenue extraordinaire dont on n'a pu me donner l'explication, eut lieu le 14 novembre 1565, lorsque Charles IX vint au château de Langeais, où il passa la nuit.

J'ai entrevu le château de Plessis-lès-Tours. Ce château construit en 1463 par Louis XI, fut sa demeure favorite. C'est là qu'il mourut en 1484, assisté par saint Vincent de Paul et cinq autres religieux que le roi avait près de lui depuis un an. C'est à Plessis-les-Tours que le traître La Balue fut d'abord emprisonné. Son cachot était la tour qui contient l'escalier ; voilà à peu près tout ce qui reste de ce château. Ah ! ce n'est plus une demeure royale, ce n'est même plus une belle ruine que l'on conserve respectueusement. Décadence des choses humaines : ses pieds baignent dans la fange et ses jardins sont devenus un réceptacle de fumiers et servent de dépotoir à la ville !

Le château de Richelieu n'a pas été plus heureux. Il fut bâti en 1637, par le célèbre cardinal, dans un petit village auquel il donna son nom, et dont il essaya de faire une ville ; mais les villes ne s'improvisent pas, elles sont l'œuvre patiente du temps. Et Richelieu n'est aujourd'hui qu'un chef-lieu de canton de deux mille trois cent dix-huit habitants.

C'était un splendide château. Richelieu avait déployé là toute sa magnificence. A l'extérieur, architecture admirablement ornementée ; à l'intérieur, marbres, sculptures et peintures des grands maîtres remplissaient les appartements.

Quelques-uns des tableaux sont à Tours, quelques autres à Paris, ainsi que la fameuse table de marbre dont il a été parlé si souvent et qu'on voit aujourd'hui au Louvre.

Quant au château, l'un des plus beaux de France, comme je viens de le dire, et peut-être le plus régulièrement bâti, il n'en reste pas trace. Il a été démoli du faîte à la base, sans qu'on en retrouve une seule pierre.

Le même sort attendait le château de Chanteloup, habitation vraiment royale que le duc de Choiseul, ministre sous Louis XV, avait acheté en 1760. C'est pendant son exil dans ce château, exil qui lui valut tant de sympathies, qu'il fit édifier cette élégante pyramide de quarante mètres de haut, composée de sept étages, qui vont toujours en se rétrécissant, qu'on appelle La Pagode. Elle existe encore et on la voit de loin s'élevant au milieu des bois.

Une table de marbre, placée au rez-de-chaussée, portait le registre de maroquin rouge, où l'on inscrivait le nom des personnages éminents qui venaient visiter le duc pendant sa disgrâce.

Le château de Champigny habité par des princes du sang et jadis par Charles IX, n'est plus lui aussi qu'un souvenir. Richelieu en étant devenu propriétaire le fit complètement démolir.

Il existe cependant la Sainte-Chapelle dont les vitraux, représentant la vie de saint Louis, sont très remarquables.

Le bourg de Champigny est la patrie de Lambert, grand musicien sous Louis XIV. Sa fille épousa Lulli.

Du château de Marmande il ne reste plus qu'une tour de cent dix pieds de haut, qu'on nomme la Flèche de Marmande, et un gros pavillon qu'on appelle la Tour carrée.

Sainte Radegonde dont le nom vient de la pieuse reine de France Radegonde, qui l'habita longtemps, est un joli village tout près de Tours.

On y remarque les ruines de l'ancienne et très célèbre abbaye de Marmoutier.

L'ABBAYE DE MARMOUTIER

C'est au IVe siècle que saint Martin, évêque de Tours, fonda cette célèbre abbaye, dont la renommée devait s'accroître de siècle en siècle. Elle était aussi riche des dons du ciel que de ceux de la terre. D'un côté, les vertus austères de ses saints moines qui inspiraient la plus grande vénération ; de l'autre, les immenses biens, dus à la piété des peuples et des rois qu'elle possédait. Ce fut avec la sainte ampoule de Marmoutier qu'Henri IV fut sacré.

L'église et les anciens bâtiments vendus en 1797 ont été démolis. Il ne reste que le vieux portique qui servait d'entrée principale au sud. Le superbe escalier qui avait échappé aux fureurs révolutionnaires a été vendu depuis et emporté en Angleterre. On en voit une reproduction très exacte au musée de Tours. Marmoutier appartient aujourd'hui aux Dames du Sacré-Cœur, qui ont fondé dans l'enceinte même de l'abbaye un très beau pensionnat.

SAVONNIÈRES

—

Les grottes de Savonnières d'une longueur de cent dix mètres et divisées en plusieurs compartiments qu'on appelle ici caves gouttières, sont curieuses à visiter.

Elles ont beaucoup d'analogie avec les fameuses grottes d'Arcy dans l'Yonne. Elles sont si sombres qu'on ne peut y entrer qu'avec de la lumière. L'eau qui suinte des voûtes forme à la longue de petits ruisseaux qui ont le don de pétrifier tout ce qu'on y dépose. Mais il faut beaucoup de temps pour que l'objet, fruit, légume, nid devienne pierre. Il faut aussi plusieurs mois, pour que ces eaux, qui tombent goutte à goutte se soient solidifiées, dans les moules généralement en métal qui les reçoivent ; on fait ainsi de fort jolis camées qui ont toute l'apparence d'une pierre finement sculptée.

Le dépôt de ces eaux, blanches et diaphanes, chargées de sels calcaires, forme encore avec le temps des cristallisations remarquables : des stalactites bizarres qui ont la transparence et le poli de l'albâtre descendent des voûtes.

Les eaux de Savonnières ne sont pas les seules

du département à fabriquer des pétrifications, les eaux de l'étang de Saint-Genault dans les environs de Loches agissent ainsi sur le bois auquel elles donnent la pesanteur de la pierre tout en le nuançant de diverses couleurs, sans lui enlever son caractère primitif ; d'autres eaux ont la propriété de rougir les pierres blanches qui y séjournent, de former des incrustations brillantes sur les mousses qu'elles baignent.

Non loin des grottes pétrifiantes de Savonnières se trouve le château de Villandry, une belle demeure ombreuse et fleurie, son beau parc se distingue par ses pelouses toutes brodées de mosaïculture, cela devient un art véritable à l'aide de ces feuillages aussi réguliers de formes que variés de tons, on arrive à tracer les plus charmants dessins, élégants festons, capricieuses arabesques, encadrent les initiales enlacées des propriétaires, parfois même, ce sont leurs armoiries qui se détachent sur les tapis d'herbes fines.

les pousse jusqu'au découragement : il se précautionne et s'endurcit contre les lenteurs et les remises, contre les reproches, les soupçons, les défiances, contre les difficultés et les obstacles, persuadé que le temps seul et les conjonctures amènent les choses et conduisent les esprits au point où on les souhaite. Il va jusqu'à feindre un intérêt secret à la rupture de la négociation, lorsqu'il désire le plus ardemment qu'elle soit continuée; et, si au contraire il a des ordres précis de faire les derniers efforts pour la rompre, il croit devoir, pour y réussir, en presser la continuation et la fin. S'il survient un grand événement, il se roidit ou il se relâche selon qu'il lui est utile ou préjudiciable; et si, par une grande prudence, il sait le prévoir, il presse et il temporise selon que l'État pour qui il travaille en doit craindre ou espérer; et il règle sur ses besoins ses conditions. Il prend conseil du temps, du lieu, des occasions, de sa puissance ou de sa faiblesse, du génie des nations avec qui il traite, du tempérament et du caractère des personnes avec qui il négocie. Toutes ses vues, toutes ses maximes, tous les raffinements de sa politique, tendent à une seule fin, qui est de n'être point trompé et de tromper les autres.

Le caractère des Français demande du sérieux dans le souverain.

L'un des malheurs du prince est d'être souvent trop plein de son secret, par le péril qu'il y a à le répandre : son bonheur est de rencontrer une personne sûre qui l'en décharge.

Il ne manque rien à un roi que les douceurs d'une vie privée : il ne peut être consolé d'une si grande perte que par le charme de l'amitié et par la fidélité de ses amis.

Le plaisir d'un roi qui mérite de l'être est de l'être moins[1] quelquefois, de sortir du théâtre, de quitter le bas de saye[2] et les brodequins, et de jouer avec une personne de confiance un rôle plus familier[3].

Rien ne fait plus d'honneur au prince que la modestie de son favori.

1. *De l'être moins*, d'oublier son rang.
2. Le *bas de saye* est la partie inférieure du *saye*, habillement romain appelé en latin *sagum*. Ce bas de saye est ce qu'on nommait, sur nos théâtres, *tonnelet*, espèce de tablier plissé, enflé et circulaire, dont s'affublaient les acteurs tragiques dans les pièces romaines ou grecques.
3. On lit dans Pascal : « Les princes et rois jouent quelquefois. Ils ne sont pas toujours sur leurs trônes; ils s'y ennuient. » (*Pensées*, art. vi, 45.)

Le favori n'a point de suite; il est sans engagement et sans liaisons. Il peut être entouré de parents et de créatures, mais il n'y tient pas : il est détaché de tout, et comme isolé.

Je ne doute point qu'un favori, s'il a quelque force et quelque élévation, ne se trouve souvent confus et déconcerté des bassesses, des petitesses de la flatterie, des soins superflus et des attentions frivoles de ceux qui le courent, qui le suivent, et qui s'attachent à lui comme ses viles créatures, et qu'il ne se dédommage dans le particulier d'une si grande servitude par le ris et la moquerie.

Hommes en place, ministres, favoris, me permettrez-vous de le dire? ne vous reposez point sur vos descendants pour le soin de votre mémoire et pour la durée de votre nom : les titres passent, la faveur s'évanouit, les dignités se perdent, les richesses se dissipent, et le mérite dégénère. Vous avez des enfants, il est vrai, dignes de vous; j'ajoute même capables de soutenir[1] toute votre fortune : mais qui peut vous en promettre autant de vos petits-fils? Ne m'en croyez pas; regardez cette unique fois de certains hommes que vous ne regardez jamais, que vous dédaignez : ils ont des aïeuls, à qui, tout grands que vous êtes, vous ne faites que succéder. Ayez de la vertu et de l'humanité; et si vous me dites : Qu'aurons-nous de plus? je vous répondrai : De l'humanité et de la vertu. Maîtres alors de l'avenir, et indépendants d'une postérité[2], vous êtes sûrs de durer autant que la monarchie; et dans le temps que l'on montrera les ruines de vos châteaux, et peut-être la seule place où ils étaient construits, l'idée de vos louables actions sera encore fraîche dans l'esprit des peuples; ils considéreront avidement vos portraits et vos médailles; ils diront : Cet homme[3], dont vous regardez la peinture, a parlé à son maître avec force et avec liberté, et a plus craint de lui nuire que de lui déplaire; il lui a permis d'être bon et bienfaisant, de dire de ses villes : *ma bonne ville,* et de son peuple : *mon bon peuple.* Cet autre dont vous

---

1. *Soutenir, sustinere* : « La seule simplicité d'un récit fidèle pouvait *soutenir* la gloire du prince de Condé. » (Bossuet, *Or. fun. du prince de Condé.*) « Je ne puis plus *soutenir* ces grandes paroles. » (Id., *Or. fun. de Henr. d'Angl.*)

2. *Indépendants,* n'ayant pas à compter sur votre postérité.

3. Le cardinal Georges d'Amboise, archevêque de Rouen, ministre de Louis XII.

voyez l'image[1], et en qui l'on remarque une physionomie forte, jointe à un air grave, austère et majestueux, augmente d'année à autre de réputation ; les plus grands politiques souffrent de lui être comparés. Son grand dessein a été d'affermir l'autorité du prince et la sûreté des peuples par l'abaissement des grands : ni les partis, ni les conjurations, ni les trahisons, ni le péril de la mort, ni ses infirmités, n'ont pu l'en détourner[2]. Il a eu du temps de reste pour entamer un ouvrage, continué ensuite et achevé par l'un de nos plus grands et de nos meilleurs princes[3], l'extinction de l'hérésie[4].

Le panneau le plus délié et le plus spécieux qui dans tous les temps ait été tendu aux grands par leurs gens d'affaires, et aux rois par leurs ministres, est la leçon qu'ils leur font de s'acquitter et de s'enrichir. Excellent conseil, maxime utile, fructueuse, une mine d'or, un Pérou, du moins pour ceux qui ont su jusqu'à présent l'inspirer à leurs maîtres !

C'est un extrême bonheur pour les peuples quand le prince admet dans sa confiance et choisit pour le ministère ceux mêmes qu'ils auraient voulu lui donner, s'ils en avaient été les maîtres.

La science des détails, ou une diligente attention aux moindres besoins de la république, est une partie essentielle au bon gouvernement, trop négligée à la vérité dans les derniers temps par les rois ou par les ministres, mais qu'on ne peut trop souhaiter dans le souverain qui l'ignore, ni assez estimer dans celui qui la possède. Que sert en effet au bien des peuples, et à la douceur de leurs jours, que le prince place les bornes de son empire au delà des terres de ses ennemis, qu'il fasse de leurs souverainetés des provinces de

---

1. Le cardinal de Richelieu.
2. On peut rapprocher de cet éloge la lettre de Voiture du 24 décembre 1636, consacrée à l'éloge de Richelieu.
3. Louis XIV.
4. Madame de Sévigné partage sur cette question l'illusion de La Bruyère : voici ce qu'elle écrit le 28 octobre 1685 à son cousin de Bussy : « Vous aurez vu sans doute l'édit par lequel le roi révoque celui de Nantes. Rien n'est si beau que tout ce qu'il contient, et jamais aucun roi n'a fait et ne fera rien de plus mémorable. » Bussy lui répond le 14 novembre : « J'admire la conduite du roi pour ruiner les huguenots. » Cette approbation semble aujourd'hui au moins exagérée.

son royaume, qu'il leur soit également supérieur par les siéges et par les batailles, et qu'ils ne soient devant lui en sûreté ni dans les plaines ni dans les plus forts bastions, que les nations s'appellent les unes les autres, se liguent ensemble pour se défendre et pour l'arrêter, qu'elles se liguent en vain, qu'il marche toujours et qu'il triomphe toujours, que leurs dernières espérances soient tombées par le raffermissement d'une santé qui donnera au monarque le plaisir de voir les princes ses petits-fils soutenir¹ ou accroître ses destinées, se mettre en campagne, s'emparer de redoutables forteresses et conquérir de nouveaux États ; commander de vieux et expérimentés capitaines, moins par leur rang et leur naissance que par leur génie et leur sagesse, suivre les traces augustes de leur victorieux père², imiter sa bonté, sa docilité, son équité, sa vigilance, son intrépidité? Que me servirait, en un mot, comme à tout le peuple, que le prince fût heureux et comblé de gloire par lui-même et par les siens, que ma patrie fût puissante et formidable, si, triste et inquiet, j'y vivais dans l'oppression ou dans l'indigence ; si, à couvert des courses de l'ennemi, je me trouvais exposé dans les places ou dans les rues d'une ville au fer d'un assassin, et que je craignisse moins dans l'horreur de la nuit d'être pillé ou massacré dans d'épaisses forêts que dans ses carrefours ; si la sûreté³, l'ordre et la propreté ne rendaient pas le séjour des villes si délicieux, et n'y avaient pas amené, avec l'abondance, la douceur de la société ; si, faible et seul de mon parti, j'avais à souffrir dans ma métairie du voisinage d'un grand, et si l'on avait moins pourvu à me faire justice de ses entreprises ; si je n'avais pas sous ma main autant de maîtres, et d'excellents maîtres, pour élever mes enfants dans les sciences ou dans les arts qui feront un jour leur établissement ; si, par la facilité du commerce, il m'était moins ordinaire de m'habiller de bonnes étoffes, et de me nourrir de viandes saines, et de les acheter peu ; si enfin, par les soins du prince, je n'étais pas aussi

---

1. Voir p. 178, n. 1.

2. *Père*, le Dauphin, fils de Louis XIV, élève de Bossuet, dont La Bruyère fait, au chap. *des Jugements*, un éloge peu mérité.

3. Ce n'est qu'en 1667 qu'on avait pourvu à la sûreté générale par de sages mesures, dont l'exécution fut confiée à La Reynie, premier lieutenant général de police.

content de ma fortune qu'il doit lui-même par ses vertus l'être de la sienne¹?

Les huit ou les dix mille hommes sont au souverain comme une monnaie dont il achète une place ou une victoire : s'il fait qu'il lui en coûte moins, s'il épargne les hommes, il ressemble à celui qui marchande, et qui connaît mieux qu'un autre le prix de l'argent.

Tout prospère dans une monarchie où l'on confond les intérêts de l'État avec ceux du prince².

Nommer un roi PÈRE DU PEUPLE, est moins faire son éloge que l'appeler par son nom ou faire sa définition.

Il y a un commerce ou un retour de devoirs du souverain à ses sujets, et de ceux-ci au souverain : quels sont les plus assujettissants et les plus pénibles ? je ne le déciderai pas : il s'agit de juger, d'un côté, entre les étroits engagements du respect, des secours, des services, de l'obéissance, de la dépendance; et, d'un autre, les obligations indispensables de bonté, de justice, de soins, de défense, de protection. Dire qu'un prince est arbitre de la vie des hommes, c'est dire seulement que les hommes, par leurs crimes, deviennent naturellement soumis aux lois et à la justice, dont le prince est le dépositaire : ajouter qu'il est maître absolu de tous les biens de ses sujets, sans égard, sans compte ni discussion, c'est le langage de la flatterie, c'est l'opinion d'un favori qui se dédira à l'agonie.

Quand vous voyez quelquefois un nombreux troupeau qui, répandu sur une colline vers le déclin d'un beau jour, paît tranquillement le thym et le serpolet, ou qui broute dans une prairie une herbe menue et tendre qui a échappé à la faux du moissonneur, le berger soigneux et attentif est debout auprès de ses brebis; il ne les perd pas de vue, il les suit, il les conduit, il les change de pâturages : si elles se dispersent, il les rassemble; si un loup avide paraît, il lâche son chien, qui le met en fuite; il les nourrit, les défend; l'aurore le trouve déjà en pleine campagne, d'où il ne se retire qu'avec le soleil. Quels soins! quelle vi-

1. Éloge délicat et indirect du roi : La Bruyère, comme Molière et Boileau, fait accepter la hardiesse de certaines critiques par des compliments d'ailleurs mérités.
2. « Puissent les princes entendre que leur vraie gloire est de n'être pas pour eux-mêmes, et que le bien public qu'ils procurent leur est une assez digne récompense sur la terre... » (Bossuet, *Polit.*, III, art. III.)

gilance! quelle servitude! Quelle condition vous paraît la plus délicieuse et la plus libre, ou du berger ou des brebis? Le troupeau est-il fait pour le berger, ou le berger pour le troupeau? Image naïve des peuples et du prince qui les gouverne, s'il est bon prince [1].

Le faste et le luxe dans un souverain, c'est le berger habillé d'or et de pierreries, la houlette d'or en ses mains; son chien a un collier d'or, il est attaché avec une laisse d'or et de soie. Que sert tant d'or à son troupeau ou contre les loups?

Quelle heureuse place que celle qui fournit dans tous les instants l'occasion à un homme de faire du bien à tant de milliers d'hommes! Quel dangereux poste que celui qui expose à tous moments un homme à nuire à un million d'hommes!

Si les hommes ne sont point capables sur la terre d'une joie plus naturelle, plus flatteuse et plus sensible que de connaître qu'ils sont aimés, et si les rois sont hommes, peuvent-ils jamais trop acheter le cœur de leurs peuples?

Il y a peu de règles générales et de mesures certaines pour bien gouverner; l'on suit le temps et les conjonctures, et cela roule [2] sur la prudence et sur les vues de ceux qui règnent : aussi le chef-d'œuvre de l'esprit, c'est le parfait gouvernement; et ce ne serait peut-être pas une chose possible, si les peuples, par l'habitude où ils sont de la dépendance et de la soumission, ne faisaient la moitié de l'ouvrage.

Sous un très-grand roi, ceux qui tiennent les premières places n'ont que des devoirs faciles, et que l'on remplit sans nulle peine : tout coule de source; l'autorité et le génie du prince leur aplanissent les chemins, leur épargnent les difficultés, et font tout prospérer au delà de leur attente : ils ont le mérite de subalternes [3].

Si c'est trop de se trouver chargé d'une seule famille, si

---

1. « Dieu a choisi David, et l'a tiré d'après les brebis pour paître Jacob son serviteur, et Israël son héritage. Il n'a fait que changer de troupeau : au lieu de paître des brebis, il paît des hommes. Paître, dans la langue sainte, c'est gouverner, et le nom de pasteur signifie le prince : tant ces choses sont unies. » (Bossuet, *Polit.*, III, 3.)

2. Expression toute latine : « *Omnia in unius potestate vertuntur.* » (Cicéron, *Verr.*, I, 7, 20.)

3. *Subalternes.* La Bruyère sacrifie injustement Colbert et Louvois à la grandeur de Louis XIV.

c'est assez d'avoir à répondre de soi seul, quel poids, quel accablement que celui de tout un royaume! Un souverain est-il payé de ses peines par le plaisir que semble donner une puissance absolue, par toutes les prosternations des courtisans? Je songe aux pénibles, douteux et dangereux chemins qu'il est quelquefois obligé de suivre pour arriver à la tranquillité publique; je repasse les moyens extrêmes, mais nécessaires, dont il use souvent pour une bonne fin: je sais qu'il doit répondre à Dieu même de la félicité de ses peuples, que le bien et le mal est en ses mains, et que toute ignorance ne l'excuse pas; et je me dis à moi-même: Voudrais-je régner? Un homme un peu heureux dans une condition privée devrait-il y renoncer pour une monarchie? N'est-ce pas beaucoup pour celui qui se trouve en place par un droit héréditaire, de supporter d'être né roi?

Que de dons du ciel[1] ne faut-il pas pour bien régner! Une naissance auguste, un air d'empire et d'autorité, un visage qui remplisse la curiosité des peuples empressés de voir le prince[2], et qui conserve le respect dans le courtisan; une parfaite égalité d'humeur; un grand éloignement pour la raillerie piquante, ou assez de raison pour ne se la permettre point[3]: ne faire jamais ni menaces ni reproches; ne point céder à la colère, et être toujours obéi; l'esprit facile, insinuant; le cœur ouvert, sincère, et dont on croit voir le fond, et ainsi très-propre à se faire des amis, des créatures et des alliés; être secret toutefois, profond et impénétrable dans ses motifs et dans ses projets; du sérieux et de la gravité dans le public; de la brièveté, jointe à beaucoup de justesse et de dignité, soit dans les réponses aux ambassadeurs des princes, soit dans les conseils; une manière de faire des grâces qui est comme un second bienfait; le choix des personnes que l'on gratifie; le discernement des esprits, des talents, et des

---

1. Nouvel éloge de Louis XIV.

2. Xénophon exprime une idée analogue: « Il me semble que les dieux eux-mêmes ont attaché un caractère de respect et une certaine grâce à la personne du souverain. » (*Hiéron*, c. VIII.)

3. Louis XIV, dans ses *Mémoires historiques*, recommande aux princes la plus grande circonspection: « La moindre marque de mépris qu'il donne d'un particulier fait au cœur de cet homme une plaie incurable. » (Tome II, p. 211.) Bossuet exprime la même idée: « Qu'elle (votre puissance) ne vous emporte pas à des moqueries insolentes. Il n'y a rien de plus odieux. » (*Polit.*, III, 3.)

complexions[1], pour la distribution des postes et des emplois; le choix des généraux et des ministres; un jugement ferme, solide, décisif dans les affaires, qui fait que l'on connaît le meilleur parti et le plus juste; un esprit de droiture et d'équité qui fait qu'on le suit jusqu'à prononcer quelquefois contre soi-même en faveur du peuple, des alliés, des ennemis; une mémoire heureuse et très-présente qui rappelle les besoins des sujets, leurs visages, leurs noms, leurs requêtes; une vaste capacité qui s'étende non-seulement aux affaires de dehors, au commerce, aux maximes d'État, aux vues de la politique, au reculement des frontières par la conquête de nouvelles provinces, et à leur sûreté par un grand nombre de forteresses inaccessibles; mais qui sache aussi se renfermer au dedans, et comme dans les détails[2] de tout un royaume; qui en bannisse un culte faux, suspect et ennemi de la souveraineté, s'il s'y rencontre; qui abolisse des usages cruels et impies[3], s'ils y règnent; qui réforme les lois et les coutumes[4], si elles étaient remplies d'abus; qui donne aux villes plus de sûreté et plus de commodités par le renouvellement d'une exacte police, plus d'éclat et plus de majesté par des édifices somptueux; punir sévèrement les vices scandaleux; donner, par son autorité et par son exemple, du crédit à la piété et à la vertu; protéger l'Église, ses ministres, ses droits, ses libertés[5]; ménager ses peuples comme ses enfants[6]; être toujours occupé de la pensée de les soulager, de rendre les subsides légers, et tels qu'ils se lèvent sur les provinces sans les appauvrir; de grands talents pour la guerre; être vigilant, appliqué, laborieux; avoir des armées nombreuses, les commander en personne; être froid dans le péril, ne ménager sa vie que pour le bien de son État, aimer le bien de son État et sa gloire plus que sa

---

1. *Complexions*, caractères : voir p. 95, n. 5.
2. Saint-Simon blâme chez Louis XIV ce que loue La Bruyère : « Son esprit, naturellement porté au petit, se plut en toutes sortes de détails. » (*Mém.*, ch. 406.)
3. Le duel aboli en 1663.
4. Boileau félicite aussi le roi de ce bienfait :

   Déjà de tous côtés la chicane aux abois
   S'enfuit au seul aspect de tes nouvelles lois.   (*Ép.*, I, 147.)

5. En 1681, les évêques de France avaient été convoqués pour régler les droits respectifs de l'État et de Rome dans les matières ecclésiastiques et consacrer les libertés de l'Église gallicane.
6. La postérité n'a pas ratifié ce jugement.

vie; une puissance très-absolue, qui ne laisse point d'occasion aux brigues, à l'intrigue et à la cabale; qui ôte cette distance infinie qui est quelquefois entre les grands et les petits, qui les rapproche, et sous laquelle tous plient également; une étendue de connaissances qui fait que le prince voit tout par ses yeux, qu'il agit immédiatement et par lui-même, que ses généraux ne sont, quoique éloignés de lui, que ses lieutenants, et les ministres que ses ministres; une profonde sagesse qui sait déclarer la guerre, qui sait vaincre et user de la victoire, qui sait faire la paix, qui sait la rompre, qui sait quelquefois, et selon les divers intérêts, contraindre les ennemis à la recevoir; qui donne des règles à une vaste ambition, et sait jusqu'où l'on doit conquérir; au milieu d'ennemis couverts ou déclarés, se procurer le loisir des jeux, des fêtes, des spectacles; cultiver les arts et les sciences, former et exécuter des projets d'édifices surprenants; un génie enfin supérieur et puissant qui se fait aimer et révérer des siens, craindre des étrangers; qui fait d'une cour, et même de tout un royaume, comme une seule famille unie parfaitement sous un même chef, dont l'union et la bonne intelligence est redoutable au reste du monde. Ces admirables vertus me semblent renfermées dans l'idée du souverain. Il est vrai qu'il est rare de les voir réunies dans un même sujet; il faut que trop de choses concourent à la fois, l'esprit, le cœur, les dehors, le tempérament[1]; et il me paraît qu'un monarque qui les rassemble toutes en sa personne est bien digne du nom de GRAND.

De l'homme.

Ne nous emportons point contre les hommes, en voyant leur dureté, leur ingratitude, leur injustice, leur fierté, l'amour d'eux-mêmes, et l'oubli des autres; ils sont ainsi faits, c'est leur nature[2] : c'est ne pouvoir supporter que la pierre tombe ou que le feu s'élève.

---

1. Bossuet emploie ce mot dans un sens analogue : « C'est que l'État romain était, pour ainsi parler, du *tempérament* qui devait être le plus fécond en héros. » (*Hist.*, III, c. VI.)

2. Molière met les mêmes idées dans la bouche de Philinte :

Oui, je vois ces défauts dont votre âme murmure,
Comme vices unis à l'humaine nature... (*Misanth.*, I, 1.)

Les hommes, en un sens, ne sont point légers ou ne le sont que dans les petites choses : ils changent leurs habits, leur langage, les dehors, les bienséances ; ils changent de goûts quelquefois ; ils gardent leurs mœurs toujours mauvaises ; fermes et constants dans le mal, ou dans l'indifférence pour la vertu.

Le stoïcisme est un jeu d'esprit et une idée semblable à la république de Platon [1]. Les stoïques ont feint [2] qu'on pouvait rire dans la pauvreté, être insensible aux injures, à l'ingratitude, aux pertes de biens, comme à celles des parents et des amis ; regarder froidement la mort, et comme une chose indifférente, qui ne devait ni réjouir ni rendre triste ; n'être vaincu ni par le plaisir ni par la douleur ; sentir le fer ou le feu dans quelque partie de son corps, sans pousser le moindre soupir ni jeter une seule larme [3] ; et ce fantôme de vertu et de constance ainsi imaginé, il leur a plu de l'appeler un sage. Ils ont laissé à l'homme tous les défauts qu'ils lui ont trouvés, et n'ont presque relevé aucun de ses faibles. Au lieu de faire de ses vices des peintures affreuses ou ridicules qui servissent à l'en corriger, ils lui ont tracé l'idée d'une perfection et d'un héroïsme dont il n'est point capable, et l'ont exhorté à l'impossible. Ainsi le sage, qui n'est pas, ou qui n'est qu'imaginaire, se trouve naturellement et par lui-même au-dessus de tous les événements et de tous les maux : ni la goutte la plus douloureuse, ni la colique la plus aiguë, ne sauraient lui arracher une plainte ; le ciel et la terre peuvent être renversés sans l'entraîner dans leur chute, et il demeurerait ferme sur les ruines de l'univers [4] ; pendant que l'homme qui est [5] en effet sort de son sens, crie, se désespère, étincelle des yeux, et

---

1. « Il n'y en a jamais eu (de secte) dont les principes fussent plus dignes de l'homme, et plus propres à former des gens de bien, que celle des stoïciens.... Ils n'étaient occupés qu'à travailler au bonheur des hommes, à exercer les devoirs de la société..., etc. (Montesquieu, *Esp. des lois*, XXIV, ch. 10.)

2. *Feindre*.
Il lui *feint* qu'en un lieu que vous seul connaissez
Vous cachez des trésors par David amassés. (Racine, *Ath.*, I, 2.)

3. *Jeter*. Je *jette* des larmes de joie. (Molière, *Don Juan*, V, 1.)

4. Si fractus illabatur orbis,
Impavidum ferient ruinæ. (Horace, *Od.*, III, 3.)

5. *Qui est*, qui est réellement homme.

perd la respiration pour un chien perdu, ou pour une porcelaine qui est en pièces.

Inquiétude d'esprit, inégalité d'humeur, inconstance de cœur, incertitude de conduite, tous vices de l'âme, mais différents, et qui, avec[1] tout le rapport qui paraît entre eux, ne se supposent pas toujours l'un l'autre dans un même sujet.

Il est difficile de décider si l'irrésolution rend l'homme plus malheureux que méprisable, de même s'il y a toujours plus d'inconvénient à prendre un mauvais parti qu'à n'en prendre aucun.

Un homme inégal[2] n'est pas un seul homme, ce sont plusieurs : il se multiplie autant de fois qu'il a de nouveaux goûts et de manières différentes ; il est à chaque moment ce qu'il n'était point, et il va être bientôt ce qu'il n'a jamais été ; il se succède à lui-même. Ne demandez pas de quelle complexion il est, mais quelles sont ses complexions ; ni de quelle humeur, mais combien il a de sortes d'humeurs. Ne vous trompez-vous point ? Est-ce *Eutichrate* que vous abordez ? Aujourd'hui, quelle glace pour vous ! Hier il vous cherchait, il vous caressait, vous donniez de la jalousie à ses amis. Vous reconnaît-il bien ? Dites-lui votre nom.

[3] *Ménalque*[4] descend son escalier, ouvre sa porte pour sortir, il la referme : il s'aperçoit qu'il est en bonnet de nuit, et, venant à mieux s'examiner, il se trouve rasé à moitié, il voit que son épée est mise du côté droit, que ses bas sont rabattus sur ses talons, et que sa chemise est par-dessus ses chausses[5]. S'il marche dans les places, il se sent tout d'un coup rudement frapper à l'estomac ou au visage ;

---

1. *Avec*, malgré, voir p. 145, n. 1.
2. Collin d'Harleville a donné en 1786 une comédie en cinq actes et en vers, l'*Inconstant*, où ce caractère est développé d'une manière fort heureuse.
3. Ceci est moins un caractère particulier qu'un recueil de faits de distraction : ils ne sauraient être en trop grand nombre, s'ils sont agréables ; car les goûts étant différents, on a à choisir. (La Bruyère.)
4. Bien que La Bruyère se défende ici en particulier d'avoir pris pour modèle un homme de la société, et qu'il soit en effet difficile de croire qu'un même personnage lui ait fourni tous les traits qu'il rassemble, il paraît constant que la plupart de ces traits peuvent être attribués au duc de Brancas, l'homme le plus distrait de son temps.
5. *Chausses*, ou haut-de-chausses, partie inférieure du vêtement, depuis la ceinture jusqu'en haut des jambes.

il ne soupçonne point ce que ce peut être, jusqu'à ce qu'ouvrant les yeux et se réveillant il se trouve ou devant un limon de charrette, ou derrière un long ais de menuiserie que porte un ouvrier sur ses épaules. On l'a vu une fois heurter du front contre celui d'un aveugle, s'embarrasser dans ses jambes, et tomber, avec lui, chacun de son côté, à la renverse. Il lui est arrivé plusieurs fois de se trouver tête pour tête à la rencontre d'un prince et sur son passage, se reconnaître à peine, et n'avoir que le loisir de se coller à un mur pour lui faire place. Il cherche, il brouille[1], il crie, il s'échauffe, il appelle ses valets l'un après l'autre; *on lui perd tout, on lui égare tout*; il demande ses gants qu'il a dans ses mains, semblable à cette femme qui prenait le temps de demander son masque lorsqu'elle l'avait sur son visage. Il entre à l'appartement, et passe sous un lustre où sa perruque s'accroche et demeure suspendue : tous les courtisans regardent, et rient; Ménalque regarde aussi, et rit plus haut que les autres; il cherche des yeux, dans toute l'assemblée, où est celui qui montre ses oreilles, et à qui il manque une perruque. S'il va par la ville, après avoir fait quelque chemin, il se croit égaré, il s'émeut, et il demande où il est à des passants, qui lui disent précisément le nom de sa rue; il entre ensuite dans sa maison, d'où il sort précipitamment, croyant qu'il s'est trompé. Il descend du Palais; et, trouvant au bas du grand degré[2] un carrosse qu'il prend pour le sien, il se met dedans; le cocher touche, et croit ramener son maître dans sa maison. Ménalque se jette hors de la portière, traverse la cour, monte l'escalier, parcourt l'antichambre, la chambre, le cabinet : tout lui est familier, rien ne lui est nouveau; il s'assit[3], il se repose, il est chez soi. Le maître arrive; celui-ci se lève pour le recevoir, il le traite fort civilement, le prie de s'asseoir, et croit faire les honneurs de sa chambre; il parle, il rêve, il reprend la parole : le maître de la maison s'ennuie, et demeure étonné. Ménalque ne l'est pas moins, et ne dit pas ce qu'il en pense : il a affaire à un fâcheux, à un homme oisif, qui se retirera à la

---

1. *Brouille*, pris absolument :

    Elles filaient si bien que les sœurs filandières
    Ne faisaient que *brouiller* au prix de celles-ci.   (La Fontaine, V. 6.)

2. *Degré*, le grand escalier.
3. Voir p. 172, n. 4.

fin ; il l'espère et il prend patience. La nuit arrive, qu'il est à peine détrompé. Une autre fois, il rend visite à une femme, et se persuadant bientôt que c'est lui qui la reçoit, il s'établit dans son fauteuil, et ne songe nullement à l'abandonner : il trouve ensuite que cette dame fait ses visites longues [1] ; il attend à tous moments qu'elle se lève et le laisse en liberté; mais comme cela tire en longueur, qu'il a faim, et que la nuit est déjà avancée, il la prie à souper ; elle rit, et si haut, qu'elle le réveille. Lui-même se marie le matin, l'oublie le soir, et découche la nuit de ses noces; et quelques années après, il perd sa femme, elle meurt entre ses bras, il assiste à ses obsèques; et, le lendemain, quand on lui vient dire qu'on a servi, il demande si sa femme est prête, et si elle est avertie. C'est lui encore qui entre dans une église, et prenant l'aveugle qui est collé à la porte pour un pilier, et sa tasse pour le bénitier, y plonge la main, la porte à son front, lorsqu'il entend tout d'un coup le pilier qui parle et qui lui offre des oraisons. Il s'avance dans la nef, il croit voir un prie-Dieu, il se jette lourdement dessus; la machine plie, s'enfonce, et fait des efforts pour crier. Ménalque est surpris de se voir à genoux sur les jambes d'un fort petit homme, appuyé sur son dos, les deux bras passés sur ses épaules, et ses deux mains jointes et étendues qui lui prennent le nez et lui ferment la bouche. Il se retire confus, et va s'agenouiller ailleurs : il tire un livre pour faire sa prière, et c'est sa pantoufle qu'il a prise pour ses Heures, et qu'il a mise dans sa poche avant que de sortir. Il n'est pas hors de l'église qu'un homme de livrée court après lui, le joint, lui demande en riant s'il n'a point la pantoufle de monseigneur. Ménalque lui montre la sienne, et lui dit : *Voilà toutes les pantoufles que j'ai sur moi*; il se fouille néanmoins, et tire celle de l'évêque de *** qu'il vient de quitter, qu'il a trouvé malade auprès de son feu, et dont, avant de prendre congé de lui, il a ramassé la pantoufle, comme l'un de ses gants qui était à terre : ainsi Ménalque s'en retourne chez soi avec une pantoufle de moins. Il a une fois perdu au jeu tout l'argent qui est dans sa bourse; et, voulant continuer de jouer, il entre dans son cabinet, ouvre une armoire, y prend sa cassette, en tire ce qu'il lui plaît, croit la remettre où il l'a

---

[1]. Cependant sa visite, assez insupportable,
Traîne en une longueur encore épouvantable. (Molière, *Misanth.*, II, 5.)

prise : il entend aboyer dans son armoire qu'il vient de fermer ; étonné de ce prodige, il l'ouvre une seconde fois, et il éclate de rire d'y voir son chien qu'il a serré pour sa cassette. Il joue au trictrac, il demande à boire, on lui en apporte ; c'est à lui à jouer, il tient le cornet d'une main et un verre de l'autre, et, comme il a une grande soif, il avale les dés et presque le cornet, jette le verre d'eau dans le trictrac et inonde celui contre qui il joue ; et, dans une chambre où il est familier, il crache sur le lit et jette son chapeau à terre, en croyant faire tout le contraire. Il se promène sur l'eau, et il demande quelle heure il est. On lui présente une montre : à peine l'a-t-il reçue, que, ne songeant plus ni à l'heure ni à la montre, il la jette dans la rivière, comme une chose qui l'embarrasse. Lui-même écrit une longue lettre, met de la poudre dessus à plusieurs reprises, et jette toujours la poudre dans l'encrier. Ce n'est pas tout : il écrit une seconde lettre, et après les avoir cachetées toutes deux, il se trompe à l'adresse [1]. Un duc et pair reçoit l'une de ces deux lettres, et en l'ouvrant y lit ces mots : *Maître Olivier, ne manquez, sitôt la présente reçue, de m'envoyer ma provision de foin...* Son fermier reçoit l'autre ; il l'ouvre, et se la fait lire ; on y trouve : *Monseigneur, j'ai reçu avec une soumission aveugle les ordres qu'il a plu à votre grandeur...* Lui-même encore écrit une lettre pendant la nuit, et, après l'avoir cachetée, il éteint sa bougie ; il ne laisse pas d'être surpris de ne voir *goutte,* et il sait à peine comment cela est arrivé. Ménalque descend l'escalier du Louvre ; un autre le monte, à qui il dit : *C'est vous que je cherche.* Il le prend par la main, le fait descendre avec lui, traverse plusieurs cours, entre dans les salles, en sort ; il va, il revient sur ses pas. Il regarde enfin celui qu'il traîne après soi depuis un quart d'heure ; il est étonné que ce soit lui ; il n'a rien à lui dire ; il lui quitte la main, et tourne d'un autre côté. Souvent il vous interroge, et il est déjà bien loin de vous quand vous songez à lui répondre ; ou bien il vous demande en courant comment se porte votre père ; et, comme vous lui dites qu'il est fort mal, il vous crie qu'il en est bien aise. Il vous trouve

---

1. Madame de Sévigné cite ce trait du comte de Brancas : « Il écrivait l'autre jour à madame de Villars et à moi ; le dessus de la lettre était : *à M. de Villars, à Madrid.* Madame de Villars, qui le connaît, devina la vérité ; elle ouvre la lettre, et y trouve d'abord : « *Mes très-chères.* » (Lett. 259.)

quelquefois sur son chemin ; *il est ravi de vous rencontrer; il sort de chez vous pour vous entretenir d'une certaine chose.* Il contemple votre main : *Vous avez là,* dit-il, *un beau rubis; est-il balais*[1] ? Il vous quitte, et continue sa route ; voilà l'affaire importante dont il avait à vous parler. Se trouve-t-il en campagne[2], il dit à quelqu'un qu'il le trouve heureux d'avoir pu se dérober à la cour pendant l'automne, et d'avoir passé dans ses terres tout le temps de Fontainebleau ; il tient à d'autres d'autres discours ; puis revenant à celui-ci : Vous avez eu, lui dit-il, de beaux jours à Fontainebleau ; vous y avez sans doute beaucoup chassé. Il commence ensuite un conte qu'il oublie d'achever ; il rit en lui-même, il éclate d'une chose qui lui passe par l'esprit, il répond à sa pensée, il chante entre ses dents, il siffle, il se renverse dans une chaise, il pousse un cri plaintif, il bâille, il se croit seul. S'il se trouve à un repas, on voit le pain se multiplier insensiblement sur son assiette ; il est vrai que ses voisins en manquent, aussi bien que de couteaux et de fourchettes, dont il ne les laisse pas jouir longtemps. On a inventé aux tables une grande cuiller pour la commodité du service ; il la prend, la plonge dans le plat, l'emplit, la porte à sa bouche, et il ne sort pas d'étonnement de voir répandu sur son linge et sur ses habits le potage qu'il vient d'avaler. Il oublie de boire pendant tout le dîner ; ou, s'il s'en souvient, et qu'il trouve qu'on lui donne trop de vin, il en *flaque*[3] plus de la moitié au visage de celui qui est à sa droite ; il boit le reste tranquillement, et ne comprend pas pourquoi tout le monde éclate de rire de ce qu'il a jeté à terre ce qu'on lui a versé de trop. Il est un jour retenu au lit pour quelque incommodité ; on lui rend visite, il y a un cercle d'hommes et de femmes dans sa ruelle qui l'entretiennent, et en leur présence il soulève sa couverture et crache dans ses draps. On le mène aux Chartreux ; on lui fait voir un cloître orné d'ouvrages, tous de la main d'un excellent peintre[4] ; le religieux

1. *Balais*, variété de rubis, couleur de vin paillet, ainsi nommé peut-être de *Balakschan*, dans le voisinage de Samarcande.
2. *En campagne*, aujourd'hui : *à la campagne* : alors, et même au 18ᵉ siècle, la distinction ne se faisait pas : « Le printemps n'est pas si agréable *en campagne* que tu penses. » (Rousseau, *Hél.*, I, 7.)
3. *Flaquer*, mot de l'ancienne langue, signifiait jeter violemment.
4. Eustache Le Sueur, né en 1617, mort en 1655, avait orné le cloître des Chartreux de vingt-deux tableaux représentant l'histoire de saint Bruno.

qui les lui explique parle de saint Bruno, du chanoine et de son aventure[1], en fait une longue histoire, et la montre dans l'un de ces tableaux. Ménalque, qui pendant la narration est hors du cloître, et bien loin au delà, y revient enfin, et demande au père si c'est le chanoine ou saint Bruno qui est damné. Il se trouve par hasard avec une jeune veuve ; il lui parle de son défunt mari, lui demande comment il est mort. Cette femme, à qui ce discours renouvelle ses douleurs, pleure, sanglote, et ne laisse pas de reprendre tous les détails de la maladie de son époux, qu'elle conduit depuis la veille de sa fièvre, qu'il se portait bien, jusqu'à l'agonie. *Madame*, lui demande Ménalque, qui l'avait apparemment écoutée avec attention, *n'aviez-vous que celui-là?* Il s'avise un matin de faire tout hâter dans sa cuisine ; il se lève avant le fruit, et prend congé de la compagnie. On le voit ce jour-là en tous les endroits de la ville, hormis en celui où il a donné un rendez-vous précis pour cette affaire qui l'a empêché de dîner, et l'a fait sortir à pied, de peur que son carrosse ne le fît attendre. L'entendez-vous crier, gronder, s'emporter contre l'un de ses domestiques? Il est étonné de ne le point voir : Où peut-il être? dit-il ; que fait-il? qu'est-il devenu? qu'il ne se présente plus devant moi, je le chasse dès à cette heure : le valet arrive, à qui il demande fièrement d'où il vient ; il lui répond qu'il vient de l'endroit où il l'a envoyé, et il lui rend un fidèle compte de sa commission. Vous le prendriez souvent pour tout ce qu'il n'est pas : pour un stupide[2], car il n'écoute point, et il parle encore moins ; pour un fou, car, outre qu'il parle tout seul, il est sujet à de certaines grimaces et à des mouvements de tête involontaires ; pour un homme fier et incivil, car vous le saluez, et il passe sans vous regarder, ou il vous regarde sans vous rendre le salut ; pour un inconsidéré, car il parle de banqueroute au milieu d'une famille où il y a cette tache ; d'exécution et d'échafaud devant un homme dont le père y a monté ; de

---

1. On allait enterrer un chanoine de Paris nommé Raymond ; alors que l'on commençait la quatrième leçon : *responde mihi,* il se releva de sa bière en s'écriant : « Je suis accusé et condamné par un juste jugement de Dieu. » Ce miracle détermina saint Bruno à embrasser la vie solitaire : il fonda dans la solitude un ordre religieux qui prit le nom de *Chartreux,* du village de Chartreuse, situé dans le voisinage à huit kilomètres de Grenoble. (LE PÈRE GIRY, *Vies des Saints,* au 6 octobre.)

2. *Stupide,* dans le sens du mot latin *stupidus ;* Corneille l'emploie ainsi : « Je demeure *stupide.* » (Cinna, V, 1.)

roture devant des roturiers qui sont riches et qui se donnent pour nobles. De même il a dessein d'élever auprès de soi un fils naturel, sous le nom et le personnage d'un valet, et quoiqu'il veuille le dérober à la connaissance de sa femme et de ses enfants, il lui échappe de l'appeler son fils dix fois le jour. Il a pris aussi la résolution de marier son fils à la fille d'un homme d'affaires, et il ne laisse pas de dire de temps en temps, en parlant de sa maison et de ses ancêtres, que les Ménalques ne se sont jamais mésalliés. Enfin, il n'est ni présent ni attentif, dans une compagnie, à ce qui fait le sujet de la conversation : il pense et il parle tout à la fois ; mais la chose dont il parle est rarement celle à laquelle il pense ; aussi ne parle-t-il guère conséquemment[1] et avec suite : où il dit *non*, souvent il faut dire *oui* ; et où il dit *oui*, croyez qu'il veut dire *non* : il a, en vous répondant si juste, les yeux fort ouverts, mais il ne s'en sert point, il ne regarde ni vous, ni personne, ni rien qui soit au monde : tout ce que vous pouvez tirer de lui, et encore dans le temps qu'il est le plus appliqué et d'un meilleur commerce, ce sont ces mots : *Oui vraiment : C'est vrai : Bon ! Tout de bon ? Oui-dà ! Je pense qu'oui : Assurément : Ah ciel !* et quelques autres monosyllabes qui ne sont pas même placés à propos. Jamais aussi il n'est avec ceux avec qui il paraît être : il appelle sérieusement son laquais *monsieur* ; et son ami, il l'appelle *la Verdure* : il dit *Votre Révérence* à un prince du sang, et *Votre Altesse* à un jésuite. Il entend la messe ; le prêtre vient à éternuer ; il lui dit : *Dieu vous assiste !* Il se trouve avec un magistrat ; cet homme, grave par son caractère, vénérable par son âge et par sa dignité, l'interroge sur un événement et lui demande si cela est ainsi ; Ménalque lui répond : *Oui, mademoiselle.* Il revient une fois de la campagne ; ses laquais en livrée entreprennent de le voler, et y réussissent ; ils descendent de son carrosse, lui portent un bout de flambeau sous la gorge, lui demandent la bourse, et il la rend : arrivé chez soi, il raconte son aventure à ses amis, qui ne manquent pas de l'interroger sur les circonstances ; et il leur dit : *Demandez à mes gens, ils y étaient*[2].

1. *Conséquemment*, d'une manière qui s'enchaîne : « Bien définir ses mots pour parler *conséquemment.* (Bossuet, *Rép.*) « Il y a des hommes qui... ne raisonnent pas *conséquemment.* » (Vauvenargues, *Just.*)

2. On peut comparer avec ce morceau, auquel il y aurait à reprocher

L'incivilité n'est pas un vice de l'âme; elle est l'effet de plusieurs vices, de la sotte vanité, de l'ignorance de ses devoirs, de la paresse, de la stupidité, de la distraction, du mépris des autres, de la jalousie. Pour[1] ne se répandre que sur les dehors, elle n'en est que plus haïssable, parce que c'est toujours un défaut visible et manifeste; il est vrai cependant qu'il offense plus ou moins, selon la cause qui le produit.

Dire d'un homme colère, inégal, querelleux[2], chagrin, pointilleux, capricieux : c'est son humeur, n'est pas l'excuser, comme on le croit, mais avouer, sans y penser, que de si grands défauts sont irrémédiables.

Ce qu'on appelle humeur est une chose trop négligée parmi les hommes; ils devraient comprendre qu'il ne leur suffit pas d'être bons, mais qu'ils doivent encore paraître tels, du moins s'ils tendent à être sociables, capables d'union et de commerce, c'est-à-dire à être des hommes. L'on n'exige pas des âmes malignes[3] qu'elles aient de la douceur et de la souplesse : elle ne leur manque jamais, et elle 'eur sert de piège pour surprendre les simples et pour faire valoir leurs artifices; l'on désirerait de ceux qui ont un bon cœur qu'ils fussent toujours pliants[4], faciles, complaisants, et qu'il fût moins vrai quelquefois que ce sont les méchants qui nuisent et les bons qui font souffrir.

Le commun des hommes va de la colère à l'injure : quelques-uns en usent autrement, ils offensent, et puis ils se fâchent. La surprise où l'on est toujours de ce procédé ne laisse pas de place au ressentiment.

Les hommes ne s'attachent pas assez à ne point manquer les occasions de faire plaisir : il semble que l'on n'entre dans

---

quelques longueurs et des détails parfois de mauvais goût, la comédie du *Distrait* de Regnard, 1697.

1. *Pour*, avec l'infinitif, au lieu de *quoique* ou de *parce que* :

Ah! pour *être* dévot on n'en est pas moins homme. (Molière, *Tart.*, III, 3.)

« Toutes les guerres n'arrivent que *pour n'apprendre* pas la musique. » (Id., *Bourg. gent.*, I, 2.)

2. *Querelleux*, orthographe et prononciation alors usitées à la cour. On lit dans Fénelon : « Il était encore plus *querelleux* et plus brutal. (*Télém.* XIII.)

3. *Malignes*, sens du mot latin *malignus*, méchant: « Les critiques *malins* qui ont tâché de flétrir la plus pure vertu. » (Fénel., *Télém.* XIV.)

4. Il faut, parmi le monde, une vertu traitable.....
Il faut fléchir au temps sans obstination. (Molière, *Misanthr.*, I, 1.)

un emploi que pour pouvoir obliger et n'en rien faire; la chose la plus prompte et qui se présente d'abord, c'est le refus, et l'on n'accorde que par réflexion[1].

Sachez précisément ce que vous pouvez attendre des hommes en général, et de chacun d'eux en particulier, et jetez-vous ensuite dans le commerce du monde.

Si la pauvreté est la mère des crimes, le défaut d'esprit en est le père.

Il est difficile qu'un fort malhonnête homme ait assez d'esprit : un génie qui est droit et perçant conduit enfin à la règle, à la probité, à la vertu. Il manque du sens et de la pénétration à celui qui s'opiniâtre dans le mauvais comme dans le faux : l'on cherche en vain à le corriger par des traits de satire qui le désignent aux autres, et où il ne se reconnaît pas lui-même; ce sont des injures dites à un sourd. Il serait désirable, pour le plaisir des honnêtes gens et pour la vengeance publique, qu'un coquin ne le fût pas au point d'être privé de tout sentiment.

Il y a des vices que nous ne devons à personne, que nous apportons en naissant, et que nous fortifions par l'habitude; il y en a d'autres que l'on contracte, et qui nous sont étrangers. L'on est né quelquefois avec des mœurs faciles, de la complaisance, et tout le désir de plaire; mais, par les traitements que l'on reçoit de ceux avec qui l'on vit ou de qui l'on dépend, l'on est bientôt jeté hors de ses mesures[2], et même de son naturel; l'on a des chagrins[3], et une bile que l'on ne se connaissait point; l'on se voit une autre complexion, l'on est enfin étonné de se trouver dur et épineux.

L'on demande pourquoi tous les hommes ensemble ne composent pas comme une seule nation, et n'ont point voulu parler une même langue, vivre sous les mêmes lois, convenir entre eux des mêmes usages et d'un même culte; et moi, pensant à la contrariété des esprits, des goûts et des senti-

---

1. Massillon fait la même remarque sur l'insensibilité des grands : « Il semble que la grandeur leur donne un autre cœur.... qu'il suffit de pouvoir tout pour n'être touché de rien. » (*Petit Car.*, 5ᵉ dim.)

2. *Mesures*, des limites où l'on voulait se renfermer.

3. *Chagrins*, humeur qui s'inquiète et se tourmente :

Et jamais leurs *chagrins* ne nous laissent vieillir.   (Racine, *Baj.*, I, 1.)

J'attectai les *chagrins* d'une injuste marâtre.   (Id., *Phèd.*, I, 3.)

Ce mot, comme plusieurs autres (v. p. 87, n. 1) a perdu de son sens : il ne l'a conservé que comme adjectif : *âme chagrine*.

ments, je suis étonné de voir jusqu'à sept ou huit personnes se rassembler sous un même toit, dans une même enceinte, et composer une seule famille.

Il y a d'étranges pères, et dont toute la vie ne semble occupée qu'à préparer à leurs enfants des raisons de se consoler de leur mort.

Tout est étranger dans l'humeur, les mœurs et les manières de la plupart des hommes. Tel a vécu pendant toute sa vie chagrin, emporté, avare, rampant, soumis, laborieux, intéressé, qui était né gai, paisible, paresseux, magnifique, d'un courage [1] fier, et éloigné de toute bassesse : les besoins de la vie, la situation où l'on se trouve, la loi de la nécessité, forcent la nature et y causent ces grands changements. Ainsi tel homme au fond et en lui-même ne se peut définir : trop de choses qui sont hors de lui l'altèrent, le changent, le bouleversent; il n'est point précisément ce qu'il est, ou ce qu'il paraît être.

La vie est courte et ennuyeuse; elle se passe toute à désirer : l'on remet à l'avenir [2] son repos et ses joies, à cet âge souvent où les meilleurs biens ont déjà disparu, la santé et la jeunesse. Ce temps arrive, qui nous surprend encore dans les désirs : on en est là, quand la fièvre nous saisit et nous éteint; si l'on eût guéri, ce n'était que pour désirer plus longtemps.

Lorsqu'on désire, on se rend à discrétion à celui de qui l'on espère : est-on sûr d'avoir, on temporise, on parlemente, on capitule.

Il est si ordinaire à l'homme de n'être pas heureux, et si essentiel à tout ce qui est un bien d'être acheté par mille peines, qu'une affaire qui se rend facile [3] devient suspecte.

---

1. *Courage*, dans le large sens du mot *animus* (voir p. 17, n. 8).

O la lâche personne ! ô le faible *courage* ! (Molière, *Dép. am.*, IV, 4.)

2. Pascal a dit : « Que chacun examine ses pensées, il les trouvera toujours occupées au passé et à l'avenir. Nous ne pensons presque point au présent; et, si nous y pensons, ce n'est que pour en prendre la lumière, pour disposer de l'avenir. Le présent n'est jamais notre fin : le passé et le présent sont nos moyens; le seul avenir est notre fin. Ainsi nous ne vivons jamais, mais nous espérons de vivre; et, nous disposant toujours à être heureux, il est inévitable que nous ne le soyons jamais. » (*Pens.*, art. III.)

3. *Se rend facile... Se rendre* avec un adjectif, se montrer, devenir :

Bon ! voyons si son feu *se rend* opiniâtre. (Molière, *l'Étourdi*, III, 1.)
Elle *se rendra sage*; allons, laissons-la faire. (Id., *Femmes sav.*, III, 6.)

l'on comprend à peine; ou que ce qui coûte si peu puisse nous être fort avantageux, ou qu'avec des mesures justes l'on doive si aisément parvenir à la fin que l'on se propose. L'on croit mériter les bons succès [1], mais n'y devoir compter que fort rarement.

L'homme qui dit qu'il n'est pas né heureux pourrait du moins le devenir par le bonheur de ses amis ou de ses proches. L'envie lui ôte cette dernière ressource.

Quoi que j'aie pu dire ailleurs [2], peut-être que les affligés ont tort : les hommes semblent être nés pour l'infortune, la douleur et la pauvreté, peu en échappent; et comme toute disgrâce peut leur arriver, ils devraient être préparés à toute disgrâce.

Les hommes ont tant de peine à s'approcher sur les affaires, sont si épineux sur les moindres intérêts, si hérissés de difficultés, veulent si fort tromper et si peu être trompés, mettent si haut ce qui leur appartient, et si bas ce qui appartient aux autres, que j'avoue que je ne sais pas où et comment se peuvent conclure les mariages, les contrats, les acquisitions, la paix, la trêve, les traités, les alliances [3].

A quelques-uns l'arrogance tient lieu de grandeur; l'inhumanité, de fermeté; et la fourberie, d'esprit.

Les fourbes croient aisément que les autres le sont : ils ne peuvent guère être trompés, et ils ne trompent pas longtemps.

Je me rachèterai toujours fort volontiers d'être fourbe, par être stupide et passer pour tel.

On ne trompe point en bien; la fourberie ajoute la malice au mensonge.

S'il y avait moins de dupes, il y aurait moins de ce qu'on appelle des hommes fins ou entendus, et de ceux qui tirent autant de vanité que de distinction d'avoir su, pendant tout le cours de leur vie, tromper les autres. Comment voulez-vous

---

1. *Bons succès. Succès*, issue d'une affaire, *exitus*, s'employait souvent avec un qualificatif :

Ne crains point de *succès* qui souille ta mémoire :
Le bon et le *mauvais* sont égaux pour ta gloire. (Corneille, *Cinna*, I, 3.)

2. *Ailleurs*, De la société et de la conversation, p. 79.

3. « Je mets en fait que, si tous les hommes savaient ce qu'ils disent les uns des autres, il n'y aurait pas quatre amis dans le monde. » (Pascal, *Pens.*, art. vi, 57.) Pensée fort triste qui heureusement, comme celle de La Bruyère, n'est qu'un côté de la vérité.

qu'*Érophile,* à qui le manque de parole, les mauvais offices, la fourberie, bien loin de nuire, ont mérité des grâces et des bienfaits de ceux mêmes qu'il a ou manqué de servir, ou désobligés, ne présume pas infiniment de soi et de son industrie?

L'on n'entend dans les places et dans les rues des grandes villes, et de la bouche de ceux qui passent, que les mots d'*exploit,* de *saisie,* d'*interrogatoire,* de *promesse,* et de *plaider contre sa promesse.* Est-ce qu'il n'y aurait pas dans le monde la plus petite équité? Serait-il au contraire rempli de gens qui demandent froidement ce qui ne leur est pas dû, ou qui refusent nettement de rendre ce qu'ils doivent?

Parchemins inventés pour faire souvenir ou pour convaincre les hommes de leur parole : honte de l'humanité!

Otez les passions, l'intérêt, l'injustice, quel calme dans les plus grandes villes! Les besoins et la subsistance n'y font pas le tiers de l'embarras.

Rien n'engage tant un esprit raisonnable à supporter tranquillement des parents et des amis les torts qu'ils ont à son égard, que la réflexion qu'il fait sur les vices de l'humanité, et combien il est pénible aux hommes d'être constants, généreux, fidèles, d'être touchés d'une amitié plus forte que leur intérêt. Comme il connaît leur portée[1], il n'exige point d'eux qu'ils pénètrent les corps, qu'ils volent dans l'air, qu'ils aient de l'équité : il peut haïr les hommes en général, où[2] il y a si peu de vertu; mais il excuse les particuliers, il les aime même par des motifs plus relevés, et il s'étudie à mériter le moins qu'il se peut une pareille indulgence.

Il y a de certains biens que l'on désire avec emportement, et dont l'idée seule nous enlève et nous transporte : s'il nous arrive de les obtenir, on les sent plus tranquillement qu'on ne l'eût pensé, on en jouit moins que l'on n'aspire encore à de plus grands.

Il y a des maux effroyables et d'horribles malheurs où l'on n'ose penser, et dont la seule vue fait frémir. S'il arrive que l'on y tombe, l'on se trouve des ressources que l'on ne se connaissait point, l'on se roidit contre son infortune, et l'on fait mieux qu'on ne l'espérait.

Il ne faut quelquefois qu'une jolie maison dont on hérite,

---

1. *Leur portée,* ce dont ils sont capables.
2. *Où,* voir p. 151, n. 2.

qu'un beau cheval ou un joli chien dont on se trouve le maître, qu'une tapisserie, qu'une pendule, pour adoucir une grande douleur, et pour faire moins sentir une grande perte [1].

Je suppose que les hommes soient éternels sur la terre, et je médite ensuite sur ce qui pourrait me faire connaître qu'ils se feraient alors une plus grande affaire de leur établissement, qu'ils ne s'en font dans l'état où sont les choses.

Si la vie est misérable, elle est pénible à supporter; si elle est heureuse, il est horrible de la perdre : l'un revient à l'autre.

Il n'y a rien que les hommes aiment mieux à conserver, et qu'ils ménagent moins, que leur propre vie.

Irène [2] se transporte à grands frais en Épidaure [3], voit Esculape dans son temple et le consulte sur tous ses maux. D'abord elle se plaint qu'elle est lasse et recrue [4] de fatigue; et le dieu prononce que cela lui arrive par la longueur du chemin qu'elle vient de faire. Elle dit qu'elle est le soir sans appétit; l'oracle lui ordonne de dîner peu : elle ajoute qu'elle est sujette à des insomnies; et il lui prescrit de n'être au lit que pendant la nuit : elle lui demande pourquoi elle devient pesante, et quel remède; l'oracle répond qu'elle doit se lever avant midi, et quelquefois se servir de ses jambes pour marcher : elle lui déclare que le vin lui est nuisible; l'oracle lui dit de boire de l'eau : qu'elle a des indigestions; et il ajoute qu'elle fasse diète. Ma vue s'affaiblit, dit Irène : Prenez des lunettes, dit Esculape. Je m'affaiblis moi-même, continue-t-elle, et je ne suis ni si forte ni si saine [5] que j'ai été : C'est, dit le dieu, que vous vieillissez. Mais quel moyen de guérir de cette langueur? Le plus court, Irène, c'est de mourir, comme ont fait votre mère et votre aïeule. Fils d'Apollon,

---

1. Voir la même pensée dans le chap. du Cœur, p. 54.

2. On prétend qu'un médecin tint ce discours à madame de Montespan aux eaux de Bourbon, où elle allait souvent pour des maladies imaginaires. (A. Destailleur.)

3. *En Épidaure.* « Il va vous emmener votre fils *en Alger.* » (Mol., *Scap.*, II., 11.)

J'écrivis *en Argos*, pour hâter ce voyage. (Rac., *Iphig.*, I., 1.)

4. *Recrue*, voir p. 114, n. 4.

5. *Si saine*, latinisme, *sana*, en aussi bonne santé; plus loin, p. 220, La Bruyère emploie le même mot : « Mais il est sain. »

s'écrie Irène, quel conseil me donnez-vous? Est-ce là toute cette science que les hommes publient, et qui vous fait révérer de toute la terre? Que m'apprenez-vous de rare et de mystérieux? Et ne savais-je pas tous ces remèdes que vous m'enseignez? Que n'en usiez-vous donc, répond le dieu, sans venir me chercher de si loin, et abréger vos jours par un long voyage?

La mort n'arrive qu'une fois, et se fait sentir à tous les moments de la vie : il est plus dur de l'appréhender que de la souffrir [1].

L'inquiétude, la crainte, l'abattement, n'éloignent pas la mort; au contraire : je doute seulement que le ris excessif convienne aux hommes, qui sont mortels.

Ce qu'il y a de certain dans la mort est un peu adouci par ce qui est incertain : c'est un indéfini dans le temps, qui tient quelque chose de l'infini et de ce qu'on appelle éternité.

Pensons que, comme nous soupirons présentement pour la florissante jeunesse qui n'est plus, et ne reviendra point, la caducité suivra, qui nous fera regretter l'âge viril où nous sommes encore, et que nous n'estimons pas assez.

L'on craint la vieillesse, que l'on n'est pas sûr de pouvoir atteindre.

L'on espère de vieillir, et l'on craint la vieillesse; c'est-à-dire, l'on aime la vie, et l'on fuit la mort.

C'est plus tôt fait de céder à la nature et de craindre la mort, que de faire de continuels efforts, s'armer de raisons et de réflexions, et être continuellement aux prises avec soi-même, pour ne la pas craindre.

Si de tous les hommes les uns mouraient, les autres non, ce serait une désolante affliction que de mourir.

Une longue maladie semble être placée entre la vie et la mort, afin que la mort même devienne un soulagement et à ceux qui meurent et à ceux qui restent.

---

1. « Tout ce que vous vivez, vous le desrobez à la vie; c'est à ses dépens. Le continuel ouvrage de nostre vie, c'est bastir la mort. Vous estes en la mort pendant que vous estes en vie, car vous estes aprez la mort quand vous n'estes plus en vie; ou, si vous l'aimez mieulx ainsin, vous estes mort aprez la vie; mais pendant la vie, vous estes mourant; et la mort touche bien plus rudement le mourant que le mort, et plus vifvement et essentiellement. » (Montaigne, *Ess.*, I, 19.) — « La mort est plus aisée à supporter sans y penser, que la pensée de la mort sans péril. » (Pascal, *Pens.*, art. VI, 58.)

A parler humainement, la mort a un bel endroit, qui est de mettre fin à la vieillesse [1].

La mort qui prévient la caducité arrive plus à propos que celle qui la termine.

Le regret qu'ont les hommes du mauvais emploi du temps qu'ils ont déjà vécu ne les conduit pas toujours à faire de celui qui leur reste à vivre un meilleur usage.

La vie est un sommeil. Les vieillards sont ceux dont le sommeil a été plus long : ils ne commencent à se réveiller que quand il faut mourir. S'ils repassent alors sur tout le cours de leurs années, ils ne trouvent souvent ni vertus ni actions louables qui les distinguent les unes des autres : ils confondent leurs différents âges, ils n'y voient rien qui marque assez pour mesurer le temps qu'ils ont vécu. Ils ont eu un songe confus [2], uniforme, et sans aucune suite : ils sentent néanmoins, comme ceux qui s'éveillent, qu'ils ont dormi longtemps.

Il n'y a pour l'homme que trois événements, naître, vivre et mourir [3] : il ne se sent pas naître, il souffre à mourir, et il oublie de vivre.

Il y a un temps où la raison n'est pas encore, où l'on ne vit que par instinct, à la manière des animaux, et dont il ne reste dans la mémoire aucun vestige. Il y a un second temps où la raison se développe, où elle est formée, et où elle pourrait agir, si elle n'était pas obscurcie et comme éteinte par les vices de la complexion, et par un enchaînement de passions qui se succèdent les unes aux autres, et conduisent jusqu'au troisième et dernier âge. La raison, alors dans sa force, devrait produire ; mais elle est refroidie et ralentie par les années, par la maladie et la douleur, déconcertée ensuite par le désordre de la machine qui est dans son déclin : et ces temps néanmoins sont la vie de l'homme [4] !

---

1. « Et ce n'est pas la recepte à une seule maladie, la mort est recepte à touts maulx : c'est un port très asseuré, qui n'est jamais à craindre, et souvent à rechercher. » (Montaigne, *Ess.*, II, 3.)

2. « Ceulx qui ont apparié nostre vie à un songe ont eu de la raison, à l'adventure, plus qu'ils ne pensoient. » (Montaigne, *Ess.*, II, 12.) Pascal a dit aussi : « La vie est un songe, un peu moins inconstant. » (*Pens.*, art. III, 14.)

3. Pascal a dit : « Le dernier acte est sanglant, quelque belle que soit la comédie en tout le reste. On jette enfin de la terre sur la tête, et en voilà pour jamais. » (*Pens.*, art. XXIV, 58.)

4. Rapprochez de ce morceau la satire VIII de Boileau, *sur l'homme*.

Les enfants sont hautains, dédaigneux, colères, envieux, curieux, intéressés, paresseux, volages, timides, intempérants, menteurs, dissimulés; ils rient et pleurent facilement; ils ont des joies immodérées et des afflictions amères sur de très-petits sujets; ils ne veulent point souffrir de mal, et aiment à en faire : ils sont déjà des hommes [1].

Les enfants n'ont ni passé ni avenir; et, ce qui ne nous arrive guère, ils jouissent du présent.

Le caractère de l'enfance paraît unique [2]; les mœurs dans cet âge sont assez les mêmes, et ce n'est qu'avec une curieuse attention qu'on en pénètre la différence : elle augmente avec la raison, parce qu'avec celle-ci croissent les passions et les vices, qui seuls rendent les hommes si dissemblables entre eux et si contraires à eux-mêmes.

Les enfants ont déjà de leur âme l'imagination et la mémoire, c'est-à-dire ce que les vieillards n'ont plus; et ils en tirent un merveilleux usage pour leurs petits jeux et pour tous leurs amusements : c'est par elles qu'ils répètent ce qu'ils ont entendu dire, qu'ils contrefont ce qu'ils ont vu faire; qu'ils sont de tous métiers, soit qu'ils s'occupent en effet à mille petits ouvrages, soit qu'ils imitent les divers artisans par le mouvement et par le geste; qu'ils se trouvent à un grand festin, et y font bonne chère; qu'ils se transportent dans des palais et dans des lieux enchantés; que, bien que seuls, ils se voient un riche équipage et un grand cortége; qu'ils conduisent des armées, livrent bataille et jouissent du plaisir de la victoire, qu'ils parlent aux rois et aux grands princes; qu'ils sont rois eux-mêmes, ont des sujets, possèdent des trésors qu'ils peuvent faire de feuilles d'arbres ou de grains de sable, et, ce qu'ils ignorent dans la suite de leur vie, savent, à cet âge, être les arbitres de leur fortune et les maîtres de leur propre félicité.

Il n'y a nuls vices extérieurs et nuls défauts du corps qui ne soient aperçus par les enfants; ils les saisissent d'une première vue, et ils savent les exprimer par des mots convenables; on ne nomme point plus heureusement : devenus

---

1. On peut opposer à ce jugement sévère sur l'enfance les vers pleins de sensibilité que Victor Hugo lui consacre : voir les *Enfants*, recueil où se trouvent réunies les pages que le poëte leur a consacrées.

2. *Unique*, le même pour tous.

hommes, ils sont chargés [1] à leur tour de toutes les imperfections dont ils se sont moqués.

L'unique soin des enfants est de trouver l'endroit faible de leurs maîtres [2], comme de tous ceux à qui ils sont soumis : dès qu'ils ont pu les entamer, ils gagnent le dessus, et prennent sur eux un ascendant qu'ils ne perdent plus. Ce qui nous fait déchoir une première fois de cette supériorité à leur égard est toujours ce qui nous empêche de la recouvrer.

La paresse, l'indolence et l'oisiveté, vices si naturels aux enfants, disparaissent dans leurs jeux, où ils sont vifs, appliqués, exacts, amoureux des règles et de la symétrie, où ils ne se pardonnent nulle faute les uns aux autres, et recommencent eux-mêmes plusieurs fois une seule chose qu'ils ont manquée : présages certains qu'ils pourront un jour négliger leurs devoirs, mais qu'ils n'oublieront rien pour leurs plaisirs.

Aux enfants tout paraît grand, les cours, les jardins, les édifices, les meubles, les hommes, les animaux ; aux hommes les choses du monde paraissent ainsi, et j'ose dire par la même raison, parce qu'ils sont petits.

Les enfants commencent entre eux par l'état populaire, chacun y est le maître ; et, ce qui est bien naturel, ils ne s'en accommodent pas longtemps, et passent au monarchique. Quelqu'un se distingue, ou par une plus grande vivacité, ou par une meilleure disposition du corps, ou par une connaissance plus exacte des jeux différents et des petites lois qui les composent ; les autres lui défèrent [3], et se forme alors un gouvernement absolu qui ne roule que sur le plaisir.

Qui doute que les enfants ne conçoivent, qu'ils ne jugent, qu'ils ne raisonnent conséquemment? Si c'est seulement sur de petites choses, c'est qu'ils sont enfants, et sans une longue expérience ; et si c'est en mauvais termes, c'est moins leur faute que celle de leurs parents ou de leurs maîtres.

1. *Chargés* : on leur impute, etc.

On ne peut les *charger* d'aucun assassinat. (Corneille, *Pol.*, I, 3.)

« Des personnes qui le *chargeaient* des mêmes choses que vous. » (Molière, *Impr.*, 3.)

2. Rousseau s'exprime de même : « Un des premiers soins des enfants est de découvrir le faible de ceux qui les gouvernent. » (*Ém.*, I, 1.)

3. *Lui défèrent*, lui cèdent par respect : « Ces personnes à qui je *défère*. » (Descartes, *Méth.*, 6.) « Ce ne sont point des choses où les enfants soient obligés de *déférer aux pères*. » (Molière, *Av.*, IV, 3.)

C'est perdre toute confiance dans l'esprit des enfants, et leur devenir inutile, que de les punir des fautes qu'ils n'ont point faites, ou même sévèrement de celles qui sont légères [1]. Ils savent précisément et mieux que personne ce qu'ils méritent, et ils ne méritent guère que ce qu'ils craignent : ils connaissent si c'est à tort ou avec raison qu'on les châtie, et ne se gâtent pas moins par des peines mal ordonnées que par l'impunité.

On ne vit point assez pour profiter de ses fautes : on en commet pendant tout le cours de sa vie; et tout ce que l'on peut faire à force de faillir, c'est de mourir corrigé.

Il n'y a rien qui rafraîchisse le sang comme d'avoir su éviter de faire une sottise.

Le récit de ses fautes est pénible : on veut les couvrir et en charger quelque autre; c'est ce qui donne le pas au directeur sur le confesseur.

Les fautes des sots sont quelquefois si lourdes et si difficiles à prévoir, qu'elles mettent les sages en défaut, et ne sont utiles qu'à ceux qui les font.

L'esprit de parti abaisse les plus grands hommes jusqu'aux petitesses du peuple.

Nous faisons par vanité ou par bienséance les mêmes choses et avec les mêmes dehors que nous les ferions par inclination ou par devoir. Tel vient de mourir à Paris de la fièvre qu'il a gagnée à veiller sa femme qu'il n'aimait point [2].

Les hommes dans le cœur veulent être estimés, et ils cachent avec soin l'envie qu'ils ont d'être estimés; parce que les hommes veulent passer pour vertueux, et que vouloir tirer de la vertu tout autre avantage que la même vertu [3], je veux dire l'estime et les loûanges, ce ne serait plus être vertueux, mais aimer l'estime et les louanges, ou être vain : les hommes sont très-vains, et ils ne haïssent rien tant que de passer pour tels.

---

1. Montaigne recommande également la douceur : « Ostez moy la violence et la force : il n'est rien, à mon advis, qui abastardisse et estourdisse si fort une nature bien née. Si vous avez envie qu'il craigne la honte et le chastiment, ne l'y endurcissez pas. » (*Ess.*, I, 25.)

2. Le prince de Conti, neveu du grand Condé, donna tous ses soins à sa femme, malade de la petite vérole; elle en guérit, et il en mourut (1685).

3. *La même vertu*, pour la vertu même :

    Sais-tu que ce vieillard fut *la même vertu* ?   (Corneille, *Cid*, II, 2.)

Un homme vain trouve son compte à dire du bien ou du mal de soi [1] : un homme modeste ne parle point de soi.

On ne voit point mieux le ridicule de la vanité, et combien elle est un vice honteux, qu'en ce qu'elle n'ose se montrer, et qu'elle se cache souvent sous les apparences de son contraire.

La fausse modestie est le dernier raffinement de la vanité : elle fait que l'homme vain ne paraît point tel, et se fait valoir au contraire par la vertu opposée au vice qui fait son caractère : c'est un mensonge. La fausse gloire est l'écueil de la vanité ; elle nous conduit à vouloir être estimés par des choses qui, à la vérité, se trouvent en nous, mais qui sont frivoles et indignes qu'on les relève : c'est une erreur.

Les hommes parlent de manière, sur ce qui les regarde, qu'ils n'avouent d'eux-mêmes que de petits défauts, et encore ceux qui supposent en leurs personnes de beaux talents ou de grandes qualités. Ainsi l'on se plaint de son peu de mémoire, content d'ailleurs de son grand sens et de son bon jugement : l'on reçoit [2] le reproche de la distraction et de la rêverie, comme s'il nous accordait le bel esprit : l'on dit de soi qu'on est maladroit, et qu'on ne peut rien faire de ses mains, fort consolé de la perte de ces petits talents par ceux de l'esprit ou par les dons de l'âme que tout le monde nous connaît : l'on fait l'aveu de sa paresse en des termes qui signifient toujours son désintéressement, et que l'on est guéri de l'ambition : l'on ne rougit point de sa malpropreté, qui n'est qu'une négligence pour les petites choses, et qui semble supposer qu'on n'a d'application que pour les solides et les essentielles [3]. Un homme de guerre aime à dire que c'était par trop d'empressement ou par curiosité qu'il se trouva un certain jour à la tranchée, ou en quelque autre poste très-périlleux, sans être de garde ni commandé, et il ajoute qu'il

---

1. Pensée empruntée à La Rochefoucauld : « On aime mieux dire du mal de soi que de n'en pas parler. » (*Maxim.*, 138.)

2. *L'on reçoit*, pour souffrir : « Cela ne *reçoit* point *de contradiction.* » (Molière, *l'Av.*, I, 7.) « Quoi donc! *recevrai-je la confusion?* » (Id., *Impr.*, 9.)

3. *Les solides.* L'adjectif s'employait fréquemment avec l'article sans substantif :

Moi, j'irais me charger d'une *spirituelle?*... (Molière, *École des femm.*, I, 1.)

« *Le courageux* est assuré contre les périls dans les entreprises considérables, mais *le magnanime* va plus loin encore. » (Bossuet.)

12.

en fut repris par son général. De même une bonne tête, ou un ferme génie qui se trouve né avec cette prudence que les autres hommes cherchent vainement à acquérir; qui a fortifié la trempe de son esprit par une grande expérience ; que le nombre, le poids, la diversité, la difficulté et l'importance des affaires occupent seulement, et n'accablent point; qui, par l'étendue de ses vues et de sa pénétration, se rend maître de tous les événements; qui, bien loin de consulter toutes les réflexions qui sont écrites sur le gouvernement et la politique, est peut-être de ces âmes sublimes nées pour régir les autres, et sur qui ces premières règles ont été faites; qui est détourné, par les grandes choses qu'il fait, des belles ou des agréables qu'il pourrait lire, et qui au contraire ne perd rien à retracer et à feuilleter, pour ainsi dire, sa vie et ses actions; un homme ainsi fait peut dire aisément, et sans se commettre, qu'il ne connaît aucun livre, et qu'il ne lit jamais.

On veut quelquefois cacher ses faibles, ou en diminuer l'opinion [1], par l'aveu libre que l'on en fait. Tel dit : Je suis ignorant, qui ne sait rien. Un homme dit : Je suis vieux, il passe soixante ans ; un autre encore : Je ne suis pas riche, et il est pauvre.

La modestie n'est point, ou est confondue avec une chose toute différente de soi, si on la prend pour un sentiment intérieur qui avilit l'homme à ses propres yeux, et qui est une vertu surnaturelle qu'on appelle humilité. L'homme, de sa nature, pense hautement et superbement de lui-même, et ne pense ainsi que de lui-même. La modestie ne tend qu'à faire que personne n'en souffre; elle est une vertu du dehors, qui règle ses yeux, sa démarche, ses paroles, son ton de voix, et qui le fait agir extérieurement avec les autres comme s'il n'était pas vrai qu'il les compte pour rien.

Le monde est plein de gens [2] qui, faisant intérieurement et par habitude la comparaison d'eux-mêmes avec les autres, décident toujours en faveur de leur propre mérite, et agissent conséquemment.

Vous dites qu'il faut être modeste; les gens bien nés ne

---

1. *Diminuer l'opinion*, les faire juger moindres qu'ils ne sont.
2. C'est ce ridicule que Molière met en scène dans le *Misanthrope*:

    Parbleu ! je ne vois pas, lorsque je m'examine,
    Où prendre aucun sujet d'avoir l'âme chagrine.   (III, 1.)

demandent pas mieux. Faites seulement que les hommes n'empiètent pas sur ceux qui cèdent par modestie, et ne brisent pas ceux qui plient.

De même l'on dit : Il faut avoir des habits modestes; les personnes de mérite ne désirent rien davantage. Mais le monde veut de la parure, on lui en donne; il est avide de la superfluité, on lui en montre. Quelques-uns n'estiment les autres que par de beau linge ou par une riche étoffe; l'on ne refuse pas toujours d'être estimé à ce prix. Il y a des endroits où il faut se faire voir : un galon d'or plus large ou plus étroit vous fait entrer ou refuser.

Notre vanité et la trop grande estime que nous avons de nous-mêmes nous fait soupçonner dans les autres une fierté à notre égard qui y est quelquefois, et qui souvent n'y est pas : une personne modeste n'a point cette délicatesse.

Comme il faut se défendre de cette vanité qui nous fait penser que les autres nous regardent avec curiosité et avec estime, et ne parlent ensemble que pour s'entretenir de notre mérite et faire notre éloge : aussi devons-nous avoir une certaine confiance qui nous empêche de croire qu'on ne se parle à l'oreille que pour dire du mal de nous, ou que l'on ne rit que pour s'en moquer.

D'où vient qu'*Alcippe* me salue aujourd'hui, me sourit, et se jette hors d'une portière, de peur de me manquer? Je ne suis pas riche, et je suis à pied; il doit, dans les règles, ne me pas voir : n'est-ce point pour être vu lui-même dans un même fond[1] avec un grand?

L'on est si rempli de soi-même, que tout s'y rapporte : l'on aime à être vu, montré, à être salué, même des inconnus : ils sont fiers, s'ils l'oublient; l'on veut qu'ils nous devinent.

Nous cherchons notre bonheur hors de nous-mêmes, et dans l'opinion des hommes, que nous connaissons flatteurs, peu sincères, sans équité, pleins d'envie, de caprices et de préventions. Quelle bizarrerie!

Il semble que l'on ne puisse rire que des choses ridicules : l'on voit néanmoins de certaines gens qui rient également des choses ridicules et de celles qui ne le sont pas. Si vous êtes sot et inconsidéré, et qu'il vous échappe devant eux quelque

---

1. *Dans un même fond*, au fond d'un même carrosse ou d'une même chaise à porteur.

impertinence, ils rient de vous : si vous êtes sage, et que vous ne disiez que des choses raisonnables, et du ton qu'il les faut dire, ils rient de même.

Ceux qui nous ravissent les biens par la violence ou par l'injustice, et qui nous ôtent l'honneur par la calomnie, nous marquent assez la haine pour nous; mais ils ne nous prouvent pas également qu'ils aient perdu à notre égard toute sorte d'estime : aussi ne sommes-nous pas incapables de quelque retour pour eux, et de leur rendre un jour notre amitié. La moquerie, au contraire, est de toutes les injures celle qui se pardonne le moins; elle est le langage du mépris, et l'une des manières dont il se fait le mieux entendre; elle attaque l'homme dans son dernier retranchement, qui est l'opinion qu'il a de soi-même; elle veut le rendre ridicule à ses propres yeux; et ainsi elle le convainc de la plus mauvaise disposition où l'on puisse être pour lui, et le rend irréconciliable.

C'est une chose monstrueuse que le goût et la facilité qui est en nous de railler, d'improuver et de mépriser les autres; et tout ensemble la colère que nous ressentons contre ceux qui nous raillent, nous improuvent et nous méprisent.

La santé et les richesses, ôtant aux hommes l'expérience du mal, leur inspirent la dureté pour leurs semblables; et les gens déjà chargés de leur propre misère sont ceux qui entrent[1] davantage par la compassion dans celle d'autrui.

Il semble qu'aux âmes bien nées les fêtes, les spectacles, la symphonie, rapprochent et font mieux sentir l'infortune de nos proches ou de nos amis.

Une grande âme est au-dessus de l'injure, de l'injustice, de la douleur, de la moquerie; et elle serait invulnérable, si elle ne souffrait par la compassion.

Il y a une espèce de honte d'être heureux à la vue de certaines misères.

On est prompt à connaître ses plus petits avantages et lent à pénétrer ses défauts[2] : on n'ignore point qu'on a de

---

1. *Entrer.* « *J'entre en une vénération* qui me transit de respect. » (Pascal, *Pens.*)

C'est que tu *n'entres point dans tous les mouvements*
D'un cœur, hélas ! rempli de tendres sentiments. (Molière, *Mélic.*, II, 1.)

2 La Fontaine exprime la même pensée dans la fable de la *Besace* :

Lynx envers nos pareils, et taupes envers nous,
Nous nous pardonnons tout, et rien aux autres hommes. (I, 8.)

beaux sourcils, les ongles bien faits¹; on s t à peine que l'on est borgne; on ne sait point du tout que l'on manque d'esprit.

Argyre tire son gant pour montrer une belle main, et elle ne néglige pas de découvrir un petit soulier qui suppose² qu'elle a le pied petit : elle rit des choses plaisantes ou sérieuses pour faire voir de belles dents : si elle montre son oreille, c'est qu'elle l'a bien faite; et si elle ne danse jamais, c'est qu'elle est peu contente de sa taille, qu'elle a épaisse; elle entend tous ses intérêts, à l'exception d'un seul : elle parle toujours, et n'a point d'esprit.

Les hommes comptent presque pour rien toutes les vertus du cœur et idolâtrent les talents³ du corps et de l'esprit : celui qui dit froidement de soi, et sans croire blesser la modestie, qu'il est bon, qu'il est constant, fidèle, sincère, équitable, reconnaissant, n'ose dire qu'il est vif, qu'il a les dents belles et la peau douce : cela est trop fort.

Il est vrai qu'il y a deux vertus que les hommes admirent, la bravoure et la libéralité, parce qu'il y a deux choses qu'ils estiment beaucoup, et que ces vertus font négliger, la vie et l'argent : aussi personne n'avance de soi qu'il est brave ou libéral.

Personne ne dit de soi, et surtout sans fondement, qu'il est beau, qu'il est généreux, qu'il est sublime : on a mis ces qualités à un trop haut prix; on se contente de le penser.

Quelque rapport qu'il paraisse de la jalousie à l'émulation, il y a entre elles le même éloignement que celui qui se trouve entre le vice et la vertu.

La jalousie et l'émulation s'exercent sur le même objet, qui est le bien ou le mérite des autres; avec cette différence que celle-ci est un sentiment volontaire, courageux⁴, sincère, qui rend l'âme féconde, qui la fait profiter des grands exemples, et la porte souvent au-dessus de ce qu'elle admire; et que celle-là au contraire est un mouvement violent et comme un aveu contraint du mérite qui est hors d'elle; qu'elle va même jusques à nier la vertu dans les sujets où

---

1. « Il y a des hommes qui, sans y penser, se forment une idée de leur figure, qu'ils empruntent du sentiment qui les domine; et c'est peut-être par cette raison qu'un fat se croit toujours beau. » (Vauvenargues, 236.)

2. *Suppose*, expression recherchée, pour *donne à supposer*.

3. *Talents*, qualités, *virtutes*; c'est une sorte de latinisme.

4. *Courageux*, dénotant toute la noblesse du cœur : voy. p. 12, n. 2.

elle existe, ou qui, forcée de la reconnaître, lui refuse les éloges ou lui envie les récompenses; une passion stérile qui laisse l'homme dans l'état où elle le trouve, qui le remplit de lui-même, de l'idée de sa réputation, qui le rend froid et sec sur[1] les actions ou sur les ouvrages d'autrui, qui fait qu'il s'étonne de voir dans le monde d'autres talents que les siens, ou d'autres hommes avec les mêmes talents dont il se pique: vice honteux, et qui par son excès[2] rentre toujours dans la vanité et dans la présomption, et ne persuade pas tant à celui qui en est blessé qu'il a plus d'esprit et de mérite que les autres, qu'il lui fait croire qu'il a lui seul de l'esprit et du mérite[3].

L'émulation et la jalousie ne se rencontrent guère que dans les personnes du même art, de mêmes talents, et de même condition[4]. Les plus vils artisans sont les plus sujets à la jalousie. Ceux qui font profession des arts libéraux ou des belles-lettres, les peintres, les musiciens, les orateurs, les poëtes, tous ceux qui se mêlent d'écrire, ne devraient être capables que d'émulation.

Toute jalousie n'est point exempte de quelque sorte d'envie, et souvent même ces deux passions se confondent. L'envie au contraire est quelquefois séparée de la jalousie, comme est celle qu'excitent dans notre âme les conditions fort élevées au-dessus de la nôtre, les grandes fortunes, la faveur, le ministère.

L'envie et la haine s'unissent toujours et se fortifient l'une l'autre dans un même sujet; et elles ne sont reconnaissables entre elles qu'en ce que l'une s'attache à la personne, l'autre à l'état et à la condition.

Un homme d'esprit n'est point jaloux d'un ouvrier qui a travaillé une bonne épée, ou d'un statuaire qui vient d'a-

---

1. « C'est une opinion sur laquelle tout le monde convient. » (Fénel., Socrate.) « Je ne sais point sur quoi cette imagination leur est venue. » (Molière, Méd. malg. lui, III, 2.)

2. Par son excès, lorsqu'il est poussé à l'excès.

3. Phrase embarrassée de conjonctions; au 17e siècle on les évitait moins que maintenant: en voici un exemple de Bossuet: « Car que peut faire de plus utile un zélé ministre, puisque le prince, quelque grand qu'il soit, ne connaît sa force qu'à demi, s'il ne connaît les grands hommes que la Providence fait naître, etc. » (Or. fun. de Michel Le Tellier.)

4. Hésiode a dit: Καὶ κεραμεὺς κεραμεῖ κοτέει, καὶ τέκτονι τέκτων. « Le potier porte envie au potier et l'artisan à l'artisan. » (Œuv. et Jours, v. 26.)

chever une belle figure. Il sait qu'il y a dans ces arts des règles et une méthode qu'on ne devine point, qu'il y a des outils à manier dont il ne connaît ni l'usage, ni le nom, ni la figure [1] ; il lui suffit de penser qu'il n'a point fait l'apprentissage d'un certain métier, pour se consoler de n'y être point maître. Il peut au contraire être susceptible d'envie, et même de jalousie, contre un ministre et contre ceux qui gouvernent, comme si la raison et le bon sens, qui lui sont communs avec eux, étaient les seuls instruments qui servent à régir un État et à présider aux affaires publiques, et qu'ils dussent suppléer aux règles, aux préceptes, à l'expérience.

L'on voit peu d'esprits entièrement lourds et stupides ; l'on en voit encore moins qui soient sublimes et transcendants. Le commun des hommes nage entre ces deux extrémités ; l'intervalle est rempli par un grand nombre de talents ordinaires, mais qui sont d'un grand usage, servent à la république et renferment en soi l'utile et l'agréable, comme le commerce, les finances, le détail des armées, la navigation, les arts, les métiers, l'heureuse mémoire, l'esprit du jeu, celui de la société et de la conversation.

Tout l'esprit qui est au monde est inutile à celui qui n'en a point [2] ; il n'a nulles vues, et il est incapable de profiter de celles d'autrui.

Le premier degré dans l'homme après la raison, ce serait de sentir qu'il l'a perdue : la folie même est incompatible avec cette connaissance. De même ce qu'il y aurait en nous de meilleur après l'esprit, ce serait de connaître qu'il nous manque : par là on ferait l'impossible, on saurait sans esprit n'être pas un sot, ni un fat, ni un impertinent.

Un homme qui n'a de l'esprit que dans une certaine médiocrité est sérieux et tout d'une pièce : il ne rit point, il ne badine jamais, il ne tire aucun fruit de la bagatelle ; aussi incapable de s'élever aux grandes choses que de s'accom-

---

1. *Figure*, dans le sens de *forme*; on le trouve aussi dans Molière :

Et de ces blonds cheveux, de qui la vaste enflure
Des *visages humains* offusque *la figure*. (*École des maris*, I, 1.)

On peut voir pour ces deux mots la distinction subtile de Pancrace dans le *Mariage forcé*, sc. 6.

2. « Les sots ne comprennent pas les gens d'esprit. » (Vauvenargues, *Réfl. et max.*, 52.)

moder même par relâchement des plus petites, il sait à peine jouer avec ses enfants.

Tout le monde dit d'un fat qu'il est un fat, personne n'ose le lui dire à lui-même : il meurt sans le savoir, et sans que personne se soit vengé.

Quelle mésintelligence entre l'esprit et le cœur ! Le philosophe vit mal avec tous ses préceptes ; et le politique rempli de vues et de réflexions ne sait pas se gouverner.

L'esprit s'use comme toutes choses ; les sciences sont ses aliments, elles le nourrissent et le consument.

Les petits sont quelquefois chargés de mille vertus inutiles ; ils n'ont pas de quoi les mettre en œuvre.

Il se trouve des hommes qui soutiennent facilement le poids de la faveur et de l'autorité, qui se familiarisent avec leur propre grandeur, et à qui la tête ne tourne point dans les postes les plus élevés. Ceux au contraire que la fortune, aveugle, sans choix et sans discernement, a comme accablés de ses bienfaits[1], en jouissent avec orgueil et sans modération : leurs yeux, leur démarche, leur ton de voix et leur accès[2] marquent longtemps en eux l'admiration où ils sont d'eux-mêmes et de se voir si éminents ; et ils deviennent si farouches, que leur chute seule peut les apprivoiser.

Un homme haut et robuste, qui a une poitrine large et de larges épaules, porte légèrement et de bonne grâce un lourd fardeau : il lui reste encore un bras de libre ; un nain serait écrasé de la moitié de sa charge : ainsi les postes éminents rendent les grands hommes encore plus grands, et les petits beaucoup plus petits.

Il y a des gens qui gagnent à être extraordinaires : ils voguent, ils cinglent dans une mer où les autres échouent et se brisent ; ils parviennent, en blessant toutes les règles de parvenir : ils tirent de leur irrégularité et de leur folie tous les fruits d'une sagesse la plus consommée[3] : hommes dévoués à d'autres hommes, aux grands à qui ils ont sacrifié, en qui ils ont placé leurs dernières espérances, ils ne les servent point, mais ils les amusent : les personnes de mérite et

---

1. *Accablés* : c'est la même expression que celle de Corneille :

    Je t'en avais comblé, je t'en veux *accabler*.   (*Cinna*, V, 3.)

2. *Accès*, pris dans le sens du passif, la manière dont ils accueillent.
3. Voir p. 153, n. 3.

de service[1] sont utiles aux grands, ceux-ci leur sont nécessaires ; ils blanchissent auprès d'eux dans la pratique des bons mots, qui leur tiennent lieu d'exploits dont ils attendent la récompense ; ils s'attirent, à force d'être plaisants, des emplois graves, et s'élèvent par un continuel enjouement jusqu'au sérieux des dignités ; ils finissent enfin, et rencontrent inopinément un avenir qu'ils n'ont ni craint ni espéré : ce qui reste d'eux sur la terre, c'est l'exemple de leur fortune, fatal à ceux qui voudraient le suivre.

L'on exigerait[2] de certains personnages qui ont une fois été capables d'une action noble, héroïque, et qui a été sue de toute la terre, que, sans paraître comme épuisés par un si grand effort, ils eussent du moins, dans le reste de leur vie, cette conduite sage et judicieuse qui se remarque même dans les hommes ordinaires ; qu'ils ne tombassent point dans des petitesses indignes de la haute réputation qu'ils avaient acquise ; que, se mêlant moins dans le peuple, et ne lui laissant pas le loisir de les voir de près, ils ne le fissent point passer de la curiosité et de l'admiration à l'indifférence, et peut-être au mépris.

Il coûte moins à certains hommes de s'enrichir de mille vertus que de se corriger d'un seul défaut ; ils sont même si malheureux, que ce vice est souvent celui qui convenait le moins à leur état, et qui pouvait leur donner dans le monde plus de ridicule : il affaiblit l'éclat de leurs grandes qualités, empêche qu'ils ne soient des hommes parfaits, et que leur réputation ne soit entière[3]. On ne leur demande point qu'ils soient plus éclairés et plus incorruptibles, qu'ils soient plus amis de l'ordre et de la discipline, plus fidèles à leurs devoirs, plus zélés pour le bien public, plus graves : on veut seulement qu'ils ne soient point amoureux.

Quelques hommes, dans le cours de leur vie, sont si différents d'eux-mêmes par le cœur et par l'esprit, qu'on est sûr de se méprendre si l'on en juge seulement par ce qui a paru d'eux dans leur première jeunesse. Tels étaient pieux, sages, savants, qui, par cette mollesse inséparable d'une trop riante fortune, ne le sont plus. L'on en sait d'autres qui ont commencé leur vie par les plaisirs, et qui ont mis ce

1. *De service*, qui rendent des services importants.
2. *L'on exigerait*, on désirerait que....
3. *Entière*, dans le sens du mot latin *integer*, intacte.

qu'ils avaient d'esprit à les connaître, que les disgrâces ensuite ont rendus religieux, sages, tempérants. Ces derniers sont, pour l'ordinaire, de grands sujets [1], et sur qui l'on peut faire beaucoup de fond ; ils ont une probité éprouvée par la patience et par l'adversité, ils entent sur cette extrême politesse que le commerce des femmes leur a donnée, et dont ils ne se défont jamais, un esprit de règle, de réflexion, et quelquefois une haute capacité, qu'ils doivent à la chambre [2] et au loisir d'une mauvaise fortune.

Tout notre mal vient de ne pouvoir être seuls [3] : de là le jeu, le luxe, la dissipation, le vin, les femmes, l'ignorance, la médisance, l'envie, l'oubli de soi-même et de Dieu.

L'homme semble quelquefois ne se suffire pas à soi-même : les ténèbres, la solitude, le troublent, le jettent dans des craintes frivoles et dans de vaines terreurs ; le moindre mal alors qui puisse lui arriver est de s'ennuyer.

L'ennui est entré dans le monde par la paresse ; elle a beaucoup de part à la recherche que font les hommes des plaisirs, du jeu, de la société. Celui qui aime le travail a assez de soi-même.

La plupart des hommes emploient la première partie de leur vie à rendre l'autre misérable.

Il y a des ouvrages qui commencent par A et finissent par Z [4] ; le bon, le mauvais, le pire, tout y entre ; rien, en un certain genre, n'est oublié : quelle recherche, quelle affectation dans ces ouvrages ! on les appelle des jeux d'esprit. De même il y a un jeu dans la conduite ; on a commencé, il faut finir, on veut fournir toute la carrière. Il serait mieux ou de changer ou de suspendre, mais il est plus rare et plus difficile de poursuivre : on poursuit, on s'anime par les con-

1. *Sujets*, terme affectionné par La Bruyère ; on lit plus haut : « Nier la vertu dans les *sujets* où elle existe, » p. 209.
2. *A la chambre :* on emploie aujourd'hui *cabinet :*
   Soit que dans *la chambre* il médite. (Malherbe, II, 3.)
3. Pascal, *Pens.*, art. IV. « J'ai dit souvent que tout le malheur des hommes vient d'une seule chose, qui est de ne savoir pas demeurer en repos dans une chambre. » Et plus loin : « De là vient que les hommes aiment tant le bruit et le remuement, etc. (Voir l'article tout entier.)
4. La Bruyère fait ici allusion à ces espèces de petites encyclopédies contenant des *Traités sur toutes les sciences*, très-abrégés à l'usage de la noblesse, aux *livres d'anecdotes*, aux recueils intitulés *Bibliothèques des gens de cour*, dont plusieurs sont rangés par ordre alphabétique. (Walckenaer.)

tradictions; la vanité soutient, supplée à la raison, qui cède et qui se désiste : on porte ce raffinement jusque dans les actions les plus vertueuses, dans celles même où il entre de la religion.

Il n'y a que nos devoirs qui nous coûtent, parce que leur pratique ne regardant que les choses que nous sommes étroitement obligés de faire, elle n'est pas suivie de grands éloges, qui est[1] tout ce qui nous excite aux actions louables et qui nous soutient dans nos entreprises. N... aime une piété fastueuse qui lui attire l'intendance des besoins des pauvres, le rend dépositaire de leur patrimoine, et fait de sa maison un dépôt public où se font les distributions; les gens à petits collets[2] et les *sœurs grises*[3] y ont une libre entrée; toute une ville voit ses aumônes, et les publie : qui pourrait douter qu'il soit[4] homme de bien, si ce n'est peut-être ses créanciers?

Géronte meurt de caducité, et sans avoir fait ce testament qu'il projetait depuis trente années : dix têtes viennent *ab intestat* partager sa succession. Il ne vivait depuis longtemps que par les soins d'*Astérie*, sa femme, qui, jeune encore, s'était dévouée à sa personne, ne le perdait pas de vue, secourait sa vieillesse, et lui a enfin fermé les yeux. Il ne lui laisse pas assez de bien pour pouvoir se passer, pour vivre, d'un autre vieillard.

Laisser perdre charges et bénéfices plutôt que de vendre ou de résigner, même dans son extrême vieillesse, c'est se persuader qu'on n'est pas du nombre de ceux qui meurent; ou, si l'on croit que l'on peut mourir, c'est s'aimer soi-même, et n'aimer que soi.

Fauste est un dissolu, un prodigue, un libertin, un ingrat, un emporté, qu'*Aurèle*, son oncle, n'a pu haïr ni déshériter.

Frontin, neveu d'Aurèle, après vingt années d'une pro-

---

1. *Qui est*, latinisme, pour *ce qui est*.
2. *A petit collet*. Les gens d'église qui portaient de petits collets, tandis que les gens du monde en portaient de grands, ornés de dentelles.
3. *Sœurs grises*, sœurs de charité, vivant en communauté sans être religieuses, et qui se consacrent à soigner les pauvres et les malades.
4. *Douter qu'il soit*. On rencontre quelquefois au 17e siècle le verbe *douter* construit dans une phrase interrogative sans négation : « Peut-être *doutez-vous* qu'étant éloigné du public, il *fût* encore égal à lui-même? » (Fléchier, *Or. fun. de Lamoignon.*)

bité connue, et d'une complaisance aveugle pour ce vieillard, ne l'a pu fléchir en sa faveur, et ne tire de sa dépouille qu'une légère pension que Fauste, unique légataire, lui doit payer.

Les haines sont si longues et si opiniâtres, que le plus grand signe de mort dans un homme malade, c'est la réconciliation.

L'on s'insinue auprès de tous les hommes, ou en les flattant dans les passions qui occupent leur âme, ou en compatissant aux infirmités qui affligent leur corps. En cela seul consistent les soins que l'on peut leur rendre : de là vient que celui qui se porte bien, et qui désire peu de chose, est moins facile à gouverner.

La mollesse et la volupté naissent avec l'homme, et ne finissent qu'avec lui ; ni les heureux, ni les tristes événements, ne l'en peuvent séparer : c'est pour lui ou le fruit de la bonne fortune ou un dédommagement de la mauvaise.

C'est une grande difformité dans la nature qu'un vieillard amoureux.

Peu de gens se souviennent d'avoir été jeunes, et combien il leur était difficile d'être chastes et tempérants. La première chose qui arrive aux hommes après avoir renoncé aux plaisirs, ou par bienséance, ou par lassitude, ou par régime, c'est de les condamner dans les autres. Il entre dans cette conduite une sorte d'attachement pour les choses mêmes que l'on vient de quitter ; l'on aimerait qu'un bien qui n'est plus pour nous ne fût plus aussi pour le reste du monde : c'est un sentiment de jalousie.

Ce n'est pas le besoin d'argent où les vieillards peuvent appréhender de tomber un jour qui les rend avares, car il y en a de tels qui ont de si grands fonds, qu'ils ne peuvent guère avoir cette inquiétude ; et d'ailleurs comment pourraient-ils craindre de manquer dans leur caducité des commodités de la vie, puisqu'ils s'en privent eux-mêmes volontairement pour satisfaire à leur avarice ? Ce n'est point aussi l'envie de laisser de plus grandes richesses à leurs enfants, car il n'est pas naturel d'aimer quelque autre chose plus que soi-même, outre qu'il se trouve des avares qui n'ont point d'héritiers. Ce vice est plutôt l'effet de l'âge et de la complexion des vieillards, qui s'y abandonnent aussi naturellement qu'ils suivaient leurs plaisirs dans leur jeunesse ou leur ambition dans l'âge viril. Il ne faut ni vigueur, ni jeunesse, ni santé, pour être avare; l'on n'a aussi nul besoin de s'empresser ou de se donner le moindre mouvement pour épargner ses revenus : il faut laisser seulement son bien dans ses coffres, et se priver de tout. Cela est commode aux vieillards, à qui il faut une passion, parce qu'ils sont hommes.

Il y a des gens qui sont mal logés, mal couchés, mal habillés, et plus mal nourris; qui essuient les rigueurs des saisons, qui se privent eux-mêmes de la société des hommes, et passent leurs jours dans la solitude; qui souffrent du présent, du passé et de l'avenir; dont la vie est comme une pénitence continuelle, et qui ont ainsi trouvé le secret d'aller à leur perte par le chemin le plus pénible : ce sont les avares [1].

Le souvenir de la jeunesse est tendre dans les vieillards ; ils aiment les lieux où ils l'ont passée. Les personnes qu'ils ont commencé de connaître dans ce temps leur sont chères ; ils affectent quelques mots du premier langage qu'ils ont parlé : ils tiennent pour l'ancienne manière de chanter et pour la vieille danse; ils vantent les modes qui régnaient alors dans les habits [2], les meubles et les équipages; ils ne peuvent encore désapprouver des choses qui servaient à leurs passions, qui étaient si utiles à leurs plaisirs, et qui en rappellent la mémoire : comment pourraient-ils leur préférer de nouveaux usages, et des modes toutes récentes où ils n'ont nulle part, dont ils n'espèrent rien, que les jeunes gens ont faites, et dont ils tirent à leur tour de si grands avantages contre la vieillesse?

Une trop grande négligence comme une excessive parure dans les vieillards multiplient leurs rides et font mieux voir leur caducité.

1. Boileau fait un portrait analogue de l'avare :

   Il faut souffrir la faim et coucher sur la dure...
   Parmi des tas de blé vivre de seigle et d'orge ;
   De peur de perdre un liard souffrir qu'on nous égorge. (*Sat.* VIII.)

Voir aussi dans la satire X l'épisode du lieutenant criminel Tardieu et de sa femme.

2. Horace a dit :

   Laudator temporis acti
  Se puero. (*Ars poet.*, 173.)

Et Boileau :

   Toujours plaint le présent et vante le passé. (*Art poét.*, III.)

Un vieillard est fier, dédaigneux, et d'un commerce difficile, s'il n'a beaucoup d'esprit.

Un vieillard qui a vécu à la cour, qui a un grand sens et une mémoire fidèle, est un trésor inestimable. Il est plein de faits et de maximes ; l'on y [1] trouve l'histoire du siècle, revêtue de circonstances très-curieuses, et qui ne se lisent nulle part ; l'on y apprend des règles pour la conduite et pour les mœurs, qui sont toujours sûres, parce qu'elles sont fondées sur l'expérience [2].

Les jeunes gens, à cause des passions qui les amusent, s'accommodent mieux de la solitude que les vieillards.

Phidippe, déjà vieux, raffine sur la propreté et sur la mollesse ; il passe aux petites délicatesses ; il s'est fait un art du boire, du manger, du repos, et de l'exercice. Les petites règles qu'il s'est prescrites, et qui tendent toutes aux aises de sa personne, il les observe avec scrupule. Il s'est accablé de superfluités, que l'habitude enfin lui rend nécessaires. Il double ainsi et renforce les liens qui l'attachent à la vie, et il veut employer ce qui lui en reste à en rendre la perte plus douloureuse. N'appréhendait-il pas assez de mourir ?

Gnathon ne vit que pour soi, et tous les hommes ensemble sont à son égard [3] comme s'ils n'étaient point. Non content de remplir à une table la première place, il occupe lui seul celle de deux autres ; il oublie que le repas est pour lui et pour toute la compagnie ; il se rend maître du plat, et fait son propre [4] de chaque service. Il ne s'attache à aucun des mets, qu'il n'ait achevé d'essayer de tous ; il voudrait pouvoir les savourer tous tout à la fois : il ne se sert à table que de ses mains, il manie les viandes, les remanie, démembre, déchire, et en use de manière qu'il faut que les conviés, s'ils veulent manger, mangent ses restes. Il ne leur épargne aucune de ces malpropretés dégoûtantes capables d'ôter l'appétit aux plus affamés ; le jus et les sauces lui dégouttent du menton et de la barbe. S'il enlève un ragoût de dessus un plat, il en répand en chemin dans un autre plat et sur la nappe, on le

---

1. *Y trouve*, en lui, comme dans un livre vivant.
2. On trouvera dans le *de Senectute* de Cicéron la contre-partie de ces idées un peu sombres sur la vieillesse.
3. *A son égard*, relativement à :

Ils l'avalent des yeux (l'huître), du doigt ils se la montrent ;
A l'égard de la dent, il fallut contester.   — (La Fontaine, IX, 9.)

4. *Fait son propre*, accapare, s'approprie.

suit à la trace. Il mange haut et avec grand bruit, il roule les yeux en mangeant : la table est pour lui un râtelier ; il écure ses dents, et il continue à manger [1]. Il se fait, quelque part où il se trouve, une manière d'établissement, et ne souffre pas d'être plus pressé au sermon ou au théâtre que dans sa chambre. Il n'y a dans un carrosse que les places du fond qui lui conviennent ; dans toute autre, si on veut l'en croire, il pâlit et tombe en faiblesse. S'il fait un voyage avec plusieurs, il les prévient dans les hôtelleries, et il sait toujours se conserver dans la meilleure chambre le meilleur lit. Il tourne tout à son usage ; ses valets, ceux d'autrui, courent dans le même temps pour son service ; tout ce qu'il trouve sous sa main lui est propre, hardes, équipages. Il embarrasse tout le monde, ne se contraint pour personne, ne plaint personne, ne connaît de maux que les siens, que sa réplétion et sa bile, ne pleure point la mort des autres, n'appréhende que la sienne, qu'il rachèterait volontiers de l'extinction du genre humain [2].

Cliton n'a jamais eu toute sa vie que deux affaires, qui est[3] de dîner le matin et de souper le soir ; il ne semble né que pour la digestion ; il n'a de même qu'un entretien : il dit les entrées qui ont été servies au dernier repas où il s'est trouvé ; il dit combien il y a eu de potages, et quels potages ; il place ensuite le rôt et les entremets ; il se souvient exactement de quels plats on a relevé[4] le premier service ; il n'oublie pas les *hors-d'œuvre*, le fruit et les assiettes ; il nomme tous les vins et toutes les liqueurs dont il a bu ; il possède le langage des cuisines autant qu'il peut s'étendre, et il me fait envie de manger à une bonne table où il ne soit point[5]. Il a surtout un palais sûr, qui ne prend point le change[6] ; et il ne

---

1. On pourrait désirer un peu plus de délicatesse dans les détails.
2. Ceci rappelle *les sentiments humains* d'Orgon dans *Tartufe* :

> De toutes amitiés il détache mon âme ;
> Et je verrais mourir frère, enfants, mère et femme
> Que je m'en soucierais autant que de cela. (I, 6.)

3. *Qui est*, voir p. 215, n. 3 ; c'est une forme affectionnée par La Bruyère.
4. *Relevé*, c'est-à-dire, quels plats ont remplacé ceux du premier service.
5. Même trait que dans Molière :

> C'est un fort méchant plat que sa sotte personne,
> Et qui gâte, à mon goût, tous les repas qu'il donne. (*Misanthr.*, II, 5.)

6. *Le change*, terme de vénerie, voir p. 115, n. 1.

> Je sais l'affaire et ne *prends point le change*. (Molière, *Tart.*, IV, 5.)

s'est jamais vu exposé à l'horrible inconvénient de manger un mauvais ragoût ou de boire d'un vin médiocre. C'est un personnage illustre dans son genre, et qui a porté le talent de se bien nourrir jusques où il pouvait aller ; on ne reverra plus un homme qui mange tant et qui mange si bien : aussi est-il l'arbitre des bons morceaux ; et il n'est guère permis d'avoir du goût pour ce qu'il désapprouve. Mais il n'est plus, il s'est fait du moins porter à table jusqu'au dernier soupir ; il donnait à manger le jour qu'il est mort ; quelque part où il soit, il mange ; et s'il revient au monde, c'est pour manger.

Ruffin commence à grisonner, mais il est sain, il a un visage frais et un œil vif qui lui promettent encore vingt années de vie ; il est gai, *jovial*[2], familier, indifférent ; il rit de tout son cœur, et il rit tout seul et sans sujet ; il est content de soi, des siens, de sa petite fortune ; il dit qu'il est heureux. Il perd son fils unique, jeune homme de grande espérance, et qui pouvait un jour être l'honneur de sa famille ; il remet sur d'autres le soin de le pleurer : il dit : *Mon fils est mort, cela fera mourir sa mère ;* et il est consolé[3]. Il n'a point de passions, il n'a ni amis ni ennemis ; personne ne l'embarrasse, tout le monde lui convient, tout lui est propre ; il parle à celui qu'il voit une première fois avec la même liberté et la même confiance qu'à ceux qu'il appelle de vieux amis, et il lui fait part bientôt de ses *quolibets* et de ses historiettes. On l'aborde, on le quitte sans qu'il y fasse attention, et le même conte qu'il a commencé de faire à quelqu'un, il l'achève à celui qui prend sa place.

N** est moins affaibli par l'âge que par la maladie, car il ne passe point soixante-huit ans ; mais il a la goutte, et il est sujet à une colique néphrétique ; il a le visage décharné, le teint verdâtre, et qui menace ruine : il fait marner[3] sa terre, et il compte que de quinze ans entiers il ne sera obligé de la fumer ; il plante un jeune bois, et il espère qu'en moins de

---

1. Pascal a peint vivement cette indifférence : « D'où vient que cet homme qui a perdu depuis peu son fils unique, et qui, accablé de procès et de querelles, était ce matin si troublé, n'y pense plus maintenant ? Ne vous en étonnez pas : il est tout occupé à voir par où passera ce sanglier, etc. (*Pens.*, art. IV.)

2. *Jovial* ne se trouve pas dans Furetière, mais se voit dans l'édition du dictionnaire de l'Académie de 1684 et dans les éditions subséquentes. Voir chap. de *Quelques usages*.

3. *Marner*, répandre une espèce de terre calcaire, mêlée d'argile, pour amender certains terrains.

vingt années il lui donnera un beau couvert¹. Il fait bâtir dans la rue ** une maison de pierre de taille, raffermie dans les encoignures par des mains de fer, et dont il assure, en toussant et avec une voix frêle et débile, qu'on ne verra jamais la fin : il se promène tous les jours dans ses ateliers sur le bras d'un valet qui le soulage ; il montre à ses amis ce qu'il a fait, et il leur dit ce qu'il a dessein de faire. Ce n'est pas pour ses enfants qu'il bâtit, car il n'en a point, ni pour ses héritiers, personnes viles, et qui se sont brouillées avec lui : c'est pour lui seul, et il mourra demain ².

Antagoras a un visage trivial et populaire ; un suisse de paroisse ou le saint de pierre qui orne le grand autel n'est pas mieux connu que lui de toute la multitude. Il parcourt le matin toutes les chambres et tous les greffes d'un parlement, et le soir les rues et les carrefours d'une ville : il plaide depuis quarante ans³, plus proche de sortir de la vie que de sortir d'affaires. Il n'y a point eu au Palais, depuis tout ce temps, de causes célèbres ou de procédures longues et embrouillées où il n'ait du moins intervenu : aussi a-t-il un nom fait pour remplir la bouche de l'avocat, et qui s'accorde avec le demandeur ou le défendeur comme le substantif et l'adjectif. Parent de tous, et haï de tous, il n'y a guère de familles dont il ne se plaigne et qui ne se plaignent de lui : appliqué successivement à saisir une terre, à s'opposer au sceau⁴, à se servir d'un *committimus*⁵, ou à mettre un arrêt à exécution. Outre qu'il assiste chaque jour à quelques assemblées de créanciers, partout syndic de directions⁶, et perdant à toutes les banqueroutes, il a des heures de reste pour ses

---

1. *Couvert*, ombrage donné par un massif : « Ces boutures de peupliers... ont fait un peu *de couvert*. » (Buffon, *Exp. sur les végét.*, 2ᵉ mém.)

2. On peut rapprocher ce caractère de la fable de La Fontaine, *le Vieillard et les trois jeunes hommes*, XI, 8.

3.   CHICANEAU. — Depuis quand plaidez-vous ?
               LA COMTESSE. — Il ne m'en souvient pas.
   Depuis trente ans au plus.   (Racine, *Plaideurs*, I, 7.)

4. *S'opposer au sceau*, déclarer, selon les formes judiciaires, que l'on met opposition à un acte.

5. *Committimus*, lettres royales données à ceux qui avaient leurs causes commises aux requêtes du palais, ou au grand conseil, ou à quelque autre tribunal particulier ; en général, privilège de faire évoquer une cause devant certains juges. (Littré, *Dict.*)

6. *Directions*, terme de procédure ancienne : règle que les créanciers faisaient par le ministère de leurs syndics ou directeurs de biens abandonnés par le débiteur.

visites : vieil meuble de ruelle, où il parle procès et dit des nouvelles. Vous l'avez laissé dans une maison au Marais, vous le retrouverez au grand Faubourg, où il vous a prévenu, et où déjà il redit ses nouvelles et son procès. Si vous plaidez vous-même, et que vous alliez le lendemain à la pointe du jour chez l'un de vos juges pour le solliciter, le juge attend pour vous donner audience qu'Antagoras soit expédié.

Tels hommes passent une longue vie à se défendre des uns et à nuire aux autres, et ils meurent consumés de vieillesse, après avoir causé autant de maux qu'ils en ont souffert.

Il faut des saisies de terre et des enlèvements de meubles, des prisons et des supplices, je l'avoue : mais justice, lois et besoins à part, ce m'est une chose toujours nouvelle de contempler avec quelle férocité les hommes traitent d'autres hommes.

L'on voit[1] certains animaux farouches, des mâles et des femelles, répandus par la campagne, noirs, livides, et tout brûlés du soleil, attachés à la terre qu'ils fouillent et qu'ils remuent avec une opiniâtreté invincible : ils ont comme une voix articulée, et quand ils se lèvent sur leurs pieds, ils montrent une face humaine, et en effet ils sont des hommes. Ils se retirent la nuit dans des tanières où ils vivent de pain noir, d'eau et de racines; ils épargnent aux autres hommes la peine de semer, de labourer et de recueillir pour vivre, et méritent ainsi de ne pas manquer de ce pain qu'ils ont semé.

Don Fernand dans sa province est oisif, ignorant, médisant, querelleux, fourbe, intempérant, impertinent; mais il tire l'épée contre ses voisins, et pour un rien il expose sa vie : il a tué des hommes, il sera tué.

Le noble de province, inutile à sa patrie, à sa famille, et à lui-même, souvent sans toit, sans habit, sans aucun mérite, répète dix fois le jour qu'il est gentilhomme, traite les fourrures[2] et les mortiers[3] de bourgeoisie, occupé toute sa vie de ses parchemins et de ses titres, qu'il ne changerait pas contre les masses d'un chancelier.

Il se fait généralement dans tous les hommes des com-

1. Les paysans et les laboureurs.
2. *Les fourrures*, l'université; Boileau a dit, satire VIII :
   Que dit-il (l'âne)
   Quand il voit de pédants un escadron *fourré*
   Suivi par un recteur de bedeaux entouré.
3. *Les mortiers*, les magistrats, voir p. 117, n. 5.

binaisons infinies de la puissance, de la faveur, du génie, des richesses, des dignités, de la noblesse, de la force, de l'industrie, de la capacité, de la vertu, du vice, de la faiblesse, de la stupidité, de la pauvreté, de l'impuissance, de la roture et de la bassesse. Ces choses, mêlées ensemble en mille manières différentes, et compensées l'une par l'autre en divers sujets, forment aussi les divers états et les différentes conditions. Les hommes d'ailleurs, qui tous savent le fort et le faible les uns des autres, agissent aussi réciproquement comme ils croient le devoir faire, connaissent ceux qui leur sont égaux, sentent la supériorité que quelques-uns ont sur eux et celle qu'ils ont sur quelques autres : et de là naissent entre eux ou la familiarité, ou le respect et la déférence, ou la fierté et le mépris. De cette source vient que dans les endroits publics, et où le monde se rassemble, on se trouve à tous moments entre celui que l'on cherche à aborder ou à saluer et cet autre que l'on feint de ne pas connaître, et dont[1] l'on veut encore moins se laisser joindre; que l'on se fait honneur de l'un et qu'on a honte de l'autre; qu'il arrive même que celui dont vous vous faites honneur, et que vous voulez retenir, est celui aussi qui est embarrassé de vous et qui vous quitte; et que le même est souvent celui qui rougit d'autrui, et dont on rougit, qui dédaigne ici, et qui là est dédaigné : il est encore assez ordinaire de mépriser qui nous méprise. Quelle misère! et puisqu'il est vrai que, dans un si étrange commerce, ce que l'on pense gagner d'un côté on le perd de l'autre, ne reviendrait-il pas au même de renoncer à toute hauteur et à toute fierté, qui convient si peu aux faibles hommes, et de composer[2] ensemble, de se traiter tous avec une mutuelle bonté, qui, avec l'avantage de n'être jamais mortifiés, nous procurerait un aussi grand bien que celui de ne mortifier personne[3]?

Bien loin de s'effrayer ou de rougir même du nom de philosophe, il n'y a personne au monde qui ne dût avoir une

---

1. *Dont*, par lequel : « La bassesse de ma fortune, *dont* il plaît au ciel de rabattre l'opinion de mon amour. » (Molière, *Am. magnif.*, I, 1.)

2. « La nature n'a-t-elle pas déjà imposé une assez grande peine aux peuples et aux malheureux de les avoir fait naître dans la dépendance et comme dans l'esclavage?... Faut-il encore leur aggraver le joug par le mépris et une fierté qui en est si digne elle-même? » (Massillon, *Petit Car.*, 4ᵉ dim.)

3. *Composer*, s'accorder en faisant des concessions :

Me voyant pris, il fallut *composer*.   (Corneille, *Ment.*, II, 5.)

forte teinture de philosophie[1]. Elle convient à tout le monde : la pratique en est utile à tous les âges, à tous les sexes et à toutes les conditions : elle nous console du bonheur d'autrui, des indignes préférences, des mauvais succès, du déclin de nos forces ou de notre beauté : elle nous arme contre la pauvreté, la vieillesse, la maladie et la mort, contre les sots et les mauvais railleurs : elle nous fait vivre sans une femme, ou nous fait supporter celle avec qui nous vivons.

Les hommes, en un même jour, ouvrent leur âme à de petites joies et se laissent dominer par de petits chagrins : rien n'est plus inégal et moins suivi que ce qui se passe en si peu de temps dans leur cœur et dans leur esprit. Le remède à ce mal est de n'estimer les choses du monde précisément que ce qu'elles valent.

Il est aussi difficile de trouver un homme vain qui se croie assez heureux, qu'un homme modeste qui se croie trop malheureux.

Le destin du vigneron, du soldat et du tailleur de pierre m'empêche de m'estimer malheureux par la fortune[2] des princes ou des ministres, qui me manque.

Il n'y a pour l'homme qu'un vrai malheur, qui est de se trouver en faute, et d'avoir quelque chose à se reprocher.

La plupart des hommes, pour arriver à leurs fins, sont plus capables d'un grand effort que d'une longue persévérance. Leur paresse ou leur inconstance leur fait perdre le fruit des meilleurs commencements. Ils se laissent souvent devancer par d'autres qui sont partis après eux, et qui marchent lentement, mais constamment[3].

J'ose presque assurer que les hommes savent encore mieux prendre des mesures que les suivre, résoudre ce qu'il faut faire et ce qu'il faut dire, que de faire ou de dire ce qu'il faut. On se propose fermement, dans une affaire qu'on négocie, de taire une certaine chose ; et ensuite, ou par pas-

---

1. L'on ne peut plus entendre que celle qui est dépendante de la religion chrétienne. (La Bruyère.)

2. *Par la fortune*, expression obscure : *par* signifie *par rapport à, du côté de*, comme dans cette phrase de Molière : « Les hommages ne sont jamais considérés par les choses qu'ils portent... » (Ép. déd. de l'*Éc. des maris.*)

3. Rien ne sert de courir ; il faut partir à point.
(La Fontaine, *le Lièvre et la Tortue*, VI, 10.)

sion, ou par une intempérance de langue, où dans la chaleur de l'entretien, c'est la première qui échappe.

Les hommes agissent mollement dans les choses qui sont de leur devoir, pendant qu'ils se font un mérite, ou plutôt une vanité, de s'empresser pour celles qui leur sont étrangères, et qui ne conviennent ni à leur état ni à leur caractère.

La différence d'un homme qui se revêt d'un caractère étranger à lui-même, quand il rentre dans le sien, est celle d'un masque à un visage.

Téléphe a de l'esprit, mais dix fois moins, de compte fait, qu'il ne présume en avoir : il est donc, dans ce qu'il dit, dans ce qu'il fait, dans ce qu'il médite et ce qu'il projette, dix fois au delà de ce qu'il a d'esprit; il n'est donc jamais dans ce qu'il a de force et d'étendue : ce raisonnement est juste. Il a comme une barrière qui le ferme, et qui devrait l'avertir de s'arrêter en deçà; mais il passe outre, il se jette hors de sa sphère, il trouve lui-même son endroit faible, et se montre par cet endroit : il parle de ce qu'il ne sait point ou de ce qu'il sait mal; il entreprend au-dessus de son pouvoir, il désire au delà de sa portée; il s'égale à ce qu'il y a de meilleur en tout genre; il a du bon et du louable, qu'il offusque[1] par l'affectation du grand ou du merveilleux : on voit clairement ce qu'il n'est pas, et il faut deviner ce qu'il est en effet. C'est un homme qui ne se mesure point, qui ne se connaît point : son caractère est de ne savoir pas se renfermer dans celui qui lui est propre, et qui est le sien.

L'homme du meilleur esprit est inégal, il souffre des accroissements et des diminutions; il entre en verve, mais il en sort : alors, s'il est sage, il parle peu, il n'écrit point, il ne cherche point à imaginer ni à plaire. Chante-t-on avec un rhume? ne faut-il pas attendre que la voix revienne?

Le sot est *automate*[2], il est machine, il est ressort; le poids l'emporte, le fait mouvoir, le fait tourner, et toujours, et dans le même sens et avec la même égalité : il est uniforme, il ne se dément point; qui l'a vu une fois l'a vu dans tous les instants et dans toutes les périodes de sa vie; c'est tout au plus le bœuf qui meugle ou le merle qui siffle : il

---

1. *Offusque*, même sens que dans le vers de Molière cité plus haut, p. 211, n. 1.

    Des visages humains *offusque* la figure.

2. *Automate*, machine qui se meut par des ressorts.

est fixé et déterminé par sa nature, et j'ose dire par son espèce. Ce qui paraît le moins en lui, c'est son âme : elle n'agit point, elle ne s'exerce point, elle se repose.

Le sot ne meurt point; ou si cela lui arrive, selon notre manière de parler, il est vrai de dire qu'il gagne à mourir, et que, dans ce moment où les autres meurent, il commence à vivre : son âme alors pense, raisonne, infère, conclut, juge, prévoit, fait précisément tout ce qu'elle ne faisait point; elle se trouve dégagée d'une masse de chair où elle était comme ensevelie sans fonction, sans mouvement, sans aucun du moins qui fût digne d'elle : je dirais presque qu'elle rougit de son propre corps et des organes bruts et imparfaits auxquels elle s'est vue attachée si longtemps, et dont elle n'a pu faire qu'un sot et qu'un stupide; elle va d'égal avec les grandes âmes, avec celles qui font les bonnes têtes ou les hommes d'esprit. L'âme d'*Alain* ne se démêle plus d'avec celles du grand CONDÉ, de RICHELIEU, de PASCAL et de LINGENDES[1].

La fausse délicatesse dans les actions libres, dans les mœurs ou dans la conduite, n'est pas ainsi nommée parce qu'elle est feinte, mais parce qu'en effet elle s'exerce sur des choses et en des occasions qui n'en méritent point. La fausse délicatesse de goût et de complexion n'est telle, au contraire, que parce qu'elle est feinte ou affectée : c'est *Émilie* qui crie de toute sa force sur un petit péril qui ne lui fait pas de peur; c'est une autre qui par mignardise pâlit à la vue d'une souris, ou qui veut aimer les violettes et s'évanouir aux tubéreuses.

Qui oserait se promettre de contenter les hommes? Un prince, quelque bon et quelque puissant qu'il fût, voudrait-il l'entreprendre? Qu'il l'essaye; qu'il se fasse lui-même une affaire de leurs plaisirs; qu'il ouvre son palais à ses courtisans, qu'il les admette jusque dans son domestique; que, dans des lieux dont la vue seule est un spectacle[2], il leur fasse voir d'autres spectacles; qu'il leur donne le choix des jeux, des concerts, et de tous les rafraîchissements; qu'il y

---

1. Jean de Lingendes, évêque de Sarlat et ensuite de Mâcon, se distingua comme prélat et comme orateur; il mourut en 1665. Un autre Lingendes, de la même famille et de la compagnie de Jésus, eut de la réputation comme prédicateur. C'est du premier sans doute que La Bruyère parle ici.
2. Probablement Versailles, Marly, Fontainebleau.

ajoute une chère splendide et une entière liberté ; qu'il entre avec eux en société des mêmes amusements ; que le grand homme devienne aimable, et que le héros soit humain et familier : il n'aura pas assez fait. Les hommes s'ennuient enfin des mêmes choses qui les ont charmés dans leurs commencements ; ils déserteraient la *table des dieux*, et le *nectar*, avec le temps, leur devient insipide. Ils n'hésitent pas de[1] critiquer des choses qui sont parfaites ; il y entre de la vanité et une mauvaise délicatesse : leur goût, si on les en croit, est encore au delà de toute l'affectation[2] qu'on aurait à les satisfaire et d'une dépense toute royale que l'on ferait pour y réussir ; il s'y mêle de la malignité, qui va jusqu'à vouloir affaiblir dans les autres la joie qu'ils auraient de les rendre contents. Ces mêmes gens, pour l'ordinaire si flatteurs et si complaisants, peuvent se démentir ; quelquefois on ne les reconnaît plus, et l'on voit l'homme jusque dans le courtisan.

L'affectation dans le geste, dans le parler[3], et dans les manières, est souvent une suite de l'oisiveté ou de l'indifférence, et il semble qu'un grand attachement ou de sérieuses affaires jettent l'homme dans son naturel.

Les hommes n'ont point de caractère, ou s'ils en ont, c'est celui de n'en avoir aucun qui soit suivi, qui ne se démente point, et où ils soient reconnaissables[4]. Ils souffrent beaucoup à être toujours les mêmes, à persévérer dans la règle ou dans le désordre ; et s'ils se délassent quelquefois d'une vertu par une autre vertu, ils se dégoûtent plus souvent d'un vice par un autre vice : ils ont des passions contraires, et des faibles qui se contredisent ; il leur coûte moins de joindre les extrémités que d'avoir une conduite dont une partie naisse de l'autre[5] : ennemis de la modération, ils outrent

1. *N'hésitent pas de*, voir p. 36, n. 1
2. *Affectation*, dans le sens du mot latin *affectare*, la recherche empressée, le désir ; Bossuet a dit : « L'empire de la mer que leur république *affectait*. » (*Hist.*, I, 8.)
3. *Le parler*. L'infinitif s'employait alors très-fréquemment avec l'article substantivement ; Malherbe a dit : « *Le vivre et le vieillir* sont choses si conjointes. » (*Lett. à la princ. de Conti.*)
4. Montaigne a dit : « Certes c'est un subject merveilleusement vain, divers et ondoyant que l'homme ; il est malaysé d'y fonder jugement constant et uniforme. » (*Ess.*, I, 1.)
5. C'est la pensée qu'exprime avec tant d'énergie Pascal : « L'homme n'est ni ange ni bête, et le malheur veut que qui veut faire l'ange fait la bête. » (*Pens.*, art. VII, 13.)

toutes choses, les bonnes et les mauvaises, dont, ne pouvant ensuite supporter l'excès, ils l'adoucissent par le changement[1]. *Adraste* était si corrompu et si libertin, qu'il lui a été moins difficile de suivre la mode et se faire dévot : il lui eût coûté davantage d'être homme de bien.

D'où vient que les mêmes hommes qui ont un flegme tout prêt pour recevoir indifféremment les plus grands désastres s'échappent, et ont une bile intarissable sur les plus petits inconvénients? Ce n'est pas sagesse en eux qu'une telle conduite, car la vertu est égale et ne se dément point : c'est donc un vice; et quel autre que la vanité, qui ne se réveille et ne se recherche que dans les événements où il y a de quoi faire parler le monde, et beaucoup à gagner pour elle, mais qui se néglige sur tout le reste?

L'on se repent rarement de parler peu, très-souvent, de trop parler : maxime usée et triviale, que tout le monde sait, et que tout le monde ne pratique pas.

C'est se venger contre soi-même, et donner un trop grand avantage à ses ennemis, que de leur imputer des choses qui ne sont pas vraies et de mentir pour les décrier.

Si l'homme savait rougir de soi, quels crimes non-seulement cachés, mais publics et connus, ne s'épargnerait-il pas !

Si certains hommes ne vont pas dans le bien jusqu'où ils pourraient aller, c'est par le vice de leur première instruction.

Il y a dans quelques hommes une certaine médiocrité d'esprit qui contribue à les rendre sages.

Il faut aux enfants les verges et la férule : il faut aux hommes faits une couronne, un sceptre, un mortier, des fourrures, des faisceaux, des timbales, des hoquetons. La raison et la justice, dénuées de tous leurs ornements, ni ne persuadent ni n'intimident. L'homme, qui est esprit, se mène par les yeux et les oreilles [2].

---

1. Construction fort embrouillée; on lit dans Bossuet, ce qui n'est pas une excuse pour La Bruyère : « On a peine à placer Osymandias *dont* nous voyons de si magnifiques monuments dans Diodore, et de si belles marques *de ses combats*. » (*Hist.*, III, 3.)

2. « Nos magistrats ont bien connu ce mystère. Leurs robes rouges, leurs hermines dont ils s'emmaillotent en chats fourrés, les palais où ils jugent, leurs fleurs de lis, tout cet appareil auguste était fort nécessaire, etc. » (Pascal, *Pens.*, art. III.)

Timon ou le misanthrope peut avoir l'âme austère et farouche, mais extérieurement il est civil et *cérémonieux* : il ne s'échappe pas, il ne s'apprivoise pas avec les hommes ; au contraire, il les traite honnêtement et sérieusement ; il emploie à leur égard tout ce qui peut éloigner leur familiarité ; il ne veut pas les mieux connaître ni s'en faire des amis, semblable en ce sens à une femme qui est en visite chez une autre femme [1].

La raison tient de la vérité, elle est une : l'on n'y arrive que par un chemin, et l'on s'en écarte par mille. L'étude de la sagesse a moins d'étendue que celle que l'on ferait des sots et des impertinents. Celui qui n'a vu que des hommes polis et raisonnables, ou ne connaît pas l'homme, ou ne le connaît qu'à demi : quelque diversité qui se trouve dans les complexions ou dans les mœurs, le commerce du monde et la politesse donnent les mêmes apparences, font qu'on se ressemble les uns aux autres par des dehors qui plaisent réciproquement, qui semblent communs à tous, et qui font croire qu'il n'y a rien ailleurs qui ne s'y rapporte. Celui, au contraire, qui se jette dans le peuple [2] ou dans la province y fait bientôt, s'il a des yeux, d'étranges découvertes, y voit des choses qui lui sont nouvelles, dont il ne se doutait pas, dont il ne pouvait avoir le moindre soupçon : il avance par des expériences continuelles dans la connaissance de l'humanité ; il calcule presque en combien de manières différentes l'homme peut être insupportable.

Après avoir mûrement approfondi les hommes, et connu le faux de leurs pensées, de leurs sentiments, de leurs goûts et de leurs affections, l'on est réduit à dire qu'il y a moins à perdre pour eux par l'inconstance que par l'opiniâtreté.

Combien d'âmes faibles, molles et indifférentes, sans de grands défauts, et qui puissent fournir à la satire ! Combien de sortes de ridicules répandus parmi les hommes, mais qui par leur singularité ne tirent point à conséquence, et ne sont d'aucune ressource pour l'instruction et pour la morale ! Ce sont des vices uniques qui ne sont pas contagieux, et qui sont moins de l'humanité que de la personne.

---

1. La Bruyère a voulu reprendre Molière : il le fera encore au sujet de *Tartufe*, comme il le fait ici pour le *Misanthrope*, sans beaucoup de succès.

2. *Se jette dans le peuple*, se lance dans l'étude du peuple.

Des jugements.

Rien ne ressemble mieux à la vive persuasion que le mauvais entêtement : de là les partis, les cabales, les hérésies.

L'on ne pense pas toujours constamment[1] d'un même sujet : l'entêtement[2] et le dégoût se suivent de près.

Les grandes choses étonnent, et les petites rebutent : nous nous apprivoisons avec les unes et les autres par l'habitude.

Deux choses toutes contraires nous préviennent également, l'habitude et la nouveauté.

Il n'y a rien de plus bas, et qui convienne mieux au peuple, que de parler en des termes magnifiques de ceux même dont l'on pensait très-modestement avant leur élévation.

La faveur des princes n'exclut pas le mérite, et ne le suppose pas aussi.

Il est étonnant qu'avec tout l'orgueil dont nous sommes gonflés, et la haute opinion que nous avons de nous-mêmes et de la bonté de notre jugement, nous négligions de nous en servir pour prononcer sur le mérite des autres. La vogue, la faveur populaire, celle du prince, nous entraînent comme un torrent. Nous louons ce qui est loué, bien plus que ce qui est louable.

Je ne sais s'il y a rien au monde qui coûte davantage à approuver et à louer que ce qui est plus digne d'approbation et de louange, et si la vertu, le mérite, la beauté, les bonnes actions, les beaux ouvrages, ont un effet plus naturel et plus sûr que l'envie, la jalousie et l'antipathie. Ce n'est pas d'un saint dont[3] un dévot[4] sait dire du bien, mais d'un autre dévot. Si une belle femme approuve la beauté d'une autre femme, on peut conclure qu'elle a mieux que ce qu'elle approuve. Si un poëte loue les vers d'un autre poëte, il y a à parier qu'ils sont mauvais et sans conséquence[5].

1. *Constamment*, d'une manière invariable.
2. Voir p. 81, n. 2.
3. *D'un saint dont*. *De* répété surabondamment. « Ce n'est pas *de* ces sortes de respect *dont* je vous parle. » (Molière, *Georg. Dand.*, II, 3.) La préposition *à* se répétait également :

    Et que c'est *à* sa table *à* qui l'on rend visite. (Molière, *Misanthr.*, II, 5.)
    C'est *à* vous, mon esprit, *à* qui je veux parler... (Boileau, *Sat.* IX.)

4. Faux dévot. (La Bruyère.)
5. « C'est une étrange chose de vous autres messieurs les poëtes, que vous condamniez toujours les pièces où tout le monde court et ne disiez

Les hommes ne se goûtent qu'à peine les uns les autres, n'ont qu'une faible pente à s'approuver réciproquement : action, conduite, pensée, expression, rien ne plaît, rien ne contente. Ils substituent à la place de ce qu'on leur récite, de ce qu'on leur dit, ou de ce qu'on leur lit, ce qu'ils auraient fait eux-mêmes en pareille conjoncture, ce qu'ils penseraient ou ce qu'ils écriraient sur un tel sujet; et ils sont si pleins de leurs idées, qu'il n'y a plus de place pour celles d'autrui.

Le commun des hommes est si enclin au dérèglement et à la bagatelle, et le monde est si plein d'exemples ou pernicieux ou ridicules, que je croirais assez que l'esprit de singularité, s'il pouvait avoir ses bornes et ne pas aller trop loin, approcherait fort de la droite raison et d'une conduite régulière.

Il faut faire comme les autres : maxime suspecte, qui signifie presque toujours : il faut mal faire, dès qu'on l'étend au delà de ces choses purement extérieures qui n'ont point de suite, qui dépendent de l'usage, de la mode ou des bienséances [1].

Si les hommes sont hommes plutôt qu'ours ou panthères, s'ils sont équitables, s'ils se font justice à eux-mêmes et qu'ils la rendent aux autres, que deviennent les lois, leur texte, et le prodigieux accablement de leurs commentaires? que devient le *pétitoire* et le *possessoire* [2], et tout ce qu'on appelle jurisprudence? où se réduisent même ceux qui doivent tout leur relief et toute leur enflure à l'autorité où ils sont établis de faire valoir ces mêmes lois? Si ces mêmes hommes ont de la droiture et de la sincérité, s'ils sont guéris de la prévention, où sont évanouies les disputes de l'école, la scolastique et les controverses? S'ils sont tempérants, chastes et modérés, que leur sert le mystérieux jargon de la médecine, et qui est une mine d'or pour ceux qui s'avisent de le parler [3]?

---

jamais du bien que de celles où personne ne va. » (Molière, *Crit. de l'Éc. des femm.*, 7.)

1. Descartes dans son *Discours de la Méthode*, se formant une morale par provision, exprime un avis tout opposé : « Me gouvernant en toute autre chose suivant les opinions les plus modérées et les plus éloignées de l'excès qui fussent communément reçues en pratique par les mieux sensés de ceux avec lesquels j'aurais à vivre, etc. » (3ᵉ *partie*.)

2. *Pétitoire*, demande en justice pour être maintenu ou rétabli dans la propriété d'un bien immobilier. — *Possessoire*, possession dudit bien.

3. Boutade satirique dans le genre de celles de Molière sur la médecine : « Ils savent, mon frère (dit Béralde dans le *Malade imaginaire*), ce

Légistes, docteurs, médecins, quelle chute pour vous, si nous pouvions tous nous donner le mot de devenir sages!

De combien de grands hommes dans les différents exercices de la paix et de la guerre aurait-on dû se passer! A quel point de perfection et de raffinement n'a-t-on pas porté de certains arts et de certaines sciences qui ne devaient point être nécessaires, et qui sont dans le monde comme des remèdes à tous les maux dont notre malice est l'unique source!

Que de choses depuis VARRON, que Varron a ignorées! Ne nous suffirait-il pas même de n'être savants que comme PLATON ou comme SOCRATE?

Tel, à un sermon, à une musique [1], ou dans une galerie de peintures, a entendu à sa droite et à sa gauche, sur une chose précisément la même, des sentiments précisément opposés. Cela me ferait dire volontiers que l'on peut hasarder, dans tout genre d'ouvrages, d'y mettre le bon et le mauvais : le bon plaît aux uns, et le mauvais aux autres; l'on ne risque guère davantage d'y mettre le pire, il a ses partisans.

Le phénix de la poésie *chantante* renaît de ses cendres; il a vu mourir et revivre sa réputation en un même jour. Ce juge même si infaillible et si ferme dans ses jugements, le public, a varié sur son sujet; ou il se trompe, ou il s'est trompé : celui qui prononcerait aujourd'hui que Q**[2], en un certain genre, est un mauvais poëte parlerait presque aussi mal que s'il eût dit il y a quelque temps : *Il est bon poëte.*

C. P.[3] était riche, et C. N.[4] ne l'était pas : la *Pucelle* et *Rodogune* méritaient chacune une autre aventure[5]. Ainsi l'on

que je vous ai dit, qui ne guérit pas grand'chose; et toute l'excellence de leur art consiste en un pompeux galimatias, en un spécieux babil, etc. » (III, 3.)

1. *Musique.* On disait aussi alors un concert de musique : voir Molière, *Crit. de l'Éc. des femm.*, 6.

2. Quinault.

3. Chapelain, le mieux renté de tous les beaux esprits, comme l'a dit Boileau, touchait comme pensions et gratifications plus de dix mille francs.

4. Corneille.

5. *Aventure*, sort, fortune :

Artisan de sa bonne ou mauvaise *aventure*. (Régnier, Sat. XV.)

Cherchons notre *aventure* ailleurs. (La Fontaine, VII, 12.)

a toujours demandé pourquoi, dans telle ou telle profession, celui-ci avait fait sa fortune et cet autre l'avait manquée; et en cela les hommes cherchent la raison de leurs propres caprices, qui, dans les conjonctures pressantes de leurs affaires, de leurs plaisirs, de leur santé et de leur vie, leur font souvent laisser les meilleures et prendre les pires.

La condition des comédiens était infâme[1] chez les Romains et honorable chez les Grecs : qu'est-elle chez nous? On pense d'eux comme les Romains, on vit avec eux comme les Grecs.

Rien ne découvre mieux dans quelle disposition sont les hommes à l'égard des sciences et des belles-lettres, et de quelle utilité ils les croient dans la république[2], que le prix qu'ils y ont mis, et l'idée qu'ils se forment de ceux qui ont pris le parti de les cultiver. Il n'y a point d'art si mécanique, ni de si vile condition, où les avantages ne soient plus sûrs, plus prompts et plus solides. Le comédien, couché dans son carrosse, jette de la boue au visage de CORNEILLE, qui est à pied[3]. Chez plusieurs, savant et pédant sont synonymes.

Souvent où le riche parle, et parle de doctrine[4], c'est aux doctes à se taire, à écouter, à applaudir, s'ils veulent du moins ne passer que pour doctes.

Il y a une sorte de hardiesse à soutenir devant certains esprits la honte de l'érudition : l'on trouve chez eux une prévention tout établie contre les savants, à qui ils ôtent les manières du monde, le savoir-vivre, l'esprit de société, et qu'ils renvoient ainsi dépouillés à leur cabinet et à leurs livres. Comme l'ignorance est un état paisible, et qui ne coûte aucune peine, l'on s'y range en foule, et elle forme à la cour et à la ville un nombreux parti qui l'emporte sur celui des savants. S'ils allèguent en leur faveur les noms d'ESTRÉES, de HARLAY, BOSSUET, SÉGUIER, MONTAUSIER, VARDES, CHEVREUSE, NOVION, LAMOIGNON, SCUDÉRY[5], PELLISSON, et

---

1. *Infâme*, latinisme, mal famée.
2. *République*, l'État, voir p. 167, n. 1.
3. Cette pensée fait songer à ce que Boileau dit de la satire, qui

   Vengea l'humble vertu de la richesse altière
   Et l'honnête homme à pied du faquin en litière.   (*Art poét.*, II.)

4. *De doctrine* : *de* exprimant la manière et correspondant à *avec* :

   Vous le voulez traiter *d'un semblable langage*.   (Molière, *Tart.*, 1, 6.)

5. Mademoiselle de Scudéry. (La Bruyère.)

de tant d'autres personnages également doctes et polis ; s'ils osent même citer les grands noms de CHARTRES, de CONDÉ, de CONTI, de BOURBON, du MAINE, de VENDÔME, comme de princes qui ont su joindre aux plus belles et aux plus hautes connaissances et l'atticisme des Grecs et l'urbanité des Romains, l'on ne feint point de[1] leur dire que ce sont des exemples singuliers ; et s'ils ont recours à de solides raisons, elles sont faibles contre la voix de la multitude. Il semble néanmoins que l'on devrait décider sur cela avec plus de précaution, et se donner seulement la peine de douter si ce même esprit qui fait faire de si grands progrès dans les sciences, qui fait bien penser, bien juger, bien parler et bien écrire, ne pourrait point encore servir à être poli.

Il faut très-peu de fonds pour la politesse dans les manières : il en faut beaucoup pour celle de l'esprit.

Il est savant, dit un politique, il est donc incapable d'affaires ; je ne lui confierais[2] l'état de ma garde-robe ; et il a raison. OSSAT, XIMENÈS[3], RICHELIEU, étaient savants : étaient-ils habiles ? ont-ils passé pour de bons ministres ? Il sait le grec, continue l'homme d'État ; c'est un grimaud[4], c'est un philosophe. Et, en effet, une fruitière à Athènes, selon les apparences, parlait grec, et par cette raison était philosophe. Les BIGNON[5], les LAMOIGNON, étaient de purs grimauds ; qui en peut douter ? ils savaient le grec. Quelle vision, quel délire au grand, au sage, au judicieux ANTONIN, de dire qu'*alors les peuples seraient heureux, si l'empereur*

---

1. *L'on ne feint point de*, on n'hésite point à : on rencontre indifféremment dans Molière feindre *de*, feindre *à*, et feindre sans préposition. « Nous *feignons à* vous aborder. » (*L'Av.*, I, 5.) « Nous *ne feignons point de* mettre tout en usage. » (*Pourc.*, I, 3.)

Feindre *s'ouvrir* à moi..., etc. (*Dépit am.*, II, 1.)

2. *Je ne lui confierais* ; pas est quelquefois supprimé au 17ᵉ siècle, à l'imitation des auteurs du 16ᵉ siècle : « Si notre langue *n*'est si copieuse et si riche que la grecque et latine, cela *ne* doit être imputé au défaut d'icelle. » (Du Bellay, *Défense et illustration de la langue française*.)

3. *Ossat* (le cardinal d'), célèbre diplomate employé par Henri IV ; on a de lui un recueil de lettres diplomatiques dont Fénelon regrettait « le vieux langage. » (Voir *Lett. à l'acad.*) — *Ximenès* (le cardinal de), célèbre ministre d'État, régent pendant la minorité de Charles-Quint, 1516.

4. *Grimaud.*

Allez, petit *grimaud*, barbouilleur de papier.

(Molière, *Femmes sav.*, III, 5.)

5. *Bignon*, magistrat remarquable par sa précocité et sa vaste érudition, né en 1589, mort en 1656.

philosophait, ou si le philosophe, ou le grimaud, venait à l'empire !

Les langues sont la clef ou l'entrée des sciences, et rien davantage : le mépris des unes tombe sur les autres. Il ne s'agit point si les langues sont anciennes ou nouvelles, mortes ou vivantes; mais si elles sont grossières ou polies, si les livres qu'elles ont formés sont d'un bon ou d'un mauvais goût. Supposons que notre langue pût un jour avoir le sort de la grecque et de la latine; serait-on pédant, quelques siècles après qu'on ne la parlerait plus, pour lire MOLIÈRE ou LA FONTAINE ?

Je nomme *Euripile,* et vous dites : C'est un bel esprit; vous dites aussi de celui qui travaille une poutre : Il est charpentier; et de celui qui refait un mur : Il est maçon. Je vous demande quel est l'atelier où travaille cet homme de métier, ce bel esprit? quelle est son enseigne? à quel habit le reconnaît-on? quels sont ses outils? est-ce le coin? sont-ce le marteau ou l'enclume? où fend-il, où cogne-t-il son ouvrage? où l'expose-t-il en vente? Un ouvrier se pique d'être ouvrier; Euripile se pique-t-il d'être bel esprit? S'il est tel, vous me peignez un fat qui met l'esprit en roture, une âme vile et mécanique à qui ni ce qui est beau ni ce qui est esprit ne sauraient s'appliquer sérieusement; et s'il est vrai qu'il ne se pique de rien, je vous entends, c'est un homme sage et qui a de l'esprit. Ne dites-vous pas encore du savantasse[1] : Il est bel esprit, et ainsi du mauvais poëte? Mais vous-même vous croyez-vous sans aucun esprit? et si vous en avez, c'est sans doute de celui qui est beau et convenable ; vous voilà donc un bel esprit : ou s'il s'en faut peu que vous ne preniez ce nom pour une injure, continuez, j'y consens, de le donner à Euripile, et d'employer cette ironie, comme les sots, sans le moindre discernement, ou comme les ignorants qu'elle console d'une certaine culture qui leur manque, et qu'ils ne voient que dans les autres.

Qu'on ne me parle jamais d'encre, de papier, de plume, de style, d'imprimeur, d'imprimerie; qu'on ne se hasarde plus de me dire : Vous écrivez si bien, *Antisthène!* continuez d'écrire, ne verrons-nous point de vous un *in-folio*? traitez de toutes les vertus et de tous les vices dans un ou-

---

1. *Savantasse,* injure gasconne. « Le baron de Fœneste se moquait de tous les *savantas.* » (Furetière.)

vrage suivi, méthodique, qui n'ait point de fin ; ils devraient ajouter : et nul cours. Je renonce à tout ce qui a été, qui est et qui sera livre. *Bérylle* tombe en syncope à la vue d'un chat, et moi à la vue d'un livre. Suis-je mieux nourri et plus lourdement vêtu, suis-je dans ma chambre à l'abri du nord, ai-je un lit de plume, après vingt ans entiers qu'on me débite dans la place? J'ai un grand nom, dites-vous, et beaucoup de gloire; dites que j'ai beaucoup de vent qui ne sert à rien : ai-je un grain de ce métal qui procure toutes choses[1]? Le vil praticien grossit son mémoire, se fait rembourser de frais qu'il n'avance pas, et il a pour gendre un comte ou un magistrat. Un homme *rouge* ou *feuille-morte*[2] devient commis, et bientôt plus riche que son maître; il le laisse dans la roture, et avec de l'argent il devient noble. B**[3] s'enrichit à montrer dans un cercle des marionnettes; BB**[4], à vendre en bouteille l'eau de la rivière. Un autre charlatan[5] arrive ici de delà les monts avec une malle; il n'est pas déchargé, que les pensions courent; et il est prêt de retourner d'où il arrive, avec des mulets et des fourgons. *Mercure* est *Mercure*, et rien davantage, et l'or ne peut payer ses médiations et ses intrigues : on y ajoute la faveur et les distinctions. Et, sans parler que des gains licites, on paye au tuilier sa tuile, et à l'ouvrier son temps et son ouvrage : paye-t-on à un auteur ce qu'il pense et ce qu'il écrit? et s'il pense très-bien, le paye-t-on très-largement? Se meuble-t-il, s'anoblit-il à force de penser et d'écrire juste? Il faut que les hommes soient habillés, qu'ils soient rasés; il faut que, retirés dans leurs maisons, ils aient une porte qui ferme bien : est-il nécessaire qu'ils soient instruits? Folie, simplicité, imbécillité, continue Antisthène, de mettre l'enseigne d'auteur ou de philosophe! Avoir, s'il se peut, un *office lucratif*, qui rende

---

1. On sait qu'alors la condition des gens de lettres était loin d'être fortunée : Corneille vécut fort pauvre, et encore, à la mort de Colbert, ne dut la continuation de sa pension qu'à la généreuse intervention de Boileau; Colletet attendait souvent le succès d'un sonnet. (Voir Boileau, *Art poét.*, IV.)

2. Un laquais, à cause des habits de livrée, qui étaient souvent de couleur *rouge* ou *feuille-morte*.

3. Benoît, qui a amassé du bien en montrant des figures de cire.

4. Barbereau, qui a fait fortune en vendant de l'eau de la rivière de Seine pour des eaux minérales.

5. Caretti, qui s'est enrichi par quelques secrets qu'il vendait fort cher.

la vie aimable, qui fasse prêter à ses amis et donner à ceux qui ne peuvent rendre : écrire alors par jeu, par oisiveté, et comme *Tityre* siffle ou joue de la flûte ; cela, ou rien : j'écris à ces conditions, et je cède ainsi à la violence de ceux qui me prennent à la gorge, et me disent : Vous écrirez. Ils liront pour titre de mon nouveau livre : DU BEAU, DU BON, DU VRAI ; DES IDÉES ; DU PREMIER PRINCIPE, *par Antisthène, vendeur de marée*.

Si les ambassadeurs [1] des princes étrangers étaient des singes instruits à marcher sur les pieds de derrière et à se faire entendre par interprète, nous ne pourrions pas marquer un plus grand étonnement que celui que nous donnent la justesse de leurs réponses et le bon sens qui paraît quelquefois dans leurs discours. La prévention du pays, jointe à l'orgueil de la nation, nous fait oublier que la raison est de tous les climats, et que l'on pense juste partout où il y a des hommes. Nous n'aimerions pas à être traités ainsi de ceux que nous appelons barbares ; et s'il y a en nous quelque barbarie, elle consiste à être épouvantés de voir d'autres peuples raisonner comme nous [2].

Tous les étrangers ne sont pas barbares, et tous nos compatriotes ne sont pas civilisés : de même toute campagne n'est pas agreste [3], et toute ville n'est pas polie. Il y a dans l'Europe un endroit d'une province maritime d'un grand royaume où le villageois est doux et insinuant, le bourgeois au contraire et le magistrat grossiers, et dont la rusticité est héréditaire.

Avec un langage si pur, une si grande recherche dans nos habits, des mœurs si cultivées, de si belles lois et un visage blanc, nous sommes barbares pour quelques peuples.

Si nous entendions dire des Orientaux qu'ils boivent ordinairement d'une liqueur qui leur monte à la tête, leur fait perdre la raison et les fait vomir, nous dirions : Cela est bien barbare.

---

1. Ceux de Siam, qui vinrent à Paris dans ce temps-là (1686).

2. « Chascun appelle *barbare* ce qui n'est pas de son usage. Comme de vray nous n'avons aultre mire de la vérité et de la raison que l'exemple et idée des opinions et usances du païs où nous sommes : là est tousjours la parfaicte religion, la parfaicte police, parfaict et accomply usage de toutes choses. » (Montaigne, *Essais*, I, 30.)

3. Ce terme s'entend ici métaphoriquement. (La Bruyère.)

Ce prélat se montre peu à la cour; il n'est de nul commerce[1]; il ne joue ni à grande ni à petite prime [2]; il n'assiste ni aux fêtes ni aux spectacles; il n'est point homme de cabale, et il n'a point l'esprit d'intrigue; toujours dans son évêché, où il fait une résidence continuelle, il ne songe qu'à instruire son peuple par la parole et à l'édifier par son exemple; il consume son bien en des aumônes, et son corps par la pénitence; il n'a que l'esprit de régularité, et il est imitateur du zèle et de la piété des apôtres. Les temps sont changés, et il est menacé sous ce règne d'un titre plus éminent [3].

Ne pourrait-on point faire comprendre aux personnes d'un certain caractère et d'une profession sérieuse, pour ne rien dire de plus, qu'ils ne sont point obligés à faire dire d'eux qu'ils jouent, qu'ils chantent et qu'ils badinent comme les autres hommes, et qu'à les voir si plaisants et si agréables, on ne croirait point qu'ils fussent d'ailleurs si réguliers et si sévères? Oserait-on même leur insinuer qu'ils s'éloignent par de telles manières de la politesse dont ils se piquent, qu'elle assortit au contraire et conforme les dehors aux conditions, qu'elle évite le contraste, et de montrer le même homme sous des figures différentes, et qui font de lui un composé bizarre ou un grotesque?

Il ne faut pas juger des hommes comme d'un tableau ou d'une figure, sur une seule et première vue [4]; il y a un intérieur et un cœur qu'il faut approfondir : le voile de la modestie couvre le mérite, et le masque de l'hypocrisie cache la malignité. Il n'y a qu'un très-petit nombre de connaisseurs qui discerne, et qui soit en droit de prononcer. Ce n'est que peu à peu, et forcés même par le temps et les occasions, que la vertu parfaite et le vice consommé viennent enfin à se déclarer [5].

1. *Commerce*, locution fréquente au 17ᵉ siècle :

Et je me veux tirer du *commerce* des hommes. (Molière, *Mis.*, V, 1.)

« Il interrogé cet homme sur son *commerce* avec Arion. » (Fénelon, *Tél.*, XV.)

2. *Prime*, jeu de cartes alors en vogue.

3. On pense que ce portrait s'appliquait en grande partie à l'archevêque de Paris, M. de Noailles.

4. « Il ne faut point juger des gens sur l'apparence, » a dit La Fontaine: voir les fables, *le Cochet, le chat et le souriceau*, VI, 5, et *le Paysan du Danube*, XI, 7.

5. *Se déclarer*, latinisme, se manifester: « La colère de Dieu *se déclare*. » (Bossuet, *Hist.*, II, 4.)

Seigneur, ma folle ardeur malgré moi *se déclare*. (Racine, *Phèd.*, II, 5.)

FRAGMENT.

« ..... Il disait[1] que l'esprit dans cette belle personne était un diamant bien mis en œuvre. Et continuant de parler d'elle : C'est, ajoutait-il, comme une nuance de raison et d'agrément qui occupe les yeux et le cœur de ceux qui lui parlent ; on ne sait si on l'aime ou si on l'admire : il y a en elle de quoi faire une parfaite amie, il y a aussi de quoi vous mener plus loin que l'amitié : trop jeune et trop fleurie pour ne pas plaire, mais trop modeste pour songer à plaire, elle ne tient compte aux hommes que de leur mérite, et ne croit avoir que des amis. Pleine de vivacités et capable de sentiments, elle surprend et elle intéresse ; et, sans rien ignorer de ce qui peut entrer de plus délicat et de plus fin dans les conversations, elle a encore ces saillies[2] heureuses qui, entre autres plaisirs qu'elles font, dispensent toujours de la réplique : elle vous parle comme celle qui n'est pas savante, qui doute et qui cherche à s'éclaircir ; et elle vous écoute comme celle qui sait beaucoup, qui connaît le prix de ce que vous lui dites et auprès de qui vous ne perdez rien de ce qui vous échappe. Loin de s'appliquer à vous contredire avec esprit, et d'imiter *Elvire*, qui aime mieux passer pour une femme vive que marquer du bon sens et de la justesse, elle s'approprie vos sentiments, elle les croit siens, elle les étend, elle les embellit ; vous êtes content de vous d'avoir pensé si bien, et d'avoir mieux dit encore que vous n'aviez cru. Elle est toujours au-dessus de la vanité, soit qu'elle parle, soit qu'elle écrive ; elle oublie les traits où il faut des raisons ; elle a déjà[3] compris que la simplicité est éloquente. S'il

---

1. Ce portrait est celui de Catherine Turgot, femme de Gilles d'Aligre, seigneur de Boislandrie, conseiller au parlement, etc. Catherine Turgot épousa en secondes noces Batte de Chevilly, capitaine au régiment des gardes françaises, et fut aimée de Chaulieu, qui lui a adressé plusieurs pièces de vers sous le nom d'Iris, etc. C'est Chaulieu lui-même qui nous apprend que La Bruyère fit son portrait sous le nom d'Artenice : « C'était, dit-il, la plus jolie femme que j'aie connue, qui joignait à une figure très-aimable la douceur de l'humeur et tout le brillant de l'esprit ; personne n'a jamais mieux écrit qu'elle, et peu aussi bien. » (On peut voir l'édition de Chaulieu ; la Haye, 1774, tome I, p. 84.)

2. *Avoir des saillies*, c'est passer sans gradation d'une idée à l'autre qui peut s'y allier : c'est saisir les rapports des choses les plus éloignées. (Vauvenargues, *De l'Esp. humain*, XI.)

3. *Déjà*, dès sa jeunesse.

s'agit de servir quelqu'un et de vous jeter dans les mêmes intérêts, laissant à Elvire les jolis discours et les belles-lettres qu'elle met à tous usages, *Artenice* n'emploie auprès de vous que la sincérité, l'ardeur, l'empressement et la persuasion. Ce qui domine en elle, c'est le plaisir de la lecture, avec le goût des personnes de nom et de réputation, moins pour en être connue que pour les connaître. On peut la louer d'avance de toute la sagesse qu'elle aura un jour, et de tout le mérite qu'elle se prépare par les années, puisqu'avec une bonne conduite elle a de meilleures intentions, des principes sûrs, utiles à celles qui sont comme elle exposées aux soins et à la flatterie; et qu'étant assez particulière[1], sans pourtant être farouche, ayant même un peu de penchant pour la retraite, il ne lui saurait peut-être manquer que les occasions, ou ce qu'on appelle un grand théâtre, pour y faire briller toutes ses vertus. »

Une belle femme est aimable dans son naturel; elle ne perd rien à être négligée, et sans autre parure que celle qu'elle tire de sa beauté et de sa jeunesse; une grâce naïve éclate sur son visage, anime ses moindres actions; il y aurait moins de péril à la voir avec tout l'attirail de l'ajustement et de la mode. De même un homme de bien est respectable par lui-même, et indépendamment de tous les dehors dont il voudrait s'aider pour rendre sa personne plus grave et sa vertu plus spécieuse. Un air réformé, une modestie outrée, la singularité de l'habit, une ample calotte, n'ajoutent rien à la probité, ne relèvent pas le mérite; ils le fardent, et font peut-être qu'il est moins pur et moins ingénu.

Une gravité trop étudiée devient comique; ce sont comme des extrémités qui se touchent, et dont le milieu est dignité : cela ne s'appelle pas être grave, mais en jouer le personnage : celui qui songe à le devenir ne le sera jamais. Ou la gravité n'est point, ou elle est naturelle; et il est moins difficile d'en descendre que d'y monter.

Un homme de talent et de réputation, s'il est chagrin et austère, il[2] effarouche les jeunes gens, les fait penser mal de la vertu, et la leur rend suspecte d'une trop grande ré-

---

1. *Particulière*, qui vit à part; signification aujourd'hui perdue et à regretter.
2. *Il*, surabondant : voir p. 67, n. 3.

forme et d'une pratique trop ennuyeuse[1]: s'il est au contraire d'un bon commerce, il leur est une leçon utile, il leur apprend qu'on peut vivre gaiement et laborieusement, avoir des vues sérieuses sans renoncer aux plaisirs honnêtes; il leur devient un exemple qu'on peut suivre.

La physionomie n'est pas une règle qui nous soit donnée pour juger des hommes : elle nous peut servir de conjecture.

L'air spirituel est dans les hommes ce que la régularité des traits est dans les femmes : c'est le genre de beauté où les plus vains puissent aspirer.

Un homme qui a beaucoup de mérite et d'esprit, et qui est connu pour tel, n'est pas laid, même avec des traits qui sont difformes; ou s'il a de la laideur, elle ne fait pas son impression[2].

Combien d'art pour rentrer dans la nature! combien de temps, de règles, d'attention et de travail pour danser avec la même liberté et la même grâce que l'on sait marcher; pour chanter comme on parle; parler et s'exprimer comme l'on pense; jeter autant de force, de vivacité, de passion et de persuasion dans un discours étudié, et que l'on prononce dans le public, qu'on en a quelquefois naturellement et sans préparation dans les entretiens les plus familiers!

Ceux qui, sans nous connaître assez, pensent mal de nous ne nous font pas de tort : ce n'est pas nous qu'ils attaquent, c'est le fantôme de leur imagination.

Il y a de petites règles, des devoirs, des bienséances, attachés aux lieux, aux temps, aux personnes, qui ne se devinent point à force d'esprit, et que l'usage apprend sans nulle peine : juger des hommes par les fautes qui leur échappent en ce genre, avant qu'ils soient assez instruits, c'est en juger par leurs ongles ou par la pointe de leurs cheveux; c'est vouloir un jour être détrompé.

Je ne sais s'il est permis de juger des hommes par une faute qui est unique, et si un besoin extrême, ou une violente passion, ou un premier mouvement, tirent à conséquence.

---

1. Montaigne a parfaitement exprimé cette pensée que la vertu doit être accessible : « Elle (la sagesse) a pour son but la vertu, qui n'est pas, comme dict l'eschole, plantée à la teste d'un mont couppé, rabotteux, inaccessible, etc. » (*Essais*, I, 25.)

2. *Son impression. Son* rapporté à un nom de chose : Lysidas (parlant de sa pièce) : « Tous ceux qui étaient là doivent venir à *sa* première représentation. » (Molière, *Crit. de l'Éc. des femmes*, 7.)

Le contraire des bruits qui courent des affaires ou des personnes est souvent la vérité.

Sans une grande roideur et une continuelle attention à toutes ses paroles, on est exposé à dire en moins d'une heure le oui ou le non sur une même chose ou sur une même personne, déterminé seulement par un esprit de société et de commerce, qui entraîne naturellement à ne pas contredire celui-ci et celui-là, qui en parlent différemment.

Un homme partial est exposé à de petites mortifications ; car, comme il est également impossible que ceux qu'il favorise soient toujours heureux ou sages, et que ceux contre qui il se déclare soient toujours en faute ou malheureux, il naît de là qu'il lui arrive souvent de perdre contenance dans le public, ou par le mauvais succès de ses amis, ou par une nouvelle gloire qu'acquièrent ceux qu'il n'aime point.

Un homme sujet à se laisser prévenir [1], s'il ose remplir une dignité ou séculière ou ecclésiastique, est un aveugle qui veut peindre, un muet qui s'est chargé d'une harangue, un sourd juge d'une symphonie : faibles images, et qui n'expriment qu'imparfaitement la misère de la prévention! Il faut ajouter qu'elle est un mal désespéré, incurable, qui infecte tous ceux qui s'approchent du malade, qui fait déserter les égaux, les inférieurs, les parents, les amis, jusqu'aux médecins [2] : ils sont bien éloignés de le guérir, s'ils ne peuvent le faire convenir de sa maladie, ni des remèdes, qui seraient d'écouter, de douter, de s'informer et de s'éclaircir. Les flatteurs, les fourbes, les calomniateurs, ceux qui ne délient leur langue [3] que pour le mensonge et l'intérêt, sont les charlatans en qui il se confie, et qui lui font avaler tout ce qui leur plaît : ce sont eux aussi qui l'empoisonnent et qui le tuent.

La règle de DESCARTES, qui ne veut pas qu'on décide sur les moindres vérités avant qu'elles soient connues clairement et distinctement [4], est assez belle et assez juste pour devoir s'étendre au jugement que l'on fait des personnes.

1. *Prévenir*, céder à des préventions favorables ou défavorables.
2. *Médecins*, ceux du corps, et métaphoriquement ceux de l'âme, de sages conseillers.
3. *Délient leur langue*. On dit ordinairement, délier la langue de quelqu'un ; La Bruyère emploie cette locution au sens actif.
4. « Ne comprendre rien de plus en mes jugements que ce qui se présenteroit si clairement et si distinctement à mon esprit que je n'eusse aucune occasion de le mettre en doute. » (*Méth.*, 2ᵉ part.)

Rien ne nous venge mieux des mauvais jugements que les hommes font de notre esprit, de nos mœurs et de nos manières, que l'indignité et le mauvais caractère de ceux qu'ils approuvent.

Du même fonds dont on néglige un homme de mérite, l'on sait encore admirer un sot.

Un sot est celui qui n'a pas même ce qu'il faut d'esprit pour être fat.

Un fat est celui que les sots croient un homme de mérite.

L'impertinent est un fat outré. Le fat lasse, ennuie, dégoûte, rebute; l'impertinent rebute, aigrit, irrite, offense; il commence où l'autre finit.

Le fat est entre l'impertinent et le sot : il est composé de l'un et de l'autre.

Les vices partent d'une dépravation du cœur; les défauts, d'un vice de tempérament; le ridicule, d'un défaut d'esprit.

L'homme ridicule est celui qui, tant qu'il demeure tel, a les apparences du sot.

Le sot ne se tire jamais du ridicule, c'est son caractère : l'on y entre quelquefois avec de l'esprit, mais l'on en sort.

Une erreur de fait jette un homme sage dans le ridicule.

La sottise est dans le sot; la fatuité dans le fat, et l'impertinence dans l'impertinent : il semble que le ridicule réside tantôt dans celui qui en effet est ridicule, et tantôt dans l'imagination de ceux qui croient voir le ridicule où il n'est point et ne peut être.

La grossièreté, la rusticité, la brutalité, peuvent être les vices d'un homme d'esprit.

Le stupide est un sot qui ne parle point, en cela plus supportable que le sot qui parle.

La même chose souvent est, dans la bouche d'un homme d'esprit, une naïveté ou un bon mot; et dans celle du sot, une sottise.

Si le fat pouvait craindre de mal parler, il sortirait de son caractère.

L'une des marques de la médiocrité de l'esprit est de toujours conter[1].

---

1. Pensée analogue à celle de Vauvenargues : « La ressource de ceux qui n'imaginent pas est de toujours conter. » (*Réfl. et Max.*, 126.)

Le sot est embarrassé de sa personne; le fat a l'air libre et assuré; l'impertinent passe à l'effronterie; le mérite a de la pudeur.

Le suffisant est celui en qui la pratique de certains détails, que l'on honore du nom d'affaires, se trouve jointe à une très-grande médiocrité d'esprit.

Un grain d'esprit, et une once d'affaires, plus qu'il n'en entre dans la composition du suffisant, font l'important.

Pendant qu'on ne fait que rire de l'important, il n'a pas un autre nom : dès qu'on s'en plaint, c'est l'arrogant.

L'honnête homme tient le milieu entre l'habile homme et l'homme de bien, quoique dans une distance inégale de ces deux extrêmes.

La distance qu'il y a de l'honnête homme à l'habile homme s'affaiblit de jour à autre, et est sur le point de disparaître.

L'habile homme est celui qui cache ses passions, qui entend ses intérêts, qui y sacrifie beaucoup de choses, qui a su acquérir du bien ou en conserver.

L'honnête homme est celui qui ne vole pas sur les grands chemins[1], et qui ne tue personne, dont les vices enfin ne sont pas scandaleux.

On connaît assez qu'un homme de bien est honnête homme; mais il est plaisant d'imaginer que tout honnête homme n'est pas homme de bien.

L'homme de bien est celui qui n'est ni un saint, ni un dévot[2], et qui s'est borné à n'avoir que de la vertu.

Talent, goût, esprit, bon sens, choses différentes, non incompatibles.

Entre le bon sens et le bon goût il y a la différence de la cause à son effet.

Entre esprit et talent, il y a la proportion du tout à sa partie.

Appellerai-je homme d'esprit celui qui, borné et renfermé dans quelque art, ou même dans une certaine science qu'il exerce dans une grande perfection, ne montre hors de là ni jugement, ni mémoire, ni vivacité, ni mœurs, ni conduite; qui ne m'entend pas, qui ne pense point, qui s'énonce mal;

---

1. Horace a dit d'une manière plus équitable :

Virtus est, vitium fugere, et sapientia prima
Stultitia caruisse. (*Epist.*, I, 1.)

2. Faux dévot. (La Bruyère.)

un musicien, par exemple, qui, après m'avoir comme enchanté par ses accords, semble s'être remis avec son luth dans un même étui, ou n'être plus, sans cet instrument, qu'une machine démontée, à qui il manque quelque chose, et dont il n'est plus permis de rien attendre?

Que dirai-je encore de l'esprit du jeu[1]? pourrait-on me le définir? Ne faut-il ni prévoyance, ni finesse, ni habileté, pour jouer l'hombre ou les échecs? et, s'il en faut, pourquoi voit-on des imbéciles qui y excellent, et de très-beaux génies qui n'ont pu même atteindre la médiocrité, à qui une pièce ou une carte dans les mains trouble la vue et fait perdre contenance?

Il y a dans le monde quelque chose, s'il se peut, de plus incompréhensible. Un homme[2] paraît grossier, lourd, stupide; il ne sait pas parler, ni raconter ce qu'il vient de voir: s'il se met à écrire, c'est le modèle des bons contes; il fait parler les animaux, les arbres, les pierres, tout ce qui ne parle point: ce n'est que légèreté, qu'élégance, que beau naturel et que délicatesse dans ses ouvrages.

Un autre est simple[3], timide, d'une ennuyeuse conversation; il prend un mot pour un autre, et il ne juge de la bonté de sa pièce que par l'argent qui lui en revient; il ne sait pas la réciter, ni lire son écriture. Laissez-le s'élever par la composition: il n'est pas au-dessous d'AUGUSTE, de POMPÉE, de NICOMÈDE, d'HÉRACLIUS; il est roi, et un grand roi; il est politique, il est philosophe: il entreprend de faire parler des héros, de les faire agir; il peint les Romains; ils sont plus grands et plus Romains dans ses vers que dans leur histoire.

Voulez-vous[4] quelque autre prodige? Concevez un homme

---

1. Vauvenargues lui a consacré un chapitre : « C'est une manière de génie que l'esprit du jeu, puisqu'il dépend également de l'âme et de l'intelligence..... On s'étonne à tort que des sots possèdent ce faible avantage. L'habitude et l'amour du jeu, qui tournent toute leur application et leur mémoire de ce seul côté, suppléent l'esprit qui leur manque. » (*De l'Esprit hum.*, XXI.)
2. La Fontaine; cet éloge fort délicat compense le silence gardé par Boileau sur notre fabuliste.
3. Pierre Corneille.
4. Santeull, religieux de Saint-Victor, auteur des hymnes du nouveau Bréviaire, et un de nos meilleurs poëtes latins modernes. Il est mort en 1697. La Bruyère l'avait connu dans la maison des Condés, dont il était le commensal.

14.

facile, doux, complaisant, traitable, et tout d'un coup violent, colère, fougueux, capricieux : imaginez-vous un homme simple, ingénu, crédule, badin, volage, un enfant en cheveux gris ; mais permettez-lui de se recueillir, ou plutôt de se livrer à un génie qui agit en lui, j'ose dire, sans qu'il y prenne part, et comme à son insu ; quelle verve ! quelle élévation ! quelles images ! quelle latinité ! Parlez-vous d'une même personne ? me direz-vous. Oui, du même, de *Théodas*, et de lui seul. Il crie, il s'agite, il se roule à terre, il se relève, il tonne, il éclate ; et du milieu de cette tempête il sort une lumière qui brille, qui réjouit : disons-le sans figure, il parle comme un fou et pense comme un homme sage ; il dit ridiculement des choses vraies, et follement des choses sensées et raisonnables : on est surpris de voir naître et éclore le bon sens du sein de la bouffonnerie, parmi les grimaces et les contorsions[1]. Qu'ajouterai-je davantage ? il dit et il fait mieux qu'il ne sait : ce sont en lui comme deux âmes qui ne se connaissent point, qui ne dépendent point l'une de l'autre, qui ont chacune leur tour, ou leurs fonctions toutes séparées. Il manquerait un trait à cette peinture si surprenante, si j'oubliais de dire qu'il est tout à la fois avide et insatiable de louanges, près de se jeter aux yeux de ses critiques, et dans le fond assez docile pour profiter de leur censure. Je commence à me persuader moi-même que j'ai fait le portrait de deux personnages tout différents : il ne serait pas même impossible d'en trouver un troisième dans Théodas, car il est bon homme, il est plaisant homme, et il est excellent homme.

Après l'esprit de discernement, ce qu'il y a au monde de plus rare, ce sont les diamants et les perles.

Tel, connu dans le monde par de grands talents, honoré et chéri partout où il se trouve, est petit dans son domestique

---

1. On connaît l'épigramme de Boileau : *sur la manière dont Santeuil récitait ses vers :*

> Quand j'aperçois sous ce portique
> Ce moine au regard fanatique,
> Lisant ses vers audacieux
> Faits pour les habitants des cieux,
> Ouvrir une bouche effroyable,
> S'agiter, se tordre les mains,
> Il me semble en lui voir le diable
> Que Dieu force à louer les saints.

et aux yeux de ses proches, qu'il n'a pu réduire à l'estimer : tel autre, au contraire, prophète dans son pays, jouit d'une vogue qu'il a parmi les siens, et qui est resserrée dans l'enceinte de sa maison, s'applaudit d'un mérite rare et singulier, qui lui est accordé par sa famille, dont il est l'idole, mais qu'il laisse chez soi toutes les fois qu'il sort, et qu'il ne porte nulle part.

Tout le monde s'élève contre un homme qui entre en réputation [1] : à peine ceux qu'il croit ses amis lui pardonnent-ils un mérite naissant et une première vogue qui semblent l'associer à la gloire dont ils sont déjà en possession. L'on ne se rend qu'à l'extrémité, et après que le prince s'est déclaré par les récompenses : tous alors se rapprochent de lui ; et de ce jour-là seulement il prend son rang d'homme de mérite.

Nous affectons souvent de louer avec exagération des hommes assez médiocres, et de les élever, s'il se pouvait, jusqu'à la hauteur de ceux qui excellent, ou parce que nous sommes las d'admirer toujours les mêmes personnes, ou parce que leur gloire ainsi partagée offense moins notre vue, et nous devient plus douce et plus supportable [2].

L'on voit des hommes que le vent de la faveur pousse d'abord à pleines voiles ; ils perdent en un moment la terre de vue, et font leur route : tout leur rit, tout leur succède [3] ; action, ouvrage, tout est comblé d'éloges et de récompenses ; ils ne se montrent que pour être embrassés et félicités. Il y a un rocher immobile qui s'élève sur une côte ; les flots se brisent au pied ; la puissance, les richesses, la violence, la flatterie, l'autorité, la faveur, tous les vents ne l'ébranlent pas : c'est le public, où ces gens échouent.

Il est ordinaire et comme naturel de juger du travail d'autrui seulement par rapport à celui qui nous occupe. Ainsi le poëte, rempli de grandes et sublimes idées, estime peu le

---

1. Boileau exprime la même idée dans son épître VII à Racine :

   Sitôt que d'Apollon un génie inspiré
   Trouve loin du vulgaire un chemin ignoré,
   En cent lieux contre lui les cabales s'amassent.

2. « Nous élevons la gloire des uns pour abaisser celle des autres : et quelquefois on louerait moins monsieur le Prince et monsieur de Turenne, si on ne les voulait point blâmer tous deux. » (La Rochefoucauld, *Max.*, 298.)

3. *Succède*, voir p. 73, n. 4.

discours de l'orateur, qui ne s'exerce souvent que sur de simples faits ; et celui qui écrit l'histoire de son pays ne peut comprendre qu'un esprit raisonnable emploie sa vie à imaginer des fictions et à trouver une rime : de même le bachelier[1], plongé dans les quatre premiers siècles, traite toute autre doctrine de science triste, vaine et inutile, pendant qu'il est peut-être méprisé du géomètre[2].

Tel a assez d'esprit pour exceller dans une certaine matière et en faire des leçons, qui en manque pour voir qu'il doit se taire sur quelque autre dont il n'a qu'une faible connaissance : il sort hardiment des limites de son génie ; mais il s'égare, et fait que l'homme illustre parle comme un sot[3].

Hérille, soit qu'il parle, qu'il harangue ou qu'il écrive, veut citer ; il fait dire au prince des philosophes que le vin enivre, et à l'orateur romain que l'eau le tempère. S'il se jette dans la morale, ce n'est pas lui, c'est le divin Platon qui assure que la vertu est aimable, le vice odieux, ou que l'un et l'autre se tournent en habitude. Les choses les plus communes, les plus triviales, et qu'il est même capable de penser, il veut les devoir aux anciens, aux Latins, aux Grecs : ce n'est ni pour donner plus d'autorité à ce qu'il dit, ni peut-être pour se faire honneur de ce qu'il sait : il veut citer.

C'est souvent hasarder[4] un bon mot et vouloir le perdre que de le donner pour sien ; il n'est pas relevé, il tombe avec des gens d'esprit, ou qui se croient tels, qui ne l'ont pas dit, et qui devaient le dire. C'est, au contraire, le faire valoir que de le rapporter comme d'un autre. Ce n'est qu'un fait, et qu'on ne se croit pas obligé de savoir : il est dit avec plus d'insinuation et reçu avec moins de jalousie ; personne n'en souffre : on rit s'il faut rire, et s'il faut admirer on admire.

On a dit de SOCRATE[5] qu'il était en délire, et que c'était

---

1. *Bachelier*, celui qui, dans la faculté du droit canon, après trois ans d'études, soutenait un acte dans les formes prescrites par la faculté. (Littré, *Dict.*)

2. Vauvenargues a développé finement la même idée : « C'est un malheur que les hommes ne puissent d'ordinaire posséder aucun talent sans avoir quelque envie d'abaisser les autres, etc. » (*Réfl. et max.*, 280.)

3.   Ne forçons point notre talent,
     Nous ne ferions rien avec grâce.   (La Fontaine, IV, 5.)

4. *Hasarder*, compromettre.

5. *Socrate*. On lit dans une lettre de La Bruyère publiée par M. Destail-

un fou tout plein d'esprit; mais ceux des Grecs qui parlaient ainsi d'un homme si sage passaient pour fous. Ils disaient : « Quels bizarres portraits nous fait ce philosophe! quelles mœurs étranges et particulières ne décrit-il point! où a-t-il rêvé, creusé, rassemblé des idées si extraordinaires? quelles couleurs! quel pinceau! ce sont des chimères. » Ils se trompaient; c'étaient des monstres, c'étaient des vices, mais peints au naturel; on croyait les voir; ils faisaient peur. Socrate s'éloignait du cynique; il épargnait les personnes, et blâmait les mœurs qui étaient mauvaises.

Celui qui est riche par son savoir-faire connaît un philosophe, ses préceptes, sa morale et sa conduite; et, n'imaginant pas dans tous les hommes une autre fin de toutes leurs actions que celle qu'il s'est proposée lui-même toute sa vie, dit en son cœur : Je le plains, je le tiens échoué[1], ce rigide censeur; il s'égare, et il est hors de route; ce n'est pas ainsi que l'on prend le vent, et que l'on arrive au délicieux port de la fortune; et, selon ses principes, il raisonne juste.

Je pardonne, dit *Antisthius*, à ceux que j'ai loués dans mon ouvrage, s'ils m'oublient : qu'ai-je fait pour eux? ils étaient louables. Je le pardonnerais moins à tous ceux dont j'ai attaqué les vices sans toucher à leurs personnes, s'ils me devaient un aussi grand bien que celui d'être corrigés : mais comme c'est un événement qu'on ne voit point, il suit de là que ni les uns ni les autres ne sont tenus de me faire du bien[2].

L'on peut, ajoute ce philosophe, envier ou refuser à mes écrits leur récompense; on ne saurait en diminuer la réputation : et si on le fait, qui m'empêchera de le mépriser?

Il est bon d'être philosophe, il n'est guère utile de passer pour tel. Il n'est pas permis de traiter quelqu'un de philosophe : ce sera toujours lui dire une injure, jusqu'à ce qu'il ait plu aux hommes d'en ordonner autrement, et, en restituant à un si beau nom son idée propre et convenable, de lui concilier toute l'estime qui lui est due.

---

leurs en 1854, dans son édition de La Bruyère : « *Socrate* ici n'est pas *Socrate*, c'est un nom qui en cache un autre. »

1. *Je le tiens échoué*, estimer, juger : « On la tenait morte il y avait déjà six heures. (Molière, *Médecin malgré lui*, I, 5.) Je tiens impossible de connoître les parties sans connoître le tout. » (Pascal, *Pens.*)

2. *Antisthius* ou *Antisthène* n'est autre que La Bruyère, ce paragraphe, comme le fait remarquer M. Walckenaer, n'ayant paru qu'après le succès de son livre.

Il y a une philosophie qui nous élève au-dessus de l'ambition et de la fortune, qui nous égale, que dis-je? qui nous place plus haut que les riches, que les grands et que les puissants; qui nous fait négliger les postes et ceux qui les procurent; qui nous exempte de désirer, de demander, de prier, de solliciter, d'importuner, et qui nous sauve même l'émotion et l'excessive joie d'être exaucés. Il y a une autre philosophie qui nous soumet et nous assujettit à toutes ces choses en faveur de nos proches ou de nos amis : c'est la meilleure.

C'est abréger, et s'épargner mille discussions, que de penser de certaines gens qu'ils sont incapables de parler juste, et de condamner ce qu'ils disent, ce qu'ils ont dit et ce qu'ils diront.

Nous n'approuvons les autres que par les rapports que nous sentons qu'ils ont avec nous-mêmes; et il semble qu'estimer quelqu'un, c'est l'égaler à soi.

Les mêmes défauts qui dans les autres sont lourds et insupportables sont chez nous comme dans leur centre : ils ne pèsent plus; on ne les sent pas[1]. Tel parle d'un autre, et en fait un portrait affreux, qui ne voit pas qu'il se peint lui-même.

Rien ne nous corrigerait plus promptement de nos défauts que si nous étions capables de les avouer, et de les reconnaître dans les autres : c'est dans cette juste distance que, nous paraissant tels qu'ils sont, ils se feraient haïr autant qu'ils le méritent.

La sage conduite roule sur deux pivots, le passé et l'avenir. Celui qui a la mémoire fidèle et une grande prévoyance est hors du péril de censurer dans les autres ce qu'il a peut-être fait lui-même, ou de condamner une action dans un pareil cas, et dans toutes les circonstances où elle lui sera un jour inévitable.

Le guerrier et le politique, non plus que le joueur habile, ne font pas le hasard; mais ils le préparent, l'attirent, et semblent presque le déterminer : non-seulement ils savent ce que le sot et le poltron ignorent, je veux dire, se servir du hasard quand il arrive; ils savent même profiter par leurs

[1] Tout ce que nous sommes,
Lynx envers nos pareils, et taupes envers nous,
Nous nous pardonnons tout et rien aux autres hommes.
(La Fontaine, la Besace, 1, 7.)

précautions et leurs mesures d'un tel ou d'un tel hasard, ou de plusieurs tout à la fois : si ce point arrive, ils gagnent; si c'est cet autre, ils gagnent encore : un même point souvent les fait gagner de plusieurs manières. Ces hommes sages peuvent être loués de leur bonne fortune comme de leur bonne conduite, et le hasard doit être récompensé en eux comme la vertu.

Je ne mets au-dessus d'un grand politique que celui qui néglige de le devenir, et qui se persuade de plus en plus que le monde ne mérite point qu'on s'en occupe.

Il y a dans les meilleurs conseils de quoi déplaire : ils ne viennent d'ailleurs que de notre esprit; c'est assez pour être rejetés d'abord par présomption et par humeur, et suivis seulement par nécessité ou par réflexion.

Quel bonheur surprenant a accompagné ce favori pendant tout le cours de sa vie ! quelle autre fortune mieux soutenue, sans interruption, sans la moindre disgrâce? les premiers postes, l'oreille du prince, d'immenses trésors, une santé parfaite, et une mort douce. Mais quel étrange compte à rendre d'une vie passée dans la faveur, des conseils que l'on a donnés, de ceux qu'on a négligé de donner ou de suivre, des biens que l'on n'a point faits, des maux au contraire que l'on a faits ou par soi-même ou par les autres, en un mot de toute sa prospérité !

L'on gagne à mourir d'être loué de ceux qui nous survivent, souvent sans autre mérite que celui de n'être plus : le même éloge sert alors pour *Caton* et pour *Pison*.

Le bruit court que Pison est mort; c'est une grande perte, c'était un homme de bien, et qui méritait une plus longue vie : il avait de l'esprit et de l'agrément, de la fermeté et du courage; il était sûr, généreux, fidèle; ajoutez : pourvu qu'il soit mort.

La manière dont on se récrie sur quelques-uns qui se distinguent par la bonne foi, le désintéressement et la probité n'est pas tant leur éloge que le décréditement du genre humain[1].

Tel soulage les misérables[2], qui néglige sa famille et laisse son fils dans l'indigence : un autre élève un nouvel édifice, qui n'a pas encore payé les plombs d'une maison qui est

1. Voir plus haut à peu près la même pensée, p. 247, 2ᵉ alinéa.
2. Voir p. 70, n. 2.

achevée depuis dix années : un troisième fait des présents et des largesses, et ruine ses créanciers. Je demande : la pitié, la libéralité, la magnificence, sont-ce les vertus d'un homme injuste? ou plutôt si la bizarrerie et la vanité ne sont pas les causes de l'injustice[1].

Une circonstance essentielle à la justice que l'on doit aux autres, c'est de la faire promptement et sans différer : la faire attendre, c'est injustice.

Ceux-là font bien, ou font ce qu'ils doivent, qui font ce qu'ils doivent. Celui qui, dans toute sa conduite, laisse longtemps dire de soi qu'il fera bien, fait très-mal.

L'on dit d'un grand qui tient table deux fois le jour, et qui passe sa vie à faire digestion, qu'il meurt de faim, pour exprimer qu'il n'est pas riche ou que ses affaires sont fort mauvaises : c'est une figure; on le dirait plus à la lettre de ses créanciers.

L'honnêteté, les égards et la politesse des personnes avancées en âge de l'un et de l'autre sexe me donnent bonne opinion de ce qu'on appelle le vieux temps.

C'est un excès de confiance dans les parents d'espérer tout de la bonne éducation de leurs enfants, et une grande erreur de n'en attendre rien et de la négliger.

Quand il serait vrai, ce que[2] plusieurs disent, que l'éducation ne donne point à l'homme un autre cœur ni une autre complexion, qu'elle ne change rien dans le fond, et ne touche qu'aux superficies, je ne laisserais pas de dire qu'elle ne lui est pas inutile.

Il n'y a que de l'avantage pour celui qui parle peu : la présomption est qu'il a de l'esprit; et s'il est vrai qu'il n'en manque pas, la présomption est qu'il l'a excellent[3].

Ne songer qu'à soi et au présent, source d'erreur dans la politique.

---

1. Phrase et pensée un peu enveloppées : La Bruyère veut dire que chez cet homme prodigue la pitié, la libéralité, etc., ne sont qu'apparentes, et que son injustice est le résultat de la bizarrerie et de la vanité de son humeur.

2. *Quand il... ce que...*, tournure toute latine.

3. « Megabyzus, estant allé veoir Apelles en son ouvrouer (atelier), feust longtemps sans mot dire, et puis commença à discourir de ses ouvrages : dont il receut cette rude reprimande : Tandis que tu as gardé silence, tu semblois quelque grande chose, à cause de tes chaisnes et de ta pompe; mais maintenant qu'on t'a ouï parler, il n'est pas jusques aux garsons de ma boutique qui ne te mesprisent. » (Montaigne, *Essais*, III, 8.)

Le plus grand malheur, après celui d'être convaincu d'un crime, est souvent d'avoir eu à s'en justifier. Tels arrêts nous déchargent et nous renvoient absous, qui sont infirmés par la voix du peuple.

Un homme est fidèle à de certaines pratiques de religion, on le voit s'en acquitter avec exactitude ; personne ne le loue ni ne le désapprouve, on n'y pense pas : tel autre y revient après les avoir négligées dix années entières : on se récrie, on l'exalte ; cela est libre : moi, je le blâme d'un si long oubli de ses devoirs, et je le trouve heureux d'y être rentré.

Le flatteur n'a pas assez bonne opinion de soi ni des autres.

Tels sont oubliés dans la distribution des grâces, et font dire d'eux : *Pourquoi les oublier?* qui, si l'on s'en était souvenu, auraient fait dire : *Pourquoi s'en souvenir?* D'où vient cette contrariété? est-ce du caractère de ces personnes, ou de l'incertitude de nos jugements, ou même de tous les deux?

L'on dit communément : Après un tel, qui sera chancelier? qui sera primat[1] des Gaules? qui sera pape ? On va plus loin : chacun, selon ses souhaits ou son caprice, fait sa promotion, qui est souvent de gens plus vieux et plus caducs que celui qui est en place ; et comme il n'y a pas de raison qu'une dignité tue celui qui s'en trouve revêtu, qu'elle sert au contraire à le rajeunir, et à donner au corps et à l'esprit de nouvelles ressources, ce n'est pas un événement fort rare à un titulaire d'enterrer son successeur.

La disgrâce éteint les haines et les jalousies ; celui-là peut bien faire, qui ne nous aigrit plus par une grande faveur : il n'y a aucun mérite, il n'y a sorte de vertus qu'on ne lui pardonne ; il serait un héros impunément.

Rien n'est bien d'un homme disgracié : vertus, mérite, tout est dédaigné, ou mal expliqué, ou imputé à vice : qu'il ait un grand cœur, qu'il ne craigne ni le fer ni le feu, qu'il aille d'aussi bonne grâce à l'ennemi que BAYARD et MONTREVEL[2],

---

1. *Primat*, prélat dont la juridiction est au-dessus de celle des archevêques. L'archevêque de Lyon était alors primat des Gaules.
2. Marquis de Montrevel, commissaire général de la cavalerie, lieutenant général. (La Bruyère.)

c'est un bravache, on en plaisante; il n'a plus de quoi être un héros.

Je me contredis, il est vrai : accusez-en les hommes, dont je ne fais que rapporter les jugements ; je ne dis pas de différents hommes, je dis les mêmes, qui jugent si différemment.

Il ne faut pas vingt années accomplies pour voir changer les hommes d'opinion sur les choses les plus sérieuses, comme sur celles qui leur ont paru les plus sûres et les plus vraies. Je ne hasarderai pas d'avancer que le feu en soi, et indépendamment de nos sensations, n'a aucune chaleur, c'est-à-dire rien de semblable à ce que nous éprouvons en nous-mêmes à son approche, de peur que quelque jour il ne devienne aussi chaud qu'il a jamais été. J'assurerai aussi peu qu'une ligne droite tombant sur une autre ligne droite fait deux angles droits, ou égaux à deux droits, de peur que, les hommes venant à y découvrir quelque chose de plus ou de moins, je ne sois raillé de ma proposition. Ainsi, dans un autre genre, je dirai à peine avec toute la France : VAUBAN est infaillible, on n'en appelle point[1] : qui me garantirait que dans peu de temps on n'insinuera pas que même sur le siége, qui est son fort, et où il décide souverainement, il erre quelquefois, sujet aux fautes comme *Antiphile*?

Si vous en croyez des personnes aigries l'une contre l'autre, et que la passion domine, l'homme docte est un *savantasse*, le magistrat un bourgeois ou un praticien, le financier un *maltôtier*[2], et le gentilhomme un *gentillâtre*; mais il est étrange que de si mauvais noms, que la colère et la haine ont su inventer, deviennent familiers, et que le dédain, tout froid et tout paisible qu'il est, ose s'en servir.

Vous vous agitez, vous vous donnez un grand mouvement, surtout lorsque les ennemis commencent à fuir, et que la victoire n'est plus douteuse, ou devant une ville après qu'elle a capitulé; vous aimez dans un combat ou pendant un siège à paraître en cent endroits pour n'être nulle part,

---

1. *On n'en appelle point*, on n'appelle point de ses décisions; *en* représente par syllepse l'idée qu'a fait naître le nom de Vauban; comme dans ces vers de Molière :

> Mais je ne suis pas homme à gober le morceau
> Et laisser le champ libre aux yeux du damoiseau.
> J'en veux rompre le cours.   (*École des femm.*, III, 1.)

En se rapporte à l'idée d'*intrigue*, qui ressort des premiers vers.

2. *Maltôtier*, celui qui exige des droits qui ne sont pas dus.

à prévenir les ordres du général, de peur de les suivre, et à chercher les occasions plutôt que de les attendre et de les recevoir : votre valeur serait-elle fausse[1] ?

Faites garder aux hommes quelque poste où ils puissent être tués, et où néanmoins ils ne soient pas tués : ils aiment l'honneur et la vie.

A voir comme les hommes aiment la vie, pourrait-on soupçonner qu'ils aimassent quelque autre chose plus que la vie[2], et que la gloire qu'ils préfèrent à la vie ne fût souvent qu'une certaine opinion d'eux-mêmes établie dans l'esprit de mille gens ou qu'ils ne connaissent point ou qu'ils n'estiment point[3] ?

Ceux qui, ni guerriers ni courtisans, vont à la guerre et suivent la cour, qui ne font pas un siége, mais qui y assistent, ont bientôt épuisé leur curiosité sur une place de guerre, quelque surprenante qu'elle soit, sur la tranchée, sur l'effet des bombes et du canon, sur les coups de main, comme sur l'ordre et le succès d'une attaque qu'ils entrevoient : la résistance continue, les pluies surviennent, les fatigues croissent, on plonge dans la fange, on a à combattre les saisons et l'ennemi, on peut être forcé dans ses lignes et enfermé entre une ville et une armée : quelles extrémités ! On perd courage, on murmure. Est-ce un si grand inconvénient que de lever un siége ? Le salut de l'État dépend-il d'une citadelle de plus ou de moins ? Ne faut-il pas, ajoutent-ils, fléchir sous les ordres du ciel, qui semble se déclarer contre nous, et remettre la partie à un autre temps ? Alors ils ne comprennent plus la fermeté, et, s'ils osaient dire, l'opiniâtreté du général, qui se roidit contre les obstacles, qui s'anime par la difficulté de l'entreprise, qui veille la nuit et s'expose le jour pour la conduire à sa fin[4]. A-t-on capitulé, ces hommes si découragés relèvent l'importance de cette conquête, en prédisent les suites,

---

1. Voir la fable de La Fontaine, *le Coche et la Mouche*, VII, 9.
2. Pascal avait dit : « La douceur de la gloire est si grande, qu'à quelque chose qu'on l'attache, même à la mort, on l'aime. » (*Pens.*, art. II.)
3. On lit au commencement du même article de Pascal : « Nous ne nous contentons pas de la vie que nous avons en nous et en notre propre être : nous voulons vivre dans l'idée des autres d'une vie imaginaire. »
4. Il s'agit du siége de Namur en 1692, regardé comme le chef-d'œuvre de Vauban.

exagèrent la nécessité qu'il y avait de la faire, le péril et la honte qui suivaient de s'en désister, prouvent que l'armée qui nous couvrait des ennemis était invincible : ils reviennent avec la cour, passent par les villes et les bourgades, fiers d'être regardés de la bourgeoisie, qui est aux fenêtres, comme ceux mêmes qui ont pris la place ; ils en triomphent par les chemins, ils se croient braves. Revenus chez eux, ils vous étourdissent de flancs, de redans, de ravelins, de fausse-braie, de courtines et de chemin couvert : ils rendent compte des endroits où *l'envie de voir* les a portés, et où *il ne laissait pas d'y avoir du péril*, des hasards qu'ils ont courus à leur retour d'être pris ou tués par l'ennemi : ils taisent seulement qu'ils ont eu peur [2].

C'est le plus petit inconvénient du monde que de demeurer court dans un sermon ou dans une harangue ; il laisse à l'orateur ce qu'il a d'esprit, de bon sens, d'imagination, de mœurs et de doctrine [3] : il ne lui ôte rien : mais on ne laisse pas de s'étonner que les hommes, ayant voulu une fois y attacher une espèce de honte et de ridicule, s'exposent, par de longs et souvent d'inutiles discours, à en courir tout le risque.

Ceux qui emploient mal leur temps sont les premiers à se plaindre de sa brièveté. Comme ils le consument à s'habiller, à manger, à dormir, à de sots discours, à se résoudre sur ce qu'ils doivent faire, et souvent à ne rien faire, ils en manquent pour leurs affaires ou pour leurs plaisirs : ceux au contraire qui en font un meilleur usage en ont de reste [4].

Il n'y a point de ministre si occupé qui ne sache perdre chaque jour deux heures de temps ; cela va loin à la fin d'une longue vie ; et si le mal est encore plus grand dans les autres conditions des hommes, quelle perte infinie ne se fait pas dans le monde d'une chose si précieuse, et dont l'on se plaint qu'on n'a point assez !

---

1. L'armée commandée par Luxembourg, qui tint en échec les cent mille hommes de Guillaume d'Orange et l'empêcha de secourir la ville.

2. Plusieurs particuliers appartenant à la robe et à la finance étaient allés voir le siège de Namur.

3. *Doctrine*, employé fréquemment dans le sens de savoir : Régnier a dit :

Le pédant tout fumeux de vin et de *doctrine*. (Sat., X.)

4. Sénèque a dit : « Non exiguum temporis habemus, sed multum perdimus. Satis longa vita, et in maximarum rerum consummationem large data est, si tota bene collocaretur, etc... » (*De Brevitate vitæ*.)

Il y a des créatures de Dieu, qu'on appelle des hommes, qui ont une âme qui est esprit, dont toute la vie est occupée et toute l'attention est réunie à scier du marbre : cela est bien simple, c'est bien peu de chose. Il y en a d'autres qui s'en étonnent, mais qui sont entièrement inutiles, et qui passent le jour à ne rien faire : c'est encore moins que de scier du marbre.

La plupart des hommes oublient si fort qu'ils ont une âme, et se répandent en tant d'actions et d'exercices où il semble qu'elle est inutile, que l'on croit parler avantageusement de quelqu'un en disant qu'il pense; cet éloge même est devenu vulgaire, qui pourtant ne met cet homme qu'au-dessus du chien ou du cheval.

A quoi vous divertissez-vous? à quoi passez-vous le temps? vous demandent les sots et les gens d'esprit. Si je réplique que c'est à ouvrir les yeux et à voir, à prêter l'oreille et à entendre, à avoir la santé, le repos, la liberté, ce n'est rien dire : les solides biens, les grands biens, les seuls biens, ne sont pas comptés, ne se font pas sentir. Jouez-vous? masquez-vous[1]? il faut répondre.

Est-ce un bien pour l'homme que la liberté, si elle peut être trop grande et trop étendue, telle enfin qu'elle ne serve qu'à lui faire désirer quelque chose, qui est d'avoir moins de liberté?

La liberté n'est pas oisiveté : c'est un usage libre du temps, c'est le choix du travail et de l'exercice; être libre, en un mot, n'est pas ne rien faire, c'est être seul arbitre de ce qu'on fait ou de ce qu'on ne fait point : quel bien en ce sens que la liberté!

César n'était point trop vieux pour penser à la conquête de l'univers[2] : il n'avait point d'autre béatitude à se faire que le cours d'une belle vie, et un grand nom après sa mort. Né fier, ambitieux, et se portant bien comme il faisait, il ne pouvait mieux employer son temps qu'à conquérir le monde. Alexandre était bien jeune pour un dessein si sérieux; il

---

1. *Masquez-vous*, voir p. 134, n. 4.
2. Voyez les *Pensées de M. Pascal*, chap. 31, où il dit le contraire. (La Bruyère.) Art. VI. Ed. Havet. Montaigne avait dit : « Je le trouve un peu plus retenu et considéré en ses entreprinses qu'Alexandre, car celluy-ci semble rechercher et courir à force les dangiers... aussi estoit-il embesongné en la fleur et première chaleur de son aage, là où César s'y print estant desia meur et bien advancé. » (*Essais*, II, 34.)

est étonnant que, dans ce premier âge, les femmes ou le vin n'aient plus tôt rompu[1] son entreprise.

Un jeune prince[2], d'une race auguste, l'amour et l'espérance des peuples, donné du ciel pour prolonger la félicité de la terre, plus grand que ses aïeux, fils d'un héros qui est son modèle, a déjà montré à l'univers, par ses divines qualités et par une vertu anticipée, que les enfants des héros sont plus proches de l'être que les autres hommes[3].

Si le monde dure seulement cent millions d'années, il est encore dans toute sa fraîcheur, et ne fait presque que commencer : nous-mêmes nous touchons aux premiers hommes et aux patriarches. Et qui pourra ne nous pas confondre avec eux dans des siècles si reculés? Mais si l'on juge par le passé de l'avenir, quelles choses nouvelles nous sont inconnues dans les arts, dans les sciences, dans la nature, et j'ose dire dans l'histoire! quelles découvertes ne fera-t-on point! quelles différentes révolutions ne doivent point arriver sur toute la face de la terre, dans les États et dans les empires[4]! Quelle ignorance est la nôtre, et quelle légère expérience que celle de six ou sept mille ans!

Il n'y a point de chemin trop long à qui marche lentement et sans se presser : il n'y a point d'avantages trop éloignés à qui s'y prépare par la patience.

Ne faire sa cour à personne, ni attendre de quelqu'un qu'il vous fasse la sienne; douce situation, âge d'or, état de l'homme le plus naturel!

Le monde est pour ceux qui suivent les cours ou qui peuplent les villes : la nature n'est que pour ceux qui habitent la campagne; eux seuls vivent, eux seuls du moins connaissent qu'ils vivent[5].

---

1. *Rompu*, dans le sens d'interrompre :
   Je ne m'étonne pas si *je romps* les attentes. (Molière, l'Ét., III, 5.)
   « J'en suis fâché, cela *rompt une pensée* qui m'était venue dans l'esprit. » (Id., l'Av., IV, 8.)

2. Le Dauphin, fils de Louis XIV.

3. Contre la maxime latine et triviale. (La Bruyère.) Cette maxime ou adage est, *Filii heroum noxæ*; ce qui veut dire que les fils des héros dégénèrent ordinairement de leurs pères.

4. Les événements considérables qui sont arrivés depuis le temps de La Bruyère et les progrès merveilleux accomplis en tous genres sont une éclatante confirmation de ces paroles.

5. Ceci rappelle l'exclamation de Virgile :
   O fortunatos nimium, sua si bona norint,
   Agricolas! (*Georg.*, II.)

Pourquoi me faire froid[1], et vous plaindre de ce qui m'est échappé sur quelques jeunes gens qui peuplent les cours? Êtes-vous vicieux, ô *Thrasille?* je ne le savais pas, et vous me l'apprenez : ce que je sais est que vous n'êtes plus jeune.

Et vous qui voulez être offensé personnellement de ce que j'ai dit de quelques grands, ne criez-vous point de la blessure d'un autre? Êtes-vous dédaigneux, malfaisant, mauvais plaisant, flatteur, hypocrite? Je l'ignorais, et ne pensais pas à vous : j'ai parlé des grands.

L'esprit de modération, et une certaine sagesse dans la conduite, laissent les hommes dans l'obscurité : il leur faut de grandes vertus pour être connus et admirés, ou peut-être de grands vices.

Les hommes, sur la conduite des grands et des petits indifféremment, sont prévenus, charmés, enlevés par la réussite : il s'en faut peu que le crime heureux ne soit loué comme la vertu même, et que le bonheur ne tienne lieu de toutes les vertus. C'est un noir attentat, c'est une sale et odieuse entreprise que celle que le succès ne saurait justifier.

Les hommes, séduits par de belles apparences et de spécieux prétextes, goûtent aisément un projet d'ambition que quelques grands ont médité; ils en parlent avec intérêt, il leur plaît même par la hardiesse ou par la nouveauté que l'on lui impute, ils y sont déjà accoutumés, et n'en attendent que le succès, lorsque, venant au contraire à avorter[2], ils décident avec confiance, et sans nulle crainte de se tromper, qu'il était téméraire et ne pouvait réussir.

Il y a de tels projets[3], d'un si grand éclat et d'une conséquence si vaste, qui font parler les hommes si longtemps, qui font tant espérer ou tant craindre, selon les divers intérêts des peuples, que toute la gloire et toute la fortune d'un homme y sont commises. Il ne peut pas avoir paru sur la scène avec un si bel appareil, pour se retirer sans rien dire; quelques affreux périls qu'il commence à prévoir dans la suite

---

1. *Faire froid.* On dit aujourd'hui « battre froid, » locution empruntée du forgeron qui bat son fer à froid.

2. Il s'agit de la tentative des Français en Irlande, que l'incapacité de Jacques II fit échouer.

3. L'usurpation de Guillaume de Nassau, prince d'Orange, qui entreprit de passer en Angleterre, d'où il chassa le roi Jacques II, son beau-père. Il était né le 13 novembre 1650.

de son entreprise, il faut qu'il l'entame ; le moindre mal pour lui est de la manquer.

Dans un méchant homme il n'y a pas de quoi faire un grand homme. Louez ses vues et ses projets, admirez sa conduite, exagérez son habileté à se servir des moyens les plus propres et les plus courts pour parvenir à ses fins : si ses fins sont mauvaises, la prudence n'y a aucune part ; et où manque la prudence, trouvez la grandeur, si vous le pouvez.

Un ennemi est mort[1], qui était à la tête d'une armée formidable, destinée à passer le Rhin ; il savait la guerre, et son expérience pouvait être secondée de la fortune. Quels feux de joie a-t-on vus ? quelle fête publique ? Il y a des hommes au contraire naturellement odieux, et dont l'aversion devient populaire : ce n'est point précisément par les progrès qu'ils font, ni par la crainte de ceux qu'ils peuvent faire, que la voix du peuple[2] éclate à leur mort, et que tout tressaille, jusqu'aux enfants, dès que l'on murmure dans les places que la terre enfin en est délivrée.

O temps ! ô mœurs ! s'écrie *Héraclite ;* ô malheureux siècle ! siècle rempli de mauvais exemples, où la vertu souffre, où le crime domine, où il triomphe ! Je veux être un *Lycaon,* un *Égysthe ;* l'occasion ne peut être meilleure, ni les conjonctures plus favorables, si je désire du moins de fleurir et de prospérer. Un homme dit[3] : Je passerai la mer, je dépouillerai mon père de son patrimoine, je le chasserai, lui, sa femme, son héritier, de ses terres et de ses États ; et, comme il l'a dit, il l'a fait. Ce qu'il devait appréhender, c'était le ressentiment de plusieurs rois qu'il outrage en la personne d'un seul roi : mais ils tiennent pour lui ; ils lui ont presque dit : Passez la mer, dépouillez votre père[4], montrez à tout l'univers qu'on peut chasser un roi de son royaume, ainsi qu'un petit seigneur de son château ou un fermier de sa métairie : qu'il n'y ait plus de différence entre de simples particuliers et nous ; nous sommes las de ces distinctions. Apprenez au monde que ces peuples que Dieu a mis sous nos pieds peuvent nous abandonner, nous trahir, nous livrer, se livrer eux-mêmes à un étranger, et qu'ils ont moins à craindre

---

1. Le duc Charles de Lorraine, beau-frère de l'empereur Léopold Ier.
2. Le faux bruit de la mort du prince d'Orange, qu'on croyait avoir été tué au combat de la Boyne, juillet 1690.
3. Le prince d'Orange.
4. Le roi Jacques II.

de nous que nous d'eux et de leur puissance¹. Qui pourrait voir des choses si tristes avec des yeux secs et une âme tranquille? Il n'y a point de charges qui n'aient leurs priviléges: il n'y a aucun titulaire qui ne parle, qui ne plaide, qui ne s'agite pour les défendre : la dignité royale seule n'a plus de priviléges; les rois eux-mêmes y ont renoncé. Un seul, toujours bon² et magnanime, ouvre ses bras à une famille malheureuse. Tous les autres se liguent comme pour se venger de lui, et de l'appui qu'il donne à une cause qui leur est commune : l'esprit de pique et de jalousie prévaut chez eux à l'intérêt de l'honneur, de la religion et de leur État; est-ce assez? à leur intérêt personnel et domestique. Il y va, je ne dis pas de leur élection, mais de leur succession, de leurs droits comme héréditaires : enfin, dans tout, l'homme l'emporte sur le souverain. Un prince délivrait l'Europe³, se délivrait lui-même d'un fatal ennemi, allait jouir de la gloire d'avoir détruit un grand empire⁴ : il la néglige pour une guerre douteuse. Ceux qui sont nés⁵ arbitres et médiateurs temporisent; et lorsqu'ils pourraient avoir déjà employé utilement leur médiation, ils la promettent. O pâtres! continue Héraclite; ô rustres qui habitez sous le chaume et dans les cabanes! si les événements ne vont point jusqu'à vous, si vous n'avez point le cœur percé par la malice des hommes, si on ne parle plus d'hommes dans vos contrées, mais seulement de renards et de loups cerviers, recevez-moi parmi vous à manger votre pain noir et à boire l'eau de vos citernes.

Petits hommes⁶ hauts de six pieds, tout au plus de sept, qui vous enfermez aux foires comme géants, et comme des pièces rares dont il faut acheter la vue, dès que vous allez jusques à huit pieds; qui vous donnez sans pudeur de la *hautesse* et de l'*éminence*, qui est tout ce que l'on pourrait accorder à ces montagnes voisines du ciel, et qui voient les nuages se former au-dessous d'elles; espèce d'animaux glorieux et superbes, qui méprisez toute autre espèce, qui ne faites pas même comparaison avec l'éléphant et la baleine,

1. Langage curieux et hardi sous Louis XIV.
2. Louis XIV, qui donna retraite à Jacques II et à toute sa famille, après qu'il eut été obligé de se retirer d'Angleterre.
3. L'empereur d'Allemagne.
4. La Turquie.
5. Innocent XI.
6. Les princes ligués en faveur du prince d'Orange contre Louis XIV.

approchez, hommes, répondez un peu à *Démocrite*. Ne dites-vous pas en commun proverbe : *Des loups ravissants, des lions furieux, malicieux comme un singe?* Et vous autres, qui êtes-vous? J'entends corner sans cesse à mes oreilles : *L'homme est un animal raisonnable.* Qui vous a passé cette définition? sont-ce les loups, les singes et les lions, ou si vous vous l'êtes accordée à vous-mêmes? C'est déjà une chose plaisante que vous donniez aux animaux, vos confrères, ce qu'il y a de pire, pour prendre pour vous ce qu'il y a de meilleur : laissez-les un peu se définir eux-mêmes, et vous verrez comme ils s'oublieront, et comme vous serez traités [1]. Je ne parle point, ô hommes, de vos légèretés, de vos folies et de vos caprices, qui vous mettent au-dessous de la taupe et de la tortue, qui vont sagement leur petit train, et qui suivent, sans varier, l'instinct de la nature [2] : mais écoutez-moi un moment. Vous dites d'un tiercelet [3] de faucon qui est fort léger, et qui fait une belle descente sur la perdrix : Voilà un bon oiseau; et d'un lévrier qui prend un lièvre corps à corps : C'est un bon lévrier. Je consens aussi que vous disiez d'un homme qui court le sanglier, qui le met aux abois, qui l'atteint et qui le perce : Voilà un brave homme [4]. Mais si vous voyez deux chiens qui s'aboient, qui s'affrontent, qui se mordent et se déchirent, vous dites : Voilà de sots animaux; et vous prenez un bâton pour les séparer. Que si l'on vous disait que tous les chats d'un grand pays se sont assemblés par milliers dans une plaine, et qu'après avoir miaulé tout leur soûl, ils se sont jetés avec fureur les uns sur les autres et ont joué ensemble de la dent et de la griffe; que de cette mêlée il est demeuré de part et d'autre neuf à dix mille chats sur la place, qui ont infecté l'air à dix lieues de là par leur puanteur; ne diriez-vous pas : Voilà le plus abominable *sabbat* dont on ait jamais ouï parler? Et si les loups en

---

1. C'est la morale de la fable de La Fontaine, *le Lion abattu par l'homme*, III, 10 :

> Avec plus de raison nous aurions le dessus,
> Si mes confrères savaient peindre.

2. Voir la satire VIII de Boileau, *l'Homme*.

3. *Tiercelet*, mâle de quelques oiseaux de proie, ainsi nommé parce qu'il est d'un tiers plus petit que la femelle.

4. *Un brave homme.* La distinction entre *brave homme* et *homme brave* n'existait pas encore au dix-septième siècle :

> Il l'a fait en *brave homme* et le doit soutenir. (Corneille, *Cid*, IV, 5.)

faisaient de même, quels hurlements! quelle boucherie! Et si les uns ou les autres vous disaient qu'ils aiment la gloire, concluriez-vous de ce discours qu'ils la mettent à se trouver à ce beau rendez-vous, à détruire ainsi et à anéantir leur propre espèce? ou, après l'avoir conclu, ne ririez-vous pas de tout votre cœur de l'ingénuité de ces pauvres bêtes? Vous avez déjà, en animaux raisonnables, et pour vous distinguer de ceux qui ne se servent que de leurs dents et de leurs ongles, imaginé les lances, les piques, les dards, les sabres et les cimeterres, et à mon gré fort judicieusement; car avec vos seules mains que pouviez-vous vous faire les uns aux autres, que vous arracher les cheveux, vous égratigner au visage, ou tout au plus vous arracher les yeux de la tête? au lieu que vous voilà munis d'instruments commodes, qui vous servent à vous faire réciproquement de larges plaies, d'où peut couler votre sang jusqu'à la dernière goutte, sans que vous puissiez craindre d'en échapper. Mais comme vous devenez d'année à autre plus raisonnables, vous avez bien enchéri sur cette vieille manière de vous exterminer : vous avez de petits globes[1] qui vous tuent tout d'un coup, s'ils peuvent seulement vous atteindre à la tête ou à la poitrine; vous en avez d'autres[2], plus pesants et plus massifs, qui vous coupent en deux parts ou qui vous éventrent, sans compter ceux[3] qui, tombant sur vos toits, enfoncent les planchers, vont du grenier à la cave, en enlèvent les voûtes, et font sauter en l'air, avec vos maisons, vos femmes qui sont en couche, l'enfant et la nourrice : et c'est là encore où *gît* la gloire; elle aime le *remue-ménage*, et elle est personne d'un grand fracas. Vous avez d'ailleurs des armes défensives, et, dans les bonnes règles, vous devez en guerre être habillés de fer, ce qui est sans mentir une jolie parure, et qui me fait souvenir de ces quatre puces célèbres que montrait autrefois un charlatan, subtil ouvrier, dans une fiole où il avait trouvé le secret de les faire vivre : il leur avait mis à chacune une salade[4] en tête, leur avait passé un corps de cuirasse, mis des brassards, des genouillères, la lance sur la cuisse; rien ne leur manquait, et en

1. Les balles de mousquet.
2. Les boulets de canon.
3. Les bombes.
4. *Salade*, sorte de casque différent des autres en ce qu'il n'a point de crête.

cet équipage elles allaient par sauts et par bonds dans leur bouteille. Feignez un homme de la taille du mont *Athos* : pourquoi non? une âme serait-elle embarrassée d'animer un tel corps? elle en serait plus au large : si cet homme avait la vue assez subtile pour vous découvrir quelque part sur la terre avec vos armes offensives et défensives, que croyez-vous qu'il penserait de petits marmousets ainsi équipés, et de ce que vous appelez guerre, cavalerie, infanterie, un mémorable siége, une fameuse journée? N'entendrai-je donc plus bourdonner d'autre chose parmi vous? le monde ne se divise-t-il plus qu'en régiments et en compagnies? tout est-il devenu bataillon ou escadron? *Il a pris une ville, il en a pris une seconde, puis une troisième; il a gagné une bataille, deux batailles; il chasse l'ennemi, il vainc sur mer, il vainc sur terre* : est-ce de quelqu'un de vous autres, est-ce d'un géant, d'un *Athos*, que vous parlez? Vous avez surtout un homme pâle[1] et livide, qui n'a pas sur soi dix onces de chair, et que l'on croirait jeter à terre du moindre souffle. Il fait néanmoins plus de bruit que quatre autres, et met tout en combustion; il vient de pêcher en eau trouble une île tout entière[2]; ailleurs, à la vérité, il est battu et poursuivi; mais il se sauve par *les marais*, et ne veut écouter ni paix ni trêve. Il a montré de bonne heure ce qu'il savait faire, il a mordu le sein de sa nourrice[3] : elle en est morte, la pauvre femme; je m'entends, il suffit. En un mot, il était né sujet, il ne l'est plus; au contraire, il est le maître, et ceux qu'il a domptés[4] et mis sous le joug vont à la charrue et labourent de bon courage : ils semblent même appréhender, les bonnes gens, de pouvoir se délier un jour et devenir libres, car ils ont étendu la courroie et allongé le fouet de celui qui les fait marcher; ils n'oublient rien pour accroître leur servitude : ils lui font passer l'eau pour se faire d'autres vassaux et s'acquérir de nouveaux domaines : il s'agit, il est vrai, de prendre son père et sa mère par les épaules, et de les jeter hors de leur maison; et ils l'aident dans une si honnête entreprise. Les gens de delà l'eau et ceux d'en deçà se cotisent et mettent chacun du

1. Le prince d'Orange.
2. L'Angleterre.
3. Le prince d'Orange, devenu plus puissant par la couronne d'Angleterre, s'était rendu maître absolu en Hollande, et y faisait ce qui lui plaisait.
4. Les Anglais.

leur pour se le rendre à eux tous de jour en jour plus redoutable : les *Pictes* et les *Saxons* imposent silence aux *Bataves*, et ceux-ci aux *Pictes* et aux *Saxons*; tous se peuvent vanter d'être ses humbles esclaves, et autant qu'ils le souhaitent. Mais qu'entends-je de certains personnages [1] qui ont des couronnes, je ne dis pas des comtes ou des marquis, dont la terre fourmille, mais des princes et des souverains? ils viennent trouver cet homme dès qu'il a sifflé, ils se découvrent dès son antichambre, et ils ne parlent que quand on les interroge. Sont-ce là ces mêmes princes si pointilleux, si formalistes sur leurs rangs et sur leurs préséances, et qui consument, pour les régler, les mois entiers dans une diète? Que fera ce nouvel *archonte* pour payer une si aveugle soumission, et pour répondre à une si haute idée qu'on a de lui? S'il se livre une bataille, il doit la gagner, et en personne : si l'ennemi fait un siége, il doit le lui faire lever, et avec honte, à moins que tout l'Océan ne soit entre lui et l'ennemi : il ne saurait moins faire en faveur de ses courtisans. *César* [2] lui-même ne doit-il pas venir en grossir le nombre? il en attend du moins d'importants services : car ou l'*archonte* échouera avec ses alliés, ce qui est plus difficile qu'impossible à concevoir; ou s'il réussit et que rien ne lui résiste, le voilà tout porté, avec ses alliés jaloux de la religion et de la puissance de César, pour fondre sur lui, pour lui enlever l'*aigle*, et le réduire, lui ou son héritier, à la *fasce d'argent* [3] et aux pays héréditaires. Enfin c'en est fait, ils se sont tous livrés à lui volontairement, à celui peut-être de qui ils devaient se défier davantage. Ésope ne leur dirait-il pas : « La gent volatile d'une certaine contrée prend l'alarme et s'effraye du voisinage du lion, dont le seul rugissement lui fait peur; elle se réfugie auprès de la bête, qui lui fait parler d'accommodement et la prend sous sa protection, qui se termine enfin à les croquer tous l'un après l'autre [4]? »

---

1. Le prince d'Orange, à son premier retour de l'Angleterre, en 1690, vint à La Haye, où les princes ligués se rendirent, et où le duc de Bavière fut longtemps à attendre dans l'antichambre.

2. L'empereur.

3. Armes de la maison d'Autriche. La fasce est une des pièces honorables de l'écu, qui en occupe le milieu d'un côté à l'autre.

4. On peut s'étonner que La Bruyère, dont l'esprit est d'ordinaire si indépendant, n'ait pas su s'élever au-dessus des préjugés populaires de son temps.

De la mode.

Une chose folle et qui découvre bien notre petitesse, c'est l'assujettissement aux modes, quand on l'étend à ce qui concerne le goût, le vivre, la santé et la conscience. La viande noire est hors de mode, et par cette raison insipide; ce serait pécher contre la mode que de guérir de la fièvre par la saignée[1]. De même l'on ne mourait plus depuis longtemps par *Théotime;* ses tendres exhortations ne sauvaient plus que le peuple, et Théotime a vu son successeur.

La curiosité n'est pas un goût pour ce qui est bon ou ce qui est beau, mais pour ce qui est rare, unique, pour ce qu'on a, et ce que les autres n'ont point. Ce n'est pas un attachement à ce qui est parfait, mais à ce qui est couru, à ce qui est à la mode. Ce n'est pas un amusement, mais une passion, et souvent si violente, qu'elle ne cède à l'amour et à l'ambition que par la petitesse de son objet. Ce n'est pas une passion qu'on a généralement pour les choses rares et qui ont cours, mais qu'on a seulement pour une certaine chose qui est rare et pourtant à la mode.

Le fleuriste a un jardin dans un faubourg; il y court au lever du soleil, et il en revient à son coucher. Vous le voyez planté, et qui a pris racine au milieu de ses tulipes et devant la *Solitaire :* il ouvre de grands yeux, il frotte ses mains, il se baisse, il la voit de plus près, il ne l'a jamais vue si belle, il a le cœur épanoui de joie : il la quitte pour l'*Orientale;* de là il va à la *Veuve;* il passe au *Drap-d'or,* de celle-ci à l'*Agate,* d'où il revient enfin à la *Solitaire,* où il se fixe, où il se lasse, où il s'assied, où il oublie de dîner : aussi est-elle nuancée, bordée, huilée, à pièces emportées; elle a un beau vase ou un beau calice : il la contemple, il l'admire. Dieu et la nature sont en tout cela ce qu'il n'admire point; il ne va pas plus loin que l'oignon de sa tulipe, qu'il ne livrerait pas pour mille écus, et qu'il donnera pour rien quand les tulipes seront négligées, et que les œillets auront prévalu. Cet homme raisonnable, qui a une âme, qui a un culte et une religion,

---

1. Molière fait dire à M. Desfonandrès dans l'*Amour médecin :* « Il faut toujours garder les formalités, quoi qu'il puisse arriver. » (II, 3.)

revient chez soi, fatigué, affamé, mais fort content de sa journée : il a vu des tulipes [1].

Parlez à cet autre de la richesse des moissons, d'une ample récolte, d'une bonne vendange : il est curieux de fruits [2]; vous n'articulez pas, vous ne vous faites pas entendre : parlez-lui de figues et de melons, dites que les poiriers rompent de fruits cette année, que les pêchers ont donné avec abondance; c'est pour lui un idiome inconnu; il s'attache aux seuls pruniers; il ne vous répond pas. Ne l'entretenez pas même de vos pruniers, il n'a de l'amour que pour une certaine espèce; toute autre que vous lui nommez le fait sourire et se moquer. Il vous mène à l'arbre, cueille artistement cette prune exquise, il l'ouvre, vous en donne une moitié et prend l'autre. Quelle chair! dit-il; goûtez-vous cela? cela est-il divin? voilà ce que vous ne trouverez pas ailleurs : et là-dessus ses narines s'enflent, il cache avec peine sa joie et sa vanité par quelques dehors de modestie. O l'homme divin en effet! homme qu'on ne peut jamais assez louer et admirer! homme dont il sera parlé dans plusieurs siècles! que je voie sa taille et son visage pendant qu'il vit; que j'observe les traits et la contenance d'un homme qui seul entre les mortels possède une telle prune.

Un troisième que vous allez voir vous parle des curieux ses confrères, et surtout de *Diognète*. Je l'admire, dit-il, et je le comprends moins que jamais : pensez-vous qu'il cherche à s'instruire par les médailles, et qu'il les regarde comme des preuves parlantes de certains faits, et des monuments fixes et indubitables de l'ancienne histoire? rien moins : vous croyez peut-être que toute la peine qu'il se donne pour recouvrer une *tête* vient du plaisir qu'il se fait de ne voir pas une suite d'empereurs interrompue? c'est encore moins : Diognète sait d'une médaille le *fruste*, le *flou* et la *fleur de coin* [3]; il a une tablette dont toutes les places

---

1. « Il n'y a point de si petit caractère qu'on ne puisse rendre agréable par le coloris; le *Fleuriste* de La Bruyère en est la preuve. » (Vauvenargues.)

2. *Curieux de*, il a cure, il a souci de:
   Elle n'est curieuse que d'une propreté fort simple. (Molière, *l'Av.*, II, 6.)

3. *Le fruste*, se dit d'une médaille ou d'une monnaie effacée, altérée ou défectueuse. — *Le flou*. Terme de peinture exprimant la délicatesse du pinceau. — *La fleur de coin*, éclat d'une médaille dont le coin, l'empreinte, sont bien conservés.

sont garnies, à l'exception d'une seule : ce vide lui blesse la vue, et c'est précisément, et à la lettre, pour le remplir qu'il emploie son bien et sa vie.

Vous voulez, ajoute *Démocède*, voir mes estampes? et bientôt il les étale et vous les montre. Vous en rencontrez une qui n'est ni noire, ni nette, ni dessinée, et d'ailleurs moins propre à être gardée dans un cabinet qu'à tapisser, un jour de fête, le Petit-Pont ou la rue Neuve : il convient qu'elle est mal gravée, plus mal dessinée; mais il assure qu'elle est d'un Italien qui a travaillé peu, qu'elle n'a presque pas été tirée, que c'est la seule qui soit en France de ce dessin, qu'il l'a achetée très-cher, et qu'il ne la changerait pas pour ce qu'il a de meilleur. J'ai, continue-t-il, une sensible affliction, et qui m'obligera à renoncer aux estampes pour le reste de mes jours : j'ai tout *Callot*[1], hormis une seule qui n'est pas, à la vérité, de ses bons ouvrages; au contraire, c'est un des moindres, mais qui m'achèverait Callot; je travaille depuis vingt ans à recouvrer cette estampe, et je désespère enfin d'y réussir : cela est bien rude!

Tel autre fait la satire de ces gens qui s'engagent par inquiétude ou par curiosité dans de longs voyages; qui ne font ni mémoires ni relations; qui ne portent point de tablettes; qui vont pour voir, et qui ne voient pas, ou qui oublient ce qu'ils ont vu; qui désirent seulement de connaître de nouvelles tours ou de nouveaux clochers, et de passer des rivières qu'on n'appelle ni la Seine ni la Loire; qui sortent de leur patrie pour y retourner, qui aiment à être absents, qui veulent un jour être revenus de loin : et ce satirique parle juste, et se fait écouter.

Mais quand il ajoute que les livres en apprennent plus que les voyages, et qu'il m'a fait comprendre par ses discours qu'il a une bibliothèque, je souhaite de la voir; je vais trouver cet homme, qui me reçoit dans une maison où dès l'escalier je tombe en faiblesse d'une odeur de maroquin noir dont ses livres sont tous couverts. Il a beau me crier aux oreilles, pour me ranimer, qu'ils sont dorés sur tranche, ornés de filets d'or, et de la bonne édition, me nommer les meilleurs l'un après l'autre, dire que sa galerie est remplie, à quelques endroits près qui sont peints de manière qu'on les prend pour

---

[1]. Jacques Callot, peintre graveur et dessinateur, né à Nancy en 1593, mort en 1635. Son œuvre, fort recherché, contient près de 1,600 pièces.

de vrais livres arrangés sur des tablettes, et que l'œil s'y trompe ; ajouter qu'il ne lit jamais, qu'il ne met pas le pied dans cette galerie, qu'il y viendra pour me faire plaisir : je le remercie de sa complaisance, et ne veux non plus que lui visiter sa tannerie, qu'il appelle bibliothèque.

Quelques-uns, par une intempérance de savoir, et par ne pouvoir [1] se résoudre à renoncer à aucune sorte de connaissance, les embrassent toutes et n'en possèdent aucune. Ils aiment mieux savoir beaucoup que de savoir bien, et être faibles et superficiels dans diverses sciences que d'être sûrs et profonds dans une seule : ils trouvent en toutes rencontres celui qui est leur maître et qui les redresse ; ils sont les dupes de leur vaine curiosité, et ne peuvent au plus, par de longs et pénibles efforts, que se tirer d'une ignorance crasse.

D'autres ont la clef des sciences, où ils n'entrent jamais ; ils passent leur vie à déchiffrer les langues orientales et les langues du Nord, celles des deux pôles, et celle qui se parle dans la lune. Les idiomes les plus inutiles, avec les caractères les plus bizarres et les plus magiques, sont précisément ce qui réveille leur passion et qui excite leur travail. Ils plaignent ceux qui se bornent ingénument à savoir leur langue, ou tout au plus la grecque et la latine. Ces gens lisent toutes les histoires, et ignorent l'histoire ; ils parcourent tous les livres, et ne profitent d'aucun : c'est en eux une stérilité de faits et de principes qui ne peut être plus grande, mais à la vérité la meilleure récolte et la richesse la plus abondante de mots et de paroles qui puisse s'imaginer ; ils plient sous le faix ; leur mémoire en est accablée, pendant que leur esprit demeure vide.

Un bourgeois aime les bâtiments ; il se fait bâtir un hôtel si beau, si riche, et si orné, qu'il est inhabitable : le maître, honteux de s'y loger, ne pouvant peut-être se résoudre à le louer à un prince ou à un homme d'affaires, se retire au galetas, où il achève sa vie, pendant que l'enfilade [2] et les planchers de rapport [3] sont en proie aux Anglais et aux Allemands qui voyagent, et qui viennent là du Palais-Royal, du palais

---

1. *Par ne pouvoir*, locution déjà employée par La Bruyère et qui se rencontrait alors : « Langlée repousse l'injure *par lui dire qu'il ne se souvenait pas.* » (Sévigné, 210.)
2. *L'enfilade*, la suite des chambres dont les portes sont sur une même ligne.
3. *Planchers de rapport*, parquets en marqueterie.

L... G...[1] et du Luxembourg. On heurte sans fin à cette belle porte : tous demandent à voir la maison, et personne à voir Monsieur.

On en sait d'autres qui ont des filles devant leurs yeux, à qui ils ne peuvent pas donner une dot; que dis-je? elles ne sont pas vêtues, à peine nourries; qui se refusent un tour de lit et du linge blanc, qui sont pauvres : et la source de leur misère n'est pas fort loin : c'est un garde-meuble chargé et embarrassé de bustes rares, déjà poudreux et couverts d'ordures, dont la vente les mettrait au large, mais qu'ils ne peuvent se résoudre à mettre en vente.

Diphile commence par un oiseau et finit par mille : sa maison n'en est pas égayée, mais empestée; la cour, la salle, l'escalier, le vestibule les chambres, le cabinet, tout est volière[2] : ce n'est plus un ramage, c'est un vacarme; les vents d'automne et les eaux dans leurs plus grandes crues ne font pas un bruit si perçant et si aigu; on ne s'entend non plus parler les uns les autres que dans ces chambres où il faut attendre, pour faire le compliment d'entrée, que les petits chiens aient aboyé. Ce n'est plus pour Diphile un agréable amusement; c'est une affaire laborieuse, et à laquelle à peine il peut suffire. Il passe les jours, ces jours qui échappent et qui ne reviennent plus, à verser du grain et à nettoyer des ordures; il donne . . . à un homme qui n'a point d'autre ministère que de siffler des serins au flageolet et de faire couver des *canaris*. Il est vrai que ce qu'il dépense d'un côté, il l'épargne de l'autre, car ses enfants sont sans maîtres et sans éducation. Il se renferme le soir, fatigué de son propre plaisir, sans pouvoir jouir du moindre repos que ses oiseaux ne reposent, et que ce petit peuple, qu'il n'aime que parce qu'il chante, ne cesse de chanter. Il retrouve ses oiseaux dans son sommeil; lui-même il est oiseau, il est huppé, il gazouille, il perche, il rêve la nuit qu'il mue ou qu'il couve.

Qui pourrait épuiser tous les différents genres de curieux? Devineriez-vous, à entendre parler celui-ci de son *Leopard*, de sa *Plume*, de sa *Musique*[3], les vanter comme ce qu'il y a

---

1. Lesdiguières.
2. Le poëte Santeul aimait beaucoup les serins et en avait sa maison remplie: quelques traits de ce caractère pourraient bien s'appliquer à lui.
3. Noms de coquillages. (La Bruyère.)

sur la terre de plus singulier¹ et de plus merveilleux, qu'il veut vendre ses coquilles? Pourquoi non, s'il les achète au poids de l'or?

Cet autre aime les insectes; il en fait tous les jours de nouvelles emplettes : c'est surtout le premier homme de l'Europe pour les papillons; il en a de toutes les tailles et de toutes les couleurs. Quel temps prenez-vous pour lui rendre visite? il est plongé dans une amère douleur; il a l'humeur noire, chagrine, et dont toute sa famille souffre; aussi a-t-il fait une perte irréparable : approchez, regardez ce qu'il vous montre sur son doigt, qui n'a plus de vie, et qui vient d'expirer; c'est une chenille, et quelle chenille!

Le duel est le triomphe de la mode, et l'endroit où elle a exercé sa tyrannie avec plus d'éclat². Cet usage n'a pas laissé au poltron la liberté de vivre; il l'a mené se faire tuer par un plus brave que soi, et l'a confondu avec un homme de cœur; il a attaché de l'honneur et de la gloire à une action folle et extravagante; il a été approuvé par la présence des rois; il y a eu quelquefois une espèce de religion à le pratiquer³ : il a décidé de l'innocence des hommes, des accusations fausses ou véritables sur des crimes capitaux; il s'était enfin si profondément enraciné dans l'opinion des peuples, et s'était si fort saisi de leur cœur et de leur esprit, qu'un des plus beaux endroits de la vie d'un très-grand roi a été de les guérir de cette folie⁴.

Tel a été à la mode, ou pour le commandement des armées et la négociation, ou pour l'éloquence de la chaire, ou pour les vers, qui n'y est plus. Y a-t-il des hommes qui dégénèrent de ce qu'ils furent autrefois? Est-ce leur mérite qui est usé, ou le goût que l'on avait pour eux?

Un homme à la mode dure peu, car les modes passent : s'il est par hasard homme de mérite, il n'est pas anéanti⁵, et il subsiste encore par quelque endroit; également estimable, il est seulement moins estimé.

---

1. *Singulier, singularis*, rare, précieux.
2. *Plus d'éclat*, pour *le plus*, voir p. 1, note 3.
3. Allusion au duel judiciaire ou jugement de Dieu aboli par saint Louis.
4. Voltaire dit dans le *Siècle de Louis XIV*, c. 29 : « Le fameux combat de la Frette, de quatre contre quatre, en 1663, fut ce qui détermina Louis XIV à ne plus pardonner. »
5. *Anéanti*, réduit à néant.

La vertu a cela d'heureux qu'elle se suffit à elle-même, et qu'elle sait se passer d'admirateurs, de partisans et de protecteurs : le manque d'appui et d'approbation non-seulement ne lui nuit pas, mais il la conserve, l'épure, et la rend parfaite : qu'elle soit à la mode, qu'elle n'y soit plus, elle demeure vertu.

Si vous dites aux hommes, et surtout aux grands, qu'un tel a de la vertu, ils vous disent : Qu'il la garde; qu'il a bien de l'esprit, de celui surtout qui plaît et qui amuse, ils vous répondent : Tant mieux pour lui; qu'il a l'esprit fort cultivé, qu'il sait beaucoup, ils vous demandent quelle heure il est ou quel temps il fait; mais si vous leur apprenez qu'il y a un *Tigillin* qui *souffle* ou qui *jette en sable* un verre d'eau-de-vie[1], et, chose merveilleuse! qui y revient à plusieurs fois en un repas, alors ils disent : Où est-il? amenez-le-moi demain, ce soir; me l'amènerez-vous? On le leur amène; et cet homme, propre à parer les avenues d'une foire et à être montré en chambre pour de l'argent, ils l'admettent dans leur familiarité.

Il n'y a rien qui mette plus subitement un homme à la mode, et qui le soulève[2] davantage, que le grand jeu : cela va du pair avec la crapule. Je voudrais bien voir un homme poli, enjoué, spirituel, fût-il un CATULLE ou son disciple, faire quelque comparaison avec celui qui vient de perdre huit cents pistoles en une séance.

Une personne à la mode ressemble à une *fleur bleue*[3] qui croît de soi-même dans les sillons, où elle étouffe les épis, diminue la moisson, et tient la place de quelque chose de meilleur; qui n'a de prix et de beauté que ce qu'elle emprunte d'un caprice léger qui naît et qui tombe presque dans le même instant : aujourd'hui elle est courue, les femmes s'en parent; demain elle est négligée et rendue au peuple.

Une personne de mérite, au contraire, est une fleur qu'on ne désigne pas par sa couleur, mais que l'on nomme par son nom, que l'on cultive par sa beauté[4] ou par son odeur; l'une

---

1. *Souffler* ou *jeter en sable un verre de vin, d'eau-de-vie*, anciennes expressions proverbiales qui signifient l'avaler d'un trait. On dit aujourd'hui *sabler*.

2. *Le soulève*, l'élève au-dessus de la foule.

3. Ces barbeaux qui croissent parmi les seigles furent, un été, à la mode dans Paris. Les dames en mettaient pour bouquet.

4. *Par sa beauté*, à cause de; voir p. 4, note 2.

des grâces de la nature, l'une de ces choses qui embellissent le monde, qui est de tous les temps, et d'une vogue ancienne et populaire; que nos pères ont estimée, et que nous estimons après nos pères; à qui le dégoût ou l'antipathie de quelques-uns ne saurait nuire : un lis, une rose.

L'on voit *Eustrate* assis dans sa nacelle, où il jouit d'un air pur et d'un ciel serein : il avance d'un bon vent, et qui a toutes les apparences de devoir durer; mais il tombe[1] tout d'un coup, le ciel se couvre, l'orage se déclare, un tourbillon enveloppe la nacelle, elle est submergée : on voit Eustrate revenir sur l'eau et faire quelques efforts, on espère qu'il pourra du moins se sauver et venir à bord; mais une vague l'enfonce, on le tient perdu : il paraît une seconde fois, et les espérances se réveillent, lorsqu'un flot survient et l'abîme; on ne le revoit plus, il est noyé.

Voiture et Sarrazin[2] étaient nés pour leur siècle, et ils ont paru dans un temps où il semble qu'ils étaient attendus. S'ils s'étaient moins pressés de venir, ils arrivaient trop tard; et j'ose douter qu'ils fussent tels aujourd'hui qu'ils ont été alors : les conversations légères, les cercles, la fine plaisanterie, les lettres enjouées et familières, les petites parties où l'on était admis seulement avec de l'esprit, tout a disparu. Et qu'on ne dise point qu'ils les feraient revivre : ce que je puis faire en faveur de leur esprit est de convenir que peut-être ils excelleraient dans un autre genre; mais les femmes sont, de nos jours, ou dévotes ou coquettes, ou joueuses, ou ambitieuses, quelques-unes même tout cela à la fois; le goût de la faveur, le jeu, les galants, les directeurs, ont pris la place, et la défendent contre les gens d'esprit.

Un homme fat et ridicule porte un long chapeau, un pourpoint à ailerons[3], des chausses à aiguillettes[4] et des bot-

---

1. *Il tombe. Il* se rapportant à un autre sujet: construction incorrecte; on en trouve quelques exemples dans Pascal et dans Molière.

2. *Sarrazin*, poëte et littérateur, né en 1603, près de Caen, mort en 1654. Ses écrits se font remarquer par un badinage ingénieux.

3. *Pourpoint*, partie de l'ancien habillement français qui couvrait le corps depuis le cou jusqu'à la ceinture. — *Ailerons*, petits bords d'étoffe qu'on mettait aux pourpoints pour couvrir les coutures du haut des manches.

4. *Chausses à aiguillettes.* Les chausses étaient un caleçon, dont le haut s'attachait avec des aiguillettes, sortes de cordon ferré par les deux bouts.

tines : il rêve la veille par où et comment il pourra se faire remarquer le jour qui suit. Un philosophe se laisse habiller par son tailleur : il y a autant de faiblesse à fuir la mode qu'à l'affecter.

L'on blâme une mode qui, divisant la taille des hommes en deux parties égales, en prend une tout entière pour le buste et laisse l'autre pour le reste du corps : l'on condamne celle qui fait de la tête des femmes la base d'un édifice à plusieurs étages[1], dont l'ordre et la structure changent selon leurs caprices; qui éloigne les cheveux du visage, bien qu'ils ne croissent que pour l'accompagner; qui les relève et les hérisse à la manière des bacchantes, et semble avoir pourvu à ce que les femmes changent leur physionomie douce et modeste en une autre qui soit fière et audacieuse. On se récrie enfin contre une telle ou une telle mode, qui cependant, toute bizarre qu'elle est, pare et embellit pendant qu'elle dure, et dont l'on tire tout l'avantage qu'on en peut espérer, qui est de plaire. Il me paraît qu'on devrait seulement admirer l'inconstance et la légèreté des hommes, qui attachent successivement les agréments et la bienséance à des choses tout opposées, qui emploient pour le comique et pour la mascarade ce qui leur a servi de parure grave et d'ornements les plus sérieux, et que si peu de temps en fasse la différence[2].

N... est riche; elle mange bien, elle dort bien; mais les coiffures changent; et lorsqu'elle y pense le moins, et qu'elle se croit heureuse, la sienne est hors de mode.

Iphis voit à l'église un soulier d'une nouvelle mode; il regarde le sien, et en rougit; il ne se croit plus habillé : il était venu à la messe pour s'y montrer, et il se cache : le voilà retenu par le pied dans sa chambre tout le reste du jour. Il a la main douce, et il l'entretient avec une pâte de senteur. Il a soin de rire pour montrer ses dents : il fait la petite bouche, et il n'y a guère de moments où il ne veuille sourire : il regarde ses jambes, il se voit au miroir; l'on ne

---

1. Et qu'une main savante, avec tant d'artifice,
Bâtit de ses cheveux le galant *édifice*. (Boileau, *Sat.*, X.)

2. Montaigne accuse aussi l'inconstance des hommes : « La façon de se vestir présente luy faict incontinent condamner l'ancienne, d'une résolution si grande et d'un consentement si universel, que vous diriez que c'est quelque espèce de manie qui luy tourneboule ainsy l'entendement. » (Montaigne, *Essais*, I, 48.)

peut être plus content de personne qu'il l'est de lui-même : il s'est acquis une voix claire et délicate, et heureusement il parle gras : il a un mouvement de tête et je ne sais quel adoucissement dans les yeux [1], dont il n'oublie pas de s'embellir : il a une démarche molle, et le plus joli maintien qu'il est capable de se procurer : il met du rouge, mais rarement ; il n'en fait pas habitude : il est vrai aussi qu'il porte des chausses et un chapeau, et qu'il n'a ni boucles d'oreilles ni collier de perles : aussi ne l'ai-je pas mis dans le chapitre des femmes.

Ces mêmes modes que les hommes suivent si volontiers pour leurs personnes, ils affectent de les négliger dans leurs portraits, comme s'ils sentaient ou qu'ils prévissent l'indécence [2] et le ridicule où elles peuvent tomber dès qu'elles auront perdu ce qu'on appelle la fleur ou l'agrément de la nouveauté : ils leur préfèrent une parure arbitraire, une draperie indifférente, fantaisies du peintre qui ne sont prises ni sur l'air ni sur le visage, qui ne rappellent ni les mœurs ni la personne : ils aiment des attitudes forcées ou immodestes, une manière dure, sauvage, étrangère, qui font un capitan d'un jeune abbé et un matamore d'un homme de robe, une Diane d'une femme de ville, comme d'une femme simple et timide une Amazone ou une Pallas ; une Laïs d'une honnête fille ; un Scythe, un Attila, d'un prince qui est bon et magnanime.

Une mode a à peine détruit une autre mode, qu'elle est abolie par une plus nouvelle, qui cède elle-même à celle qui la suit, et qui ne sera pas la dernière : telle est notre légèreté ; pendant ces révolutions, un siècle s'est écoulé qui a mis toutes ces parures au rang des choses passées et qui ne sont plus. La mode alors la plus curieuse et qui fait plus [3] de plaisir à voir, c'est la plus ancienne : aidée du temps et des années, elle a le même agrément dans les portraits qu'a la saye [4] ou l'habit romain sur les théâtres, qu'ont la mante, le voile et la tiare [5] dans nos tapisseries et dans nos peintures.

Nos pères nous ont transmis avec la connaissance de leurs

1. *Adoucissement*, je ne sais quoi de doux.
2. *Indécence*, ce qui ne convient pas.
3. *Plus*, le plus, voir p. 1, note 3.
4. *Saye* ou *sayon*, vêtement des Gaulois.
5. Habits des Orientaux. (La Bruyère.)

personnes celle de leurs habits, de leurs coiffures, de leurs armes[1], et des autres ornements qu'ils ont aimés pendant leur vie : nous ne saurions bien reconnaître cette sorte de bienfait qu'en traitant de même nos descendants.

Le courtisan autrefois avait ses cheveux, était en chausses et en pourpoint, portait de larges canons[2], et il était libertin[3] : cela ne sied plus ; il porte une perruque, l'habit serré, le bas uni, et il est dévot : tout se règle par la mode.

Celui qui depuis quelque temps à la cour était dévot, et par là, contre toute raison, peu éloigné du ridicule, pouvait-il espérer de devenir à la mode ?

De quoi n'est point capable un courtisan dans la vue de sa fortune, si, pour ne la pas manquer, il devient dévot ?

Les couleurs sont préparées, et la toile est toute prête : mais comment le fixer, cet homme inquiet, léger, inconstant, qui change de mille et mille figures ? Je le peins dévot, et je crois l'avoir attrapé ; mais il m'échappe, et déjà il est libertin. Qu'il demeure du moins dans cette mauvaise situation, et je saurai le prendre dans un point de déréglement de cœur et d'esprit où il sera reconnaissable ; mais la mode presse, il est dévot.

Celui qui a pénétré la cour connaît ce que c'est que vertu et ce que c'est que dévotion[4], et il ne peut plus s'y tromper.

Négliger vêpres comme une chose antique et hors de mode ; garder sa place soi-même pour le salut ; savoir les êtres de la chapelle ; connaître le flanc[5] ; savoir où l'on est vu et où l'on n'est pas vu ; rêver dans l'église à Dieu et à ses affaires, y recevoir des visites, y donner des ordres et des commissions, y attendre les réponses ; avoir un directeur mieux écouté que l'Évangile ; tirer toute sa sainteté et tout son relief de la réputation de son directeur ; dédaigner ceux dont le directeur a moins de vogue, et convenir à peine de leur salut ; n'aimer de la parole de Dieu que ce qui s'en prêche chez soi ou par son directeur ; préférer sa messe aux autres messes, et les sacrements donnés de sa

---

1. Offensives et défensives. (La Bruyère.)
2. *Canons*, ornement de toile rond, fort large et souvent orné de dentelle qu'on attachait au-dessous du genou, et qui pendait jusqu'à la moitié de la jambe pour la couvrir.
3. *Libertin*, voir p. 108, note 3.
4. Fausse dévotion. (La Bruyère.)
5. *Connaître le flanc*, l'endroit favorable pour se placer.

main à ceux qui ont moins de cette circonstance[1] ; ne se repaître que de livres de spiritualité, comme s'il n'y avait ni évangiles, ni épîtres des apôtres, ni morale des Pères ; lire ou parler un jargon inconnu aux premiers siècles ; circonstancier à confesse les défauts d'autrui, y pallier les siens ; s'accuser de ses souffrances, de sa patience ; dire comme un péché son peu de progrès dans l'héroïsme ; être en liaison secrète avec de certaines gens contre certains autres[2] ; n'estimer que soi et sa cabale, avoir pour suspecte la vertu même ; goûter, savourer la prospérité et la faveur, n'en vouloir que pour soi ; ne point aider au mérite ; faire servir la piété à son ambition ; aller à son salut par le chemin de la fortune et des dignités[3] : c'est du moins jusqu'à ce jour le plus bel effort de la dévotion du temps.

Un dévot[4] est celui qui, sous un roi athée, serait athée.

Les dévots[5] ne connaissent de crimes que l'incontinence, parlons plus précisément, que le bruit ou les dehors de l'incontinence. Si *Phérécide* passe pour être guéri des femmes, ou *Phérénice* pour être fidèle à son mari, ce leur est assez : laissez-les jouer un jeu ruineux, faire perdre leurs créanciers, se réjouir du malheur d'autrui et en profiter, idolâtrer les grands, mépriser les petits, s'enivrer de leur propre mérite, sécher d'envie, mentir, médire, cabaler, nuire, c'est leur état : voulez-vous qu'ils empiètent sur celui des gens de bien, qui, avec les vices cachés, fuient encore l'orgueil et l'injustice ?

Quand un courtisan sera humble, guéri du faste et de l'ambition, qu'il n'établira point sa fortune sur la ruine de ses concurrents, qu'il sera équitable, soulagera ses vassaux, payera ses créanciers ; qu'il ne sera ni fourbe ni médisant, qu'il renoncera aux grands repas et aux amours illégitimes, qu'il priera autrement que des lèvres, et même hors de la présence du prince : quand d'ailleurs il ne sera point d'un abord farouche et difficile, qu'il n'aura point le visage aus-

1. *Qui ont moins*, qui ont cette circonstance, cet avantage en moins.
2. « On lie, à force de grimaces, une société étroite avec tous les gens du parti... Qui en choque un se les attire tous sur les bras..., etc. » (Molière, *Don Juan*, V, 2.)
3. Ces gens, dis-je, qu'on voit, d'une ardeur non commune,
   Par le chemin du ciel courir à leur fortune. (Id., *Tart.*, I, 6.)
4. Faux dévot. (La Bruyère.)
5. Faux dévots. (La Bruyère.)

tère et la mine triste, qu'il ne sera point paresseux et contemplatif; qu'il saura rendre, par une scrupuleuse attention, divers emplois très-compatibles ; qu'il pourra et qu'il voudra même tourner son esprit et ses soins aux grandes et laborieuses affaires, à celles surtout d'une suite la plus étendue pour les peuples et pour tout l'État; quand son caractère me fera craindre de le nommer en cet endroit, et que sa modestie l'empêchera, si je ne le nomme pas, de s'y reconnaître : alors je dirai de ce personnage : Il est dévot, ou plutôt, c'est un homme donné à son siècle pour le modèle d'une vertu sincère et pour le discernement [1] de l'hypocrisie [2].

Onuphre n'a pour tout lit qu'une housse de serge grise, mais il couche sur le coton et sur le duvet : de même il est habillé simplement, mais commodément, je veux dire d'une étoffe fort légère en été, et d'une autre fort moelleuse pendant l'hiver; il porte des chemises très-déliées [3], qu'il a un très-grand soin de bien cacher. Il ne dit point *ma haire* et *ma discipline* [4]; au contraire, il passerait pour ce qu'il est, pour un hypocrite, et il veut passer pour ce qu'il n'est pas, pour un homme dévot : il est vrai qu'il fait en sorte que l'on croie, sans qu'il le dise, qu'il porte une haire et qu'il se donne la discipline [5]. Il y a quelques livres répandus dans sa chambre indifféremment; ouvrez-les : c'est le *Combat spirituel*, le *Chrétien intérieur* et l'*Année sainte;* d'autres livres sont sous la clef. S'il marche par la ville, et qu'il découvre de loin un homme devant qui il est nécessaire qu'il soit dévot, les yeux baissés, la démarche lente et modeste, l'air recueilli, lui sont familiers ; il joue son rôle. S'il entre dans une église, il observe d'abord de qui il peut être vu ; et, selon la découverte qu'il vient de faire, il se met à genoux et prie, ou il ne songe ni à se mettre à genoux ni à prier. Arrive-t-il vers lui un homme de bien et d'autorité qui le

---

1. *Pour le discernement,* pour que l'on puisse discerner.
2. On pense que cet éloge s'applique au duc de Beauvilliers, chef du conseil des finances et gouverneur du duc de Bourgogne.
3. *Très-déliées,* très-fines; voir p. 47, note 2.
4. *Haire,* espèce de petite chemise faite de crin ou de poil de chèvre que l'on met sur la peau par esprit de mortification ou de pénitence. — *Discipline,* fouet de cordelettes ou de petites chaînes dont se servent des dévots et surtout des religieux.
5. Critique peu juste du vers de Molière :

Laurent, serrez ma haire avec ma discipline.   (*Tart.*, III, 3.)

verra et qui peut l'entendre, non-seulement il prie, mais il
médite, il pousse des élans et des soupirs[1] : si l'homme de
bien se retire, celui-ci, qui le voit partir, s'apaise et ne
souffle pas. Il entre une autre fois dans un lieu saint, perce
la foule, choisit un endroit pour se recueillir, et où tout le
monde voit qu'il s'humilie : s'il entend des courtisans qui
parlent, qui rient, et qui sont à la chapelle avec moins de
silence que dans l'antichambre, il fait plus de bruit qu'eux
pour les faire taire ; il reprend sa méditation, qui est toujours
la comparaison qu'il fait de ces personnes avec lui-même, et
où il trouve son compte. Il évite une église déserte et solitaire, où il pourrait entendre deux messes de suite, le sermon,
vêpres et complies, tout cela entre Dieu et lui, et sans que
personne lui en sût gré : il aime la paroisse, il fréquente les
temples où se fait un grand concours ; on n'y manque point
son coup, on y est vu. Il choisit deux ou trois jours dans
toute l'année, où à propos de rien il jeûne ou fait abstinence :
mais à la fin de l'hiver il tousse, il a une mauvaise poitrine,
il a des vapeurs, il a eu la fièvre ; il se fait prier, presser,
quereller, pour rompre le carême dès son commencement,
et il en vient là par complaisance. Si Onuphre est nommé
arbitre dans une querelle de parents ou dans un procès de
famille, il est pour les plus forts, je veux dire pour les plus
riches, et il ne se persuade point que celui ou celle qui a
beaucoup de bien puisse avoir tort. S'il se trouve bien d'un
homme opulent à qui il a su imposer[2], dont il est le parasite,
et dont il peut tirer de grands secours, il ne cajole point
sa femme, il ne lui fait du moins ni avance ni déclaration[3] ;
il s'enfuira, il lui laissera son manteau, s'il n'est aussi sûr
d'elle que de lui-même : il est encore plus éloigné d'employer
pour la flatter et pour la séduire le jargon de la dévotion[4] ;
ce n'est point par habitude qu'il le parle, mais avec dessein,
et selon qu'il lui est utile, et jamais quand il ne servirait
qu'à le rendre très-ridicule. Il sait où se trouvent des
femmes plus sociables et plus dociles que celle de son ami ;
il ne les abandonne pas pour longtemps, quand ce ne serait

---

1. Il attiroit les yeux de l'assemblée entière
Par l'ardeur dont au ciel il poussoit sa prière. (Molière, *Tart.*, I, 6.)

2. *Imposer*, voir p. 35, note 4.
3. Critique de la scène III de l'acte III de *Tartufe*.
4. Fausse dévotion. (La Bruyère.)

que pour faire dire de soi dans le public qu'il fait des retraites : qui en effet pourrait en douter, quand on le revoit paraître avec un visage exténué et d'un homme qui ne se ménage point? Les femmes d'ailleurs qui fleurissent et qui prospèrent à l'ombre de la dévotion[1] lui conviennent, seulement avec cette petite différence qu'il néglige celles qui ont vieilli et qu'il cultive les jeunes, et entre celles-ci les plus belles et les mieux faites ; c'est son attrait : elles vont, et il va; elles reviennent, et il revient; elles demeurent, et il demeure ; c'est en tous lieux et à toutes les heures qu'il a la consolation de les voir : qui pourrait n'en être pas édifié? elles sont dévotes, et il est dévot. Il n'oublie pas de tirer avantage de l'aveuglement de son ami, et de la prévention où il l'a jeté en sa faveur : tantôt il lui emprunte de l'argent, tantôt il fait si bien que cet ami lui en offre; il se fait reprocher de n'avoir pas recours à ses amis dans ses besoins. Quelquefois il ne veut pas recevoir une obole sans donner un billet, qu'il est bien sûr de ne jamais retirer. Il dit une autre fois, et d'une certaine manière, que rien ne lui manque, et c'est lorsqu'il ne lui faut qu'une petite somme : il vante quelque autre fois publiquement la générosité de cet homme, pour le piquer d'honneur et le conduire à lui faire une grande largesse : il ne pense point à profiter de toute sa succession, ni à s'attirer une donation générale de tous ses biens[2], s'il s'agit surtout de les enlever à un fils, le légitime héritier. Un homme dévot n'est ni avare, ni violent, ni injuste, ni même intéressé. Onuphre n'est pas dévot, mais il veut être cru tel, et, par une parfaite, quoique fausse imitation de la piété, ménager sourdement ses intérêts : aussi ne se joue-t-il pas à la ligne directe, et il ne s'insinue jamais dans une famille où se trouvent tout à la fois une fille à pourvoir et un fils à établir ; il y a des droits trop forts et trop inviolables ; on ne les traverse point sans faire de l'éclat, et il l'appréhende, sans qu'une pareille entreprise vienne aux oreilles du prince, à qui il dérobe sa marche par la crainte qu'il a d'être découvert et de paraître ce qu'il est. Il en veut à la ligne collatérale, on l'attaque plus impunément : il est la terreur des cousins et des cousines, du neveu et de la nièce, le flatteur et l'ami déclaré de tous les

---

1. Fausse dévotion. (La Bruyère.)
2. Nouvelle critique de *Tartufe :* on peut voir acte III, 7.

oncles qui ont fait fortune. Il se donne pour l'héritier légitime de tout vieillard qui meurt riche et sans enfants; et il faut que celui-ci le déshérite, s'il veut que ses parents recueillent sa succession : si Onuphre ne trouve pas jour à les en frustrer à fond, il leur en ôte du moins une bonne partie : une petite calomnie, moins que cela, une légère médisance lui suffit pour ce pieux dessein; et c'est le talent qu'il possède à un plus haut[1] degré de perfection : il se fait même souvent un point de conduite de ne le pas laisser inutile; il y a des gens, selon lui, qu'on est obligé en conscience de décrier, et ces gens sont ceux qu'il n'aime point, à qui il veut nuire, et dont il désire la dépouille. Il vient à ses fins sans se donner même la peine d'ouvrir la bouche : on lui parle d'*Eudoxe*, il sourit ou il soupire; on l'interroge, on insiste, il ne répond rien; et il a raison : il en a assez dit.

Riez, *Zélie,* soyez badine et folâtre à votre ordinaire : qu'est devenue votre joie? Je suis riche, dites-vous, me voilà au large, et je commence à respirer. Riez plus haut, Zélie, éclatez : que sert une meilleure fortune, si elle amène avec soi le sérieux et la tristesse? Imitez les grands qui sont nés dans le sein de l'opulence : ils rient quelquefois, ils cèdent à leur tempérament; suivez le vôtre; ne faites pas dire de vous qu'une nouvelle place ou que quelques mille livres de rente de plus ou de moins vous font passer d'une extrémité à l'autre. Je tiens, dites-vous, à la faveur par un endroit. Je m'en doutais, Zélie; mais, croyez-moi, ne laissez pas de rire, et même de me sourire en passant, comme autrefois : ne craignez rien, je n'en serai ni plus libre ni plus familier avec vous : je n'aurai pas une moindre opinion de vous et de votre poste; je croirai également que vous êtes riche et en faveur. Je suis dévote, ajoutez-vous. C'est assez, Zélie, et je dois me souvenir que ce n'est plus la sérénité et la joie que le sentiment d'une bonne conscience étale sur le visage; les passions tristes et austères ont pris le dessus et se répandent sur les dehors; elles mènent plus loin[2], et l'on ne s'étonne plus de voir que la dévotion[3] sache, encore mieux que la beauté et la jeunesse, rendre une femme fière et dédaigneuse.

1. *A un plus haut,* au plus haut; voir p. 1, note 3.
2. *Plus loin,* à une position plus élevée.
3. Fausse dévotion. (La Bruyère.)

L'on a été loin depuis un siècle dans les arts et dans les sciences, qui toutes ont été poussées à un grand point de raffinement, jusques à celle du salut, que l'on a réduite en règle et en méthode, et augmentée de tout ce que l'esprit des hommes pouvait inventer de plus beau et de plus sublime. La dévotion[1] et la géométrie ont leurs façons de parler, ou ce qu'on appelle les termes de l'art; celui qui ne les sait pas n'est ni dévot ni géomètre. Les premiers dévots, ceux même qui ont été dirigés par les apôtres, ignoraient ces termes : simples gens qui n'avaient que la foi et les œuvres, et qui se réduisaient à croire et à bien vivre.

C'est une chose délicate à un prince religieux de réformer la cour et de la rendre pieuse : instruit jusques où le courtisan veut lui plaire, et aux dépens de quoi il ferait sa fortune, il le ménage avec prudence, il tolère, il dissimule, de peur de le jeter dans l'hypocrisie ou le sacrilège : il attend plus de Dieu et du temps que de son zèle et de son industrie[2].

C'est une pratique ancienne dans les cours, de donner des pensions et de distribuer des grâces à un musicien, à un maître de danse, à un farceur, à un joueur de flûte, à un flatteur, à un complaisant; ils ont un mérite fixe et des talents sûrs et connus qui amusent les grands, et qui les délassent de leur grandeur. On sait que Favier est beau danseur, et que Lorenzani[3] fait de beaux motets : qui sait, au contraire, si l'homme dévot a de la vertu? Il n'y a rien pour lui sur la cassette ni à l'épargne[4], et avec raison; c'est un métier aisé à contrefaire, qui, s'il était récompensé, exposerait le prince à mettre en honneur la dissimulation et la fourberie et à payer pension à l'hypocrite.

L'on espère que la dévotion de la cour ne laissera pas d'inspirer la résidence[5].

Je ne doute point que la vraie dévotion ne soit la source du repos; elle fait supporter la vie et rend la mort douce : on n'en tire pas tant de l'hypocrisie.

1. Fausse dévotion. (La Bruyère.)
2. *Industrie*, *industria*, activité; voir p. 37, note 5.
3. *Lorenzani*, Italien, qui a été maître de musique du pape Innocent XII.
4. *Cassette*, trésor particulier du roi. — *Épargne*, trésor public de l'État.
5. *Résidence*. Quelques prélats vivaient à la cour au lieu de *résider* dans leur diocèse.

Chaque heure en soi, comme à notre égard, est unique : est-elle écoulée une fois, elle a péri entièrement, les millions de siècles ne la ramèneront pas. Les jours, les mois, les années, s'enfoncent et se perdent sans retour dans l'abîme des temps[1]. Le temps même sera détruit : ce n'est qu'un point dans les espaces immenses de l'éternité, et il sera effacé. Il y a de légères et frivoles circonstances du temps qui ne sont point stables, qui passent, et que j'appelle des modes, la grandeur, la faveur, les richesses, la puissance, l'autorité, l'indépendance, le plaisir, les joies, la superfluité. Que deviendront ces modes quand le temps même aura disparu? La vertu seule, si peu à la mode, va au delà des temps.

De quelques usages.

Il y a des gens qui n'ont pas le moyen d'être nobles[2].

Il y en a de tels que, s'ils eussent obtenu six mois de délai de leurs créanciers, ils étaient nobles.

Quelques autres se couchent roturiers et se lèvent nobles[3].

Combien de nobles dont le père et les aînés sont roturiers!

Tel abandonne son père qui est connu, et dont on cite le greffe ou la boutique, pour se retrancher sur son aïeul, qui, mort depuis longtemps, est inconnu et hors de prise. Il montre ensuite un gros revenu[4], une grande charge, de

---

1. « Une fatale révolution, une rapidité que rien n'arrête, entraîne tout dans les abîmes de l'éternité : les siècles, les générations, les empires, tout va se perdre dans ce gouffre; tout y entre, et rien n'en sort. » (Massillon, *Sermon pour la bénédict. des drap. du régim. de Catinat.*)

2. *Le moyen d'être nobles*, secrétaires du roi. (Note de La Bruyère.) — Note supprimée après la quatrième édition. Les charges de secrétaire du roi s'achetaient et conféraient la noblesse.

3. Vétérans. (La Bruyère.) Ce nom désignait alors les conseillers du parlement et de la cour des aides, qui, après avoir exercé vingt ans leur charge, s'en défaisaient en conservant leurs droits honoraires; leur titre de conseiller-vétéran leur conférait la noblesse.

4. *Il montre un gros revenu.* Boileau a dit de même:

> Mais quand un homme est riche, il vaut toujours son prix;
> Et, l'eût-on vu porter la mandille à Paris,
> N'eût-il de son vrai nom ni titre ni mémoire,
> D'Hozier lui trouvera cent aïeux dans l'histoire. (*Sat.*, V.)

belles alliances; et pour être noble, il ne lui manque que des titres.

Réhabilitation, mot en usage dans les tribunaux; qui a fait vieillir et rendu gothique celui de lettres de noblesse, autrefois si français et si usité. Se faire réhabiliter suppose qu'un homme devenu riche, originairement est noble, qu'il est d'une nécessité plus que morale qu'il le soit; qu'à la vérité son père a pu déroger ou par la charrue, ou par la houe, ou par la malle, ou par les livrées; mais qu'il ne s'agit pour lui que de rentrer dans les premiers droits de ses ancêtres, et de continuer les armes de sa maison, les mêmes pourtant qu'il a fabriquées, et tout autres que celles de sa vaisselle d'étain; qu'en un mot les lettres de noblesse ne lui conviennent plus, qu'elles n'honorent que le roturier, c'est-à-dire celui qui cherche encore le secret de devenir riche.

Un homme du peuple, à force d'assurer qu'il a vu un prodige, se persuade faussement qu'il a vu un prodige. Celui qui continue de cacher son âge pense enfin lui-même être aussi jeune qu'il veut le faire croire aux autres. De même le roturier qui dit par habitude qu'il tire son origine de quelque ancien baron ou de quelque châtelain, dont il est vrai qu'il ne descend pas, a le plaisir de croire qu'il en descend.

Quelle est la roture un peu heureuse et établie à qui il manque des armes, et dans ces armes une pièce honorable, des suppôts, un cimier[1], une devise, et peut-être le cri de guerre? Qu'est devenue la distinction des *casques* et des *heaumes*[2]? le nom et l'usage en sont abolis; il ne s'agit plus de les porter de front ou de côté, ouverts ou fermés, et ceux-ci de tant ou de tant de grilles : on n'aime pas les minuties, on passe droit aux couronnes, cela est plus simple; on s'en croit digne, on se les adjuge. Il reste encore aux meilleurs bourgeois une certaine pudeur qui les empêche de se parer d'une couronne de marquis, trop satisfaits de la comtale; quelques-uns même ne vont pas la chercher fort loin, et la font passer de leur enseigne à leur carrosse.

Il suffit de n'être point né dans une ville, mais sous une

---

1. *Suppôts* ou *supports*, figures d'hommes ou d'animaux placées à côté de l'écu et qui semblent le supporter. — *Cimier*, figure placée au sommet de la couronne ou du casque.

2. *Heaumes*. Le heaume couvrait le visage et n'avait qu'une ouverture à l'endroit des yeux, garni de grilles et de treillis, servant de visière.

chaumière répandue dans la campagne, ou sous une ruine qui trempe dans un marécage, et qu'on appelle château, pour être cru noble sur sa parole[1].

Un bon gentilhomme veut passer pour un petit seigneur, et il y parvient[2]. Un grand seigneur affecte la principauté, et il use de tant de précautions, qu'à force de beaux noms, de disputes sur le rang et les préséances, de nouvelles armes, et d'une généalogie que d'HOZIER ne lui a pas faite, il devient enfin un petit prince.

Les grands en toutes choses se forment et se moulent sur de plus grands, qui de leur part, pour n'avoir rien de commun avec leurs inférieurs, renoncent volontiers à toutes les rubriques d'honneurs et de distinctions dont leur condition se trouve chargée, et préfèrent à cette servitude une vie plus libre et plus commode; ceux qui suivent leur piste observent déjà par émulation cette simplicité et cette modestie : tous ainsi se réduiront par hauteur à vivre naturellement et comme le peuple. Horrible inconvénient !

Certaines gens portent trois noms, de peur d'en manquer ; ils en ont pour la campagne et pour la ville, pour les lieux de leur service ou de leur emploi. D'autres ont un seul nom dissyllabe qu'ils anoblissent par des particules, dès que leur fortune devient meilleure. Celui-ci, par la suppression d'une syllabe, fait de son nom obscur un nom illustre ; celui-là, par le changement d'une lettre en une autre, se travestit, et de *Syrus* devient *Cyrus*. Plusieurs suppriment leurs noms, qu'ils pourraient conserver sans honte, pour en adopter de plus beaux, où ils n'ont qu'à perdre, par la comparaison que l'on fait toujours d'eux qui les portent avec les grands hommes qui les ont portés. Il s'en trouve enfin qui, nés à l'ombre des clochers de Paris, veulent être Flamands ou Italiens, comme si la roture n'était pas de tout pays, allongent leurs noms français d'une terminaison étrangère, et croient que venir de bon lieu, c'est venir de loin.

1. Qui diable vous a fait aussi vous aviser,
À quarante-deux ans, de vous débaptiser,
Et d'un vieux tronc pourri de votre métairie
Vous faire dans le monde un nom de seigneurie, etc.
(Molière, *École des femm.*, I, 1.)

2. La Fontaine raille le même travers :
Tout bourgeois veut bâtir comme les grands seigneurs,
Tout petit prince a des ambassadeurs,
Tout marquis veut avoir des pages. (*Fabl.*, I, 8.)

Le besoin d'argent a réconcilié la noblesse avec la roture, et a fait évanouir la preuve des quatre quartiers[1].

A combien d'enfants serait utile la loi qui déciderait que c'est le ventre qui anoblit ! mais à combien d'autres serait-elle contraire !

Il y a peu de familles dans le monde qui ne touchent aux plus grands princes par une extrémité, et par l'autre au simple peuple.

Il n'y a rien à perdre à être noble : franchises, immunités, exemptions, priviléges; que manque-t-il à ceux qui ont un titre ? Croyez-vous que ce soit pour la noblesse que des solitaires[2] se sont faits nobles ? Ils ne sont pas si vains : c'est pour le profit qu'ils en reçoivent. Cela ne leur sied-il pas mieux que d'entrer dans les gabelles[3] ? je ne dis pas à chacun en particulier, leurs vœux s'y opposent, je dis même à la communauté.

Je le déclare nettement, afin que l'on s'y prépare, et que personne un jour n'en soit surpris : s'il arrive jamais que quelque grand me trouve digne de ses soins, si je fais enfin une belle fortune, il y a un Geoffroy de la Bruyère que toutes les chroniques rangent au nombre des plus grands seigneurs de France qui suivirent GODEFROY DE BOUILLON à la conquête de la terre sainte : voilà alors de qui je descends en ligne directe.

Si la noblesse est vertu, elle se perd par tout ce qui n'est pas vertueux; et si elle n'est pas vertu, c'est peu de chose.

Il y a des choses qui, ramenées à leurs principes et à leur première institution, sont étonnantes et incompréhensibles. Qui peut concevoir en effet que certains abbés à qui il ne manque rien de l'ajustement, de la mollesse et de la vanité des sexes et des conditions, qui entrent auprès des femmes en concurrence avec le marquis et le financier, et qui l'emportent sur tous les deux, qu'eux-mêmes soient originairement, et dans l'étymologie de leur nom, les pères et les

---

1. Alors le noble altier, pressé de l'indigence,
Humblement du faquin rechercha l'alliance,
Avec lui trafiquant d'un nom si précieux,
Par un lâche contrat vendit tous ses aïeux.   (Boileau, *Sat.*, V.)

2. Maison religieuse secrétaire du roi. (La Bruyère.) Plusieurs maisons religieuses, pour jouir des priviléges et franchises attachés à la noblesse, avaient acheté des charges de secrétaire du roi.

3. *Gabelles*, autrefois impôt sur le sel.

chefs de saints moines et d'humbles solitaires, et qu'ils en devraient être l'exemple? Quelle force, quel empire, quelle tyrannie de l'usage! E., sans parler de plus grands désordres, ne doit-on pas craindre de voir un jour un simple abbé en velours gris et à ramages comme une éminence, ou avec des mouches et du rouge comme une femme?

Que les saletés des dieux, la Vénus, le Ganymède, et les autres nudités du Carrache[1], aient été faites pour des princes de l'Église, et qui se disent successeurs des apôtres, le palais Farnèse en est la preuve.

Les belles choses le sont moins hors de leur place : les bienséances mettent la perfection, et la raison met les bienséances. Ainsi l'on n'entend point une gigue[2] à la chapelle, ni dans un sermon des tons de théâtre; l'on ne voit point d'images profanes[3] dans les temples, un Christ, par exemple, et le jugement de Pâris dans le même sanctuaire, ni à des personnes consacrées à l'Église le train et l'équipage d'un cavalier.

Déclarerai-je donc ce que je pense de ce qu'on appelle dans le monde un beau salut, la décoration souvent profane, les places retenues et payées, des livres[4] distribués comme au théâtre, les entrevues et les rendez-vous fréquents, le murmure et les causeries étourdissantes, quelqu'un monté sur une tribune qui y parle familièrement, sèchement, et sans autre zèle que de rassembler le peuple, l'amuser, jusqu'à ce qu'un orchestre, le dirai-je? et des voix qui concertent[5] depuis longtemps se fassent entendre? Est-ce à moi à m'écrier que le zèle de la maison du Seigneur me consume, et à tirer le voile léger qui couvre les mystères, témoins d'une telle indécence? Quoi! parce qu'on ne danse pas encore aux TT**[6], me forcera-t-on d'appeler tout ce spectacle office divin?

L'on ne voit point faire de vœux ni de pèlerinages pour

1. *Carrache* (Annibal), né à Bologne en 1560, mort à Rome en 1609, un des plus grands peintres de l'Italie.
2. *Gigue*, sorte d'air dont le mouvement est vif et gai.
3. Tapisseries. (La Bruyère.)
4. Le motet traduit en vers français par LL**. (La Bruyère.) Ces initiales indiquent Lorenzani, cité plus haut, p. 282, note 3.
5. *Concertent*, anciennement faire la répétition de ce que l'on doit jouer dans un concert.
6. *Théatins;* leur couvent fut fondé par Mazarin, qui leur acheta en 1648 la maison qu'ils occupaient sur le quai Malaquais.

obtenir d'un saint d'avoir l'esprit plus doux, l'âme plus reconnaissante, d'être plus équitable et moins malfaisant, d'être guéri de la vanité, de l'inquiétude et de la mauvaise raillerie.

Quelle idée plus bizarre que de se représenter une foule de chrétiens de l'un et de l'autre sexe qui se rassemblent à certains jours dans une salle, pour y applaudir à une troupe d'excommuniés, qui ne le sont que par le plaisir qu'ils leur donnent, et qui est déjà payé d'avance? Il me semble qu'il faudrait, ou fermer les théâtres, ou prononcer moins sévèrement sur l'état des comédiens [1].

Dans ces jours qu'on appelle saints, le moine confesse pendant que le curé tonne en chaire contre le moine et ses adhérents : telle femme pieuse sort de l'autel, qui entend au prône qu'elle vient de faire un sacrilége. N'y a-t-il point dans l'Église une puissance à qui il appartienne, ou de faire taire le pasteur, ou de suspendre pour un temps le pouvoir du *barnabite* [2]?

Il y a plus de rétributions dans les paroisses pour un mariage que pour un baptême, et plus pour un baptême que pour la confession. L'on dirait que ce soit un taux sur les sacrements, qui semblent par là être appréciés. Ce n'est rien au fond que cet usage; et ceux qui reçoivent pour les choses saintes ne croient point les vendre, comme ceux qui donnent ne pensent point à les acheter : ce sont peut-être des apparences qu'on pourrait épargner aux simples et aux indévots.

Un pasteur frais et en parfaite santé, en linge fin et en point de Venise, a sa place dans l'œuvre après les pourpres [3] et les fourrures; il y achève sa digestion, pendant que le feuillant ou le récollet [4] quitte sa cellule et son désert, où il est lié par ses vœux et par la bienséance, pour venir le prêcher, lui et ses ouailles, et en recevoir le salaire, comme d'une pièce d'étoffe. Vous m'interrompez, et vous dites :

1. La Bruyère se montre encore une fois plus libéral que son siècle; on ne peut s'empêcher de se rappeler ici que Molière étant mort sous le coup de l'excommunication qui frappait les comédiens, il fallut l'intervention du roi pour obtenir à son corps un peu de terre.
2. *Barnabite*, religieux d'un ordre institué à Milan en 1530, ayant pour but de confesser, prêcher et faire des missions.
3. *Les pourpres*, la magistrature. — *Les fourrures*, l'université.
4. *Feuillant*, religieux de l'ordre de Cîteaux, de l'abbaye de Feuillant, dans le diocèse de Rieux. — *Récollet*, religieux de l'ordre réformé de saint François.

Quelle censure! et combien elle est nouvelle et peu attendue! Ne voudriez-vous point interdire à ce pasteur et à son troupeau la parole divine et le pain de l'Évangile? Au contraire, je voudrais qu'il le distribuât lui-même le matin, le soir, dans les temples, dans les maisons, dans les places, sur les toits; et que nul ne prétendît à un emploi si grand, si laborieux, qu'avec des intentions, des talents et des poumons capables de lui mériter les belles offrandes et les riches rétributions qui y sont attachées. Je suis forcé, il est vrai, d'excuser un curé sur cette conduite, par un usage reçu, qu'il trouve établi, et qu'il laissera à son successeur; mais c'est cet usage bizarre et dénué de fondement et d'apparence que je ne puis approuver, et que je goûte encore moins que celui de se faire payer quatre fois des mêmes obsèques, pour soi, pour ses droits, pour sa présence, pour son assistance.

Tite, par vingt années de service dans une seconde place, n'est pas encore digne de la première, qui est vacante: ni ses talents, ni sa doctrine[1], ni une vie exemplaire, ni les vœux des paroissiens, ne sauraient l'y faire asseoir. Il naît de dessous terre un autre clerc[2] pour la remplir. Tite est reculé ou congédié; il ne se plaint pas: c'est l'usage.

Moi, dit le cheffecier[3], je suis maître du chœur: qui me forcera d'aller à matines? mon prédécesseur n'y allait point; suis-je de pire condition? dois-je laisser avilir ma dignité entre mes mains, ou la laisser telle que je l'ai reçue? Ce n'est point, dit l'écolâtre[4], mon intérêt qui me mène, mais celui de la prébende[5]: il serait bien dur qu'un grand chanoine fût sujet au chœur, pendant que le trésorier, l'archidiacre, le pénitencier et le grand vicaire s'en croient exempts. Je suis bien fondé, dit le prévôt, à demander la rétribution sans me trouver à l'office: il y a vingt années entières que je suis en possession de dormir les nuits; je veux finir comme j'ai commencé, et l'on ne me verra point déroger à mon titre: que me servirait d'être à la tête d'un chapitre? mon exemple ne tire point à conséquence. Enfin

1. *Doctrine,* science.
2. Ecclésiastique. (La Bruyère.)
3. *Cheffecier,* dignitaire chargé du trésor de l'église.
4. *Écolâtre,* ecclésiastique qui dirigeait l'école attachée à la cathédrale.
5. *Prébende,* revenu attaché ordinairement à un canonicat.

c'est entre eux tous à qui ne louera point Dieu, à qui fera voir, par un long usage, qu'il n'est point obligé de le faire : l'émulation de ne se point rendre aux offices divins ne saurait être plus vive ni plus ardente. Les cloches sonnent dans une nuit tranquille ; et leur mélodie, qui réveille les chantres et les enfants de chœur, endort les chanoines, les plonge dans un sommeil doux et facile, et qui ne leur procure que de beaux songes : ils se lèvent tard, et vont à l'église se faire payer d'avoir dormi[1].

Qui pourrait s'imaginer, si l'expérience ne nous le mettait devant les yeux, quelle peine ont les hommes à se résoudre d'eux-mêmes à leur propre félicité, et qu'on ait besoin de gens d'un certain habit, qui par un discours préparé, tendre et pathétique, par de certaines inflexions de voix, par des larmes, par des mouvements qui les mettent en sueur et qui les jettent dans l'épuisement, fassent enfin consentir un homme chrétien et raisonnable, dont la maladie est sans ressource, à ne se point perdre et à faire son salut?

La fille d'*Aristippe* est malade et en péril ; elle envoie vers son père, veut se réconcilier avec lui et mourir dans ses bonnes grâces : cet homme si sage, le conseil de toute une ville, fera-t-il de lui-même cette démarche si raisonnable ? y entraînera-t-il sa femme ? ne faudra-t-il point, pour les remuer tous deux, la machine du directeur ?

Une mère, je ne dis pas qui cède et qui se rend à la vocation de sa fille, mais qui la fait religieuse, se charge d'une âme avec la sienne, en répond à Dieu même, en est la caution : afin qu'une telle mère ne se perde pas, il faut que sa fille se sauve.

Un homme joue et se ruine : il marie néanmoins l'aînée de ses deux filles de ce qu'il a pu[2] sauver des mains d'un *Ambreville*. La cadette est sur le point de faire ses vœux, qui n'a point d'autre vocation que le jeu de son père.

Il s'est trouvé des filles qui avaient de la vertu, de la santé, de la ferveur, et une bonne vocation, mais qui n'étaient pas assez riches pour faire dans une riche abbaye vœu de pauvreté.

Celle qui délibère sur le choix d'une abbaye ou d'un simple

---

1. On reconnaît facilement dans cette description plusieurs traits du *Lutrin* de Boileau ; voir ch. I et ch. IV.
2. *De ce qu'il a pu*, avec ce qu'il a pu.

monastère, pour s'y renfermer, agite l'ancienne question de l'état populaire et du despotique.

Faire une folie et se marier *par amourette*, c'est épouser *Mélite*, qui est jeune, belle, sage, économe, qui plaît, qui vous aime, qui a moins de bien qu'*Ægine* qu'on vous propose, et qui, avec une riche dot, apporte de riches dispositions à la consumer, et tout votre fonds avec sa dot.

Il était délicat autrefois de se marier; c'était un long établissement, une affaire sérieuse, et qui méritait qu'on y pensât : l'on était pendant toute sa vie le mari de sa femme, bonne ou mauvaise; même table, même demeure, même lit; l'on n'en était point quitte pour une pension; avec des enfants et un ménage complet, l'on n'avait pas les apparences et les délices du célibat.

Qu'on évite d'être vu seul avec une femme qui n'est point la sienne, voilà une pudeur qui est bien placée : qu'on sente quelque peine à se trouver dans le monde avec des personnes dont la réputation est attaquée, cela n'est pas incompréhensible. Mais quelle mauvaise honte[1] fait rougir un homme de sa propre femme, et l'empêche de paraître dans le public avec celle qu'il s'est choisie pour sa compagne inséparable, qui doit faire sa joie, ses délices, et toute sa société; avec celle qu'il aime et qu'il estime, qui est son ornement, dont l'esprit, le mérite, la vertu, l'alliance, lui font honneur? Que ne commence-t-il par rougir de son mariage?

Je connais la force de la coutume, et jusqu'où elle maîtrise les esprits et contraint les mœurs, dans les choses même les plus dénuées de raison et de fondement : je sens néanmoins que j'aurais l'impudence de me promener au cours et d'y passer en revue avec une personne qui serait ma femme.

Ce n'est pas une honte ni une faute à un jeune homme que d'épouser une femme avancée en âge; c'est quelquefois prudence, c'est précaution. L'infamie est de se jouer de sa bienfaitrice par des traitements indignes, et qui lui découvrent qu'elle est la dupe d'un hypocrite et d'un ingrat. Si la fiction[2]

---

1. Plusieurs années après La Bruyère, La Chaussée a fait sur ce travers une comédie estimée, *le Préjugé à la mode*, 1735.

2. *Fiction*, au lieu de *feinte*: La Bruyère prend ce terme au sens actif, l'autre ayant pour lui le sens passif.

est excusable, c'est où il faut feindre de l'amitié : s'il est permis de tromper, c'est dans une occasion où il y aurait de la dureté à être sincère. Mais elle vit longtemps : aviez-vous stipulé qu'elle mourût après avoir signé votre fortune et l'acquit de toutes vos dettes? n'a-t-elle plus après ce grand ouvrage qu'à retenir son haleine, qu'à prendre de l'opium ou de la ciguë? a-t-elle tort de vivre? Si même vous mourez avant celle dont vous aviez déjà réglé les funérailles, à qui vous destiniez la grosse sonnerie et les beaux ornements, en est-elle responsable?

Il y a depuis longtemps dans le monde une manière[1] de faire valoir son bien qui continue toujours d'être pratiquée par d'honnêtes gens et d'être condamnée par d'habiles docteurs.

On a toujours vu dans la république de certaines charges qui semblent n'avoir été imaginées la première fois que pour enrichir un seul aux dépens de plusieurs : les fonds ou l'argent des particuliers y coule sans fin et sans interruption ; dirai-je qu'il n'en revient plus, ou qu'il n'en revient que tard? C'est un gouffre; c'est une mer qui reçoit les eaux des fleuves, et qui ne les rend pas; ou si elle les rend, c'est par des conduits secrets et souterrains, sans qu'il y paraisse, ou qu'elle en soit moins grosse et moins enflée; ce n'est qu'après en avoir joui longtemps, et qu'elle ne peut plus les retenir.

Le fonds perdu[2], autrefois si sûr, si religieux et si inviolable, est devenu avec le temps, et par les soins de ceux qui en étaient chargés, un bien perdu. Quel autre secret de doubler mes revenus et de thésauriser? entrerai-je dans le huitième denier[3], ou dans les aides[4]? serai-je avare, partisan, ou administrateur?

Vous avez une pièce d'argent, ou même une pièce d'or, ce n'est pas assez; c'est le nombre qui opère : faites-en, si vous pouvez, un amas considérable et qui s'élève en pyra-

1. Billets et obligations. (La Bruyère.) — L'Église regardait comme usuraire le prêt à intérêt.
2. Allusion à la banqueroute des hôpitaux de Paris et des Incurables, en 1689, qui fit perdre aux particuliers qui avaient des deniers à fonds perdu sur ces établissements la plus grande partie de leurs biens.
3. *Huitième denier;* voir p. 90, note 6.
4. *Aides,* impôts tirés sur les marchandises importées ou exportées; les aides ont été remplacées par les contributions directes.

mide, et je me charge du reste. Vous n'avez ni naissance, ni esprit, ni talent, ni expérience, qu'importe? ne diminuez rien de votre monceau, et je vous placerai si haut que vous vous couvrirez devant votre maître, si vous en avez : il sera même fort éminent, si avec votre métal, qui de jour à autre se multiplie, je ne fais en sorte qu'il se découvre devant vous [1].

Orante plaide depuis dix ans entiers en règlement de juges, pour une affaire juste, capitale, et où il y va de toute sa fortune : elle saura peut-être dans cinq années quels seront ses juges, et dans quel tribunal elle doit plaider le reste de sa vie.

L'on applaudit à la coutume qui s'est introduite dans les tribunaux d'interrompre les avocats au milieu de leur action [2], de les empêcher d'être éloquents et d'avoir de l'esprit, de les ramener au fait et aux preuves toutes sèches qui établissent leurs causes et le droit de leurs parties ; et cette pratique si sévère, qui laisse aux orateurs le regret de n'avoir pas prononcé les plus beaux traits de leurs discours, qui bannit l'éloquence du seul endroit où elle est en sa place, et va faire du parlement une muette juridiction, on l'autorise par une raison solide et sans réplique, qui est celle de l'expédition [3] : il est seulement à désirer qu'elle fût moins oubliée en toute autre rencontre, qu'elle réglât au contraire les bureaux comme les audiences, et qu'on cherchât une fin aux écritures [4], comme on a fait aux plaidoyers.

Le devoir des juges est de rendre la justice; leur métier, de la différer : quelques-uns savent leur devoir et font leur métier.

Celui qui sollicite son juge ne lui fait pas honneur ; car, ou il se défie de ses lumières et même de sa probité, ou il cherche à le prévenir, ou il lui demande une injustice.

Il se trouve des juges auprès de qui la faveur, l'autorité, les droits de l'amitié et de l'alliance, nuisent à une bonne

---

1. Veux-tu voir tous les grands à ta porte courir?
Dit un père à son fils dont le poil va fleurir,
Prends-moi le bon parti, etc. (Boileau, *Sat.* VIII.)

2. *Action*, autrefois discours public, sermon, harangue, plaidoyer : « Chacun était charmé d'une *action* si parfaite et si achevée. » (Sévigné, 202.)

3. *Expédition*, la prompte expédition des affaires.
4. Procès par écrit. (La Bruyère.)

cause, et qu'une trop grande affectation de passer pour incorruptibles expose à être injustes.

Le magistrat coquet ou galant est pire dans les conséquences que le dissolu : celui-ci cache son commerce et ses liaisons, et l'on ne sait souvent par où aller jusqu'à lui; celui-là est ouvert par mille faibles qui sont connus, et l'on y arrive par toutes les femmes à qui il veut plaire.

Il s'en faut peu que la religion et la justice n'aillent de pair dans la république, et que la magistrature ne consacre les hommes comme la prêtrise. L'homme de robe ne saurait guère danser au bal, paraître aux théâtres, renoncer aux habits simples et modestes, sans consentir à son propre avilissement; et il est étrange [1] qu'il ait fallu une loi pour régler son extérieur, et le contraindre ainsi à être grave et plus respecté.

Il n'y a aucun métier qui n'ait son apprentissage; et en montant des moindres conditions jusques aux plus grandes, on remarque dans toutes un temps de pratique et d'exercice qui prépare aux emplois, où les fautes sont sans conséquence, et mènent au contraire à la perfection. La guerre même, qui ne semble naître et durer que par la confusion et le désordre, a ses préceptes : on ne se massacre pas par pelotons et par troupes, en rase campagne, sans l'avoir appris, et l'on s'y tue méthodiquement [2]; il y a l'école de la guerre : où est l'école du magistrat? Il y a un usage, des lois, des coutumes : où est le temps, et le temps assez long que l'on emploie à les digérer et à s'en instruire? L'essai et l'apprentissage d'un jeune adolescent qui passe de la férule à la pourpre [3], et dont la consignation a fait un juge, est de décider souverainement des vies et des fortunes des hommes.

La principale partie de l'orateur, c'est la probité [4] : sans

1. Un arrêt du conseil obligea les conseillers à être en rabat; avant ce temps ils étaient presque toujours en cravate.
2. *Méthodiquement.* Cela rappelle le mot de M. Jourdain dans le *Bourgeois gentilhomme* : « Êtes-vous fou de l'aller quereller, lui qui entend la tierce et la quarte, et qui sait tuer un homme par raison démonstrative? » (II, 3.)
3. Les conseillers au Châtelet étaient reçus fort jeunes.
4. Caton l'Ancien définissait ainsi l'orateur : « *Orator est, Marce fili, vir bonus dicendi peritus.* » Fénelon dans la *Lettre à l'Académie* : « L'homme digne d'être écouté est celui qui ne se sert de la parole que pour la pensée, et de la pensée que pour la vérité et la vertu. »

elle il dégénère en déclamateur, il déguise ou il exagère les faits, il cite faux, il calomnie, il épouse la passion et les haines de ceux pour qui il parle; et il est de la classe de ces avocats dont le proverbe dit qu'ils sont payés pour dire des injures.

Il est vrai, dit-on, cette somme lui est due, et ce droit lui est acquis; mais je l'attends à cette petite formalité; s'il l'oublie, il n'y revient plus, et *conséquemment* il perd sa somme, ou il est *incontestablement* déchu de son droit : or, il oubliera cette formalité. Voilà ce que j'appelle une conscience de praticien.

Une belle maxime pour le palais, utile au public, remplie de raison, de sagesse et d'équité, ce serait précisément la contradictoire de celle qui dit que la forme emporte le fond.

La question est une invention merveilleuse et tout à fait sûre pour perdre un innocent qui a la complexion faible et sauver un coupable qui est né robuste.

Un coupable puni est un exemple pour la canaille; un innocent condamné est l'affaire de tous les honnêtes gens.

Je dirai presque de moi : Je ne serai pas voleur ou meurtrier; je ne serai pas un jour puni comme tel : c'est parler bien hardiment.

Une condition lamentable est celle d'un homme innocent à qui la précipitation et la procédure ont trouvé un crime; celle même de son juge peut-elle l'être davantage?

Si l'on me racontait qu'il s'est trouvé autrefois un prévôt, ou l'un de ces magistrats créés pour poursuivre les voleurs et les exterminer, qui les connaissait tous depuis longtemps de nom et de visage, savait leurs vols, j'entends l'espèce, le nombre et la quantité, pénétrait si avant dans toutes ces profondeurs et était si initié dans tous ces affreux mystères, qu'il sut rendre à un homme de crédit un bijou qu'on lui avait pris dans la foule au sortir d'une assemblée, et dont[1] il était sur le point de faire de l'éclat; que le parlement intervint dans cette affaire, et fit le procès à cet officier : je regarderais cet événement comme l'une de ces choses dont l'histoire se charge, et à qui le temps ôte la croyance. Comment donc pourrais-je croire qu'on doive présumer par des faits récents, connus et circonstanciés, qu'une connivence

---

1. *Dont*, employé comme au neutre pour *de quoi :*

Ah! poltron, *dont* j'enrage! (Molière, *Sgan.*, 21.)

si pernicieuse dure encore, qu'elle ait même tourné en jeu et passé en coutume ?

Combien d'hommes qui sont forts contre les faibles, fermes et inflexibles aux sollicitations du simple peuple, sans nuls égards pour les petits, rigides et sévères dans les minuties, qui refusent les petits présents, qui n'écoutent ni leurs parents ni leurs amis, et que les femmes seules peuvent corrompre !

Il n'est pas absolument impossible qu'une personne qui se trouve dans une grande faveur perde un procès.

Les mourants qui parlent dans leurs testaments peuvent s'attendre à être écoutés comme des oracles : chacun les tire de son côté, et les interprète à sa manière ; je veux dire selon ses désirs ou ses intérêts.

Il est vrai qu'il y a des hommes dont on peut dire que la mort fixe moins la dernière volonté qu'elle ne leur ôte avec la vie l'irrésolution et l'inquiétude. Un dépit pendant qu'ils vivent les fait tester ; ils s'apaisent et déchirent leur minute[1], la voilà en cendre. Ils n'ont pas moins de testaments dans leur cassette que d'almanachs sur leur table : ils les comptent par les années : un second se trouve détruit par un troisième, qui est anéanti lui-même par un autre mieux digéré, et celui-ci encore par un cinquième *olographe*. Mais si le moment, ou la malice, ou l'autorité, manque à celui qui a intérêt de le supprimer, il faut qu'il en essuie les clauses et les conditions : car *appert*-il[2] mieux des dispositions des hommes les plus inconstants que par un dernier acte, signé de leur main, et après lequel ils n'ont pas du moins eu le loisir de vouloir tout le contraire ?

S'il n'y avait point de testaments pour régler le droit des héritiers, je ne sais si l'on aurait besoin de tribunaux pour régler les différends des hommes. Les juges seraient presque réduits à la triste fonction d'envoyer au gibet les voleurs et les incendiaires. Qui voit-on dans les lanternes[3] des chambres, au parquet, à la porte ou dans la salle du magistrat ? des héritiers *ab intestat ?* Non, les lois ont pourvu à leurs partages. On y voit les testamentaires qui plaident en explica-

1. *Minute*, original des actes, qui demeure chez les notaires.
2. *Appert-il*, terme de droit : peut-on mieux reconnaître les dispositions, etc.
3. *Lanternes*, espèces de loges ou de cabinets placés dans quelques salles d'assemblées publiques, et d'où, sans être vu, on peut voir et écouter.

tion d'une clause ou d'un article; les personnes exhérédées; ceux qui se plaignent d'un testament fait avec loisir, avec maturité, par un homme grave, habile, consciencieux, et qui a été aidé d'un bon conseil; d'un acte où le praticien n'a rien *obmis*[1] de son jargon et de ses finesses ordinaires : il est signé du testateur et des témoins publics, il est paraphé; et c'est en cet état qu'il est cassé et déclaré nul.

Titius assiste à la lecture d'un testament avec des yeux rouges et humides, et le cœur serré de la perte de celui dont il espère recueillir la succession : un article lui donne la charge, un autre les rentes de la ville, un troisième le rend maître d'une terre à la campagne : il y a une clause qui, bien entendue, lui accorde une maison située au milieu de Paris, comme elle se trouve, et avec les meubles; son affliction augmente, les larmes lui coulent des yeux : le moyen de les contenir[2]? il se voit officier, logé aux champs et à la ville, meublé de même; il se voit une bonne table et un carrosse : *Y avait-il au monde un plus honnête homme que le défunt, un meilleur homme?* Il y a un codicille[3], il faut le lire : il fait *Mævius* légataire universel, et il renvoie Titius dans son faubourg, sans rentes, sans titre, et le met à pied. Il essuie ses larmes : c'est à Mævius à s'affliger.

La loi qui défend de tuer un homme n'embrasse-t-elle pas dans cette défense le fer, le poison, le feu, l'eau, les embûches, la force ouverte, tous les moyens enfin qui peuvent servir à l'homicide? La loi qui ôte aux maris et aux femmes le pouvoir de se donner réciproquement n'a-t-elle connu que les voies directes et immédiates de donner? A-t-elle manqué de prévoir les indirectes? A-t-elle introduit les fidéicommis[4], ou si même elle les tolère? Avec une femme qui nous est chère et qui nous survit, lègue-t-on son bien à un ami fidèle par un sentiment de reconnaissance pour lui, ou plutôt par une extrême confiance, et par la certitude qu'on a du bon usage qu'il saura faire de ce qu'on lui lègue? Donne-

---

1. *Obmis*, orthographe archaïque conservée par les praticiens.
2. On peut voir dans le *Malade imaginaire*, act. I, 10, la scène où Argan fait son testament en faveur de sa femme Béline.
3. *Codicille*, disposition de dernière volonté qui a pour objet de faire une addition ou un changement à un testament.
4. *Fidéicommis*, disposition par laquelle un testateur charge son héritier institué de conserver et de rendre à une personne désignée la totalité ou une partie des biens qu'il lui laisse.

t-on à celui que l'on peut soupçonner de ne devoir pas rendre à la personne à qui en effet l'on veut donner? Faut-il se parler, faut-il s'écrire, est-il besoin de pacte ou de serments pour former cette collusion[1]? Les hommes ne sentent-ils pas en cette rencontre ce qu'ils peuvent espérer les uns des autres? Et si, au contraire, la propriété d'un tel bien est dévolue au fidéicommissaire, pourquoi perd-il sa réputation à le retenir? Sur quoi fonde-t-on la satire et les vaudevilles? Voudrait-on le comparer au dépositaire qui trahit le dépôt, à un domestique qui vole l'argent que son maître lui envoie porter? On aurait tort : y a-t-il de l'infamie à ne pas faire une libéralité, et à conserver pour soi ce qui est à soi? Étrange embarras, horrible poids que le fidéicommis! Si par la révérence des lois on se l'approprie, il ne faut plus passer pour homme de bien : si par le respect d'un ami mort l'on suit ses intentions en le rendant à sa veuve, on est confidentiaire[2], on blesse la loi. Elle cadre donc bien mal avec l'opinion des hommes : cela peut être, et il ne me convient pas de dire ici : La loi pèche, ni : Les hommes se trompent.

J'entends dire de quelques particuliers, ou de quelques compagnies : Tel et tel corps se contestent l'un à l'autre la préséance; le mortier et la pairie se disputent le pas. Il me paraît que celui des deux qui évite de se rencontrer aux assemblées est celui qui cède, et qui, sentant son faible, juge lui-même en faveur de son concurrent.

Typhon fournit un grand de chiens et de chevaux : que ne lui fournit-il point! Sa protection le rend audacieux; il est impunément dans sa province tout ce qu'il lui plaît d'être, assassin, parjure; il brûle ses voisins, et il n'a pas besoin d'asile : il faut enfin que le prince se mêle lui-même de sa punition.

Ragoûts, liqueurs, entrées, entremets, tous mots qui devraient être barbares et inintelligibles en notre langue; et s'il est vrai qu'ils ne devraient pas être d'usage en pleine paix, où ils ne servent qu'à entretenir le luxe et la gourmandise, comment peuvent-ils être entendus dans le temps de la guerre et d'une misère publique, à la vue de l'en-

1. *Collusion*, terme de droit : intelligence de deux parties au profit d'un tiers.
2. *Confidentiaire*, celui qui a reçu une somme d'argent ou autre valeur avec l'engagement secret, mais d'honneur, de le rendre à une personne déterminée. (Littré, *Dict*.)

nemi, à la veille d'un combat, pendant un siége? Où est-il parlé de la table de *Scipion* ou de celle de *Marius*? Ai-je lu quelque part que *Miltiade*, qu'*Épaminondas*, qu'*Agésilas*, aient fait une chère délicate? Je voudrais qu'on ne fît mention de la délicatesse, de la propreté et de la somptuosité des généraux qu'après n'avoir plus rien à dire sur leur sujet, et s'être épuisé sur les circonstances d'une bataille gagnée et d'une ville prise; j'aimerais même qu'ils voulussent se priver de cet éloge[1].

Hermippe est l'esclave de ce qu'il appelle ses petites commodités : il leur sacrifie l'usage reçu, la coutume, les modes, la bienséance; il les cherche en toutes choses; il quitte une moindre pour une plus grande; il ne néglige aucune de celles qui sont praticables; il s'en fait une étude, et il ne se passe aucun jour qu'il ne fasse en ce genre une découverte. Il laisse aux autres hommes le dîner et le souper, à peine en admet-il les termes; il mange quand il a faim, et les mets seulement où son appétit le porte. Il voit faire son lit : quelle main assez adroite ou assez heureuse pourrait le faire dormir comme il veut dormir? Il sort rarement de chez soi; il aime la chambre, où il n'est ni oisif ni laborieux, où il n'agit point, où il *tracasse*, et dans l'équipage d'un homme qui a pris médecine. On dépend servilement d'un serrurier et d'un menuisier, selon ses besoins : pour lui, s'il faut limer, il a une lime, une scie s'il faut scier, et des tenailles s'il faut arracher. Imaginez, s'il est possible, quelques outils qu'il n'ait pas, et meilleurs et plus commodes à son gré que ceux mêmes dont les ouvriers se servent : il en a de nouveaux et d'inconnus, qui n'ont point de nom, productions de son esprit, et dont il a presque oublié l'usage. Nul ne se peut comparer à lui pour faire en peu de temps et sans peine un travail fort inutile : il faisait dix pas pour aller de son lit dans sa garde-robe, il n'en fait plus que neuf, par la manière dont il a su tourner sa chambre; combien de pas épargnés dans le cours d'une vie! Ailleurs l'on tourne la clef, l'on pousse contre, ou l'on tire à soi, et une porte s'ouvre :

1. Voltaire, à propos de la campagne de Flandre, remarque que la bonne chère, le luxe et les plaisirs s'étaient introduits dans les armées : « Dans cette campagne de 1667, où un jeune roi, aimant la magnificence, étalait celle de sa cour dans les fatigues de la guerre, tout le monde se piqua de somptuosité... Ce luxe était cependant très-peu de chose auprès de celui qu'on a vu depuis. » (*Siècle de Louis XIV*, ch. VIII.)

quelle fatigue ! voilà un mouvement de trop qu'il sait s'épargner ; et comment ? c'est un mystère qu'il ne révèle point. Il est à la vérité un grand maître pour le ressort et pour la mécanique, pour celle du moins dont tout le monde se passe. Hermippe tire le jour de son appartement d'ailleurs que de la fenêtre ; il a trouvé le secret de monter et de descendre autrement que par l'escalier, et il cherche celui d'entrer et de sortir plus commodément que par la porte.

Il y a déjà longtemps que l'on improuve les médecins, et que l'on s'en sert : le théâtre et la satire ne touchent point à leurs pensions ; ils dotent leurs filles, placent leurs fils au parlement et dans la prélature, et les railleurs eux-mêmes fournissent l'argent. Ceux qui se portent bien deviennent malades ; il leur faut des gens dont le métier soit de les assurer qu'ils ne mourront point : tant que les hommes pourront mourir, et qu'ils aimeront à vivre, le médecin sera raillé et bien payé.

Un bon médecin est celui qui a des remèdes spécifiques[1], ou s'il en manque, qui permet à ceux qui les ont de guérir son malade.

La témérité des charlatans, et leurs tristes succès, qui en sont les suites, font valoir la médecine et les médecins : si ceux-ci laissent mourir, les autres tuent.

Carro Carri[2] débarque avec une recette qu'il appelle un prompt remède, et qui quelquefois est un poison lent : c'est un bien de famille, mais amélioré en ses mains ; de spécifique qu'il était contre la colique, il guérit de la fièvre quarte, de la pleurésie, de l'hydropisie, de l'apoplexie, de l'épilepsie[3]. Forcez un peu votre mémoire, nommez une maladie, la première qui vous viendra en l'esprit : l'hémorrhagie, dites-vous ? il la guérit. Il ne ressuscite personne, il est vrai ; il ne rend pas la vie aux hommes, mais il les conduit nécessairement jusqu'à la décrépitude ; et ce n'est que par hasard que

---

1. *Spécifiques*, propres à quelque maladie.
2. *Caretti*, Italien qui acquit de la fortune et de la réputation en vendant fort cher des remèdes qu'il faisait sagement payer d'avance, et qui ne tuaient pas toujours les malades.

3. L'or de tous les climats qu'entoure l'Océan
Peut-il jamais payer ce secret d'importance ?
Mon remède guérit, par sa rare excellence,
Plus de maux qu'on n'en peut nombrer dans tout un an.
(Molière, *l'Am. méd.*, III, 7.)

son père et son aïeul, qui avaient ce secret, sont morts fort jeunes. Les médecins reçoivent pour leurs visites ce qu'on leur donne, quelques-uns se contentent d'un remerciment : Carro Carri est si sûr de son remède, et de l'effet qui en doit suivre, qu'il n'hésite pas de s'en faire payer d'avance, et de recevoir avant que de donner : si le mal est incurable, tant mieux, il n'en est que plus digne de son application et de son remède; commencez par lui livrer quelques sacs de mille francs, passez-lui un contrat de constitution[1], donnez-lui une de vos terres, la plus petite, et ne soyez pas ensuite plus inquiet que lui de votre guérison. L'émulation de cet homme a peuplé le monde de noms en O et en I, noms vénérables qui imposent aux malades et aux maladies. Vos médecins, FAGON[2], et de toutes les facultés, avouez-le, ne guérissent pas toujours, ni sûrement ; ceux au contraire qui ont hérité de leurs pères la médecine pratique, et à qui l'expérience est échue par succession, promettent toujours, et avec serments, qu'on guérira. Qu'il est doux aux hommes de tout espérer d'une maladie mortelle, et de se porter encore passablement bien à l'agonie! La mort surprend agréablement et sans s'être fait craindre : on la sent plutôt qu'on n'a songé à s'y préparer et à s'y résoudre. O FAGON ESCULAPE ! faites régner sur toute la terre le quinquina et l'émétique[3] ; conduisez à sa perfection la science des simples qui sont donnés aux hommes pour prolonger leur vie; observez dans les cures, avec plus de précision et de sagesse que personne n'a encore fait, le climat, les temps, les symptômes et les complexions ; guérissez de la manière seule qu'il convient à chacun d'être guéri ; chassez des corps, où rien ne vous est caché de leur économie, les maladies les plus obscures et les plus invétérées; n'attentez pas sur celles de l'esprit, elles sont incurables : laissez à *Corinne*, à *Lesbie*, à *Canidie*, à *Trimalcion* et à *Carpus* la passion ou la fureur des charlatans.

1. *Constitution*, contrat par lequel on constituait une rente.
2. Fagon, nommé premier médecin du roi en 1693 : il était alors médecin de la Dauphine.
3. *Quinquina*, alors tout nouveau, mis en vogue par un Anglais qui avait guéri le Dauphin : La Fontaine l'a célébré dans un petit poëme en 1682. — *L'émétique*, également nouveau : « Vous voyez depuis un temps que le vin émétique fait bruire ses fuseaux. » (Molière, *Don Juan*, III, 1.)

L'on souffre dans la république les chiromanciens et les devins, ceux qui font l'horoscope et qui tirent la figure, ceux qui connaissent le passé par le mouvement du sas[1], ceux qui font voir dans un miroir ou dans un vase d'eau la claire vérité; et ces gens sont en effet de quelque usage : ils prédisent aux hommes qu'ils feront fortune, aux filles qu'elles épouseront leurs amants; consolent les enfants dont les pères ne meurent point, et charment l'inquiétude des jeunes femmes qui ont de vieux maris; ils trompent enfin à très-vil prix ceux qui cherchent à être trompés.

Que penser de la magie et du sortilége? La théorie en est obscure, les principes vagues, incertains, et qui approchent du visionnaire[2]. Mais il y a des faits embarrassants, affirmés par des hommes graves qui les ont vus ou qui les ont appris de personnes qui leur ressemblent : les admettre tous, ou les nier tous, paraît un égal inconvénient; et j'ose dire qu'en cela, comme dans toutes les choses extraordinaires, et qui sortent des communes règles, il y a un parti à trouver entre les âmes crédules et les esprits forts.

L'on ne peut guère charger l'enfance de la connaissance de trop de langues, et il me semble que l'on devrait mettre toute son application à l'en instruire : elles sont utiles à toutes les conditions des hommes, et elles leur ouvrent également l'entrée ou à une profonde ou à une facile et agréable érudition. Si l'on remet cette étude si pénible à un âge un peu plus avancé, et qu'on appelle la jeunesse, ou l'on n'a pas la force de l'embrasser par choix, ou l'on n'a pas celle d'y persévérer; et si l'on y persévère, c'est consumer à la recherche des langues le même temps qui est consacré à l'usage que l'on en doit faire, c'est borner à la science des mots un âge qui veut déjà aller plus loin et qui demande des choses, c'est au moins avoir perdu les premières et les plus belles années de sa vie. Un si grand fonds ne se peut bien faire que lorsque tout s'imprime dans l'âme naturellement et profondément, que la mémoire est neuve, prompte et fidèle, que l'esprit et le cœur sont encore vides de passions, de soins et de désirs, et que l'on est déterminé à de longs travaux par ceux de qui l'on dépend. Je suis persuadé que le petit

---

1. *Sas*, sorte de tamis que le charlatan tourne de manière à l'arrêter sur celui qu'il soupçonne, et qui se trahit alors lui-même.
2. *Visionnaire*, imagination extravagante.

nombre d'habiles, ou le grand nombre de gens superficiels, vient de l'oubli de cette pratique.

L'étude des textes ne peut jamais être assez recommandée : c'est le chemin le plus court, le plus sûr et le plus agréable pour tout genre d'érudition. Ayez les choses de la première main, puisez à la source ; maniez, remaniez le texte, apprenez-le de mémoire, citez-le dans les occasions, songez surtout à en pénétrer le sens dans toute son étendue et dans ses circonstances ; conciliez un auteur original[1], ajustez ses principes, tirez vous-même les conclusions. Les premiers commentateurs se sont trouvés dans le cas où je désire que vous soyez : n'empruntez leurs lumières et ne suivez leurs vues qu'où les vôtres seraient trop courtes ; leurs explications ne sont pas à vous, et peuvent aisément vous échapper : vos observations, au contraire, naissent de votre esprit, et y demeurent ; vous les retrouvez plus ordinairement dans la conversation, dans la consultation et dans la dispute. Ayez le plaisir de voir que vous n'êtes arrêté dans la lecture que par les difficultés qui sont invincibles, où les commentateurs et les scoliastes eux-mêmes demeurent court, si fertiles d'ailleurs, si abondants et si chargés d'une vaine et fastueuse érudition dans les endroits clairs, et qui ne font de peine ni à eux ni aux autres : achevez ainsi de vous convaincre, par cette méthode d'étudier, que c'est la paresse des hommes qui a encouragé le pédantisme à grossir plutôt qu'à enrichir les bibliothèques, à faire périr le texte sous le poids des commentaires ; et qu'elle a en cela agi contre soi-même et contre ses plus chers intérêts, en multipliant les lectures, les recherches et le travail qu'elle cherchait à éviter[2].

Qui règle les hommes dans leur manière de vivre et d'user des aliments? la santé et le régime? Cela est douteux. Une nation entière mange les viandes après les fruits ; une autre fait tout le contraire. Quelques-uns commencent leur repas par de certains fruits et les finissent par d'autres : est-ce raison? est-ce usage? Est-ce par un soin de leur santé que

---

1. *Conciliez*, trouvez l'accord, la suite entre toutes les pensées.
2. Montaigne se plaint également du grand nombre des commentateurs : « Le principal et le plus sçavoir de nos siècles, est-ce pas sçavoir entendre les sçavants? est-ce pas la fin commune et dernière de touts estudes? » (*Essais*, III, 13.)

les hommes s'habillent jusqu'au menton, portent des fraises[1] et des collets, eux qui ont eu si longtemps la poitrine découverte? Est-ce par bienséance, surtout dans un temps où ils avaient trouvé le secret de paraître nus tout habillés? Et d'ailleurs les femmes, qui montrent leur gorge et leurs épaules, sont-elles d'une complexion moins délicate que les hommes, ou moins sujettes qu'eux aux bienséances? Quelle est la pudeur qui engage celles-ci à couvrir leurs jambes et presque leurs pieds, et qui leur permet d'avoir les bras nus au-dessus du coude? Qui avait mis autrefois dans l'esprit des hommes qu'on était à la guerre ou pour se défendre ou pour attaquer, et qui leur avait insinué l'usage des armes offensives et des défensives? Qui les oblige aujourd'hui de renoncer à celles-ci, et, pendant qu'ils se bottent pour aller au bal, de soutenir, sans armes et en pourpoint, des travailleurs exposés à tout le feu d'une contrescarpe[2]? Nos pères, qui ne jugeaient pas une telle conduite utile au prince et à la patrie, étaient-ils sages ou insensés? Et nous-mêmes, quels héros célébrons-nous dans notre histoire? un Guesclin, un Clisson, un Foix, un Boucicaut, qui tous ont porté l'armet[3] et endossé une cuirasse.

Qui pourrait rendre raison de la fortune de certains mots et de la proscription de quelques autres? *Ains*[4] a péri: la voyelle qui le commence, et si propre pour l'élision, n'a pu le sauver; il a cédé à un autre monosyllabe[5], et qui n'est au plus que son anagramme. *Certes* est beau dans sa vieillesse, et a encore de la force sur son déclin: la poésie le réclame, et notre langue doit beaucoup aux écrivains qui le disent en prose, et qui se commettent pour lui dans leurs ouvrages. *Maint* est un mot qu'on ne devait jamais abandonner, et par la facilité qu'il y avait à le couler dans le style, et par son origine, qui est française. *Moult*, quoique latin, était dans son temps d'un même mérite; et je ne vois pas

---

1. *Fraises*, espèces de collets à plusieurs doubles et à plusieurs plis empesés.
2. *Contrescarpe*, pente du mur extérieur d'un fossé, celle qui regarde la place.
3. *Armet*, petit casque fermé des chevaliers.
4. La réponse à cette question se trouve dans Horace:

   Multa renascentur quæ nunc cecidere, cadentque
   Quæ nunc sunt in honore vocabula, si volet usus..... (*Ars poet.*, 71.)

5. *Mais*. (La Bruyère.)

par où *beaucoup* l'emporte sur lui. Quelle persécution le *car* n'a-t-il pas essuyée! et s'il n'eût trouvé de la protection parmi les gens polis[1], n'était-il pas banni honteusement d'une langue à qui il a rendu de si longs services, sans qu'on sût quel mot lui substituer? *Cil*[2] a été dans ses beaux jours le plus joli mot de la langue française; il est douloureux pour les poëtes qu'il ait vieilli. *Douloureux* ne vient pas plus naturellement de *douleur*, que de *chaleur* vient *chaleureux* ou *chaloureux*; celui-ci se passe, bien que ce fût une richesse pour la langue, et qu'il se dise fort juste où *chaud* ne s'emploie qu'improprement. *Valeur* devait aussi nous conserver *valeureux*; *haine*, *haineux*; *peine*, *peineux*; *fruit*, *fructueux*; *pitié*, *piteux*; *joie*, *jovial*; *foi*, *féal*; *cour*, *courtois*; *gîte*, *gisant*; *haleine*, *halené*; *vanterie*, *vantard*; *mensonge*, *mensonger*; *coutume*, *coutumier*[3] : comme *part* maintient *partial*; *point*, *pointu* et *pointilleux*; *ton*, *tonnant*; *son*, *sonore*; *frein*, *effréné*; *front*, *effronté*; *ris*, *ridicule*; *loi*, *loyal*; *cœur*, *cordial*; *bien*, *bénin*; *mal*, *malicieux*. *Heur* se plaçait où *bonheur* ne saurait entrer; il a fait *heureux*, qui est si français, et il a cessé de l'être : si quelques poëtes s'en sont servis, c'est moins par choix que par la contrainte de la mesure. *Issue* prospère, et vient d'*issir*, qui est aboli. *Fin* subsiste sans conséquence pour *finer*, qui vient de lui, pendant que *cesse* et *cesser* règnent également. *Verd* ne fait plus *verdoyer*; ni *fête*, *fêtoyer*; ni *larme*, *larmoyer*; ni *deuil*, se *douloir*, se *condouloir*; ni *joie*, *s'éjouir*, bien qu'il fasse toujours se *réjouir*, se *conjouir*, ainsi qu'*orgueil*, *s'enorgueillir*. On a dit *gent*, le corps *gent* : ce mot si facile non-seulement est tombé, l'on voit même qu'il a entraîné *gentil* dans sa chute. On dit *diffamé*, qui dérive de *fame*, qui ne s'entend plus. On dit *curieux*, dérivé de *cure*, qui est hors d'usage. Il y avait à gagner de dire *si que* pour *de sorte que* ou *de manière que*; *de moi*, au lieu de *pour moi* ou de *quant à moi*; de dire *je sais que c'est qu'un mal*, plutôt que *je sais ce que c'est qu'un mal*, soit par l'analogie latine, soit par l'avantage

---

1. Allusion à la lettre de Voiture à mademoiselle de Rambouillet pour la défense de cette particule, vivement attaquée à la fin du seizième siècle, et que l'Académie fut sur le point de supprimer dans son *Dictionnaire*.

2. *Cil*, celui.

3. La plupart de ces mots que La Bruyère regrette sont rentrés dans la langue.

qu'il y a souvent à avoir un mot de moins à placer dans l'oraison[1]. L'usage a préféré *par conséquent* à *par conséquence*, et *en conséquence* à *en conséquent; façons de faire* à *manières de faire,* et *manières d'agir* à *façons d'agir...* dans les verbes, *travailler* à *ouvrer, être accoutumé* à *souloir, convenir* à *duire, faire du bruit* à *bruire, injurier* à *vilainer, piquer* à *poindre, faire ressouvenir* à *ramentevoir...* et dans les noms, *pensées* à *pensers,* un si beau mot, et dont le vers se trouvait si bien ; *grandes actions* à *prouesses, louanges* à *loz, méchanceté* à *mauvaistié, porte* à *huis, navire* à *nef, armée* à *ost, monastère* à *monstier, prairies* à *prées...* tous mots qui pouvaient durer ensemble d'une égale beauté et rendre une langue plus abondante. L'usage a, par l'addition, la suppression, le changement ou le dérangement de quelques lettres, fait *frelater* de *fralater, prouver* de *preuver, profit* de *proufit, froment* de *froument, profil* de *pourfil, provision* de *pourveoir, promener* de *pourmener,* et *promenade* de *pourmenade.* Le même usage fait, selon l'occasion, d'*habile,* d'*utile,* de *facile,* de *docile,* de *mobile* et de *fertile,* sans y rien changer, des genres différents : au contraire de *vil, vile, subtil, subtile,* selon leur terminaison, masculins ou féminins. Il a altéré les terminaisons anciennes : de *scel* il a fait *sceau;* de *mantel, manteau;* de *capel, chapeau;* de *coutel, couteau;* de *hamel, hameau;* de *damoisel, damoiseau;* de *jouvencel, jouvenceau;* et cela sans que l'on voie guère ce que la langue française gagne à ces différences et à ces changements. Est-ce donc faire pour le progrès d'une langue que de déférer à l'usage? serait-il mieux de secouer le joug de son empire si despotique? Faudrait-il, dans une langue vivante, écouter la seule raison, qui prévient les équivoques, suit la racine des mots, et le rapport qu'ils ont avec les langues originaires dont ils sont sortis, si la raison d'ailleurs veut qu'on suive l'usage ?

Si nos ancêtres ont mieux écrit que nous, ou si nous l'emportons sur eux par le choix des mots, par le tour et l'expression, par la clarté et la brièveté du discours, c'est une question souvent agitée, toujours indécise : on ne la terminera point en comparant, comme l'on fait quelquefois, un froid écrivain de l'autre siècle aux plus célèbres de

---

[1]. *Oraison,* discours, langage.

Par un barbare amas de vices d'*oraison*. (Molière, *Femm. sav.*, II, 7.)

celui-ci, ou les vers de Laurent, payé pour ne plus écrire, à ceux de Marot et de Desportes. Il faudrait, pour prononcer juste sur cette matière, opposer siècle à siècle et excellent ouvrage à excellent ouvrage; par exemple, les meilleurs rondeaux de Benserade ou de Voiture à ces deux-ci, qu'une tradition nous a conservés sans nous en marquer le temps ni l'auteur[1] :

  Bien à propos s'en vint Ogier[2] en France
  Pour le païs de mescreans monder[3] ;
  Ja n'est besoin de conter sa vaillance,
  Puisqu'ennemis n'osoient le regarder.
  Or, quand il eut tout mis en assurance,
  De voyager il voulut s'enharder[4] ;
  En paradis trouva l'eau de Jouvance,
  Dont il se sceut de vieillesse engarder
     Bien à propos.

  Puis par cette eau son corps tout decrepite[5]
  Transmué fut par maniere subite
  En jeune gars, frais, gracieux et droit.
  Grand dommage est que cecy soit sornettes ;
  Filles connoy qui ne sont pas jeunettes,
  A qui cette eau de Jouvance viendroit
     Bien à propos.

  De cettuy preux[6] maints grands clercs ont escrit
  Qu'oncques dangier n'estonna son courage :
  Abusé fut par le malin esprit,
  Qu'il épousa sous feminin visage.
  Si piteux cas à la fin descouvrit
  Sans un seul brin de peur ny de dommage,
  Dont grand renom par tout le monde acquit,
  Si qu'on tenoit très-honeste langage
     De cettuy preux.

  Bien-tost après fille de roy s'esprit
  De[7] son amour, qui voulentiers s'offrit

1. Ces deux rondeaux, composés, selon M. Paulin Pâris, à la fin du seizième siècle ou même plus tard, ne sont nullement propres à décider la question posée par La Bruyère.

2. *Ogier*, surnommé le Danois, l'un des plus braves paladins du temps de Charlemagne.

3. *Monder*, purger.

4. *Enharder*, s'enhardir.

5. *Decrepite*. Même encore au temps de Louis XIV, les poëtes ajoutaient ou retranchaient une lettre ou une syllabe au mot final, en modifiant l'orthographe afin d'avoir une rime plus riche.

6. *Richard sans Peur*, duc de Normandie, vivant à la fin du 10ᵉ siècle.

7. *De*, surabondant après *valoir mieux*, se retrouve dans Molière : « Il vaudrait bien mieux pour vous *de* prendre un vieux mari... » (*L'Avare*, III, 5.)

Au bon Richard en second mariage.
Donc s'il vaut mieux ou diable ou femme avoir,
Et qui des deux bruit plus en ménage :
Ceulx qui voudront, si¹ le pourront sçavoir²
De celluy preux.

De la chaire.

Le discours chrétien est devenu un spectacle. Cette tristesse³ évangélique qui en est l'âme ne s'y remarque plus : elle est suppléée par les avantages de la mine, par les inflexions de la voix, par la régularité du geste, par le choix des mots, et par les longues énumérations. On n'écoute plus sérieusement la parole sainte : c'est une sorte d'amusement entre mille autres ; c'est un jeu où il y a de l'émulation et des parieurs.

L'éloquence profane est transposée, pour ainsi dire, du barreau, où LE MAÎTRE, PUCELLE et FOURCROY⁴ l'ont fait régner, et où elle n'est plus d'usage, à la chaire, où elle ne doit pas être.

L'on fait assaut d'éloquence jusqu'au pied de l'autel et en la présence des mystères. Celui qui écoute s'établit juge de celui qui prêche, pour condamner ou pour applaudir, et n'est pas plus converti par le discours qu'il favorise que par celui auquel il est contraire. L'orateur plaît aux uns, déplaît aux autres, et convient⁵ avec tous en une chose, que comme il ne cherche point à les rendre meilleurs, ils ne pensent pas aussi à le devenir.

Un apprentif⁶ est docile, il écoute son maître, il profite

---

1. *Si*, bien, assurément.
2. *Sçavoir*, orthographe fautive, ce mot venant du latin *sapere*, provençal *saber* (voir Egger, *Gramm. comp.*, XXI, § 3).
3. *Tristesse*, *tristitia*, gravité.
4. *Le Maître*, avocat au parlement, renommé pour son éloquence. — *Pucelle*, conseiller clerc au parlement. — *Fourcroy*, avocat au parlement.
5. *Convient avec*, *conveniunt*, s'accordent : « Faites *convenir*, si vous le pouvez, tous les hommes *sur* votre sujet. » Massillon, *Car. Resp. hum.* Tous les instituts [monastiques]... conviennent en ce point. » Bourdaloue, *Pensees.*
6. *Apprentif*, d'où le féminin *apprentive*, l'un et l'autre inusité aujourd'hui. On le trouve dans Boileau :

Vais-je épouser ici quelque *apprentive* auteur ?   (*Sat. X.*)

de ses leçons, et il devient maître. L'homme indocile critique le discours du prédicateur comme le livre du philosophe, et il ne devient ni chrétien ni raisonnable.

Jusqu'à ce qu'il revienne un homme qui, avec un style nourri des saintes Écritures, explique au peuple la parole divine uniment et familièrement, les orateurs et les déclamateurs seront suivis.

Les citations profanes, les froides allusions, le mauvais pathétique, les antithèses, les figures outrées, ont fini : les portraits [1] finiront, et feront place à une simple explication de l'Évangile, jointe aux mouvements qui inspirent la conversion [2].

Cet homme que je souhaitais impatiemment, et que je ne daignais pas espérer de notre siècle, est enfin venu. Les courtisans, à force de goût et de connaître les bienséances, lui ont applaudi : ils ont, chose incroyable ! abandonné la chapelle du roi pour venir entendre avec le peuple la parole de Dieu annoncée par cet homme apostolique [3]. La ville n'a pas été de l'avis de la cour. Où il a prêché, les paroissiens ont déserté ; jusqu'aux marguilliers ont disparu : les pasteurs ont tenu ferme ; mais les ouailles se sont dispersées, et les orateurs voisins en ont grossi leur auditoire. Je devais le prévoir, et ne pas dire qu'un tel homme n'avait qu'à se montrer pour être suivi et qu'à parler pour être écouté : ne savais-je pas quelle est dans les hommes et en toutes choses la force indomptable de l'habitude ? Depuis trente années on prête l'oreille aux rhéteurs, aux déclamateurs, aux *énumérateurs* : on court ceux qui peignent en grand ou en miniature. Il n'y a pas longtemps qu'ils avaient des chutes ou des transitions ingénieuses, quelquefois même si vives et si aiguës qu'elles pouvaient passer pour épigrammes [4] ; ils les

1. On peut voir Bourdaloue, *Sermon sur le devoir des pères, sur les richesses*, etc. : il a excellé dans ce genre.
2. Fénelon a dit dans ses *Dialogues sur l'éloquence* : « Je conviens qu'il faut instruire et toucher, mais je voudrais qu'on le fît sans art et par la simplicité apostolique. » (IIIe *Dial.*)
3. Le P. Séraphin, capucin. (La Bruyère.) Il prêcha le carême devant la cour en 1696 et en 1698.
4. Allusion sans doute au petit P. André, qui, à l'imitation des sermonnaires du 16e siècle, semait ses discours de plaisanteries et d'expressions triviales :

L'avocat au palais en hérissa son style,
Et le docteur en chaire en sema l'évangile. (Boileau, *Art poét.*, II.)

ont adoucies ; je l'avoue, et ce ne sont plus que des madrigaux[1]. Ils ont toujours, d'une nécessité indispensable et géométrique, trois sujets admirables de vos attentions[2] : ils prouveront une telle chose dans la première partie de leur discours, cette autre dans la seconde partie, et cette autre encore dans la troisième. Ainsi vous serez convaincu d'une certaine vérité, et c'est leur premier point; d'une autre vérité, et c'est leur second point; et puis d'une troisième vérité, et c'est leur troisième point : de sorte que la première réflexion vous instruira d'un principe des plus fondamentaux de votre religion; la seconde, d'un autre principe qui ne l'est pas moins; et la dernière réflexion, d'un troisième et dernier principe le plus important de tous, qui est remis pourtant, faute de loisir, à une autre fois : enfin, pour reprendre et abréger cette division, et former un plan... « Encore ! dites-vous, et quelles préparations pour un discours de trois quarts d'heure qui leur reste à faire ! Plus ils cherchent à le digérer et à l'éclaircir, plus ils m'embrouillent. » Je vous crois sans peine ; et c'est l'effet le plus naturel de tout cet amas d'idées qui reviennent à la même, dont ils chargent sans pitié la mémoire de leurs auditeurs. Il semble, à les voir s'opiniâtrer à cet usage, que la grâce de la conversion soit attachée à ces énormes partitions. Comment néanmoins serait-on converti par de tels apôtres, si l'on ne peut qu'à peine les entendre articuler, les suivre, et ne les pas perdre de vue ? Je leur demanderais volontiers qu'au milieu de leur course impétueuse ils voulussent plusieurs fois reprendre haleine, souffler un peu, et laisser souffler leurs auditeurs. Vains discours, paroles perdues ! Le temps des homélies[3] n'est plus; les Basile, les Chrysostome, ne le ramèneraient pas : on passerait en d'autres diocèses pour être hors de la portée de leur voix et de leurs familières instructions. Le commun des hommes aime les phrases et les périodes, admire ce qu'il n'entend pas, se suppose instruit, content de décider entre un premier et un second point, ou entre le dernier sermon et le pénultième.

1. *Madrigaux.* Le madrigal, très en faveur aux quinzième, seizième et dix-septième siècles, se compose d'un petit nombre de vers libres et inégaux : il doit être galant, fin, sentimental.
2. On peut voir Fénelon, *Dialogues sur l'éloquence.* (Dial., I et II.)
3. *Homélies*, entretien familier, sorte de conférence entre le peuple et

Il y a moins d'un siècle qu'un livre français était un certain nombre de pages latines où l'on découvrait quelques lignes ou quelques mots en notre langue. Les passages, les traits et les citations n'en étaient pas demeurés là : Ovide et Catulle achevaient de décider des mariages et des testaments, et venaient avec les Pandectes¹ au secours de la veuve et des pupilles. Le sacré et le profane ne se quittaient point ; ils s'étaient glissés ensemble jusque dans la chaire : saint Cyrille, Horace, saint Cyprien, Lucrèce, parlaient alternativement : les poëtes étaient de l'avis de saint Augustin et de tous les Pères : on parlait latin et longtemps devant des femmes et des marguilliers ; on a parlé grec : il fallait savoir prodigieusement pour prêcher si mal. Autre temps, autre usage : le texte est encore latin, tout le discours est français et d'un beau français ; l'Évangile même n'est pas cité ; il faut savoir aujourd'hui très-peu de chose pour bien prêcher.

L'on a enfin banni la scolastique de toutes les chaires des grandes villes, et on l'a reléguée dans les bourgs et dans les villages, pour l'instruction et pour le salut du laboureur ou du vigneron.

C'est avoir de l'esprit que de plaire au peuple dans un sermon par un style fleuri, une morale enjouée, des figures réitérées, des traits brillants et de vives descriptions ; mais ce n'est point en avoir assez. Un meilleur esprit néglige ces ornements étrangers, indignes de servir à l'Évangile ; il prêche simplement, fortement, chrétiennement.

L'orateur fait de si belles images de certains désordres, y fait entrer des circonstances si délicates, met tant d'esprit, de tour et de raffinement dans celui qui pèche, que, si je n'ai pas de pente à vouloir ressembler à ses portraits, j'ai besoin du moins que quelque apôtre, avec un style plus chrétien, me dégoûte des vices dont l'on m'avait fait une peinture si agréable.

Un beau sermon est un discours oratoire qui est dans toutes ses règles, purgé de tous ses défauts, conforme aux préceptes de l'éloquence humaine, et paré de tous les orne-

---

le prélat qui interrogeait et était interrogé, du grec ὁμιλία, réunion, conférence.

1. *Pandectes*, digeste, recueil de décisions des jurisconsultes, composé par l'ordre de Justinien, qui lui donna force de loi.

ments de la rhétorique [1]. Ceux qui entendent finement n'en perdent pas le moindre trait ni une seule pensée; ils suivent sans peine l'orateur dans toutes les énumérations où il se promène, comme dans toutes les élévations où il se jette : ce n'est une énigme que pour le peuple.

Le solide et l'admirable discours que celui qu'on vient d'entendre ! les points de religion les plus essentiels, comme les plus pressants motifs de conversion, y ont été traités : quel grand effet n'a-t-il pas dû faire sur l'esprit et dans l'âme de tous les auditeurs ! Les voilà rendus ; ils en sont émus et touchés au point de résoudre dans leur cœur, sur ce sermon de *Théodore*, qu'il est encore plus beau que le dernier qu'il a prêché.

La morale douce et relâchée tombe avec celui qui la prêche : elle n'a rien qui réveille et qui pique la curiosité d'un homme du monde, qui craint moins qu'on ne pense une doctrine sévère, et qui l'aime même dans celui qui fait son devoir en l'annonçant. Il semble donc qu'il y ait dans l'Église comme deux états qui doivent la partager : celui de dire la vérité dans toute son étendue, sans égards, sans déguisements, celui de l'écouter avidement, avec goût, avec admiration, avec éloges, et de n'en faire cependant ni pis ni mieux.

L'on peut faire ce reproche à l'héroïque vertu des grands hommes, qu'elle a corrompu l'éloquence, ou du moins amolli le style de la plupart des prédicateurs : au lieu de s'unir seulement avec les peuples pour bénir le ciel de si rares présents qui en sont venus, ils ont entré [2] en société avec les auteurs et les poëtes, et, devenus comme eux panégyristes, ils ont enchéri sur les épîtres dédicatoires, sur les stances et sur les prologues ; ils ont changé la parole sainte en un tissu de louanges, justes à la vérité, mais mal placées, intéressées, que personne n'exige d'eux, et qui ne conviennent point à leur caractère. On est heureux si, à l'occasion du héros qu'ils

---

1. « Le prédicateur dont nous parlions tantôt a ce défaut parmi de grandes qualités, que ses sermons sont de beaux raisonnements sur la religion, et qu'ils ne sont point la religion même. On s'attache trop aux peintures morales, et on n'explique pas assez les principes de la doctrine évangélique. » (Fénelon, II⁰ *Dial. sur l'éloq.*)

2. *Ils ont entré. Entrer* suivi d'un régime direct ou indirect, construit avec l'auxiliaire *avoir* : « Lucain *eût entré* lui-même dans ce sentiment s'il l'eût pu. » (Bossuet.) Molière a dit de même :

Et j'ai pour vous trouver *rentré* par l'autre porte. (*Fâch.*, I, 1.)

célèbrent jusque dans le sanctuaire, ils disent un mot de Dieu et du mystère qu'ils devaient prêcher : il s'en est trouvé quelques-uns qui, ayant assujetti le saint Évangile, qui doit être commun à tous, à la présence d'un seul auditeur [1], se sont vus déconcertés par des hasards qui le retenaient ailleurs, n'ont pu prononcer devant des chrétiens un discours chrétien qui n'était pas fait pour eux, et ont été suppléés par d'autres orateurs qui n'ont eu le temps que de louer Dieu dans un sermon précipité.

Théodule a moins réussi que quelques-uns de ses auditeurs ne l'appréhendaient ; ils sont contents de lui et de son discours : il a mieux fait à leur gré que de charmer l'esprit et les oreilles, qui est de flatter leur jalousie.

Le métier de la parole ressemble en une chose à celui de la guerre : il y a plus de risque qu'ailleurs, mais la fortune y est plus rapide.

Si vous êtes d'une certaine qualité et que vous ne vous sentiez point d'autre talent que celui de faire de froids discours, prêchez, faites de froids discours : il n'y a rien de pire pour sa fortune que d'être entièrement ignoré. *Théodat* a été payé de ses mauvaises phrases et de son ennuyeuse monotonie.

L'on a eu de grands évêchés par un mérite de chaire qui présentement ne vaudrait pas à son homme une simple prébende.

Le nom de ce panégyriste semble gémir sous le poids des titres dont il est accablé : leur grand nombre remplit de vastes affiches qui sont distribuées dans les maisons, ou que l'on lit par les rues en caractères monstrueux, et qu'on ne peut non plus ignorer que la place publique. Quand sur une si belle montre l'on a seulement essayé du personnage, et qu'on l'a un peu écouté, l'on reconnaît qu'il manque au dénombrement de ses qualités celle de mauvais prédicateur.

L'oisiveté des femmes, et l'habitude qu'ont les hommes de les courir partout où elles s'assemblent, donnent du nom à de froids orateurs, et soutiennent quelque temps ceux qui ont décliné.

---

1. *Auditeur*, Louis XIV : l'abbé de Roquette, neveu de l'évêque d'Autun, avait préparé pour le jeudi saint un sermon rempli de l'éloge du roi : celui-ci n'ayant pu y assister, le prédicateur n'osa pas monter en chaire.

Devrait-il suffire d'avoir été grand et puissant dans le monde pour être louable ou non, et, devant le saint autel et dans la chaire de la vérité, loué et célébré à ses funérailles[1]? N'y a-t-il point d'autre grandeur que celle qui vient de l'autorité et de la naissance? Pourquoi n'est-il pas établi de faire publiquement le panégyrique d'un homme qui a excellé pendant sa vie dans la bonté, dans l'équité, dans la douceur, dans la fidélité, dans la piété? Ce qu'on appelle une oraison funèbre n'est aujourd'hui bien reçue du plus grand nombre d'auditeurs qu'à mesure qu'elle s'éloigne davantage du discours chrétien, ou, si vous l'aimez mieux ainsi, qu'elle approche de plus près d'un éloge profane.

L'orateur cherche par ses discours un évêché : l'apôtre fait des conversions; il mérite de trouver ce que l'autre cherche.

L'on voit des clercs[2] revenir de quelques provinces où ils n'ont pas fait un long séjour, vains des conversions qu'ils ont trouvées toutes faites, comme de celles qu'ils n'ont pu faire, se comparer déjà aux VINCENT et aux XAVIER[3] et se croire des hommes apostoliques : de si grands travaux et de si heureuses missions ne seraient pas, à leur gré, payées d'une abbaye.

Tel tout d'un coup, et sans y avoir pensé la veille, prend du papier, une plume, dit en soi-même : Je vais faire un livre, sans autre talent pour écrire que le besoin qu'il a de cinquante pistoles. Je lui crie inutilement : Prenez une scie, *Dioscore*; sciez, ou bien tournez, ou faites une jante de roue, vous aurez votre salaire[4]. Il n'a point fait l'apprentissage de tous ces métiers. Copiez donc, transcrivez, soyez au plus correcteur d'imprimerie; n'écrivez point. Il veut écrire et faire imprimer ; et

---

1. Allusion aux oraisons funèbres de Bossuet, de Fléchier, de Mascaron; toutefois, il ne faut pas oublier qu'antérieurement à l'oraison funèbre de la reine d'Angleterre, Bossuet en avait composé sur des personnages aujourd'hui peu connus, par exemple le P. Bourgoin et Nicolas Cornet.

2. *Clercs*, ecclésiastiques. (*Note de La Bruyère*, dans les trois premières éditions.)

3. *Vincent*, saint Vincent de Paul, né en 1576, mort en 1660, célèbre par sa charité. — *Xavier*, saint François, né en 1506, mort en 1552, surnommé *l'Apôtre des Indes*, l'un des premiers disciples d'Ignace de Loyola.

4. Soyez plutôt maçon, si c'est votre talent,
Ouvrier estimé dans un art nécessaire,
Qu'écrivain du commun et poète vulgaire. (Boileau, *Art poét.*, IV.)

parce qu'on n'envoie pas à l'imprimeur un cahier blanc, il le barbouille de ce qui lui plaît; il écrirait volontiers que la Seine coule à Paris, qu'il y a sept jours dans la semaine, ou que le temps est à la pluie ; et comme ce discours n'est ni contre la religion ni contre l'État, et qu'il ne fera point d'autre désordre dans le public que de lui gâter le goût et l'accoutumer aux choses fades et insipides, il passe à l'examen[1], il est imprimé, et, à la honte du siècle, comme pour l'humiliation des bons auteurs, réimprimé. De même un homme dit en son cœur : Je prêcherai, et il prêche ; le voilà en chaire, sans autre talent ni vocation que le besoin d'un bénéfice.

Un clerc mondain ou irréligieux, s'il monte en chaire, est déclamateur.

Il y a au contraire des hommes saints, et dont le seul caractère est efficace pour la persuasion : ils paraissent, et tout un peuple qui doit les écouter est déjà ému et comme persuadé par leur présence; le discours qu'ils vont prononcer fera le reste.

L. de Meaux[2] et le P. Bourdaloue me rappellent Démosthène et Cicéron. Tous deux, maîtres dans l'éloquence de la chaire, ont eu le destin des grands modèles : l'un a fait de mauvais censeurs ; l'autre, de mauvais copistes.

L'éloquence de la chaire, en ce qui y entre d'humain et du talent de l'orateur, est cachée, connue de peu de personnes, et d'une difficile exécution : quel art en ce genre pour plaire en persuadant ! Il faut marcher par des chemins battus, dire ce qui a été dit et ce que l'on prévoit que vous allez dire : les matières sont grandes, mais usées et triviales ; les principes sûrs, mais dont les auditeurs pénètrent les conclusions d'une seule vue. Il y entre des sujets qui sont sublimes : mais qui peut traiter le sublime ? Il y a des mystères que l'on doit expliquer, et qui s'expliquent mieux par une leçon de l'école que par un discours oratoire. La morale même de la chaire, qui comprend une matière aussi vaste et aussi diversifiée que le sont les mœurs des hommes, roule sur les mêmes pivots, retrace les mêmes images, et se prescrit des bornes bien plus étroites que la satire. Après l'invective commune contre les honneurs, les richesses et le

---

1. *L'examen*, à la censure, pour obtenir l'autorisation d'imprimer.
2. L'évêque de Meaux, Bossuet.

plaisir, il ne reste plus à l'orateur qu'à courir à la fin de son discours et à congédier l'assemblée[1]. Si quelquefois on pleure, si on est ému, après avoir fait attention au génie et au caractère de ceux qui font pleurer, peut-être conviendra-t-on que c'est la matière qui se prêche elle-même et notre intérêt le plus capital qui se fait sentir; que c'est moins une véritable éloquence que la ferme poitrine du missionnaire qui nous ébranle et qui cause en nous ces mouvements[2]. Enfin le prédicateur n'est point soutenu, comme l'avocat, par des faits toujours nouveaux, par de différents événements, par des aventures inouïes; il ne s'exerce point sur les questions douteuses, il ne fait point valoir les violentes conjectures et les présomptions; toutes choses néanmoins qui élèvent le génie, lui donnent de la force et de l'étendue, et qui contraignent bien moins l'éloquence qu'elles ne la fixent et ne la dirigent : il doit au contraire tirer son discours d'une source commune, et où tout le monde puise; et s'il s'écarte de ces lieux communs, il n'est plus populaire, il est abstrait ou déclamateur, il ne prêche plus l'Évangile. Il n'a besoin que d'une noble simplicité, mais il faut l'atteindre; talent rare, et qui passe les forces du commun des hommes : ce qu'ils ont de génie, d'imagination, d'érudition et de mémoire ne leur sert souvent qu'à s'en éloigner[3].

La fonction de l'avocat est pénible, laborieuse, et suppose dans celui qui l'exerce un riche fonds et de grandes ressources[4]. Il n'est pas seulement chargé, comme le prédicateur, d'un certain nombre d'oraisons composées avec loisir, récitées de mémoire, avec autorité, sans contradicteurs, et qui avec de médiocres changements lui font honneur plus d'une fois : il prononce de graves plaidoyers devant des juges qui peuvent lui imposer silence et contre des adversaires qui l'interrompent; il doit être prêt sur la réplique;

1. Massillon, dans son *Petit Carême*, a donné le modèle de ces dissertations morales.

2. Buffon a dit à peu près de même : « Que faut-il pour émouvoir la multitude et l'entraîner ?... Un ton véhément et pathétique, des gestes expressifs et fréquents, des paroles rapides et sonnantes. » (*Disc. sur le style*.)

3. On peut voir Fénelon, *Dialogues sur l'éloquence*.

4. C'est la pensée de Cicéron : « Magnum quoddam est onus atque munus, suscipere atque profiteri, se esse, omnibus silentibus, unum maximis de rebus, magno in conventu hominum, audiendum. » (*De Orat.*, I, 25.)

il parle en un même jour, dans divers tribunaux, de différentes affaires. Sa maison n'est pas pour lui un lieu de repos et de retraite, ni un asile contre les plaideurs : elle est ouverte à tous ceux qui viennent l'accabler de leurs questions et de leurs doutes. Il ne se met pas au lit, on ne l'essuie point, on ne lui prépare point des rafraîchissements[1] ; il ne se fait point dans sa chambre un concours de monde de tous les états et de tous les sexes pour le féliciter sur l'agrément et sur la politesse de son langage, lui remettre l'esprit sur un endroit où il a couru risque de demeurer court ou sur un scrupule qu'il a sur le chevet[2] d'avoir plaidé moins vivement qu'à l'ordinaire. Il se délasse d'un long discours par de plus longs écrits ; il ne fait que changer de travaux et de fatigues : j'ose dire qu'il est, dans son genre, ce qu'étaient dans le leur les premiers hommes apostoliques.

Quand on a ainsi distingué l'éloquence du barreau de la fonction de l'avocat et l'éloquence de la chaire du ministère du prédicateur, on croit voir qu'il est plus aisé de prêcher que de plaider, et plus difficile de bien prêcher que de bien plaider[3].

Quel avantage n'a pas un discours prononcé sur un ouvrage qui est écrit ! Les hommes sont les dupes de l'action et de la parole, comme de tout l'appareil de l'auditoire : pour peu de prévention qu'ils aient en faveur de celui qui parle, ils l'admirent, et cherchent ensuite à le comprendre : avant qu'il ait commencé, ils s'écrient qu'il va bien faire ; ils s'endorment bientôt, et, le discours fini, ils se réveillent pour dire qu'il a bien fait. On se passionne moins pour un auteur ; son ouvrage est lu dans le loisir de la campagne ou dans le silence du cabinet : il n'y a point de rendez-vous publics pour lui applaudir, encore moins de cabale pour lui sacrifier tous ses rivaux, et pour l'élever à la prélature. On lit son livre, quelque excellent qu'il soit, dans l'esprit de le

---

1. Bien différent en cela du directeur, comme le peint Boileau :

> Quelque léger dégoût vient-il le travailler,
> Une faible vapeur le fait-elle bâiller,
> Un escadron coiffé d'abord court à son aide. (Sat., X.)

2. Corneille a dit de même :

> Allons *sur le chevet* rêver quelque moyen. (Le Ment., III, 6.)

3. La part de l'advocat est plus difficile que celle du prescheur ; et nous trouvons pourtant, ce m'est advis, plus de passables advocats que prescheurs, au moins en France. » (Montaigne, *Essais*, I, 10.)

trouver médiocre : on le feuillette, on le discute, on le confronte; ce ne sont pas des sons qui se perdent en l'air, et qui s'oublient; ce qui est imprimé demeure imprimé. On l'attend quelquefois plusieurs jours avant l'impression pour le décrier; et le plaisir le plus délicat que l'on en tire vient de la critique qu'on en fait : on est piqué d'y trouver à chaque page des traits qui doivent plaire; on va même souvent jusqu'à appréhender d'en être diverti, et on ne quitte ce livre que parce qu'il est bon. — « Tout le monde ne se donne pas pour orateur; les phrases, les figures, le don de la mémoire, la robe ou l'engagement[1] de celui qui prêche ne sont pas des choses qu'on ose ou qu'on veuille toujours s'approprier : chacun, au contraire, croit penser bien, et écrire encore mieux ce qu'il a pensé; il en est moins favorable à celui qui pense et qui écrit aussi bien que lui: En un mot, le *sermonneur* est plus tôt évêque que le plus solide écrivain n'est revêtu d'un prieuré simple; et dans la distribution des grâces, de nouvelles sont accordées à celui-là, pendant que l'auteur grave se tient heureux d'avoir ses restes. »

S'il arrive que les méchants vous haïssent et vous persécutent, les gens de bien vous conseillent de vous humilier devant Dieu, pour vous mettre en garde contre la vanité qui pourrait vous venir de déplaire à des gens de ce caractère : de même, si certains hommes, sujets à se récrier sur le médiocre, désapprouvent un ouvrage que vous aurez écrit, ou un discours que vous venez de prononcer en public, soit au barreau, soit dans la chaire, ou ailleurs, humiliez-vous; on ne peut guère être exposé à une tentation d'orgueil plus délicate et plus prochaine.

Il me semble qu'un prédicateur devrait faire choix, dans chaque discours, d'une vérité unique, mais capitale, terrible ou instructive; la manier à fond et l'épuiser; abandonner toutes ces divisions si recherchées, si retournées, si remaniées, et si différenciées; ne point supposer ce qui est faux, je veux dire que le grand ou le beau monde sait sa religion ou ses devoirs, et ne pas appréhender de faire, ou à ces bonnes têtes, ou à ces esprits si raffinés, des catéchismes[2];

---

1. *L'engagement de*, la condition d'être engagé, comme dans cette phrase de Molière : « *L'engagement* ne compatit point avec mon humeur. » (*Don Juan*, III, 6.)

2. « Tel fait des sermons qui sont beaux, qui ne saurait faire un caté-

ce temps si long que l'on use à composer un long ouvrage, l'employer à se rendre si maître de sa matière, que le tour et les expressions naissent dans l'action et coulent de source ; se livrer, après une certaine préparation, à son génie et aux mouvements qu'un grand sujet peut inspirer[1] : qu'il pourrait enfin s'épargner ces prodigieux efforts de mémoire qui ressemblent mieux à une gageure qu'à une affaire sérieuse, qui corrompent le geste et défigurent le visage ; jeter au contraire, par un bel enthousiasme, la persuasion dans les esprits et l'alarme dans le cœur, et toucher ses auditeurs d'une tout autre crainte que de celle de le voir demeurer court.

Que celui qui n'est pas encore assez parfait pour s'oublier soi-même dans le ministère de la parole sainte ne se décourage point par les règles austères qu'on lui prescrit, comme si elles lui ôtaient les moyens de faire montre de son esprit et de monter aux dignités où il aspire : quel plus beau talent que celui de prêcher apostoliquement ? et quel autre mérite mieux un évêché ? FÉNELON en était-il indigne ? aurait-il pu échapper au choix du prince que par un autre choix ?

Des esprits forts.

Les esprits forts savent-ils qu'on les appelle ainsi par ironie ? Quelle plus grande faiblesse que d'être incertain quel est le principe de son être, de sa vie, de ses sens, de ses connaissances, et quelle en doit être la fin ? Quel découragement[2] plus grand que de douter si son âme n'est point matière comme la pierre et le reptile, et si elle n'est point corruptible comme ces viles créatures ? N'y a-t-il pas plus de force et de grandeur à recevoir dans notre esprit l'idée d'un être supérieur à tous les êtres, qui les a tous faits, et à qui tous se doivent rapporter ; d'un être souverainement parfait, qui est pur[3], qui n'a point commencé et qui ne peut finir,

chisme solide, encore moins une homélie. » (Fénelon, *Dial.* III *sur l'éloquence.*)

1. Bossuet vers la fin de sa carrière n'écrivait plus ses sermons : « Il méditait, jetait sur le papier quelques notes, et prêchait d'inspiration.
2. *Découragement.* C'est manquer de courage que de douter.
3. *Pur*, opposé à corruptible, qui se trouve plus haut.

dont notre âme est l'image, et, si j'ose dire, une portion comme esprit et comme immortelle?

Le docile et le faible sont susceptibles d'impressions : l'un en reçoit de bonnes, l'autre de mauvaises; c'est-à-dire que le premier est persuadé et fidèle, et que le second est entêté et corrompu. Ainsi l'esprit docile admet la vraie religion ; et l'esprit faible, ou n'en admet aucune, ou en admet une fausse : or l'esprit fort, ou n'a point de religion, ou se fait une religion ; donc l'esprit fort, c'est l'esprit faible.

J'appelle mondains, terrestres ou grossiers ceux dont l'esprit et le cœur sont attachés à une petite portion de ce monde qu'ils habitent, qui est la terre; qui n'estiment rien, qui n'aiment rien au delà : gens aussi limités que ce qu'ils appellent leurs possessions ou leur domaine, que l'on mesure, dont on compte les arpents, et dont on montre les bornes. Je ne m'étonne pas que des hommes qui s'appuient sur un atome chancellent dans les moindres efforts qu'ils font pour sonder la vérité, si avec des vues si courtes ils ne percent point, à travers le ciel et les astres, jusques à Dieu même; si, ne s'apercevant point ou de l'excellence de ce qui est esprit, ou de la dignité de l'âme, ils ressentent encore moins combien elle est difficile à assouvir, combien la terre entière est au-dessous d'elle, de quelle nécessité lui devient un être souverainement parfait qui est Dieu, et quel besoin indispensable elle a d'une religion qui le lui indique[1], et qui lui en est une caution sûre. Je comprends au contraire fort aisément qu'il est naturel à de tels esprits de tomber dans l'incrédulité ou l'indifférence, et de faire servir Dieu et la religion à la politique, c'est-à-dire à l'ordre et à la décoration de ce monde, la seule chose, selon eux, qui mérite qu'on y pense.

Quelques-uns achèvent de se corrompre par de longs voyages, et perdent le peu de religion qui leur restait; ils voient de jour à autre un nouveau culte, diverses mœurs, diverses cérémonies; ils ressemblent à ceux qui entrent dans les magasins, indéterminés sur le choix des étoffes qu'ils veulent acheter : le grand nombre de celles qu'on leur

---

1. *Indique*, latinisme, *le lui révèle;* J. B. Rousseau a dit presque de même :

> Les cieux *instruisent* la terre
> A révérer leur auteur. (*Od.*, I, 2.)

Et Racine avant lui :

> Le jour *annonce* au jour sa gloire et sa puissance. (*Athal.*, I, 4.)

montre les rend plus indifférents; elles ont chacune leur agrément et leur bienséance; ils ne se fixent point, ils sortent sans emplette.

Il y a des hommes qui attendent à[1] être dévots et religieux que tout le monde se déclare impie et libertin : ce sera alors le parti du vulgaire; ils sauront s'en dégager. La singularité leur plaît dans une matière si sérieuse et si profonde; ils ne suivent la mode et le train commun que dans les choses de rien et de nulle suite[2] : qui sait même s'ils n'ont pas déjà mis une sorte de bravoure et d'intrépidité à courir tout le risque de l'avenir? Il ne faut pas d'ailleurs que dans une certaine condition, avec une certaine étendue d'esprit et de certaines vues, l'on songe à croire comme les savants et le peuple.

L'on doute de Dieu dans une pleine santé, comme l'on doute que ce soit pécher que d'avoir un commerce avec une personne libre : quand l'on devient malade, et que l'hydropisie est formée, l'on quitte sa concubine, et l'on croit en Dieu.

Il faudrait s'éprouver et s'examiner très-sérieusement avant que de se déclarer esprit fort ou libertin[3], afin au moins, et selon ses principes, de finir comme l'on a vécu, ou si l'on ne se sent pas la force d'aller si loin, se résoudre de vivre comme l'on veut mourir.

Toute plaisanterie dans un homme mourant est hors de sa place : si elle roule sur de certains chapitres, elle est funeste. C'est une extrême misère que de donner à ses dépens, à ceux que l'on laisse, le plaisir d'un bon mot.

Dans quelque prévention où l'on puisse être sur ce qui doit suivre la mort, c'est une chose bien sérieuse que de mourir : ce n'est point alors le badinage qui sied bien, mais la constance.

---

1. *Attendent à*, au lieu de *pour* :

> Faudra-t-il sur sa gloire *attendre à* m'exercer
> Que ma tremblante voix commence à se glacer ? (Boileau, *Ép.*, I.)
> A me chercher lui-même *attendrait-il* si tard ? (Racine, *Baj.*, III, 3.)

2. *De nulle suite*, qui n'entraînent aucune conséquence; Molière emploie ce mot de la même manière :

> Un avis dont la *suite*
> Vous réduit au parti d'une soudaine fuite. (*Tart.*, V, 6.)

3. *Libertin*, v. p. 108, n. 3.

Il y a eu de tout temps de ces gens d'un bel esprit et d'une agréable littérature, esclaves des grands dont ils ont épousé le libertinage et porté le joug toute leur vie, contre leurs propres lumières et contre leur conscience. Ces hommes n'ont jamais vécu que pour d'autres hommes, et ils semblent les avoir regardés comme leur dernière fin. Ils ont eu honte de se sauver à leurs yeux, de paraître tels qu'ils étaient peut-être dans le cœur, et ils se sont perdus par déférence ou par faiblesse [1]. Y a-t-il donc sur la terre des grands assez grands et des puissants assez puissants pour mériter de nous que nous croyions et que nous vivions à leur gré, selon leur goût et leurs caprices, et que nous poussions la complaisance plus loin en mourant non de la manière qui est la plus sûre pour nous, mais de celle qui leur plaît davantage?

J'exigerais de ceux qui vont contre le train commun et les grandes règles, qu'ils sussent plus que les autres, qu'ils eussent des raisons claires, et de ces arguments qui emportent conviction.

Je voudrais voir un homme sobre, modéré, chaste, équitable, prononcer qu'il n'y a point de Dieu; il parlerait du moins sans intérêt : mais cet homme ne se trouve point.

J'aurais une extrême curiosité de voir celui qui serait persuadé que Dieu n'est point; il me dirait du moins la raison invincible qui a su le convaincre.

L'impossibilité où je suis de prouver que Dieu n'est pas me découvre son existence.

Dieu condamne et punit ceux qui l'offensent, seul juge en sa propre cause; ce qui répugne [2] s'il n'est lui-même la justice et la vérité, c'est-à-dire s'il n'est Dieu.

Je sens qu'il y a un Dieu, et je ne sens pas qu'il n'y en ait point; cela me suffit, tout le raisonnement du monde m'est inutile : je conclus que Dieu existe [3]. Cette conclusion

---

1. Boileau parle du libertin presque dans les mêmes termes :

> Il irait confesser la vérité qu'il voit;
> Mais de ses faux amis il craint la raillerie,
> Et ne brave ainsi Dieu que par poltronnerie.   (Ép., III.)

Voir un sermon de Bourdaloue, *sur le respect humain* : « Au lieu que ces esprits forts de la gentilité, avec leur prétendue force, se captivaient par une espèce d'hypocrisie, nous nous captivons par une autre, etc. »

2. *Répugne*, latinisme.

3. Descartes concluait l'existence de Dieu de l'idée seule que nous avons de Dieu. (On peut voir *Disc. de la méthode*, IV° p.)

est dans ma nature; j'en ai reçu les principes trop aisément dans mon enfance, et je les ai conservés depuis trop naturellement dans un âge plus avancé, pour les soupçonner de fausseté : mais il y a des esprits qui se défont de ces principes: c'est une grande question s'il s'en trouve de tels; et quand il serait ainsi, cela prouve seulement qu'il y a des monstres.

L'athéisme n'est point. Les grands, qui en sont le plus soupçonnés, sont trop paresseux pour décider en leur esprit que Dieu n'est pas : leur indolence va jusqu'à les rendre froids et indifférents sur cet article capital, comme sur la nature de leur âme et sur les conséquences d'une vraie religion ; ils ne nient ces choses ni ne les accordent, ils n'y pensent point.

Nous n'avons pas trop de toute notre santé, de toutes nos forces et de tout notre esprit pour penser aux hommes ou au plus petit intérêt : il semble, au contraire, que la bienséance et la coutume exigent de nous que nous ne pensions à Dieu que dans un état où il ne reste en nous qu'autant de raison qu'il faut pour ne pas dire qu'il n'y en a plus.

Un grand croit s'évanouir, et il meurt; un autre grand périt insensiblement[1], et perd chaque jour quelque chose de soi-même avant qu'il soit éteint : formidables leçons[2], mais inutiles ! Des circonstances si marquées et si sensiblement opposées ne se relèvent point, et ne touchent personne. Les hommes n'y ont pas plus d'attention qu'à une fleur qui se fane, ou à une feuille qui tombe : ils envient les places qui demeurent vacantes, ou ils s'informent si elles sont remplies, et par qui.

Les hommes sont-ils assez bons, assez fidèles, assez équitables, pour mériter toute notre confiance, et ne nous pas faire désirer du moins que Dieu existât, à qui nous pussions appeler de leurs jugements, et avoir recours quand nous en sommes persécutés ou trahis?

Si c'est le grand et le sublime de la religion qui éblouit ou qui confond les esprits forts, ils ne sont plus des esprits forts, mais de faibles génies et de petits esprits ; et si c'est

1. Allusion à la mort de Louvois, de Seignelay et de La Feuillade.
2. Même accent que Bossuet : « Nous devrions être assez convaincus de notre néant : mais s'il faut des coups de surprise à nos cœurs enchantés, celui-ci est assez grand et assez terrible. » (*Oraison fun. d'Henr. d'Angl.*)

au contraire ce qu'il y a d'humble et de simple qui les rebute, ils sont à la vérité des esprits forts, et plus forts que tant de grands hommes si éclairés, si élevés, et néanmoins si fidèles, que les Léon, les Basile, les Jérôme, les Augustin[1].

Un Père de l'Église, un docteur de l'Église, quels noms! quelle tristesse dans leurs écrits! quelle sécheresse! quelle froide dévotion! et, peut-être, quelle scolastique! disent ceux qui ne les ont jamais lus. Mais plutôt quel étonnement pour tous ceux qui se sont fait une idée des Pères si éloignée de la vérité, s'ils voyaient dans leurs ouvrages plus de tour et de délicatesse, plus de politesse et d'esprit, plus de richesse d'expression et plus de force de raisonnement, des traits plus vifs et des grâces plus naturelles que l'on n'en remarque dans la plupart des livres de ce temps, qui sont lus avec goût, qui donnent du nom et de la vanité à leurs auteurs[2]! Quel plaisir d'aimer la religion, et de la voir crue, soutenue, expliquée par de si beaux génies et par de si solides esprits! surtout lorsque l'on vient à connaître que, pour l'étendue de connaissances, pour la profondeur et la pénétration, pour les principes de la pure philosophie, pour leur application et leur développement, pour la justesse des conclusions, pour la dignité du discours, pour la beauté de la morale et des sentiments, il n'y a rien, par exemple, que l'on puisse comparer à saint Augustin que Platon et que Cicéron.

L'homme est né menteur. La vérité est simple et ingénue, et il veut du spécieux et de l'ornement; elle n'est pas à lui, elle vient du ciel toute faite, pour ainsi dire, et dans toute sa perfection ; et l'homme n'aime que son propre ouvrage, la fiction et la fable. Voyez le peuple : il controuve, il augmente, il charge, par grossièreté et par sottise : demandez même au plus honnête homme s'il est toujours vrai dans ses discours, s'il ne se surprend pas quelquefois dans des déguisements où engagent nécessairement la vanité et la lé-

---

1. *Léon*, sans doute saint Léon, pape en 440, qui obtint d'Attila qu'il épargnerait Rome. — *Saint Basile*, surnommé *le Grand*, évêque de Césarée. — *Saint Jérôme*, auteur de la traduction de l'Ancien Testament nommée la Vulgate. — *Saint Augustin*, évêque d'Hippone.

2. On peut voir l'éloge que fait des Pères de l'Église Fénelon dans sa *Lettre sur les occupations de l'Académie*, IV, et dans son 3ᵉ *Dial. sur l'éloq.*; on peut voir aussi Villemain, *Tableau de l'éloquence chrétienne au IVᵉ siècle*.

gèreté ; si, pour faire un meilleur conte, il ne lui échappe pas souvent d'ajouter à un fait qu'il récite une circonstance qui y manque. Une chose arrive aujourd'hui, et presque sous nos yeux ; cent personnes qui l'ont vue la racontent en cent façons différentes ; celui-ci, s'il est écouté, la dira encore d'une manière qui n'a pas été dite : quelle créance donc pourrais-je donner à des faits qui sont anciens, et éloignés de nous par plusieurs siècles? quel fondement dois-je faire sur les plus graves historiens? que devient l'histoire? César a-t-il été massacré au milieu du sénat? y a-t-il eu un César? Quelle conséquence! me dites-vous; quels doutes! quelle demande! Vous riez! vous ne me jugez pas digne d'aucune[1] réponse, et je crois même que vous avez raison. Je suppose néanmoins que le livre qui fait mention de César ne soit pas un livre profane, écrit de la main des hommes, qui sont menteurs, trouvé par hasard dans les bibliothèques parmi d'autres manuscrits qui contiennent des histoires vraies ou apocryphes ; qu'au contraire il soit inspiré, saint, divin; qu'il porte en soi ces caractères; qu'il se trouve depuis près de deux mille ans dans une société nombreuse qui n'a pas permis qu'on y ait fait pendant tout ce temps la moindre altération, et qui s'est fait une religion de le conserver dans toute son intégrité; qu'il y ait même un engagement religieux et indispensable d'avoir de la foi pour tous les faits contenus dans ce volume où il est parlé de César et de sa dictature : avouez-le, *Lucile*, vous douterez alors qu'il y ait eu un César[2].

Toute musique n'est pas propre à louer Dieu et à être entendue dans le sanctuaire. Toute philosophie ne parle pas dignement de Dieu, de sa puissance, des principes de ses opérations et de ses mystères : plus cette philosophie est subtile et idéale, plus elle est vaine et inutile pour expliquer des choses qui ne demandent des hommes qu'un sens droit pour être connues jusques à un certain point, et qui au

---

1. *Vous ne me jugez pas...* Pas surabondant avec *aucun;* Molière a dit de même :

Et vous n'avez pas lieu d'en prendre aucun soupçon.   (*L'Ét.*, I, 4.)

Aucun est pris dans le sens de *quelque*, d'après son étymologie, *aliquis unus,* auque un.

2. On peut comparer avec la *Logique de Port-Royal*, IVe part., chap. xii à xvi.

delà sont inexplicables. Vouloir rendre raison de Dieu, de ses perfections, et, si j'ose ainsi parler, de ses actions, c'est aller plus loin que les anciens philosophes, que les apôtres, que les premiers docteurs ; mais ce n'est pas rencontrer si juste, c'est creuser longtemps et profondément sans trouver les sources de la vérité. Dès qu'on a abandonné les termes de bonté, de miséricorde, de justice et de toute-puissance, qui donnent de Dieu de si hautes et de si aimables idées, quelque grand effort d'imagination qu'on puisse faire, il faut recevoir les expressions sèches, stériles, vides de sens ; admettre les pensées creuses, écartées des notions communes, ou tout au plus les subtiles et les ingénieuses ; et, à mesure que l'on acquiert d'ouverture dans une nouvelle métaphysique, perdre un peu de sa religion[1].

Jusques où les hommes ne se portent-ils point par l'intérêt de la religion, dont ils sont si peu persuadés, et qu'ils pratiquent si mal !

Cette même religion que les hommes défendent avec chaleur et avec zèle contre ceux qui en ont une toute contraire, ils l'altèrent eux-mêmes dans leur esprit par des sentiments particuliers ; ils y ajoutent et ils en retranchent mille choses souvent essentielles, selon ce qui leur convient, et ils demeurent fermes et inébranlables dans cette forme qu'ils lui ont donnée. Ainsi, à parler populairement, on peut dire d'une seule nation qu'elle vit sous un même culte, et qu'elle n'a qu'une seule religion ; mais, à parler exactement, il est vrai qu'elle en a plusieurs, et que chacun presque y a la sienne.

Deux sortes de gens fleurissent dans les cours, et y dominent dans divers temps, les libertins et les hypocrites : ceux-là gaiement, ouvertement, sans art et sans dissimulation ; ceux-ci finement, par des artifices, par la cabale. Cent fois plus épris de la fortune que les premiers, ils en sont jaloux jusqu'à l'excès ; ils veulent la gouverner, la posséder seuls, la partager entre eux, et en exclure tout autre : dignités, charges, postes, bénéfices, pensions, honneurs, tout leur convient et ne convient qu'à eux, le reste des hommes en est indigne ; ils ne comprennent point que sans

---

1. On pense que La Bruyère a voulu dans cet article faire allusion à Malebranche, qui avait publié un livre *De la nature et de la grâce*, en 1680, et en 1687 ses *Entretiens sur la métaphysique et la religion*.

10.

leur attache[1] on ait l'impudence de les espérer. Une troupe de masques entre dans un bal : ont-ils la main, ils dansent, ils se font danser les uns les autres, ils dansent encore, ils dansent toujours ; ils ne rendent la main à personne de l'assemblée, quelque digne qu'elle soit de leur attention : on languit, on sèche de les voir danser et de ne danser point ; quelques-uns murmurent, les plus sages prennent leur parti et s'en vont.

Il y a deux espèces de libertins[2] : les libertins, ceux du moins qui croient l'être ; et les hypocrites ou faux dévots, c'est-à-dire ceux qui ne veulent pas être crus libertins : les derniers, dans ce genre-là, sont les meilleurs.

Le faux dévot, ou ne croit pas en Dieu, ou se moque de Dieu ; parlons de lui obligeamment : il ne croit pas en Dieu.

Si toute religion est une crainte respectueuse de la Divinité, que penser de ceux qui osent la blesser dans sa plus vive image, qui est le prince ?

Si l'on nous assurait que le motif secret de l'ambassade des Siamois[3] a été d'exciter le roi très-chrétien à renoncer au christianisme, à permettre l'entrée de son royaume aux *talapoins*[4], qui eussent pénétré dans nos maisons pour persuader leur religion à nos femmes, à nos enfants, et à nous-mêmes, par leurs livres et par leurs entretiens ; qui eussent élevé des *pagodes* au milieu des villes, où ils eussent placé des figures de métal pour être adorées, avec quelles risées et quel étrange mépris n'entendrions-nous pas des choses si extravagantes ! Nous faisons cependant six mille lieues de mer pour la conversion des Indes, des royaumes de Siam, de la Chine et du Japon, c'est-à-dire pour faire très-sérieusement à tous ces peuples des propositions qui doivent leur paraître très-folles et très-ridicules. Ils supportent néanmoins nos religieux et nos prêtres ; ils les écoutent quelquefois, leur laissent bâtir leurs églises et faire leurs missions : qui fait cela en eux et en nous ? ne serait-ce point la force de la vérité ?

Il ne convient pas à toute sorte de personnes de lever

---

1. *Attache*, agrément, consentement : « Ils s'imaginent que, parce qu'ils ne demandent maintenant qu'une simple *attache*..., le parlement se prendra à ce piége. » (Pascal, *Prov.*, 19.)
2. *Libertins*, voy. p. 108, n. 3.
3. L'ambassade des Siamois, envoyée au roi en 1680.
4. *Talapoins*, prêtres des Siamois.

l'étendard d'aumônier[1], et d'avoir tous es pauvres d'une ville assemblés à sa porte, qui y reçoivent leurs portions : qui ne sait pas, au contraire, des misères plus secrètes, qu'il peut entreprendre de soulager, ou immédiatement et par ses secours, ou du moins par sa médiation? De même il n'est pas donné à tous de monter en chaire, et d'y distribuer en missionnaire ou en catéchiste la parole sainte : mais qui n'a pas quelquefois sous sa main un libertin à réduire, et à ramener par de douces et insinuantes conversations à la docilité? Quand on ne serait pendant sa vie que l'apôtre d'un seul homme, ce ne serait pas être en vain sur la terre, ni lui être un fardeau inutile.

Il y a deux mondes : l'un où l'on séjourne peu, et dont l'on doit sortir pour n'y plus rentrer ; l'autre où l'on doit bientôt entrer pour n'en jamais sortir. La faveur, l'autorité, les amis, la haute réputation, les grands biens, servent pour le premier monde ; le mépris de toutes ces choses sert pour le second. Il s'agit de choisir.

Qui a vécu un seul jour a vécu un siècle : même soleil, même terre, même monde, mêmes sensations ; rien ne ressemble mieux à aujourd'hui que demain : il y aurait quelque curiosité à mourir, c'est-à-dire à n'être plus un corps, mais à être seulement esprit. L'homme cependant, impatient[2] de la nouveauté, n'est point curieux sur ce seul article : né inquiet et qui s'ennuie de tout, il ne s'ennuie point de vivre ; il consentirait peut-être à vivre toujours. Ce qu'il voit de la mort le frappe plus violemment que ce qu'il en sait : la maladie, la douleur, le cadavre, le dégoûtent de la connaissance d'un autre monde ; il faut tout le sérieux de la religion pour le réduire.

Si Dieu avait donné le choix ou de mourir ou de toujours vivre, après avoir médité profondément ce que c'est que de ne voir nulle fin à la pauvreté, à la dépendance, à l'ennui, à la maladie, ou de n'essayer des richesses, de la grandeur, des plaisirs et de la santé que pour les voir changer inviolablement, et par la révolution des temps, en leurs con-

---

1. *Aumônier*, qui fait souvent l'aumône, vieilli et peu usité : « Homme de bien, charitable, *aulmosnier*. » (Rabelais, *Pant.*, III, 28.) « Helvétius était un bon et honnête homme... aumônier. » (Saint-Simon, 87.)

2. *Impatient*, même sens que dans ce vers de Racine :

Ton cœur *impatient de revoir* ta Troyenne.   (*Androm.*, IV, 5.)

traires, et être ainsi le jouet des biens et des maux, l'on ne saurait guère à quoi se résoudre[1]. La nature nous fixe, et nous ôte l'embarras de choisir ; et la mort, qu'elle nous rend nécessaire, est encore adoucie par la religion.

Si ma religion était fausse, je l'avoue, voilà le piége le mieux dressé qu'il soit possible d'imaginer ; il était inévitable de ne pas donner tout au travers et de n'y être pas pris : quelle majesté, quel éclat des mystères ! quelle suite et quel enchaînement de toute la doctrine ! quelle raison éminente ! quelle candeur, quelle innocence de vertu ! quelle force invincible et accablante des témoignages rendus successivement et pendant trois siècles entiers par des millions de personnes les plus sages, les plus modérées qui fussent alors sur la terre, et que le sentiment d'une même vérité soutient dans l'exil, dans les fers, contre la vue de la mort et du dernier supplice ! Prenez l'histoire, ouvrez, remontez jusques au commencement du monde, jusques à la veille de sa naissance : y a-t-il eu rien de semblable dans tous les temps ? Dieu même pouvait-il jamais mieux rencontrer pour me séduire ? par où échapper ? où aller, où me jeter, je ne dis pas pour trouver rien de meilleur, mais quelque chose qui en approche ? S'il faut périr, c'est par là que je veux périr ; il m'est plus doux de nier Dieu que de l'accorder avec une tromperie si spécieuse et si entière : mais je l'ai approfondi, je ne puis être athée : je suis donc ramené et entraîné dans ma religion, c'en est fait.

La religion est vraie, ou elle est fausse[2] : si elle n'est qu'une vaine fiction, voilà, si l'on veut, soixante années perdues pour l'homme de bien, pour le chartreux ou le solitaire ; ils ne courent pas un autre risque : mais si elle est fondée sur la vérité même, c'est alors un épouvantable malheur pour l'homme vicieux ; l'idée seule des maux qu'il se prépare me trouble l'imagination ; la pensée est trop

---

1. Alfred de Musset a exprimé des idées analogues avec une grande poésie :

    Ne sont-ce pas des morts, et des morts effroyables,
    Que tant de changements d'êtres si variables,
    Qui se disent toujours fatigués d'espérer, etc. (*Lett.* à *M. de Lamartine.*)

2. « Dieu est ou il n'est pas. Mais de quel côté pencherons-nous ? La raison n'y peut rien déterminer. Il y a un chaos infini qui nous sépare. Il se joue un jeu, à l'extrémité de cette distance infinie, où il arrivera croix ou pile, etc. » (Pascal, *Pens.*) art. x.)

faible pour les concevoir, et les paroles trop vaines pour les exprimer. Certes, en supposant même dans le monde moins de certitude qu'il ne s'en trouve en effet sur la vérité de la religion, il n'y a point pour l'homme un meilleur parti que la vertu [1].

Je ne sais si ceux qui osent nier Dieu méritent qu'on s'efforce de le leur prouver, et qu'on les traite plus sérieusement que l'on n'a fait dans ce chapitre. L'ignorance, qui est leur caractère, les rend incapables des principes les plus clairs et des raisonnements les mieux suivis : je consens néanmoins qu'ils lisent celui que je vais faire, pourvu qu'ils ne se persuadent pas que c'est tout ce que l'on pouvait dire sur une vérité si éclatante.

Il y a quarante ans que je n'étais point, et qu'il n'était pas en moi de pouvoir jamais être, comme il ne dépend pas de moi, qui suis une fois, de n'être plus : j'ai donc commencé, et je continue d'être par quelque chose qui est hors de moi, qui durera après moi, qui est meilleur et plus puissant que moi : si ce quelque chose n'est pas Dieu, qu'on me dise ce que c'est.

Peut-être que moi qui existe n'existe ainsi que par la force d'une nature universelle qui a toujours été telle que nous la voyons, en remontant jusques à l'infinité des temps [2]. Mais cette nature, ou elle est seulement esprit, et c'est Dieu; ou elle est matière, et ne peut par conséquent avoir créé mon esprit; ou elle est un composé de matière et d'esprit, et alors ce qui est esprit dans la nature, je l'appelle Dieu.

Peut-être aussi ce que j'appelle mon esprit n'est qu'une portion de matière qui existe par la force d'une nature universelle qui est aussi matière, qui a toujours été et qui sera toujours telle que nous la voyons, et qui n'est point Dieu [3] : mais du moins faut-il m'accorder que ce que j'appelle mon esprit, quelque chose que ce puisse être, est une chose qui pense; et que, s'il est matière, il est nécessairement une

1. « Or, quel mal vous arrivera-t-il en prenant ce parti? Vous serez fidèle, honnête, humble, reconnaissant, bienfaisant, sincère ami, véritable. A la vérité, vous ne serez point dans les plaisirs emportés, dans la gloire, dans les délices; mais n'en aurez-vous point d'autres? » (Pascal, *Pens.*, X.)

2. Objection du système des libertins. (La Bruyère.)

3. Instance des libertins. (La Bruyère.)

matière qui pense : car l'on ne me persuadera point qu'il n'y ait pas en moi quelque chose qui pense pendant que je fais ce raisonnement. Or, ce quelque chose qui est en moi, et qui pense, s'il doit son être et sa conservation à une nature universelle qui a toujours été et qui sera toujours, laquelle il reconnaisse comme sa cause, il faut indispensablement que ce soit à une nature universelle, ou qui pense, ou qui soit plus noble et plus parfaite que ce qui pense ; et si cette nature ainsi faite est matière, l'on doit encore conclure que c'est une matière universelle qui pense, ou qui est plus noble et plus parfaite que ce qui pense[1].

Je continue, et je dis : Cette matière, telle qu'elle vient d'être supposée, si elle n'est pas un être chimérique, mais réel, n'est pas aussi imperceptible à tous les sens ; et si elle ne se découvre pas par elle-même, on la connaît du moins dans le divers arrangement de ses parties, qui constitue les corps, et qui en fait la différence ; elle est donc elle-même tous ces différents corps ; et comme elle est une matière qui pense, selon la supposition, ou qui vaut mieux que ce qui pense, il s'ensuit qu'elle est telle du moins selon quelques-uns de ces corps, et, par une suite nécessaire, selon tous ces corps, c'est-à-dire qu'elle pense dans les pierres, dans les métaux, dans les mers, dans la terre, dans moi-même qui ne suis qu'un corps, comme dans toutes les autres parties qui la composent : c'est donc à l'assemblage de ces parties si terrestres, si grossières, si corporelles, qui toutes ensemble sont la matière universelle ou ce monde visible, que je dois ce quelque chose qui est en moi, qui pense, et que j'appelle mon esprit ; ce qui est absurde.

Si au contraire cette nature universelle, quelque chose que ce puisse être, ne peut pas être tous ces corps, ni aucun de ces corps, il suit de là qu'elle n'est point matière, ni perceptible par aucun des sens : si cependant elle pense, ou si elle est plus parfaite que ce qui pense, je conclus encore qu'elle est esprit, ou un être meilleur et plus accompli que ce qui est esprit ; si d'ailleurs il ne reste plus à ce qui pense en moi, et que j'appelle mon esprit, que cette nature universelle à laquelle il puisse remonter pour rencontrer sa première cause et son unique origine, parce qu'il ne trouve

---

1. On peut voir Fénelon, *De l'existence de Dieu*, IIe part., ch. 2, *Preuves métaphysiques de l'existence de Dieu*.

point son principe en soi, et qu'il le trouve encore moins dans la matière, ainsi qu'il a été démontré, alors je ne dispute point des noms; mais cette source originaire de tout esprit, qui est esprit elle-même, et qui est plus excellente que tout esprit, je l'appelle Dieu.

En un mot, je pense, donc Dieu existe : car ce qui pense en moi, je ne le dois point à moi-même, parce qu'il n'a pas plus dépendu de moi de me le donner une première fois, qu'il dépend encore de moi de me le conserver un seul instant; je ne le dois point à un être qui soit au-dessus de moi, et qui soit matière, puisqu'il est impossible que la matière soit au-dessus de ce qui pense : je le dois donc à un être qui est au-dessus de moi, et qui n'est point matière; et c'est Dieu [1].

De ce qu'une nature universelle qui pense exclut de soi généralement tout ce qui est matière, il suit nécessairement qu'un être particulier qui pense ne peut pas aussi admettre en soi la moindre matière; car, bien qu'un être universel qui pense renferme dans son idée infiniment plus de grandeur, de puissance, d'indépendance et de capacité qu'un être particulier qui pense, il ne renferme pas néanmoins une plus grande exclusion de matière, puisque cette exclusion dans l'un et l'autre de ces deux êtres est aussi grande qu'elle peut être et comme infinie, et qu'il est autant impossible que ce qui pense en moi soit matière, qu'il est inconcevable que Dieu soit matière : ainsi, comme Dieu est esprit, mon âme aussi est esprit.

Je ne sais point si le chien choisit, s'il se ressouvient, s'il affectionne, s'il craint, s'il imagine, s'il pense : quand donc l'on me dit que toutes ces choses ne sont en lui ni passions ni sentiment, mais l'effet naturel et nécessaire de la disposition de sa machine préparée par le divers arrangement des parties de la matière, je puis au moins acquiescer à cette doctrine [2]. Mais je pense, et je suis certain que je pense : or quelle proportion y a-t-il de tel ou de tel arrangement des parties de la matière, c'est-à-dire d'une étendue selon toutes ses dimensions, qui est longue, large et profonde, et qui est divisible dans tous ces sens, avec ce qui pense ?

---

1. On peut voir la troisième méditation de Descartes.
2. *Doctrine*, théorie de Descartes sur l'automatisme des bêtes, *Disc. de la méthode*, V^e part. : La Fontaine l'a exposée et réfutée très-vivement dans la fable 1 du liv. X, *les deux rats, le renard et l'œuf*.

Si tout est matière, et si la pensée en moi, comme dans tous les autres hommes, n'est qu'un effet de l'arrangement des parties de la matière, qui a mis dans le monde toute autre idée que celle des choses matérielles ? La matière a-t-elle dans son fonds une idée aussi pure, aussi simple, aussi immatérielle qu'est celle de l'esprit? Comment peut-elle être le principe de ce qui la nie et l'exclut de son propre être ? Comment est-elle dans l'homme ce qui pense, c'est-à-dire ce qui est à l'homme même une conviction qu'il n'est point matière [1] ?

Il y a des êtres qui durent peu, parce qu'ils sont composés de choses très-différentes, et qui se nuisent réciproquement; il y en a d'autres qui durent davantage, parce qu'ils sont plus simples ; mais ils périssent, parce qu'ils ne laissent pas d'avoir des parties selon lesquelles ils peuvent être divisés. Ce qui pense en moi doit durer beaucoup, parce que c'est un être pur, exempt de tout mélange et de toute composition ; et il n'y a pas de raison qu'il doive périr : car qui peut corrompre ou séparer un être simple et qui n'a point de parties ?

L'âme voit la couleur par l'organe de l'œil et entend les sons par l'organe de l'oreille ; mais elle peut cesser de voir ou d'entendre, quand ces sens ou ces objets lui manquent, sans que pour cela elle cesse d'être, parce que l'âme n'est point précisément ce qui voit la couleur ou ce qui entend les sons; elle n'est que ce qui pense. Or comment peut-elle cesser d'être telle ? Ce n'est point par le défaut d'organe, puisqu'il est prouvé qu'elle n'est point matière, ni par le défaut d'objet, tant qu'il y aura un Dieu et d'éternelles vérités: elle est donc incorruptible.

Je ne conçois point qu'une âme que Dieu a voulu remplir de l'idée de son être infini et souverainement parfait doive être anéantie.

Voyez, *Lucile,* ce morceau de terre [2], plus propre et plus orné, que les autres terres qui lui sont contiguës : ici, ce sont des compartiments mêlés d'eaux plates et d'eaux jaillissantes; là, des allées en palissade qui n'ont pas de fin, et

---

1. Fénelon, *De l'existence de Dieu*, Ire part., ch. II; IIe part., ch. III.
2. Chantilly. Bossuet avait aussi célébré les splendeurs de Chantilly dans l'*Oraison funèbre du prince de Condé* :... « qu'il conduisit ses amis dans ces superbes allées au bruit de tant de jets d'eau qui ne se taisaient ni jour ni nuit..., etc. »

qui vous couvrent des vents du nord ; d'un côté c'est un bois épais qui défend de tous les soleils, et d'un autre un beau point de vue : plus bas une Yvette ou un Lignon[1], qui coulait obscurément entre les saules et les peupliers, est devenu un canal qui est revêtu ; ailleurs de longues et fraîches avenues se perdent dans la campagne et annoncent la maison, qui est entourée d'eau. Vous récrierez-vous : Quel jeu du hasard ! combien de belles choses se sont rencontrées ensemble inopinément ! Non sans doute ; vous direz au contraire : Cela est bien imaginé et bien ordonné ; il règne ici un bon goût et beaucoup d'intelligence[2]. Je parlerai comme vous, et j'ajouterai que ce doit être la demeure de quelqu'un de ces gens chez qui un NAUTRE[3] va tracer et prendre des alignements dès le jour même qu'ils sont en place. Qu'est-ce pourtant que cette pièce de terre ainsi disposée, et où tout l'art d'un ouvrier habile a été employé pour l'embellir, si même toute la terre n'est qu'un atome suspendu en l'air, et si vous écoutez ce que je vais dire ?

Vous êtes placé, ô Lucile, quelque part sur cet atome ; il faut donc que vous soyez bien petit, car vous n'y occupez pas une grande place : cependant vous avez des yeux, qui sont deux points imperceptibles ; ne laissez pas de les ouvrir vers le ciel : qui apercevez-vous quelquefois ? La lune dans son plein ? Elle est belle alors et fort lumineuse, quoique sa lumière ne soit que la réflexion de celle du soleil : elle paraît grande comme le soleil, plus grande que les autres planètes et qu'aucune des étoiles. Mais ne vous laissez pas tromper par les dehors : il n'y a rien au ciel d'aussi petit que la lune ; sa superficie est treize fois plus petite que celle de la terre, sa solidité quarante-huit fois ; et son diamètre de sept cent cinquante lieues n'est que le quart de celui de la terre : aussi est-il vrai qu'il n'y a que son voisinage qui lui donne une si grande apparence, puisqu'elle n'est guère plus éloignée de nous que de trente fois le diamètre de la terre, ou

---

1. *Yvette*, petite rivière du département de Seine-et-Oise. — *Lignon* : plusieurs rivières portent ce nom : la principale sort des monts du Forez et a été illustrée dans le roman de l'*Astrée*. Ici ces noms sont mis au lieu du nom commun.

2. On peut voir Fénelon, *De l'existence de Dieu*, Ire part., ch. 1.

3. *André le Nautre*, fameux architecte et dessinateur des jardins du roi ; on lui doit les jardins de Versailles, de Chantilly, de Meudon, de Saint-Cloud, de Sceaux, des Tuileries, et la terrasse de Saint-Germain.

que sa distance n'est que de cent mille lieues. Elle n'a presque pas même de chemin à faire en comparaison du vaste tour que le soleil fait dans les espaces du ciel ; car il est certain qu'elle n'achève par jour que cinq cent quarante mille lieues : ce n'est par heure que vingt-deux mille cinq cents lieues, et trois cent soixante et quinze lieues dans une minute. Il faut néanmoins, pour accomplir cette course, qu'elle aille cinq mille six cents fois plus vite qu'un cheval de poste qui ferait quatre lieues par heure, qu'elle vole quatre-vingts fois plus légèrement que le son, que le bruit, par exemple, du canon et du tonnerre, qui parcourt en une heure deux cent soixante et dix-sept lieues [1].

Mais quelle comparaison de la lune au soleil pour la grandeur, pour l'éloignement, pour la course ! vous verrez qu'il n'y en a aucune. Souvenez-vous seulement du diamètre de la terre, il est de trois mille lieues ; celui du soleil est cent fois plus grand, il est donc de trois cent mille lieues. Si c'est là sa largeur en tout sens, quelle peut être toute sa superficie ! quelle sa solidité ! Comprenez-vous bien cette étendue, et qu'un million de terres comme la nôtre ne seraient toutes ensemble pas plus grosses que le soleil ? Quel est donc, direz-vous, son éloignement, si l'on en juge par son apparence ? Vous avez raison, il est prodigieux ; il est démontré qu'il ne peut pas y avoir de la terre au soleil moins de dix mille diamètres de la terre, autrement moins de trente millions de lieues : peut-être y a-t-il quatre fois, six fois, dix fois plus loin ; on n'a aucune méthode pour déterminer cette distance [2].

Pour aider seulement votre imagination à se la représenter, supposons une meule de moulin qui tombe du soleil sur la terre ; donnons-lui la plus grande vitesse qu'elle soit capable d'avoir, celle même que n'ont pas les corps tombant de fort haut ; supposons encore qu'elle conserve toujours cette même vitesse, sans en acquérir et sans en perdre ; qu'elle parcourt quinze toises par chaque seconde de temps, c'est-à-dire la moitié de l'élévation des plus hautes tours, et ainsi

---

1. « Tout ce monde visible n'est qu'un trait imperceptible dans l'ample sein de la nature. Nulle idée n'en approche. Nous avons beau enfler nos conceptions au delà des espaces imaginables : nous n'enfantons que des atomes, au prix de la réalité des choses. » (Pascal, *Pens.*, art. 1.)

2. Depuis La Bruyère on a trouvé cette distance, qui est de douze mille diamètres terrestres.

neuf cents toises en une minute; passons-lui mille toises en une minute, pour une plus grande facilité : mille toises font une demi-lieue commune; ainsi en deux minutes la meule fera une lieue, et en une heure elle en fera trente, et en un jour elle fera sept cent vingt lieues : or elle a trente millions à traverser avant que d'arriver à terre; il lui faudra donc quarante et un mille six cent soixante-six jours, qui sont plus de cent quatorze années, pour faire ce voyage. Ne vous effrayez pas, Lucile, écoutez-moi : la distance de la terre à Saturne est au moins décuple de celle de la terre au soleil; c'est vous dire qu'elle ne peut être moindre que de trois cents millions de lieues, et que cette pierre emploierait plus de onze cent quarante ans pour tomber de Saturne en terre [1].

Par cette élévation de Saturne élevez vous-même, si vous le pouvez, votre imagination à concevoir quelle doit être l'immensité du chemin qu'il parcourt chaque jour au-dessus de nos têtes : le cercle que Saturne décrit a plus de six cents millions de lieues de diamètre, et par conséquent plus de dix-huit cents millions de lieues de circonférence; un cheval anglais qui ferait dix lieues par heure n'aurait à courir que vingt mille cinq cent quarante-huit ans pour faire ce tour.

Je n'ai pas tout dit, ô Lucile, sur le miracle de ce monde visible, ou, comme vous parlez quelquefois, sur les merveilles du hasard, que vous admettez seul pour la cause première de toutes choses. Il est encore un ouvrier plus admirable que vous ne pensez : connaissez le hasard, laissez-vous instruire de toute la puissance de votre Dieu. Savez-vous que cette distance de trente millions de lieues qu'il y a de la terre au soleil, et celle de trois cents millions de lieues de la terre à Saturne, sont si peu de chose, comparées à l'éloignement qu'il y a de la terre aux étoiles, que ce n'est pas même s'énoncer assez juste que de se servir, sur le sujet de ces distances, du terme de comparaison? Quelle proportion à la vérité de ce qui se mesure, quelque grand qu'il puisse être, avec ce qui ne se mesure pas? On ne connaît point la hauteur d'une étoile; elle est, si j'ose ainsi parler,

---

[1]. On prévient d'une manière générale que les chiffres établis par La Bruyère ne sont plus rigoureusement d'accord avec les données de la science moderne; mais le raisonnement de l'auteur n'en conserve pas moins sa valeur.

immensurable[1] ; il n'y a plus ni angles, ni sinus, ni parallaxes, dont on puisse s'aider : si un homme observait à Paris une étoile fixe, et qu'un autre la regardât du Japon, les deux lignes qui partiraient de leurs yeux pour aboutir jusqu'à cet astre ne feraient pas un angle, et se confondraient en une seule et même ligne, tant la terre entière n'est pas espace par rapport à cet éloignement. Mais les étoiles ont cela de commun avec Saturne et avec le soleil : il faut dire quelque chose de plus. Si deux observateurs, l'un sur la terre et l'autre dans le soleil, observaient en même temps une étoile, les deux rayons visuels de ces deux observateurs ne formeraient point d'angle sensible. Pour concevoir la chose autrement, si un homme était situé dans une étoile, notre soleil, notre terre, et les trente millions de lieues qui les séparent, lui paraîtraient un même point : cela est démontré[2].

On ne sait pas aussi la distance d'une étoile d'avec une autre étoile, quelque voisines qu'elles nous paraissent. Les Pléiades se touchent presque, à en juger par nos yeux : une étoile paraît assise sur l'une de celles qui forment la queue de la grande Ourse; à peine la vue peut-elle atteindre[3] à discerner la partie du ciel qui les sépare, c'est comme une étoile qui paraît double. Si cependant tout l'art des astronomes est inutile pour en marquer la distance, que doit-on penser de l'éloignement de deux étoiles qui en effet paraissent éloignées l'une de l'autre, et à plus forte raison des deux polaires ? Quelle est donc l'immensité de la ligne qui passe d'une polaire à l'autre? et que sera-ce que le cercle dont cette ligne est le diamètre? Mais n'est-ce pas quelque chose de plus que de sonder les abîmes, que de vouloir imaginer la solidité du globe dont ce cercle n'est qu'une section? Serons-nous encore surpris que ces mêmes étoiles, si démesurées

---

1. *Immensurable*, terme qui malheureusement n'a point passé dans l'usage : *incommensurable* se dit de deux quantités qui n'ont point de commune mesure.

2. « *Cela est démontré,* » tout récemment, avec des observations plus exactes : on a précisément trouvé que ces deux rayons visuels font, pour certaines étoiles, un très-petit angle mesurable, toujours inférieur à une seconde de degré. On en conclut que les étoiles les plus voisines de la terre en sont 220000 fois plus éloignées que le soleil; la lumière met près de quatre ans à nous en arriver.

3. *Atteindre,* parvenir avec effort :

Et sans *atteindre* au but où l'on ne peut *atteindre*. (Malherbe, V, 30.)

dans leur grandeur, ne nous paraissent néanmoins que comme des étincelles? N'admirerons-nous pas plutôt que d'une hauteur si prodigieuse elles puissent conserver une certaine apparence, et qu'on ne les perde pas toutes de vue? Il n'est pas aussi imaginable combien il nous en échappe. On fixe le nombre des étoiles : oui, de celles qui sont apparentes : le moyen de compter celles qu'on n'aperçoit point, celles, par exemple, qui composent la voie de lait[1], cette trace lumineuse qu'on remarque au ciel dans une nuit sereine du nord au midi, et qui, par leur extraordinaire élévation, ne pouvant percer jusqu'à nos yeux pour être vues chacune en particulier, ne font au plus que blanchir cette route des cieux où elles sont placées?

Me voilà donc sur la terre comme sur un grain de sable qui ne tient à rien, et qui est suspendu au milieu des airs[2]; un nombre presque infini de globes de feu d'une grandeur inexprimable et qui confond l'imagination, d'une hauteur qui surpasse nos conceptions, tournent, roulent autour de ce grain de sable, et traversent chaque jour, depuis plus de six mille ans, les vastes et immenses espaces des cieux. Voulez-vous un autre système, et qui ne diminue rien du merveilleux? La terre elle-même est emportée avec une rapidité inconcevable autour du soleil, le centre de l'univers[3]. Je me les représente, tous ces globes, ces corps effroyables qui sont en marche ; ils ne s'embarrassent point l'un l'autre; ils ne se choquent point, ils ne se dérangent point: si le plus petit d'eux tous venait à se démentir et à rencontrer la terre, que deviendrait la terre? Tous au contraire sont en leur place, demeurent dans l'ordre qui leur est prescrit, suivent la route qui leur est marquée[4], et si paisiblement à notre égard, que per-

---

1. *Voie de lait*, voie lactée : « N'étaient-ils pas excusables dans la pensée qu'ils ont eue pour *la voie de lait*? etc. (Pascal, *Fragm. d'un traité du vide*.)

2. « Qui se considérera de la sorte s'effrayera de soi-même, et se considérant soutenu dans la masse que la nature lui a donnée, entre ces deux abîmes de l'infini et du néant, il tremblera dans la vue de ces merveilles. » (Pascal, *Pens.*, art. I.)

3. *Centre de l'univers*. Fénelon dit de même en parlant de la flamme du soleil : « Je demande d'où vient qu'elle est si bien placée dans le *centre de l'univers*. » (*Exist. de Dieu*, Ire part., ch. II.) Il faut entendre, par cette expression, le centre de notre système planétaire.

4. « Combien doit être puissant et sage celui qui fait des mondes aussi innombrables que les grains de sable qui couvrent le rivage des mers, et qui conduit sans peine, pendant tant de siècles, tous ces mondes errants, comme un berger conduit un troupeau. » (Fénelon, *ibid.*)

sonne n'a l'oreille assez fine pour les entendre marcher, et que le vulgaire ne sait pas s'ils sont au monde. O économie merveilleuse du hasard! l'intelligence même pourrait-elle mieux réussir? Une seule chose, Lucile, me fait de la peine[1] : ces grands corps sont si précis et si constants dans leur marche, dans leurs révolutions et dans tous leurs rapports, qu'un petit animal relégué en un coin de cet espace immense qu'on appelle le monde, après les avoir observés, s'est fait une méthode infaillible de prédire à quel point de leur course tous ces astres se trouveront d'aujourd'hui en deux, en quatre, en vingt mille ans : voilà mon scrupule, Lucile; si c'est par hasard qu'ils observent des règles si invariables, qu'est-ce que l'ordre? qu'est-ce que la règle?

Je vous demanderai même ce que c'est que le hasard : est-il corps? est-il esprit? est-ce un être distingué des autres êtres, qui ait son existence particulière, qui soit quelque part? ou plutôt n'est-ce pas un mode, ou une façon d'être? Quand une boule rencontre une pierre, l'on dit : c'est un hasard; mais est-ce autre chose que ces deux corps qui se choquent fortuitement? Si par ce hasard ou cette rencontre la boule ne va plus droit, mais obliquement; si son mouvement n'est plus direct, mais réfléchi; si elle ne roule plus sur son axe, mais qu'elle tournoie et qu'elle pirouette; conclurai-je que c'est par ce même hasard qu'en général la boule est en mouvement? Ne soupçonnerai-je pas plus volontiers qu'elle se meut, ou de soi-même, ou par l'impulsion du bras qui l'a jetée? Et parce que les roues d'une pendule sont déterminées l'une par l'autre à un mouvement circulaire d'une telle ou telle vitesse, examinerai-je moins curieusement quelle peut être la cause de tous ces mouvements; s'ils se font d'eux-mêmes, ou par la force mouvante d'un poids qui les emporte? Mais ni ces roues ni cette boule n'ont pu se donner le mouvement d'eux-mêmes, ou ne l'ont point par leur nature, s'ils peuvent le perdre sans changer de nature : il y a donc apparence qu'ils sont mus d'ailleurs, et par une puissance qui leur est étrangère[2].

1. *Fait de la peine*, me cause du souci, de la préoccupation.
2. « Il y a une raison qui fait que le plus grand poids emporte le moindre; qu'une pierre enfonce dans l'eau plutôt que du bois; qu'un arbre croît en un lieu plutôt qu'en un autre... Mais cette raison n'est pas dans toutes ces choses: elle est en celui qui les a faites et qui les a ordonnées. » (Bossuet, *Connaiss. de Dieu et de soi-même*, ch. IV.)

Et les corps célestes, s'ils venaient à perdre leur mouvement, changeraient-ils de nature? seraient-ils moins des corps? Je ne me l'imagine pas ainsi : ils se meuvent cependant, et ce n'est point d'eux-mêmes et par leur nature. Il faudrait donc chercher, ô Lucile, s'il n'y a point hors d'eux un principe qui les fait mouvoir : qui que vous trouviez, je l'appelle Dieu.

Si nous supposions que ces grands corps sont sans mouvement, on ne demanderait plus, à la vérité, qui les met en mouvement, mais on serait toujours reçu à demander qui a fait ces corps, comme on peut s'informer qui a fait ces roues ou cette boule; et quand chacun de ces grands corps serait supposé un amas fortuit d'atomes qui se sont liés et enchaînés ensemble par la figure et la conformation de leurs parties, je prendrais un de ces atomes, et je dirais : Qui a créé cet atome? est-il matière? est-il intelligence? a-t-il eu quelque idée de soi-même avant que de se faire soi-même? Il était donc un moment avant que d'être; il était et il n'était pas tout à la fois, et s'il est auteur de son être et de sa manière d'être, pourquoi s'est-il fait corps plutôt qu'esprit? Bien plus, cet atome n'a-t-il point commencé? est-il éternel? est-il infini? Ferez-vous un Dieu de cet atome [1]?

Le ciron a des yeux, il se détourne à la rencontre des objets qui lui pourraient nuire; quand on le met sur de l'ébène pour le mieux remarquer, si dans le temps qu'il marche vers un côté on lui présente le moindre fétu, il change de route : est-ce un jeu du hasard que son cristallin, sa rétine et son nerf optique?

L'on voit dans une goutte d'eau que le poivre qu'on y a mis tremper a altérée un nombre presque innombrable de petits animaux, dont le microscope nous fait apercevoir la figure, et qui se meuvent avec une rapidité incroyable, comme autant de monstres dans une vaste mer : chacun de ces animaux est plus petit mille fois qu'un ciron, et néanmoins c'est un corps qui vit, qui se nourrit, qui croît, qui doit avoir des muscles, des vaisseaux équivalents aux veines, aux nerfs, aux artères, et un cerveau pour distribuer les esprits animaux [2].

---

1. Allusion à la théorie des atomes d'Épicure : Fénelon a consacré à la réfuter le chapitre III du *Traité de l'existence de Dieu*, Ire part.

2. « Qu'un ciron lui offre dans la petitesse de son corps des parties incomparablement plus petites, des jambes avec des jointures, des veines dans ces jambes, du sang dans ces veines, des humeurs dans ce

Une tache de moisissure de la grandeur d'un grain de sable paraît dans le microscope comme un amas de plusieurs plantes très-distinctes, dont les unes ont des fleurs, les autres des fruits; il y en a qui n'ont que des boutons à demi ouverts, il y en a quelques-unes qui sont fanées : de quelle étrange petitesse doivent être les racines et les filtres qui séparent les aliments de ces petites plantes ! Et si l'on vient à considérer que ces plantes ont leurs graines, ainsi que les chênes et les pins, et que ces petits animaux dont je viens de parler se multiplient par voie de génération, comme les éléphants et les baleines, où cela ne mène-t-il point ? Qui a su travailler à des ouvrages si délicats, si fins, qui échappent à la vue des hommes, et qui tiennent de l'infini comme les cieux, bien que dans l'autre extrémité ? Ne serait-ce point celui qui a fait les cieux, les astres, ces masses énormes, épouvantables par leur grandeur, par leur élévation, par la rapidité et l'étendue de leur course, et qui se joue de [1] les faire mouvoir ?

Il est de fait que l'homme jouit du soleil, des astres, des cieux et de leurs influences, comme il jouit de l'air qu'il respire, et de la terre sur laquelle il marche et qui le soutient; et s'il fallait ajouter à la certitude d'un fait la convenance ou la vraisemblance, elle y est tout entière, puisque les cieux et tout ce qu'ils contiennent ne peuvent pas entrer en comparaison, pour la noblesse et la dignité, avec le moindre des hommes qui sont sur la terre, et que la proportion qui se trouve entre eux et lui est celle de la matière incapable de sentiment, qui est seulement une étendue selon trois dimensions, à ce qui est esprit, raison ou intelligence [2]. Si l'on dit que l'homme aurait pu se passer à moins pour sa

---

sang, des gouttes dans ces humeurs, des vapeurs dans ces gouttes.... Il pensera peut-être que c'est là l'extrême petitesse de la nature. Je veux lui faire voir là-dedans un abîme nouveau, etc. » (Pascal, *Pens.*, art. 1.) On peut voir dans Bernardin de Saint-Pierre *le monde d'insectes sur un fraisier*, Étude 1re de la nature.

1. *Se joue de*, rappelle l'expression de Bossuet: « Dieu dont souvent, selon l'Écriture, la sagesse *se joue* dans l'univers, etc. » (*Oraison fun. du prince de Condé*.)

2. C'est la pensée de Pascal : « La grandeur de l'homme est grande en ce qu'il se connaît misérable. Un arbre ne se connaît pas misérable. C'est donc être misérable que de se connaître misérable; mais c'est être grand que de connaître qu'on est misérable. » Et plus loin : « L'homme n'est qu'un roseau, le plus faible de la nature, mais c'est un roseau pensant. » (Art. 1, 3 et 6.)

conservation, je réponds que Dieu ne pouvait moins faire pour étaler[1] son pouvoir, sa bonté et sa magnificence, puisque, quelque chose que nous voyions qu'il ait faite, il pouvait faire infiniment davantage.

Le monde entier, s'il est fait pour l'homme, est littéralement la moindre chose que Dieu ait faite pour l'homme; la preuve s'en tire du fond de la religion : ce n'est donc ni vanité ni présomption à l'homme de se rendre sur ses avantages à la force de la vérité; ce serait en lui stupidité et aveuglement de ne pas se laisser convaincre par l'enchaînement des preuves dont la religion se sert pour lui faire connaître ses privilèges, ses ressources, ses espérances, pour lui apprendre ce qu'il est et ce qu'il peut devenir. Mais la lune est habitée; il n'est pas du moins impossible qu'elle le soit. Que[2] parlez-vous, Lucile, de la lune, et à quel propos ? En supposant Dieu, quelle est en effet la chose impossible ? Vous demandez peut-être si nous sommes les seuls dans l'univers que Dieu ait si bien traités; s'il n'y a point dans la lune, ou d'autres hommes, ou d'autres créatures que Dieu ait aussi favorisées. Vaine curiosité! frivole demande! La terre, Lucile, est habitée; nous l'habitons, et nous savons que nous l'habitons; nous avons nos preuves, notre évidence, nos convictions sur tout ce que nous devons penser de Dieu et de nous-mêmes : que ceux qui peuplent les globes célestes, quels qu'ils puissent être, s'inquiètent pour eux-mêmes; ils ont leurs soins, et nous les nôtres. Vous avez, Lucile, observé la lune; vous avez reconnu ses taches, ses abîmes, ses inégalités, sa hauteur, son étendue, son cours, ses éclipses; tous les astronomes n'ont pas été plus loin. Imaginez de nouveaux instruments, observez-la avec plus d'exactitude : voyez-vous qu'elle soit peuplée, et de quels animaux? ressemblent-ils aux hommes? sont-ce des hommes? Laissez-moi voir après vous, et si nous sommes convaincus l'un et l'autre que des hommes habitent la lune, examinons alors s'ils sont chrétiens, et si Dieu a partagé ses faveurs entre eux et nous.

1. *Étaler.* Bossuet a employé cette expression d'une manière non moins heureuse : « Un de ces exemples redoutables qui *étalent* aux yeux du monde sa vanité tout entière. » (*Oraison fun. de Henr. de France.*)
2. *Que parlez-vous?* dans le sens du mot latin *quid*, pourquoi :

Que parlez-vous ici d'Albe et de sa victime ? (Corneille, *Hor.*, IV, 2.)

Tout est grand et admirable dans la nature ; il ne s'y voit rien qui ne soit marqué au coin de l'ouvrier : ce qui s'y voit quelquefois d'irrégulier et d'imparfait suppose règle et perfection. Homme vain et présomptueux ! faites un vermisseau que vous foulez aux pieds, que vous méprisez : vous avez horreur du crapaud, faites un crapaud, s'il est possible. Quel excellent maître que celui qui fait des ouvrages, je ne dis pas que les hommes admirent, mais qu'ils craignent ! Je ne vous demande pas de vous mettre à votre atelier pour faire un homme d'esprit, un homme bien fait, une belle femme ; l'entreprise est forte et au-dessus de vous : essayez seulement de faire un bossu, un fou, un monstre, je suis content.

Rois, monarques, potentats, sacrées majestés ! vous ai-je nommés par tous vos superbes noms ? grands de la terre, très-hauts, très-puissants et peut-être bientôt *tout-puissants seigneurs !* nous autres hommes nous avons besoin pour nos moissons d'un peu de pluie, de quelque chose de moins, d'un peu de rosée : faites de la rosée, envoyez sur la terre une goutte d'eau.

L'ordre, la décoration, les effets de la nature, sont populaires [1] ; les causes, les principes, ne le sont point. Demandez à une femme comment un bel œil n'a qu'à s'ouvrir pour voir ; demandez-le à un homme docte.

Plusieurs millions d'années, plusieurs centaines de millions d'années, en un mot, tous les temps ne sont qu'un instant, comparés à la durée de Dieu, qui est éternelle : tous les espaces du monde entier ne sont qu'un point, qu'un léger atome, comparés à son immensité [2]. S'il est ainsi, comme je l'avance (car quelle proportion du fini à l'infini ?), je demande : Qu'est-ce que le cours de la vie d'un homme ? qu'est-ce qu'un grain de poussière qu'on appelle la terre ? qu'est-ce qu'une petite portion de cette terre que l'homme possède et qu'il habite ? Les méchants prospèrent pendant

---

1. *Populaires*, faciles à être saisis de tous : expression qu'affectionne La Bruyère.

2. « Qu'est-ce que cent ans ? qu'est-ce que mille ans, puisqu'un seul moment les efface ?... O Dieu ! encore une fois, qu'est-ce que de nous ? Si je jette la vue devant moi, quel espace infini où je ne suis pas ! Si je la retourne en arrière, quelle suite effroyable où je ne suis plus ! et que j'occupe peu de place dans cet abîme immense du temps ! » (Bossuet, *Serm. sur la mort*, 1re part.)

qu'ils vivent. Quelques méchants, je l'avoue. La vertu est opprimée et le crime impuni sur la terre; quelquefois, j'en conviens. C'est une injustice. Point du tout : il faudrait, pour tirer cette conclusion, avoir prouvé qu'absolument les méchants sont heureux, que la vertu ne l'est pas, et que le crime demeure impuni : il faudrait du moins que ce peu de temps où les bons souffrent et où les méchants prospèrent eût une durée, et que ce que nous appelons prospérité et fortune ne fût pas une apparence fausse et une ombre vaine qui s'évanouit; que cette terre, cet atome où il paraît que la vertu et le crime rencontrent si rarement ce qui leur est dû, fût le seul endroit de la scène où se doivent passer la punition et les récompenses [1].

De ce que je pense, je n'infère pas plus clairement que je suis esprit, que je conclus de ce que je fais ou ne fais point, selon qu'il me plaît, que je suis libre : or liberté, c'est choix, autrement une détermination volontaire au bien ou au mal, et ainsi une action bonne ou mauvaise, et ce qu'on appelle vertu ou crime. Que le crime absolument soit impuni, il est vrai, c'est injustice; qu'il le soit sur la terre, c'est un mystère. Supposons pourtant, avec l'athée, que c'est injustice : toute injustice est une négation ou une privation de justice; donc toute injustice suppose justice. Toute justice est une conformité à une souveraine raison : je demande, en effet, quand il n'a pas été raisonnable que le crime soit puni, à moins qu'on ne dise que c'est quand le triangle avait moins de trois angles. Or toute conformité à la raison est une vérité : cette conformité, comme il vient d'être dit, a toujours été ; elle est donc de celles que l'on appelle des éternelles vérités. Cette vérité d'ailleurs, ou n'est point et ne peut être, ou elle est l'objet d'une connaissance: elle est donc éternelle, cette connaissance, et c'est Dieu.

Les dénoûments qui découvrent les crimes les plus cachés, et où la précaution des coupables pour les dérober aux yeux des hommes a été plus grande, paraissent si simples et si faciles, qu'il semble qu'il n'y ait que Dieu seul qui puisse

---

1. « Ah ! vous allez donc en ce jour de révélation détromper tout l'univers; ceux qui vous avaient vu sur la terre, surpris de votre nouvelle destinée, chercheront l'homme de bien dans le réprouvé : l'espérance de l'hypocrite sera alors confondue; vous aviez joui injustement de l'estime des hommes; vous serez connu, et Dieu sera vengé. » (Massillon, *Avent, dim. de la 1re semaine.*)

en être l'auteur ; et les faits d'ailleurs que l'on en rapporte sont en si grand nombre, que s'il plaît à quelques-uns de les attribuer à de purs hasards, il faut donc qu'ils soutiennent que le hasard de tout temps a passé en coutume.

Si vous faites cette supposition [1], que tous les hommes qui peuplent la terre, sans exception, soient chacun dans l'abondance, et que rien ne leur manque, j'infère de là que nul homme qui est sur la terre n'est dans l'abondance, et que tout lui manque. Il n'y a que deux sortes de richesses, et auxquelles les autres se réduisent, l'argent et les terres : si tous sont riches, qui cultivera les terres et qui fouillera les mines [2] ? Ceux qui sont éloignés des mines ne les fouilleront pas, ni ceux qui habitent des terres incultes et minérales ne pourront pas en tirer des fruits : on aura recours au commerce, et on le suppose. Mais si les hommes abondent de biens, et que nul ne soit dans le cas de vivre par son travail, qui transportera d'une région à une autre les lingots ou les choses échangées ? qui mettra des vaisseaux en mer ? qui se chargera de les conduire ? qui entreprendra des caravanes ? On manquera alors du nécessaire et des choses utiles. S'il n'y a plus de besoins, il n'y a plus d'arts, plus de sciences, plus d'invention, plus de mécanique. D'ailleurs cette égalité de possessions et de richesses en établit une autre dans les conditions, bannit toute subordination, réduit les hommes à se servir eux-mêmes, et à ne pouvoir être secourus les uns des autres ; rend les lois frivoles et inutiles ; entraîne une anarchie universelle ; attire la violence, les injures, les massacres, l'impunité.

Si vous supposez au contraire que tous les hommes sont pauvres, en vain le soleil se lève pour eux sur l'horizon, en vain il échauffe la terre et la rend féconde, en vain le ciel verse sur elle ses influences, les fleuves en vain l'arrosent et répandent dans les diverses contrées la fertilité et l'abondance ; inutilement aussi la mer laisse sonder ses abîmes

1. « Le docte et éloquent saint Jean Chrysostome nous propose une belle idée pour connaître les avantages de la pauvreté sur les richesses. Il nous représente deux villes, dont l'une ne soit composée que de riches, l'autre n'ait que des pauvres dans son enceinte ; et il examine ensuite laquelle des deux est la plus puissante.... Le grand saint Chrysostome conclut pour les pauvres. » (Bossuet, *Sur l'éminente dignité des pauvres dans l'Église*.)

2. On peut voir dans le *Plutus* d'Aristophane la scène où la Pauvreté démontre quels services elle rend aux hommes, v. 415 à 590.

profonds, les rochers et les montagnes s'ouvrent pour laisser fouiller dans leur sein et en tirer tous les trésors qu'ils y renferment. Mais si vous établissez que de tous les hommes répandus dans le monde, les uns soient riches et les autres pauvres et indigents, vous faites alors que le besoin rapproche mutuellement les hommes, les lie, les réconcilie : ceux-ci servent, obéissent, inventent, travaillent, cultivent, perfectionnent; ceux-là jouissent, nourrissent, secourent, protégent, gouvernent : tout ordre est rétabli, et Dieu se découvre.

Mettez l'autorité, les plaisirs et l'oisiveté d'un côté, la dépendance, les soins et la misère de l'autre; ou ces choses sont déplacées par la malice des hommes, ou Dieu n'est pas Dieu.

Une certaine inégalité dans les conditions, qui entretient l'ordre et la subordination, est l'ouvrage de Dieu, ou suppose une loi divine : une trop grande disproportion, et telle qu'elle se remarque parmi les hommes, est leur ouvrage, ou la loi des plus forts[1].

Les extrémités sont vicieuses, et partent de l'homme : toute compensation est juste, et vient de Dieu.

Si on ne goûte point ces Caractères, je m'en étonne; et si on les goûte, je m'en étonne de même.

[1]. On peut voir J. J. Rousseau, *Discours sur l'origine et les fondements de l'inégalité parmi les hommes*.

FIN.

DISCOURS

PRONONCÉ

DANS L'ACADÉMIE FRANÇAISE

LE LUNDI 15 JUIN 1693.

PRÉFACE.

Ceux qui, interrogés sur le discours que je fis à l'Académie française le jour que j'eus l'honneur d'y être reçu, ont dit sèchement que j'avais fait des Caractères, croyant le blâmer, en ont donné l'idée la plus avantageuse que je pouvais moi-même désirer; car le public ayant approuvé ce genre d'écrire où je me suis appliqué depuis quelques années, c'était le prévenir en ma faveur que de faire une telle réponse. Il ne restait plus que de savoir si je n'aurais pas dû renoncer aux Caractères dans le discours dont il s'agissait; et cette question s'évanouit dès qu'on sait que l'usage a prévalu qu'un nouvel académicien compose celui qu'il doit prononcer le jour de sa réception de l'éloge du roi, de ceux du cardinal de Richelieu, du chancelier Séguier, de la personne à qui il succède et de l'Académie française. De ces cinq éloges, il y en a quatre de personnels: or je demande à mes censeurs qu'ils me posent si bien la différence qu'il y a des éloges personnels aux Caractères qui louent, que je la puisse sentir et avouer ma faute. Si, chargé de faire quelque autre harangue, je retombe encore dans des peintures, c'est alors qu'on pourra écouter leur critique, et peut-être me condamner; je dis peut-être, puisque les Caractères, ou du moins les images des choses et des personnes, sont inévitables dans l'oraison, que tout écrivain est peintre, et tout excellent écrivain excellent peintre.

J'avoue que j'ai ajouté à ces tableaux, qui étaient de commande, les louanges de chacun des hommes illustres qui composent l'Académie française; et ils ont dû me le pardonner, s'ils ont fait attention qu'autant pour ménager leur pudeur que pour éviter les Caractères, je me suis abstenu de toucher à leurs personnes, pour ne parler que de leurs ouvrages, dont j'ai fait des éloges critiques plus ou moins étendus, selon que les sujets qu'ils y ont traités pouvaient l'exiger. J'ai loué des académiciens encore vivants, disent quelques-uns. Il est vrai; mais je les ai loués tous: qui d'entre eux aurait une raison de se plaindre? C'est une coutume toute nouvelle, ajoutent-ils, et qui n'avait point encore eu d'exemple. Je veux en convenir, et que[1] j'ai pris soin de m'écarter des lieux communs et des phrases proverbiales usées depuis si longtemps, pour avoir servi à un nombre infini de pareils discours depuis la naissance de l'Académie française. M'était-il donc si difficile de faire entrer Rome et Athènes, le Lycée et le Portique, dans l'éloge de cette savante compagnie? « Être au comble de ses vœux de se voir académicien; protester que ce jour où l'on jouit pour la première fois d'un si rare bonheur est le jour le plus beau de sa vie; douter si cet honneur qu'on vient de recevoir est une chose vraie ou qu'on ait songée; espérer de puiser désormais à la source les plus pures eaux de l'éloquence française; n'avoir accepté, n'avoir désiré une telle place que pour profiter des lumières de tant de personnes si éclairées; promettre que, tout indigne de leur choix qu'on se reconnaît, on s'efforcera de s'en rendre digne: » cent autres formules de pareils compliments sont-elles si rares et si peu connues, que je n'eusse pu les trouver, les placer, et en mériter des applaudissements?

Parce donc que j'ai cru que, quoi que l'envie et l'injustice publient de l'Académie française, quoi qu'elles veuillent dire de son âge d'or et de sa décadence, elle n'a jamais, depuis son établissement, rassemblé un si grand nombre de personnages illustres par toutes sortes de talents et en tout genre d'érudition qu'il est facile aujourd'hui d'y en remarquer, et que dans cette prévention où je suis je n'ai pas espéré que cette compagnie pût être une autre fois plus belle à peindre, ni prise dans un jour plus favorable, et que je me suis servi de l'occasion, ai-je rien fait qui doive m'attirer les moindres reproches? Cicéron a pu louer impunément Brutus, César,

---

1. *Je veux en convenir et que....*, tournure familière à La Bruyère, et fréquente au 17e siècle, voir p. 49, n. 3.

Pompée, Marcellus, qui étaient vivants, qui étaient présents ; il les a loués plusieurs fois ; il les a loués seuls, dans le sénat, souvent en présence de leurs ennemis, toujours devant une compagnie jalouse de leur mérite, et qui avait bien d'autres délicatesses[1] de politique sur la vertu des grands hommes que n'en saurait avoir l'Académie française. J'ai loué les académiciens, je les ai loués tous, et ce n'a pas été impunément : que me serait-il arrivé si je les avais blâmés tous ?

« Je viens d'entendre, a dit Théobalde, une grande vilaine harangue qui m'a fait bâiller vingt fois, et qui m'a ennuyé à la mort. » Voilà ce qu'il a dit, et voilà ensuite ce qu'il a fait, lui et peu d'autres qui ont cru devoir entrer[2] dans les mêmes intérêts. Ils partirent pour la cour le lendemain de la prononciation de ma harangue, ils allèrent de maisons en maisons, ils dirent aux personnes auprès de qui ils ont accès que je leur avais balbutié la veille un discours où il n'y avait ni style ni sens commun, qui était rempli d'extravagances, et une vraie satire. Revenus à Paris, ils se cantonnèrent en divers quartiers, où ils répandirent tant de venin contre moi, s'acharnèrent si fort à diffamer cette harangue, soit dans leurs conversations, soit dans les lettres qu'ils écrivirent à leurs amis dans les provinces, en dirent tant de mal, et le persuadèrent si fortement à qui ne l'avait pas entendue, qu'ils crurent pouvoir insinuer au public, ou que les Caractères faits de la même main étaient mauvais, ou que, s'ils étaient bons, je n'en étais pas l'auteur, mais qu'une femme de mes amies m'avait fourni ce qu'il y avait de plus supportable. Ils prononcèrent aussi que je n'étais pas capable de faire rien de suivi, pas même la moindre préface : tant ils estimaient impraticable à un homme même qui est dans l'habitude de penser, et d'écrire ce qu'il pense, l'art de lier ses pensées et de faire des transitions.

Ils firent plus : violant les lois de l'Académie française, qui défendent aux académiciens d'écrire ou de faire écrire contre leurs confrères, ils lâchèrent sur moi deux auteurs asso-

---

1. *Délicatesses*, voir p. 53, n. 3.
2. *Entrer dans*, s'associer à : « Puisque vous m'obligez d'entrer dans ce discours. » (Pascal, 11ᵉ *Prov.*)

 C'est que tu n'entres point dans tous les mouvements
  D'un cœur....   (Molière, *Mélic.*, II, 1.)

ciés à une même gazette [1]; ils les animèrent, non pas à publier contre moi une satire fine et ingénieuse, ouvrage trop au-dessous des uns et des autres, « facile à manier, et dont les moindres esprits se trouvent capables, » mais à me dire de ces injures grossières et personnelles, si difficiles à rencontrer, si pénibles à prononcer ou à écrire, surtout à des gens à qui je veux croire qu'il reste encore quelque pudeur et quelque soin de leur réputation.

Et en vérité je ne doute point que le public ne soit enfin étourdi et fatigué d'entendre depuis quelques années de vieux corbeaux croasser [2] autour de ceux qui, d'un vol libre et d'une plume légère, se sont élevés à quelque gloire par leurs écrits. Ces oiseaux lugubres semblent, par leurs cris continuels, leur vouloir imputer le décri universel où tombe nécessairement tout ce qu'ils exposent au grand jour de l'impression; comme si on était cause qu'ils manquent de force et d'haleine, ou qu'on dût être responsable de cette médiocrité répandue sur leurs ouvrages. S'il s'imprime un livre de mœurs assez mal digéré pour tomber de soi-même et ne pas exciter leur jalousie, ils le louent volontiers, et plus volontiers encore ils n'en parlent point; mais s'il est tel que le monde en parle, ils l'attaquent avec furie: prose, vers, tout est sujet à leur censure, tout est en proie à une haine implacable qu'ils ont conçue contre ce qui ose paraître dans quelque perfection, et avec les signes d'une approbation publique. On ne sait plus quelle morale leur fournir qui leur agrée; il faudra leur rendre celle de la Serre [3] ou de Desmarets [4], et, s'ils en sont crus, revenir au *Pédagogue chrétien* et à la *Cour sainte*. Il paraît une nouvelle satire écrite contre les vices en général, qui d'un vers fort et d'un style d'airain enfonce ses traits contre l'avarice, l'excès du jeu, la chicane, la mollesse, l'or-

---

1. *Une gazette*, Merc. Gal. (*Note de La Bruyère.*) — Le *Mercure Galant*, alors rédigé par Visé.

2. Boileau avait dit à Racine dans son épître VII :

   Ses rivaux obscurcis autour de lui croassent.

   Pindare avait exprimé sous forme de comparaison la même idée :
   « Pousser comme des corbeaux des cris confus contre le divin oiseau de Jupiter. » (*Olymp.*, II, v. 137.)

3. *La Serre*, né en 1600, mort en 1665, a composé environ soixante volumes d'ouvrages médiocres.

4. *Desmarets de Saint-Sorlin*, né en 1596, mort en 1676, connu surtout par le poëme de *Clovis ou la France chrétienne*.

dure et l'hypocrisie, où personne n'est nommé ni désigné, où nulle femme vertueuse ne peut ni ne doit se reconnaître; un Bourdaloue en chaire ne fait point de peintures du crime ni plus vives ni plus innocentes: il n'importe, *c'est médisance, c'est calomnie* [1]. Voilà depuis quelque temps leur unique ton, celui qu'ils emploient contre les ouvrages de mœurs qui réussissent; ils y prennent tout littéralement, ils les lisent comme une histoire, ils n'y entendent ni la poésie ni la figure: ainsi ils les condamnent. Ils y trouvent des endroits faibles; il y en a dans Homère, dans Pindare, dans Virgile et dans Horace: où n'y en a-t-il point? si ce n'est peut-être dans leurs écrits. BERNIN [2] n'a pas manié le marbre ni traité toutes ses figures d'une égale force; mais on ne laisse pas de voir, dans ce qu'il a moins heureusement rencontré, de certains traits si achevés tout proche de quelques autres qui le sont moins, qu'ils découvrent aisément l'excellence de l'ouvrier: si c'est un cheval, les crins sont tournés d'une main hardie, ils voltigent, et semblent être le jouet du vent; l'œil est ardent, les naseaux soufflent le feu et la vie; un ciseau de maître s'y retrouve en mille endroits; il n'est pas donné à ses copistes ni à ses envieux d'arriver à de telles fautes par leurs chefs-d'œuvre; l'on voit bien que c'est quelque chose de manqué par un habile homme, et une faute de PRAXITÈLE.

Mais qui sont ceux qui, si tendres et si scrupuleux, ne peuvent même supporter que, sans blesser et sans nommer les vicieux, on se déclare contre le vice? Sont-ce des chartreux et des solitaires? sont-ce les jésuites, hommes pieux et éclairés? sont-ce ces hommes religieux qui habitent en France les cloîtres et les abbayes? Tous au contraire lisent ces sortes d'ouvrages, et en particulier et en public, à leurs récréations; ils en inspirent la lecture à leurs pensionnaires, à leurs élèves; ils en dépeuplent les boutiques, ils les conservent dans leurs bibliothèques. N'ont-ils pas les premiers reconnu le plan et l'économie du livre des Caractères? N'ont-ils pas observé que de seize chapitres qui le composent il y en a quinze qui, s'attachant à découvrir le faux et le ridicule qui se rencontrent dans les objets des passions et des

---

1. Il s'agit de la satire X de Boileau.
2. *Bernin*, auteur de la statue dite *statue équestre de Curtius*, située à l'extrémité de la pièce d'eau des Suisses, à Versailles.

attachements humains, ne tendent qu'à ruiner tous les obstacles qui affaiblissent d'abord et qui éteignent ensuite dans tous les hommes la connaissance de Dieu ; qu'ainsi ils ne sont que des préparations au seizième et dernier chapitre, où l'athéisme est attaqué et peut-être confondu, où les preuves de Dieu (une partie du moins de celles que les faibles hommes sont capables de recevoir dans leur esprit) sont apportées, où la providence de Dieu est défendue contre l'insulte et les plaintes des libertins? Qui sont donc ceux qui osent répéter contre un ouvrage si sérieux et si utile ce continuel refrain : — *C'est médisance, c'est calomnie?* — Il faut les nommer : ce sont des poëtes. Mais quels poëtes? Des auteurs d'hymnes sacrés ou des traducteurs de psaumes, des Godeaux[1] ou des Corneilles? Non, mais des faiseurs de stances et d'élégies amoureuses, de ces beaux esprits qui tournent un sonnet sur une absence ou sur un retour, qui font une épigramme sur une belle gorge et un madrigal sur une jouissance. Voilà ceux qui, par délicatesse de conscience, ne souffrent qu'impatiemment qu'en ménageant les particuliers avec toutes les précautions que la prudence peut suggérer, j'essaye, dans mon livre des Mœurs, de décrier, s'il est possible, tous les vices du cœur et de l'esprit, de rendre l'homme raisonnable, et plus proche de devenir chrétien. Tels ont été les Théobaldes, ou ceux du moins qui travaillent sous eux et dans leur atelier.

Ils sont encore allés plus loin ; car, palliant d'une politique zélée le chagrin de ne se sentir pas à leur gré si bien loués et si longtemps que chacun des autres académiciens, ils ont osé faire des applications délicates et dangereuses de l'endroit de ma harangue où, m'exposant seul à prendre le parti de toute la littérature contre leurs plus irréconciliables ennemis, gens pécunieux, que l'excès d'argent, ou qu'une fortune faite par de certaines voies, jointe à la faveur des grands qu'elle leur attire nécessairement, mène jusqu'à une froide insolence, je leur fais à la vérité à tous une vive apostrophe, mais qu'il n'est pas permis de détourner de dessus eux pour la rejeter sur un seul, et sur tout autre.

Ainsi en usent à mon égard, excités peut-être par les Théobaldes, ceux qui, se persuadant qu'un auteur écrit

[1]. Godeau, évêque de Grasse et de Vence, auteur d'une paraphrase en vers du *Benedicite*.

seulement pour les amuser par la satire, et point du tout pour les instruire par une saine morale, au lieu de prendre pour eux et de faire servir à la correction de leurs mœurs les divers traits qui sont semés dans un ouvrage, s'appliquent à découvrir, s'ils le peuvent, quels de leurs amis ou de leurs ennemis ces traits peuvent regarder, négligent dans un livre tout ce qui n'est que remarques solides ou sérieuses réflexions, quoiqu'en si grand nombre qu'elles le composent presque tout entier, pour ne s'arrêter qu'aux peintures ou aux caractères, et après les avoir expliqués à leur manière, et en avoir cru trouver les originaux, donnent au public de longues listes, ou, comme ils les appellent, des clefs : fausses clefs, et qui leur sont aussi inutiles qu'elles sont injurieuses aux personnes dont les noms s'y voient déchiffrés, et à l'écrivain qui en est la cause, quoique innocente.

J'avais pris la précaution de protester dans une préface contre toutes ces interprétations, que quelque connaissance que j'ai des hommes m'avait fait prévoir, jusqu'à hésiter quelque temps si je devais rendre mon livre public, et à balancer entre le désir d'être utile à ma patrie par mes écrits et la crainte de fournir à quelques-uns de quoi exercer leur malignité. Mais puisque j'ai eu la faiblesse de publier ces Caractères, quelle digue élèverai-je contre ce déluge d'explications qui inonde la ville, et qui bientôt va gagner la cour? Dirai-je sérieusement, et protesterai-je avec d'horribles serments, que je ne suis ni auteur ni complice de ces clefs qui courent ; que je n'en ai donné aucune ; que mes plus familiers amis savent que je les leur ai toutes refusées ; que les personnes les plus accréditées de la cour ont désespéré d'avoir mon secret? N'est-ce pas la même chose que si je me tourmentais beaucoup à soutenir que je ne suis pas un malhonnête homme, un homme sans pudeur, sans mœurs, sans conscience, tel enfin que les gazetiers dont je viens de parler ont voulu me représenter dans leur libelle diffamatoire?

Mais d'ailleurs comment aurais-je donné ces sortes de clefs, si je n'ai pu moi-même les forger telles qu'elles sont, et que je les ai vues? Étant presque toutes différentes entre elles, quel moyen de les faire servir à une même entrée, je veux dire à l'intelligence de mes remarques? Nommant des personnes de la cour et de la ville à qui je n'ai jamais parlé, que je ne connais point, peuvent-elles partir de moi et être distribuées de ma main? Aurais-je donné celles qui se fabriquent à Romorantin, à Mortagne et à Bellesme, dont les différentes applications sont à la baillive, à la femme de l'assesseur, au président de l'élection, au prévôt de la maréchaussée et au prévôt de la collégiale? Les noms y sont fort bien marqués, mais ils ne m'aident pas davantage à connaître les personnes. Qu'on me permette ici une vanité sur mon ouvrage; je suis presque disposé à croire qu'il faut que mes peintures expriment bien l'homme en général, puisqu'elles ressemblent à tant de particuliers, et que chacun y croit voir ceux de sa ville ou de sa province. J'ai peint à la vérité d'après nature, mais je n'ai pas toujours songé à peindre celui-ci ou celle-là dans mon livre des mœurs [1]. Je ne me suis point loué au public pour faire des portraits qui ne fussent que vrais et ressemblants, de peur que quelquefois ils ne fussent pas croyables et ne parussent feints ou imaginés. Me rendant plus difficile, je suis allé plus loin : j'ai pris un trait d'un côté et un trait d'un autre; et de ces divers traits, qui pouvaient convenir à une même personne, j'en ai fait des peintures vraisemblables, cherchant moins à réjouir les lecteurs par le caractère ou, comme le disent les mécontents, par la satire de quelqu'un, qu'à leur proposer des défauts à éviter et des modèles à suivre.

Il me semble donc que je dois être moins blâmé que plaint de ceux qui par hasard verraient leurs noms écrits dans ces insolentes listes que je désavoue, et que je condamne autant qu'elles le méritent. J'ose même attendre d'eux cette justice, que, sans s'arrêter à un auteur moral qui n'a eu nulle intention de les offenser par son ouvrage, ils passeront jusqu'aux interprètes, dont la noirceur est inexcusable. Je dis en effet ce que je dis, et nullement ce qu'on assure que j'ai voulu dire; et je réponds encore moins de ce qu'on me fait dire, et que je ne dis point. Je nomme nettement les personnes que je veux nommer, toujours dans la vue de

---

[1]. Molière, dans la *Crit. de l'Éc. des femm.*, sc. 7, s'exprime ainsi : « Ces sortes de satires tombent directement sur les mœurs, et ne frappent les personnes que par réflexion.... Toutes les peintures ridicules qu'on expose sur les théâtres doivent être regardées sans chagrin de tout le monde; ce sont des miroirs publics où il ne faut jamais témoigner qu'on se voie, et c'est se taxer hautement d'un défaut que se scandaliser qu'on le reprenne. »

louer leur vertu ou leur mérite : j'écris leurs noms en lettres capitales, afin qu'on les voie de loin, et que le lecteur ne coure pas risque de les manquer. Si j'avais voulu mettre des noms véritables aux peintures moins obligeantes, je me serais épargné le travail d'emprunter des noms de l'ancienne histoire, d'employer des lettres initiales qui n'ont qu'une signification vaine et incertaine, de trouver enfin mille tours et mille faux-fuyants pour dépayser ceux qui me lisent et les dégoûter des applications. Voilà la conduite que j'ai tenue dans la composition des Caractères.

Sur ce qui concerne la harangue, qui a paru longue et ennuyeuse au chef des mécontents, je ne sais en effet pourquoi j'ai tenté de faire de ce remercîment à l'Académie française un discours oratoire qui eût quelque force et quelque étendue : de zélés académiciens m'avaient déjà frayé ce chemin ; mais ils se sont trouvés en petit nombre, et leur zèle pour l'honneur et pour la réputation de l'Académie n'a eu que peu d'imitateurs. Je pouvais suivre l'exemple de ceux qui, postulant une place dans cette compagnie sans avoir jamais rien écrit, quoiqu'ils sachent écrire, annoncent dédaigneusement, la veille de leur réception, qu'ils n'ont que deux mots à dire et qu'un moment à parler, quoique capables de parler longtemps, et de parler bien.

J'ai pensé, au contraire, qu'ainsi que nul artisan[1] n'est agrégé à aucune société ni n'a ses lettres de maîtrise sans faire son chef-d'œuvre ; de même, et avec encore plus de bienséance, un homme associé à un corps qui ne s'est soutenu et ne peut jamais se soutenir que par l'éloquence, se trouvait engagé à faire en y entrant un effort en ce genre, qui le fît aux yeux de tous paraître digne du choix dont il venait de l'honorer. Il me semblait encore que, puisque l'éloquence profane ne paraissait plus régner au barreau, d'où elle a été bannie par la nécessité de l'expédition, et qu'elle ne devait plus être admise dans la chaire, où elle n'a été que trop soufferte, le seul asile qui pouvait lui rester était l'Académie française ; et qu'il n'y avait rien de plus naturel, ni qui pût rendre cette compagnie plus célèbre, que si,

---

1. *Artisan*, anciennement *artiste :* « Peintre, poëte ou aultre *artisan*. » (Montaigne, III, 25.)

L'*artisan* exprima si bien
Le caractère de l'idole. (La Fontaine, *Fab.* IX, 6.)

au sujet des réceptions de nouveaux académiciens, elle savait quelquefois attirer la cour et la ville à ses assemblées, par la curiosité d'y entendre des pièces d'éloquence d'une juste étendue, faites de main de maîtres, et dont la profession est d'exceller dans la science de la parole.

Si je n'ai pas atteint mon but, qui était de prononcer un discours éloquent, il me paraît du moins que je me suis disculpé de l'avoir fait trop long de quelques minutes : car, si d'ailleurs Paris, à qui on l'avait promis mauvais, satirique et insensé, s'est plaint qu'on lui avait manqué de parole ; si Marly, où la curiosité de l'entendre s'était répandue, n'a point retenti d'applaudissements que la cour ait donnés à la critique qu'on en avait faite ; s'il a su franchir Chantilly, écueil des mauvais ouvrages[1] ; si l'Académie française, à qui j'avais appelé comme au juge souverain de ces sortes de pièces, étant assemblée extraordinairement, a adopté celle-ci, l'a fait imprimer par son libraire, l'a mise dans ses archives ; si elle n'était pas en effet composée *d'un style affecté, dur et interrompu*, ni chargée de louanges fades et outrées, telles qu'on les lit dans *les prologues d'opéras* et dans tant *d'épîtres dédicatoires*, il ne faut plus s'étonner qu'elle ait ennuyé Théobalde. Je vois les temps, le public me permettra de le dire, où ce ne sera pas assez de l'approbation qu'il aura donnée à un ouvrage pour en faire la réputation, et que, pour y mettre le dernier sceau, il sera nécessaire que de certaines gens le désapprouvent, qu'ils y aient bâillé.

Car voudraient-ils, présentement qu'ils ont reconnu que cette harangue a moins mal réussi dans le public qu'ils ne l'avaient espéré, qu'ils savent que deux libraires ont plaidé[2] à qui l'imprimerait ; voudraient-ils désavouer leur goût, et le jugement qu'ils en ont porté dans les premiers jours qu'elle fut prononcée ? Me permettraient-ils de publier ou seulement de soupçonner une tout autre raison de l'âpre censure qu'ils en firent, que la persuasion où ils étaient qu'elle la méritait ? On sait que cet homme, d'un nom et d'un mérite si distingué, avec qui j'eus l'honneur d'être

---

1. Flatterie délicate semblable à celle de Boileau se souciant peu que ses vers soient goûtés des médiocres esprits, pourvu

Qu'à Chantilly Condé les souffre quelquefois.   (*Ép.* VII.)

2. L'instance était aux requêtes de l'hôtel. (La Bruyère.)

reçu à l'Académie française[1], prié, sollicité, persécuté de consentir à l'impression de sa harangue par ceux mêmes qui voulaient supprimer la mienne et en éteindre la mémoire, leur résista toujours avec fermeté. Il leur dit « qu'il ne pouvait ni ne devait approuver une distinction si odieuse qu'ils voulaient faire entre lui et moi; que la préférence qu'ils donnaient à son discours avec cette affectation et cet empressement qu'ils lui marquaient, bien loin de l'obliger, comme ils pouvaient le croire, lui faisait au contraire une véritable peine; que deux discours également innocents, prononcés dans le même jour, devaient être imprimés dans le même temps. » Il s'expliqua ensuite obligeamment, en public et en particulier, sur le violent chagrin qu'il ressentait de ce que les deux auteurs de la gazette que j'ai cités avaient fait servir les louanges qu'il leur avait plu de lui donner à un dessein formé de médire de moi, de mon discours et de mes Caractères : et il me fit sur cette satire injurieuse des explications et des excuses qu'il ne me devait point. Si donc on voulait inférer de cette conduite des Théobaldes qu'ils ont cru faussement avoir besoin de comparaisons et d'une harangue folle et décriée pour relever celle de mon collègue, ils doivent répondre, pour se laver de ce soupçon qui les déshonore, qu'ils ne sont ni courtisans, ni dévoués à la faveur, ni intéressés, ni adulateurs; qu'au contraire ils sont sincères, et qu'ils ont dit naïvement ce qu'ils pensaient du plan, du style et des expressions de mon remerciment à l'Académie française. Mais on ne manquera pas d'insister et de leur dire que le jugement de la cour et de la ville, des grands et du peuple, lui a été favorable. Qu'importe ? Ils répliqueront avec confiance que le public a son goût, et qu'ils ont le leur, réponse qui ferme la bouche et qui termine tout différend. Il est vrai qu'elle m'éloigne de plus en plus de vouloir leur plaire par aucun de mes écrits; car si j'ai un peu de santé, avec quelques années de vie, je n'aurai plus d'autre ambition que celle de rendre, par des soins assidus et par de bons conseils, mes ouvrages tels, qu'ils puissent toujours partager les Théobaldes et le public.

[1]. L'abbé Bignon, petit-fils de Jérôme Bignon, savant magistrat, était bibliothécaire du roi, et avait une grande instruction.

DISCOURS.

Messieurs, il serait difficile d'avoir l'honneur de se trouver au milieu de vous, d'avoir devant ses yeux l'Académie française, d'avoir lu l'histoire de son établissement[1], sans penser d'abord à celui à qui elle en est redevable, et sans se persuader qu'il n'y a rien de plus naturel, et qui doive moins vous déplaire, que d'entamer ce tissu de louanges qu'exigent le devoir et la coutume, par quelques traits où ce grand cardinal soit reconnaissable, et qui en renouvellent la mémoire.

Ce n'est point un personnage qu'il soit facile de rendre ni d'exprimer par de belles paroles ou par de riches figures, par ces discours moins faits pour relever le mérite de celui que l'on veut peindre que pour montrer tout le feu et toute la vivacité de l'orateur. Suivez le règne de Louis le Juste : c'est la vie du cardinal de Richelieu, c'est son éloge et celui du prince qui l'a mis en œuvre. Que pourrais-je ajouter à des faits encore récents et si mémorables? Ouvrez son Testament politique, digérez cet ouvrage : c'est la peinture de son esprit; son âme tout entière s'y développe; l'on y découvre le secret de sa conduite et de ses actions; l'on y trouve la source et la vraisemblance de tant et de si grands événements qui ont paru sous son administration; l'on y voit sans peine qu'un homme qui pense si virilement et si juste a pu agir sûrement et avec succès, et que celui qui a achevé de si grandes choses, ou n'a jamais écrit, ou a dû écrire comme il a fait.

Génie fort et supérieur, il a su tout le fond et tout le mystère du gouvernement; il a connu le beau et le sublime du ministère; il a respecté l'étranger, ménagé les couronnes, connu le poids de leur alliance; il a opposé des alliés à des ennemis; il a veillé aux intérêts du dehors, à ceux du dedans, il n'a oublié que les siens : une vie laborieuse et languissante, souvent exposée, a été le prix d'une si haute vertu. Dépositaire des trésors de son maître, comblé de ses

---

1. L'Académie française fut fondée par lettres patentes de janvier 1635.

bienfaits, ordonnateur, dispensateur de ses finances, on ne saurait dire qu'il est mort riche.

Le croirait-on, messieurs? cette âme sérieuse et austère, formidable aux ennemis de l'État, inexorable aux factieux, plongée dans la négociation, occupée tantôt à affaiblir le parti de l'hérésie, tantôt à déconcerter une ligue et tantôt à méditer une conquête, a trouvé le loisir d'être savante, a goûté les belles-lettres et ceux qui en faisaient profession. Comparez-vous, si vous l'osez, au grand Richelieu, hommes dévoués à la fortune, qui, par le succès de vos affaires particulières, vous jugez dignes que l'on vous confie les affaires publiques; qui vous donnez pour des génies heureux et pour de bonnes têtes; qui dites que vous ne savez rien, que vous n'avez jamais lu, que vous ne lirez point, ou pour marquer l'inutilité des sciences, ou pour paraître ne devoir rien aux autres, mais puiser tout de votre fonds : apprenez que le cardinal de Richelieu a su, qu'il a lu; je ne dis pas qu'il n'a point eu d'éloignement pour les gens de lettres, mais qu'il les a aimés, caressés, favorisés; qu'il leur a ménagé des priviléges, qu'il leur destinait des pensions, qu'il les a réunis en une compagnie célèbre, qu'il en a fait l'Académie française. Oui, hommes riches et ambitieux, contempteurs de la vertu et de toute association qui ne roule pas sur les établissements et sur l'intérêt, celle-ci est une des pensées de ce grand ministre, né homme d'État, dévoué à l'État; esprit solide, éminent, capable dans ce qu'il faisait des motifs les plus relevés, et qui tendait au bien public comme à la gloire de la monarchie; incapable de concevoir jamais rien qui ne fût digne de lui, du prince qu'il servait, de la France, à qui il avait consacré ses méditations et ses veilles.

Il savait quelle est la force et l'utilité de l'éloquence, la puissance de la parole qui aide la raison et la fait valoir, qui insinue aux hommes la justice et la probité, qui porte dans le cœur du soldat l'intrépidité et l'audace, qui calme les émotions populaires, qui excite à leurs devoirs les compagnies entières, ou la multitude : il n'ignorait pas quels sont les fruits de l'histoire et de la poésie, quelle est la nécessité de la grammaire, la base et le fondement des autres sciences; et que, pour conduire ces choses à un degré de perfection qui les rendît avantageuses à la république, il fallait dresser le plan d'une compagnie où la vertu seule fût admise, le mérite placé, l'esprit et le savoir rassemblés par des suffrages : n'allons pas plus loin ; voilà, messieurs, vos principes et votre règle, dont je ne suis qu'une exception.

Rappelez en votre mémoire (la comparaison ne vous sera pas injurieuse), rappelez ce grand et premier concile où les Pères qui le composaient étaient remarquables chacun par quelques membres mutilés ou par les cicatrices qui leur étaient restées des fureurs de la persécution : ils semblaient tenir de leurs plaies le droit de s'asseoir dans cette assemblée générale de toute l'Église : il n'y avait aucun de vos illustres prédécesseurs qu'on ne s'empressât de voir, qu'on ne montrât dans les places, qu'on ne désignât par quelque ouvrage fameux qui lui avait fait un grand nom, et qui lui donnait rang dans cette académie naissante qu'ils avaient comme fondée : tels étaient ces grands artisans de la parole, ces premiers maîtres de l'éloquence française ; tels vous êtes, messieurs, qui ne cédez ni en savoir ni en mérite à nul de ceux qui vous ont précédés.

L'un[1], aussi correct dans sa langue que s'il l'avait apprise par règles et par principes, aussi élégant dans les langues étrangères que si elles lui étaient naturelles, en quelque idiome qu'il compose, semble toujours parler celui de son pays : il a entrepris, il a fini une pénible traduction que le plus bel esprit pourrait avouer, et que le plus pieux personnage devrait désirer d'avoir faite.

L'autre[2] fait revivre Virgile parmi nous, transmet dans notre langue les grâces et les richesses de la latine, fait des romans qui ont une fin, en bannit le prolixe et l'incroyable, pour y substituer le vraisemblable et le naturel.

Un autre[3], plus égal que Marot et plus poëte que Voiture, a le jeu, le tour et la naïveté de tous les deux ; il instruit en badinant, persuade aux hommes la vertu par l'organe des bêtes, élève les petits sujets jusqu'au sublime : homme unique dans son genre d'écrire ; toujours original, soit qu'il

---

1. L'abbé de Choisy, qui a fait une traduction de l'*Imitation de Jésus-Christ*.

2. Segrais, traducteur des *Géorgiques* et de l'*Énéide* de Virgile, et auteur présumé de *Zaïde* et de la *Princesse de Clèves*, qu'on a su depuis être de madame de La Fayette.

3. La Fontaine.

invente, soit qu'il traduise; qui a été au delà de ses modèles, modèle lui-même difficile à imiter.

Celui-ci[1] passe Juvénal, atteint Horace, semble créer les pensées d'autrui, et se rendre propre tout ce qu'il manie; il a dans ce qu'il emprunte des autres toutes les grâces de la nouveauté et tout le mérite de l'invention : ses vers forts et harmonieux, faits de génie, quoique travaillés avec art, pleins de traits et de poésie, seront lus encore quand la langue aura vieilli, en seront les derniers débris : on y remarque une critique sûre, judicieuse et innocente, s'il est permis du moins de dire de ce qui est mauvais qu'il est mauvais.

Cet autre[2] vient après un homme loué, applaudi, admiré, dont les vers volent en tous lieux et passent en proverbe; qui prime, qui règne sur la scène; qui s'est emparé de tout le théâtre : il ne l'en dépossède pas, il est vrai; mais il s'y établit avec lui; le monde s'accoutume à en voir faire la comparaison : quelques-uns ne souffrent pas que Corneille, le grand Corneille, lui soit préféré; quelques autres, qu'il lui soit égalé : ils en appellent à l'autre siècle, ils attendent la fin de quelques vieillards qui, touchés indifféremment de tout ce qui rappelle leurs premières années, n'aiment peut-être dans Œdipe que le souvenir de leur jeunesse.

Que dirai-je de ce personnage[3] qui a fait parler si longtemps une envieuse critique et qui l'a fait taire; qu'on admire malgré soi, qui accable par le grand nombre et par l'éminence de ses talents; orateur, historien, théologien, philosophe; d'une rare érudition, d'une plus rare éloquence, soit dans ses entretiens, soit dans ses écrits, soit dans la chaire; un défenseur de la religion, une lumière de l'Église; parlons d'avance le langage de la postérité, un Père de l'Église? Que n'est-il point? Nommez, messieurs, une vertu qui ne soit pas la sienne.

Toucherai-je aussi votre dernier choix, si digne de vous[4]? Quelles choses vous furent dites dans la place où je me trouve! je m'en souviens; et, après ce que vous avez entendu, comment osé-je parler? comment daignez-vous m'entendre? Avouons-le, on sent la force et l'ascendant de ce

---

1. Boileau. — 2. Racine. — 3. Bossuet. — 4. Fénelon, reçu académicien la même année que La Bruyère.

rare esprit, soit qu'il prêche de génie et sans préparation, soit qu'il prononce un discours étudié et oratoire, soit qu'il explique ses pensées dans la conversation : toujours maître de l'oreille et du cœur de ceux qui l'écoutent, il ne leur permet pas d'envier ni tant d'élévation, ni tant de facilité, de délicatesse, de politesse. On est assez heureux de l'entendre, de sentir ce qu'il dit, et comme il le dit. On doit être content de soi si l'on emporte ses réflexions, et si l'on en profite. Quelle grande acquisition avez-vous faite en cet homme illustre ! A qui m'associez-vous !

Je voudrais, messieurs, moins pressé par le temps et par les bienséances qui mettent des bornes à ce discours, pouvoir louer chacun de ceux qui composent cette Académie par des endroits encore plus marqués et par de plus vives expressions. Toutes les sortes de talents que l'on voit répandus parmi les hommes se trouvent partagés entre vous. Veut-on de diserts orateurs, qui aient semé dans la chaire toutes les fleurs de l'éloquence, qui, avec une saine morale, aient employé tous les tours et toutes les finesses de la langue, qui plaisent par un beau choix de paroles, qui fassent aimer les solennités, les temples, qui y fassent courir : qu'on ne les cherche pas ailleurs, ils sont parmi vous. Admire-t-on une vaste et profonde littérature qui aille fouiller dans les archives de l'antiquité pour en retirer des choses ensevelies dans l'oubli, échappées aux esprits les plus curieux, ignorées des autres hommes; une mémoire, une méthode, une précision à ne pouvoir, dans ces recherches, s'égarer d'une seule année, quelquefois d'un seul jour, sur tant de siècles : cette doctrine[1] admirable, vous la possédez; elle est du moins en quelques-uns de ceux qui forment cette savante assemblée. Si l'on est curieux du don des langues joint au double talent de savoir avec exactitude les choses anciennes et de narrer celles qui sont nouvelles avec autant de simplicité que de vérité, des qualités si rares ne vous manquent pas, et sont réunies en un même sujet. Si l'on cherche des hommes habiles, pleins d'esprit et d'expérience, qui, par le privilége de leurs emplois, fassent parler le prince avec dignité et avec justesse; d'autres qui placent heureusement et avec succès dans les négociations les plus délicates les talents qu'ils ont de bien parler et de

---

1. *Doctrine*, science.

bien écrire; d'autres encore qui prêtent leurs soins et leur vigilance aux affaires publiques, après les avoir employés aux judiciaires, toujours avec une égale réputation : tous se trouvent au milieu de vous, et je souffre à ne pas les nommer.

Si vous aimez le savoir joint à l'éloquence, vous n'attendrez pas longtemps; réservez seulement toute votre attention pour celui qui parlera après moi[1]. Que vous manque-t-il enfin? Vous avez des écrivains habiles en l'une et en l'autre oraison; des poëtes en tout genre de poésies, soit morales, soit chrétiennes, soit héroïques, soit galantes et enjouées; des imitateurs des anciens; des critiques austères; des esprits fins, délicats, subtils, ingénieux, propres à briller dans les conversations et dans les cercles. Encore une fois, à quels hommes, à quels grands sujets m'associez-vous?

Mais avec qui daignez-vous aujourd'hui me recevoir? Avec qui vous fais-je ce public remercîment[2]? Il ne doit pas néanmoins, cet homme si louable et si modeste, appréhender que je le loue : si proche de moi, il aurait autant de facilité que de disposition à m'interrompre. Je vous demanderai plus volontiers, à qui me faites-vous succéder? à un homme QUI AVAIT DE LA VERTU.

Quelquefois, messieurs, il arrive que ceux qui vous doivent les louanges des illustres morts dont ils remplissent la place hésitent, partagés entre plusieurs choses qui méritent également qu'on les relève. Vous aviez choisi en M. l'abbé de la Chambre un homme si pieux, si tendre, si charitable, si louable par le cœur, qui avait des mœurs si sages et si chrétiennes, qui était si touché de religion, si attaché à ses devoirs, qu'une de ses moindres qualités était de bien écrire. De solides vertus, qu'on voudrait célébrer, font passer légèrement sur son érudition ou sur son éloquence; on estime encore plus sa vie et sa conduite que ses ouvrages. Je préférerais en effet de prononcer le discours funèbre de celui à qui je succède, plutôt que de me borner à un simple éloge de son esprit. Le mérite en lui n'était pas une chose acquise, mais un patrimoine, un bien héréditaire, si du

---

1. Charpentier, alors directeur de l'Académie, auteur de plusieurs traductions, entre autres de celle de la *Cyropédie* de Xénophon.
2. L'abbé Bignon, reçu le même jour que La Bruyère.

moins il en faut juger par le choix de celui qui avait livré son cœur, sa confiance, toute sa personne, à cette famille, qui l'avait rendue comme votre alliée, puisqu'on peut dire qu'il l'avait adoptée, et qu'il l'avait mise avec l'Académie française sous sa protection.

Je parle du chancelier Séguier. On s'en souvient comme de l'un des plus grands magistrats que la France ait nourris depuis ses commencements ; il a laissé à douter en quoi il excellait davantage, ou dans les belles-lettres, ou dans les affaires ; il est vrai du moins, et on en convient, qu'il surpassait en l'un et en l'autre tous ceux de son temps ; homme grave et familier, profond dans les délibérations, quoique doux et facile dans le commerce, il a eu naturellement ce que tant d'autres veulent avoir et ne se donnent pas, ce qu'on n'a point par l'étude et par l'affectation, par les mots graves ou sentencieux, ce qui est plus rare que la science et peut-être que la probité, je veux dire de la dignité ; il ne la devait point à l'éminence de son poste ; au contraire, il l'a ennoblie : il a été grand et accrédité sans ministère, et on ne voit pas que ceux qui ont su tout réunir en leur personne l'aient effacé.

Vous le perdîtes il y a quelques années, ce grand protecteur[1] : vous jetâtes la vue autour de vous, vous promenâtes vos yeux sur tous ceux qui s'offraient et qui se trouvaient honorés de vous recevoir ; mais le sentiment de votre perte fut tel, que, dans les efforts que vous fîtes pour la réparer, vous osâtes penser à celui qui seul pouvait vous la faire oublier et la tourner à votre gloire. Avec quelle bonté, avec quelle humanité ce magnanime prince vous a-t-il reçus ! N'en soyons pas surpris ; c'est son caractère, le même, messieurs, que l'on voit éclater dans toutes les actions de sa belle vie, mais que les surprenantes révolutions arrivées dans un royaume voisin et allié de la France ont mis dans le plus beau jour qu'il pouvait jamais recevoir.

Quelle facilité est la nôtre pour perdre tout d'un coup le sentiment et la mémoire des choses dont nous nous sommes vus le plus fortement imprimés ! Souvenons-nous de ces jours tristes que nous avons passés dans l'agitation et dans le trouble ; curieux, incertains quelle fortune auraient courue un grand roi, une grande reine, le prince leur fils, fa-

---

1. Séguier avait le titre de protecteur de l'Académie.

mille auguste, mais malheureuse, que la piété et la religion avaient poussée jusqu'aux dernières épreuves de l'adversité. Hélas! avaient-ils péri sur la mer ou par les mains de leurs ennemis? nous ne le savions pas : on s'interrogeait, on se promettait réciproquement les premières nouvelles qui viendraient sur un événement si lamentable : ce n'était plus une affaire publique, mais domestique; on n'en dormait plus, on s'éveillait les uns les autres pour s'annoncer ce qu'on en avait appris. Et quand ces personnes royales, à qui l'on prenait tant d'intérêt, eussent pu échapper à la mer ou à leur patrie, était-ce assez? Ne fallait-il pas une terre étrangère où ils pussent aborder, un roi également bon et puissant qui pût et qui voulût les recevoir? Je l'ai vue, cette réception, spectacle tendre s'il en fut jamais [1]! On y versait des larmes d'admiration et de joie. Ce prince n'a pas plus de grâce lorsqu'à la tête de ses camps et de ses armées il foudroie une ville qui lui résiste, ou qu'il dissipe les troupes ennemies du seul bruit de son approche.

S'il soutient cette longue guerre, n'en doutons pas, c'est pour nous donner une paix heureuse, c'est pour l'avoir à des conditions qui soient justes et qui fassent honneur à la nation, qui ôtent pour toujours à l'ennemi l'espérance de nous troubler par de nouvelles hostilités. Que d'autres publient, exaltent ce que ce grand roi a exécuté, ou par lui-même ou par ses capitaines, durant le cours de ces mouvements dont toute l'Europe est ébranlée; ils ont un sujet vaste et qui les exercera longtemps. Que d'autres augurent, s'ils le peuvent, ce qu'il veut achever dans cette campagne : je ne parle que de son cœur, que de la pureté et de la droiture de ses intentions; elles sont connues, elles lui échappent. On le félicite sur des titres d'honneur dont il vient de gratifier quelques grands de son État : que dit-il? qu'il ne peut être content quand tous ne le sont pas, et qu'il lui est impossible que tous le soient comme il le voudrait. Il sait,

1. Il s'agit de la réception de Jacques II, détrôné par Guillaume d'Orange; madame de Sévigné en parle en ces termes : « La cour est toute pleine de cordons bleus... Cet ornement ne saurait venir plus à propos pour faire honneur au roi et à la reine d'Angleterre, qui arrivent aujourd'hui à Saint-Germain. Ce n'est point à Vincennes, comme on disait. Ce sera justement aujourd'hui la véritable fête des rois, bien agréable pour celui qui protége et qui sert de refuge, et bien triste pour celui qui a besoin d'un asile. » (Lett. 1008.)

messieurs, que la fortune d'un roi est de prendre des villes, de gagner des batailles, de reculer ses frontières, d'être craint de ses ennemis; mais que la gloire du souverain consiste à être aimé de ses peuples, en avoir le cœur, et par le cœur tout ce qu'ils possèdent. Provinces éloignées, provinces voisines, ce prince humain et bienfaisant, que les peintres et les statuaires nous défigurent, vous tend les bras, vous regarde avec des yeux tendres et pleins de douceur; c'est là son attitude : il veut voir vos habitants, vos bergers, danser au son d'une flûte champêtre sous les saules et les peupliers, y mêler leurs voix rustiques, et chanter les louanges de celui qui, avec la paix et les fruits de la paix, leur aura rendu la joie et la sérénité[1].

C'est pour arriver à ce comble de ses souhaits, la félicité commune, qu'il se livre aux travaux et aux fatigues d'une guerre pénible, qu'il essuie l'inclémence du ciel et des saisons, qu'il expose sa personne, qu'il risque une vie heureuse : voilà son secret, et les vues qui le font agir; on les pénètre, on les discerne par les seules qualités de ceux qui sont en place, et qui l'aident de leurs conseils. Je ménage leur modestie : qu'ils me permettent seulement de remarquer qu'on ne devine point les projets de ce sage prince; qu'on devine au contraire, qu'on nomme les personnes qu'il va placer, et qu'il ne fait que confirmer la voix du peuple dans le choix qu'il fait de ses ministres. Il ne se décharge pas entièrement sur eux du poids de ses affaires : lui-même, si je l'ose dire, il est son principal ministre; toujours appliqué à nos besoins, il n'y a pour lui ni temps de relâche ni heures privilégiées : déjà la nuit s'avance, les gardes sont relevées aux avenues de son palais, les astres brillent au ciel et font leur course; toute la nature repose, privée du jour, ensevelie dans les ombres; nous reposons aussi, tandis que ce roi, retiré dans son balustre[2], veille seul sur nous et sur tout l'État. Tel est, messieurs, le protecteur que vous vous êtes procuré, celui de ses peuples.

1. Cet éloge du roi semble un conseil indirect de renoncer à la guerre; on peut le rapprocher de l'épître I de Boileau :

> Mais un roi, vraiment roi, qui, sage en ses projets,
> Sache en un calme heureux maintenir ses sujets,
> Qui du bonheur public ait cimenté sa gloire,
> Il faut, pour le trouver, courir toute l'histoire...

2. *Balustre*. On appelle ainsi de petits piliers qui se mettent autour du lit des princes.

Vous m'avez admis dans une compagnie illustrée par une si haute protection : je ne le dissimule pas, j'ai assez estimé cette distinction pour désirer de l'avoir dans toute sa fleur et dans toute son intégrité, je veux dire de la devoir à votre seul choix ; et j'ai mis votre choix à tel prix que je n'ai pas osé en blesser, pas même en effleurer la liberté par une importune sollicitation. J'avais d'ailleurs une juste défiance de moi-même, je sentais de la répugnance à demander d'être préféré à d'autres qui pouvaient être choisis. J'avais cru entrevoir, messieurs, une chose que je ne devais avoir aucune peine à croire, que vos inclinations se tournaient ailleurs, sur un sujet digne, sur un homme rempli de vertus, d'esprit et de connaissances, qui était tel avant le poste de confiance qu'il occupe, et qui serait tel encore s'il ne l'occupait plus[1]. Je me sens touché, non de sa déférence, je sais celle que je lui dois, mais de l'amitié qu'il m'a témoignée, jusqu'à s'oublier en ma faveur. Un père mène son fils à un spectacle ; la foule y est grande, la porte est assiégée ; il est haut et robuste, il fend la presse ; et, comme il est près d'entrer, il pousse son fils devant lui, qui, sans cette précaution, ou n'entrerait point, ou entrerait tard. Cette démarche d'avoir supplié quelques-uns de vous, comme il a fait, de détourner vers moi leurs suffrages, qui pouvaient si justement aller à lui, elle est rare, puisque dans ces circonstances elle est unique ; et elle ne diminue rien de ma reconnaissance envers vous, puisque vos voix seules, toujours libres et arbitraires, donnent une place dans l'Académie française.

Vous me l'avez accordée, messieurs, et de si bonne grâce, avec un consentement si unanime, que je la dois et la veux tenir de votre seule munificence. Il n'y a ni poste, ni crédit, ni richesses, ni titres, ni autorité, ni faveur, qui aient pu vous plier à faire ce choix ; je n'ai rien de toutes ces choses, tout me manque : un ouvrage qui a eu quelque succès par sa singularité, et dont les fausses, je dis les fausses et malignes applications pouvaient me nuire auprès des personnes moins équitables et moins éclairées que vous, a été toute la médiation que j'ai employée, et que vous avez reçue. Quel moyen de me repentir jamais d'avoir écrit ?

---

1. Simon de la Loubère, précepteur du fils du ministre Pontchartrain, reçu à l'Académie quelque temps après La Bruyère.

TABLE DES CHAPITRES.

Préface. Page	1
Des ouvrages de l'esprit.	7
Du mérite personnel.	35
Du cœur.	51
De la société et de la conversation.	61
Des biens de fortune.	87
De la ville.	109
De la cour.	122
Des grands.	149
Du souverain ou de la république.	167
De l'homme.	185
Des jugements.	230
De la mode.	266
De quelques usages.	283
De la chaire.	308
Des esprits forts.	319
Discours à l'Académie.	347

Boileau. Œuvres poétiques, édition accompagnée de remarques et d'appréciations littéraires, par M. A. Dubois ; 1 vol. in-12. — 1 f. 50 c.

Bossuet. Discours sur l'Histoire universelle, édition accompagnée de remarques et d'appréciations littéraires, par M. E. Lefranc ; 1 vol. in-12. — 2 f. 50 c.

Bossuet. Oraisons funèbres, édition accompagnée de remarques et d'appréciations littéraires, par M. P. Allain ; 1 vol. in-12. — 1 f. 60 c.

Buffon. Morceaux choisis, édition avec remarques et appréciations littéraires, par M. Rolland ; 1 vol. in-12. — 1 f. 25 c.

Fénelon. Aventures de Télémaque, édition accompagnée de remarques et d'appréciations littéraires, par M. P. Allain ; 1 vol. in-12. — 1 f. 50 c.

Fénelon. Dialogues des Morts, édition accompagnée de notes et de remarques, par M. P. Longueville ; 1 vol. in-12. — 1 f. 60 c.

Fénelon. Dialogues sur l'Éloquence, édition accompagnée de remarques et d'appréciations littéraires, par M. J. Girard ; in-12. — 80 c.

Fénelon. Lettre à l'Académie, édition accompagnée de remarques et d'appréciations littéraires, par M. A. Dubois ; in-12. — 80 c.

La Fontaine. Fables, édition accompagnée de remarques et d'appréciations littéraires, par M. Héguin de Guerle ; 1 vol. in-12. — 1 f. 60 c.

Massillon. Petit Carême, édition accompagnée de remarques et d'appréciations littéraires, par M. E. Lefranc ; 1 vol. in-12. — 1 f. 25 c.

Montesquieu. Grandeur et décadence des Romains, édition accompagnée de remarques et d'appréciations littéraires, par M. P. Longueville ; 1 vol. in-12. — 1 f. 25 c.

Pascal. Pensées, édition accompagnée de notes et de remarques, par M. Pr. Faugère ; 1 vol. in-12. — 2 f. 50 c.

Rousseau (J. B.). Œuvres lyriques, édition accompagnée de remarques et d'appréciations littéraires par M. E. Pessonneaux ; 1 vol. in-12. — 1 f. 25 c.

Théâtre classique, comprenant neuf pièces ; édition avec remarques, analyses et appréciations littéraires, par MM. Dubois, Geoffroy, Lefranc, etc. ; 1 fort vol. in-12. — 3 f.

Voltaire. Histoire de Charles XII, édition accompagnée de remarques et d'appréciations littéraires, par M. J. Genouille ; 1 vol. in-12. — 1 f. 60 c.

Voltaire. Siècle de Louis XIV, édition accompagnée de remarques et d'appréciations littéraires, par M. J. Genouille ; 1 vol. in-12. — 2 f. 75 c.

www.ingramcontent.com/pod-product-compliance
Lightning Source LLC
Chambersburg PA
CBHW060554170426
43201CB00009B/775

JARDINS MAME

—

L'histoire des jardins célèbres de l'antiquité est parvenue jusqu'à nous.

On écrira aussi celle de quelques-uns de nos jardins modernes à commencer par celui de Monsieur Mame, qui se nomme les Touches et se trouve à Ballan à dix kilomètres de Tours. Les serres de ce beau jardin renferment les plantes les plus curieuses et les plus rares venues de tous les continents, de merveilleuses orchidées, des roses incomparables, des camélias superbes, quel éclatant fouillis de corolles et de calices, quelle abondance de parfums exquis, quelle élégance de formes, quelle richesse de coloris ; mais aussi quel entretien méticuleux, que de soins délicats et constants ! Chaque mois le plus beau de ces palais de verre se remplit d'une collection choisie des fleurs du moment, c'est la collection des azalées, aux millions de fleurs variées, que nous avons vue dans tout son épanouissement. Je suis sortie absolument éblouie. Ce serait à vous donner envie d'être fleur et d'habiter ces serres là.

Je n'avais que le temps de visiter l'une ou l'autre des propriétés de Monsieur Mame.

En ces jours de chaleur j'ai préféré la campagne à la ville. Les produits de la nature l'ont emporté sur ceux de l'industrie, et cependant la belle imprimerie Mame fondée au commencement du siècle, et qui occupe plus de douze cents ouvriers, mérite bien qu'on la visite.

« La façade de cet établissement est un modèle de grâce, de convenance, d'harmonie, avec lequel rien de moderne ne saurait rivaliser à Tours. »

L'intérieur de ce grand établissement est aussi parfait que possible, tant au point de vue des machines, de la perfection du travail, que du bien-être des travailleurs.

On peut dire que Monsieur Mame est le père de ses douze cents ouvriers avant d'en être le maître, c'est le plus bel éloge qu'on puisse lui adresser.

En fait d'enclos, on visite encore dans un faubourg de Tours le château Beau Jardin, une jolie demeure plantée au milieu d'un parc, sorte de jardin zoologique haut muré. Tous les animaux non féroces de la création auraient le droit si on pouvait les y amener, d'y vivre en liberté.

Les emplumés très nombreux et de races variées picorent où bon leur semble ; les quadrupèdes jouissent des mêmes privilèges ; de belles vaches blanches vous voient passer sans perdre un coup de dent ; les chevreuils bondissent près de vous, les gazelles viennent vous regarder de leurs grands yeux doux ; une jolie chèvre de Mongolie suit vos pas ; de graves lamas sont assis tranquillement sur les marches du perron et ne se dérangent pour personne.

On comprend qu'ils sont chez eux ; tout ce monde vit à sa guise dans cet heureux paradis terrestre, pendant quelque temps du moins, car l'existence de ces nombreux hôtes n'est pas longue, paraît-il, malgré leur liberté relative et les soins dont ils sont l'objet. Une consolation, c'est de penser que ces pauvres victimes de la civilisation sont encore utilisés après décès ; leur propriétaire les envoie généreusement enrichir le muséum d'histoire naturelle de Tours (1).

Le temps qui ne replie jamais son aile, m'a entraînée dans son vol incertain et je n'ai pu visiter la magnifique poudrerie du Ripault (d'ailleurs cela eût été fort difficile), qui produit en moyenne cinq cent mille kilos de poudre par an, ni la colonie de Mettray fort intéressante.

Mettray est le type des colonies pénitentiaires agricoles en France et à l'étranger.

Ce passage d'une notice de Monsieur Augustin Cochin sur Mettray, suffit pour faire connaître et apprécier cette belle fondation.

« Pratique de la religion, amour du travail,

---

(1) Depuis ma visite à Beaujardin, le propriétaire est mort ; tous les animaux ont été vendus, et ce domaine a changé de maître et de destination.

esprit de famille, émulation de l'exemple, culte de l'honneur, habitude de la discipline, bon usage de la liberté ; tout le système pénitentiaire, toute l'influence moralisatrice de Mettray sont dans ces grandes et simples idées.

« Une autre institution non moins importante que la première a été fondée dans la commune de Mettray sous le titre de *Maison paternelle*. Cet établissement n'est par le fait qu'un collège de répression où l'on reçoit les élèves indisciplinés des maisons d'éducation, et à la faveur duquel on évite le renvoi, parti extrême, qui compromettrait l'avenir de l'enfant, sans remédier au mal.

« Grâce à ces deux institutions, l'enfance pauvre délinquante, et l'enfance riche insubordonnée, se trouvent désormais soumises à une influence vraiment moralisatrice. »

Honneur aux fondateurs de ces excellentes institutions.

Tours, dont la fondation remonte fort loin, dont l'histoire est longue et compliquée, est actuellement une belle ville qui produit un très grand effet avec ses magnifiques ponts, ses nombreuses promenades, ses boulevards, ses avenues, celle de Grand-Mont particulièrement, ses rues larges aux maisons élégantes, aux magasins superbes.

Sa situation est charmante au milieu d'une plaine fertile qui s'étend entre la Loire et le Cher. La plupart des monuments qui l'embellissent sont modernes. Il ne reste de l'admirable basilique de

Saint Martin, que deux clochers dont l'un porte le nom de Tour de l'horloge, et l'autre celui de Tour Charlemagne.

Le palais archiépiscopal est très remarquable aussi, la cathédrale l'est également. Saint Martin fut son fondateur. Détruite par un incendie en 561, Grégoire de Tours la reconstruisit en lui donnant de plus vastes proportions. Un second incendie la consuma à la fin du XIIe siècle. Cette fois sa réédification se poursuivit avec lenteur, elle ne fut achevée qu'en 1550. Le portail accompagné de deux tours fort élevées est orné au milieu d'une rosace de toute beauté. En fait d'objets d'art, elle ne contient guère que le tombeau des enfants de Charles VIII, en marbre blanc.

Elle présente cette particularité, que l'on rencontre dans beaucoup d'églises, principalement dans celles qui affectent la forme de la croix latine et qui consiste en une inclinaison très apparente du chevet vers la gauche, représentation symbolique de l'inclinaison de la tête de Notre-Seigneur Jésus-Christ sur la croix.

Ce soir même, je reprends le chemin de Bretagne, mes pérégrinations sont finies et... mes descriptions aussi ; mais peut-être encourageront-elles mon cher fils à venir à son tour visiter le Jardin de la France, cette terre riche et souriante, cette belle Touraine, constellée de souvenirs... capitonnée de châteaux.

ÉTÉ 1889

JOURNAL D'UNE CAMPAGNARDE

à PARIS

PENDANT L'EXPOSITION

A mon fils Bertrand.

Je m'intéresse vivement à ton beau voyage à travers l'Algérie, la perle de nos colonies françaises. Tu as visité Alger, la superbe, la reine de ces lieux ; Oran, la ville maritime ; Constantine, la ville forte par excellence ; Bône, l'élégante, la coquette, et qui remplace aujourd'hui l'antique Hippone de saint Augustin ; Bougie, la marraine de toutes les chandelles de cire ou de stéarine ; Blidah, la patrie poétique des roses parfumées et des oranges exquises. Tu veux maintenant connaitre cette campagne algérienne si nouvelle pour toi ; t'enfoncer dans la brousse et traverser les plaines d'Alfa ; gravir les pentes escarpées de l'Atlas, côtoyer les sinuosités sablonneuses du désert, courir le long des grèves rocheuses qui festonnent la mer bleue. Les beautés grandioses de la nature sauvage t'attirent et te retiennent, et pendant que tu les admires, moi je réponds à l'appel de la civilisation qui convie le monde entier à ses fêtes, à ce spectacle unique : l'Exposition !

Puissent ces pages, faible écho de mes impressions t'intéresser à leur tour, te donner une idée de ces grandes joûtes pacifiques du progrès ; un aperçu de toutes les merveilles que renferme aujourd'hui Paris qu'on pourrait appeler en ce moment le salon de l'univers.

ARRIVÉE A PARIS

Lundi soir, 16 Septembre 1889.

Depuis quelques heures je suis à Paris... Dans ce grand Paris entrevu si souvent dans mes rêves, et que je vais trouver ou plus beau ou peut-être moins beau qu'eux. Le rêve est une féerie sans limites, la réalité a toujours des bornes. Ah ! que je suis impatiente de connaître toutes ces belles choses qui caressent ma pensée depuis tantôt cinq mois ! Demain, dès que l'horloge aura sonné neuf coups, l'heure réglementaire de l'ouverture de l'Exposition, j'en aurai franchi le seuil.

Nos plans sont dressés. Quatre jours par semaine nous irons à l'Exposition, les autres jours nous visiterons Paris ; nous nous reposerons aussi de temps en temps, on ne peut pas tout voir à la fois, et pour bien classer ses souvenirs, il faut que la mémoire puisse s'assimiler les choses et les mettre en place, autrement ce serait le chaos.

Je suis arrivée par la belle gare Saint-Lazare; un monde déjà à elle toute seule. J'ai pris une voiture et fouette cocher! Plus heureuse que cette grande dame du siècle de Louis XIV, qui aurait tant voulu se voir passer en carrosse, moi j'ai eu cet agrément, rien qu'en jetant un coup d'œil rapide sur toutes les grandes glaces qui ornent la devanture des magasins.

Quelle animation, quel mouvement, quel tapage! Ah! que je suis loin du calme des champs! Ce soir je vais m'endormir au bruit de mille rumeurs confuses qui me rappelleront la voix du vent dans les bois. Cette nuit je me croirai bercée par la rafale bourdonnante de nos plages bretonnes... Ce sera le doux songe des paupières closes et du pays natal, en attendant le grand rêve des yeux ouverts: Paris et l'Exposition!...

Mardi, 17 Septembre 1889.

Première impression

Entrées à l'Exposition aujourd'hui, cent soixante-deux mille huit cents personnes.

Je suis émerveillée, enthousiasmée !... Quelle féerie pour les yeux et la pensée que cette Exposition ! et quelle haute idée elle donne de l'intelligence humaine. C'est un amoncellement de splendeurs à donner le vertige.

Nous sommes arrivées par le Trocadéro, cette entrée grandiose entre toutes (il y en a vingt-trois) permet d'embrasser d'un coup d'œil l'aspect général de l'Exposition. De l'avenue de Suffren au quai d'Orsay, cette première impression est inoubliable.

L'intérêt et la curiosité s'éveillent au plus haut point. Tous les âges et tous les goûts peuvent se trouver ici dans leur élément.

Cette joute pacifique, cette grande exhibition ne renferme-t-elle pas une incomparable leçon de choses ? Tout ce que l'esprit humain a inventé, dans le domaine de l'art et de l'industrie, de la science et de l'imagination, se trouve là. C'est aussi l'histoire palpable, vivante, de tous les produits naturels et si variés du globe. C'est le monde entier parlant au yeux et à l'imagination.

Le terre à terre des choses pratiques et usuelles

les plus minimes coudoie l'idéal des choses artistiques et les plus vastes conceptions ; la matière marche de front avec les productions les plus éthérées de l'esprit, et tout cela savamment classé, groupé, accumulé, dans le cadre le plus magistral qui se puisse rêver ; et l'on reste stupéfait de tant de merveilles ; tout ce qu'on voit paraît extraordinaire, c'est une contemplation sans fin.

Voilà un stock formidable de souvenirs qu'il serait bien difficile d'emmagasiner dans le cerveau ; mais dont la mémoire retiendra ce qui l'aura frappée davantage.

L'Exposition de 1889 est la septième des Expositions universelles et la quinzième des Expositions nationales.

La première qui se tint au Champ de Mars en 1798, au sortir de la tourmente révolutionnaire comptait cent dix exposants ; celle d'aujourd'hui en compte trente-huit mille.

Elle couvre une surface totale de soixante-dix hectares. Le visiteur intrépide qui voudrait tout parcourir en un jour aurait fait à la fin de ses étapes quarante kilomètres. (1)

---

(1) L'exposition de 1855 qui occupa cent soixante huit mille mètres carrés, dura du 15 mai au 15 novembre. Le nombre des exposants fut de vingt-trois mille neuf cent cinquante quatre ; celui des visiteurs de cinq millions cent soixante mille. Les entrées payantes produisirent trois millions deux cent mille francs.

L'exposition de 1867 occupa six cent quatre-vingt-sept mille mètres carrés ; il y eut trente-deux mille exposants, le nombre total des entrées payantes s'éleva à près de onze millions, la re-

La tour Eiffel est le clou, elle vous saute aux yeux avant même qu'on soit à Paris : mais, au dire des ingénieurs, le Dôme Central et la Galerie des Machines ne sont pas moins remarquables. C'est une trilogie de merveilles.

Sans compter tous les pavillons, les façades, les innombrables constructions qui représentent les cinq parties du monde, il y a sept palais principaux : Le beau palais du Trocadéro, le palais des Arts libéraux, où l'on voit dans tout son développement l'histoire du travail à travers les âges ; le palais des Beaux-arts, encombré de chefs-d'œuvre : sculptures, peintures, gravures, dessins ; le palais des Industries diverses, aussi magnifique, aussi resplendissant dans son genre ; le palais des Machines, où l'esprit reste pétrifié d'étonnement et d'admiration ; le palais du Pétrole, mais oui, cette

---

cette à dix millions sept cent soixante-cinq mille francs. Les dépenses faites par la Commission impériale montèrent à vingt-trois millions quatre cent quarante mille francs ; les subventions et les recettes fournirent une somme totale de vingt-six millions deux cent cinquante-sept mille francs ; donc boni de deux millions huit cent seize mille francs.

En 1878, le nombre des exposants fut plus considérable qu'en 1867. Cette fois l'Exposition comprenait sept cent quarante-cinq mille cinq cent trente-cinq mètres carrés ; la recette fut de vingt-trois millions sept cent mille francs, avec la subvention de la ville de Paris.

En 1889, la surface totale a été de neuf cent cinquante mille quatre-vingts mètres carrés ; le nombre des entrées s'est élevé à trente-deux millions cinq cent mille. Les recettes ont atteint cinquante millions : boni de dix millions.

Les chiffres ont aussi leur éloquence : nous sommes loin des cent dix exposants de 1798.

huile minérale, découverte du XIX⁰ siècle a son palais où sont représentés les appareils servant à son extraction ; en un mot tout le matériel nécessaire à cette immense exploitation, ainsi que des échantillons de pétrole et de naphte. Cela intéresse les gens de la partie. Quant aux simples visiteurs, ils s'amusent un instant à regarder les grandes vues panoramiques qui décorent les murs intérieurs et qui représentent les ouvriers au travail sous le ciel d'Asie, d'Amérique et même d'Europe, au Caucase. Ces vues sont bien faites, et l'on comprend tout de suite que ces ouvriers ne sont pas de même race. Enfin le palais de l'Alimentation, le palais tentateur.

Et maintenant que j'ai effleuré toutes ces belles choses, voici mon opinion.

Il est impossible, même à l'imagination la plus féconde, de se faire de loin une idée de l'Exposition. Quant à ceux qui l'ont visitée, ils sont quand même dans l'impossibilité de la bien faire comprendre à ceux qui ne l'ont pas vue. Sans doute ces derniers pourront se rendre un compte exact de bien des choses prises séparément ; ils pourront lire tous les livres traitant ce sujet aussi vaste qu'intéressant ; ils pourront se représenter un palais, une galerie, un atelier, une usine ; on pourra leur donner des détails, beaucoup de détails ; mais cet ensemble incomparable, comment l'exprimer !

Mercredi, 18 Septembre 1889.

Le Jardin, le Musée et le Palais du Luxembourg
Buffalo-Bill

Temps délicieux, chaud le jour, tiède le soir ; journée bien remplie, comme le seront, j'espère, toutes celles qui doivent suivre.

Nous avons passé la matinée en France, au Luxembourg, et l'après-midi au Mexique, à Buffalo-Bill.

Quel admirable jardin, que ce jardin du Luxembourg ! il vous conduit jusqu'à la belle fontaine de l'Observatoire, au milieu de pelouses parfumées, à travers des bois ombreux qui vous donnent l'illusion d'une vraie campagne ; ici on peut s'isoler, se croire aux champs et rêver à l'ombre des futaies, que l'automne d'un coup de son pinceau fantaisiste va rougir d'abord et bientôt effeuiller, hélas !

Ces belles statues, ces balustres élégants, ces bassins limpides évoquent les souvenirs d'antan. Il me semble que j'entrevois dans les allées, l'ombre de Marie de Médicis. Je crois entendre sous les charmilles chuchoter les grandes dames de la Cour.

En descendant ainsi les âges, j'arrive à des souvenirs plus cruels et plus récents. C'est dans le

Jardin du Luxembourg qu'un grand nombre de fédérés furent enterrés, pendant la Commune ; et ce mot si vrai d'un penseur me revenait en mémoire : « Tant que le peuple fera de la politique il ne sera pas heureux ! Toute horreur appelle une autre horreur, et c'est comme cela que les représailles engendrent les haines éternelles. »

Pour chasser cette triste évocation, je me suis amusée à suivre la flottille en miniature que les enfants lancent sur le grand bassin, à voir les canards s'ébattre dans les ruisseaux et les hardis moineaux quémander familièrement les miettes de pain qu'un public, amant de la belle nature, ne leur marchande point.

J'ai admiré les orangers séculaires qui ont leurs parchemins comme ceux de Versailles. Ce ne sont plus des arbustes mais des arbres vivant dans des caisses, véritables petites maisons roulantes.

Les nombreuses statues qui ornent ce magnifique jardin et principalement les deux côtés de la grande terrasse sont pour la plupart des œuvres importantes au point de vue de l'art. J'y ai remarqué Sainte Geneviève, la patronne de Paris, Velléda la prophétesse des Gaules, des reines et des princesses.

Très belle la fontaine de Médicis, œuvre de Jacques Debrosse ; charmants aussi les quatre groupes représentant plus loin l'Aurore, Le Jour, Le Crépuscule et la Nuit. Je regrette qu'une plaquette aux pieds de chaque statue n'indique pas et son nom et celui de l'auteur, même réflexion pour les Musées où il faut avoir un livret, consulter le catalogue, chercher le numéro ; la plaquette simplifierait bien les choses et le nom de l'auteur se fixerait avec l'œuvre même dans le souvenir.

Le Musée du Luxembourg qui a quitté le Palais pour s'installer dans les serres restaurées ad hoc, n'a rien perdu au change. Il est dans de bonnes proportions pour être bien vu, il est tranquille, recueilli et l'on regarde à l'aise, ce qui est un grand agrément, les sculptures et les peintures qu'il renferme. La sculpture est contenue dans une salle unique de quatre cent trente-deux mètres carrés. La peinture qui occupe deux salles présente les œuvres les plus remarquables des artistes vivants. C'est comme l'antichambre du Louvre, où l'on n'est pas pressé d'entrer. On s'attarde d'autant plus volontiers dans l'antichambre, qu'il n'y a que les morts qui puissent entrer au Louvre. C'est là seulement qu'ils reçoivent la consécration suprême de leur talent, le couronnement de leur gloire.

Après le Musée, j'ai pu visiter le Palais.

C'est Marie de Médicis, qui prenant pour modèle le Palais Pitti à Florence posa en 1615 les fondations du Palais du Luxembourg. Il renferme de superbes appartements ; la salle où le Sénat tient ses séances est l'ancienne salle de théâtre.

Très belles aussi, la galerie des bustes, la salle du trône, la chambre de Marie de Médicis ; à remarquer encore le grand escalier aux monumentales proportions et la chapelle un peu négligée aujourd'hui, puisque depuis 1875, on n'y a pas dit la messe une seule fois.

Nous sommes rentrées, l'appétit bien aiguisé. Le fait est qu'à Paris on se dépense tant, qu'on a besoin de renouveler confortablement ses provisions de forces et de santé, pour garder son équilibre. Deux heures viennent de sonner, en route pour le Mexique !

Nous voici donc en pleine tribu de Peaux-Rouges. C'est un vrai village, non bâti, mais composé d'un grand nombre de tentes en toile blanche, meublées sommairement de quelques tapis, de quelques peaux, dont s'enveloppent ces exotiques pour dormir. Les tentes des chefs sont un peu plus hautes et plus confortables, on y aperçoit quelques meubles, des sièges, une table, un divan ; de plus elles sont bariolées de dessins grossiers aux couleurs vives, qui dénotent que chez ces amateurs de chevelures, l'art n'est pas encore sorti de ses langes. Cependant cette promenade à travers ce campement pittoresque, où l'on entrevoit de grands gaillards cuivrés qui ressemblent à des bandits, ne manque pas d'originalité, et me paraît l'une des principales attractions du spectacle qu'on va chercher à Buffalo-Bill.

Un vaste cirque solidement construit, le plus grand du monde, dit le programme, permet à plusieurs milliers de personnes de prendre place à la fois ; le fond du cirque est tendu d'immenses toiles peintes, représentant un coin de la terre mexicaine ; ce décor, ce trompe l'œil est d'un bel effet et prête à l'illusion. On rêve un instant pampas, savanes et forêts vierges.

Le personnel est fort nombreux : deux cents chevaux, poneys et buffles sauvages, deux cent cinquante Indiens, pionniers, trappeurs, cow-boys, chasseurs, cavaliers ; ces derniers sur leurs chevaux, sans selle, exécutent des fantasias endiablées. Assez curieuses la danse de la *Guerre* et de la *Plume*, la chasse au lazo des chevaux fuyant et galopant en liberté.

L'attaque d'un convoi par les Peaux-Rouges manque un peu de prestige ; on sent trop que ce n'est pas vrai. Un antique carrosse, dans lequel on fait monter quelques-unes des personnes de marque venues à la représentation, apparaît et parcourt la piste, ce qui simule le voyage ; puis soudain retentissent des cris terribles et des coups de feu, le carrosse est entouré de sauvages, il y a lutte, combat, mais enfin tout se termine heureusement, comme dans les contes moraux : la horde sauvage est repoussée avec perte et les honnêtes voyageurs continuent tranquillement leur route.

Ce qu'il y a de très remarquable, c'est l'adresse des tireurs, hommes et femmes, Miss Oakley particulièrement, elle brise avec une rapidité et une précision extraordinaires des boules de verre lancées dans l'espace, sans prendre à peine le temps de les viser.

Nous avons vu travailler les deux bronchos ramenés d'Amérique par le grand peintre Rosa Bonheur, celui-ci n'ayant trouvé personne pour les dresser les a offerts au colonel Cody qui avec ses Mexicains et ses cow-boys est venu à bout de les dompter.

En somme grand bruit à ces représentations, beaucoup de cris et de coups de fusils, beaucoup de chiens, de buffles, de chevaux et de sauvages, n'en déplaise au colonel Cody, un des héros (de théâtre) du moment, et que Paris qui est vraiment la meilleure ville du monde invite à ses fêtes et acclame comme s'il était un vrai héros. Tous ces gens là sont bien d'une autre race que la nôtre et voilà sans doute pourquoi on les accueille si bien. On aime le changement.

Buffalo est amusant à voir une fois : foule énorme comme partout ; on nous a montré de loin M. Loyson, ex-Père Hyacinthe, et M. Lincoln, ministre des Etats-Unis.

Pendant les entr'actes on vend une sorte de gâteau mexicain rond comme une ballotte, composé de graines de maïs rouges, pétries dans une espèce de pâte sucrée, le tout enveloppé d'un papier de soie et d'une faveur rose ou bleue. C'est tout à fait joli, tout à fait alléchant, mais ça n'est bon... que pour les yeux, au goût c'est détestable.

Jeudi, 19 Septembre 1889.

Exposition. — Palais et Jardin du Trocadéro

Hier à six heures du matin, le thermomètre marquait quatre degrés au dessus de zéro, au pied de la Tour Eiffel, et sept degrés à son sommet. Il y avait donc une température plus chaude en haut qu'en bas, il paraît que cette différence a déjà été signalée cet hiver et qu'on pourra la constater à peu près chaque matin.

C'est au Palais du Trocadéro (1), qui fut le palais dominant de l'Exposition de 1878 et à ses délicieux jardins que nous avons consacré notre journée. Le Palais est dépassé aujourd'hui, mais c'est égal, il est toujours superbe avec ses galeries extérieures ornées de statues, ses cascades, ses tours quadrangulaires de 70 mètres de haut ; sa salle des fêtes qui peut contenir six mille personnes. La galerie intérieure de droite contient des objets anciens qui sont de purs chefs-d'œuvre en bijouterie.

---

(1) Trocadéro : nom donné à une colline près Paris, pour perpétuer le souvenir d'un fait d'armes des troupes françaises qui, en 1823, sous les ordres du duc d'Angoulême, s'emparèrent du fort du Trocadéro, dans l'île de Léon, près Cadix, ce qui entraîna la reddition de cette ville. Depuis Paris s'est beaucoup agrandi, il a englobé la colline, et le palais bâti dessus a pris son nom.

Tous ces trésors échappés aux révolutions, à la guerre, au pillage, à la fonte, racontent magnifiquement l'histoire de l'orfèvrerie française depuis saint Louis jusqu'à nos jours. Nous avons là sous les yeux les trésors les plus célèbres des anciennes abbayes de France, et ceux des grandes cathédrales. Voilà des crédences, des émaux byzantins, des crosses splendides, des patènes, des ostensoirs, des mîtres, des encensoirs, des reliquaires superbes et même des châsses aux précieuses reliques. Voici une croix de l'évêché d'Avignon, trois plaques d'évangéliaires, un calice en or massif du huitième siècle (église de Saint-Gozlin, à Nancy), un reliquaire pour la Sainte-Epine (sœurs Augustines d'Arras), une nef en nacre de perles montée sur argent doré, un Christ sortant du tombeau (don de Henri II à une église).

Admirons aussi les spécimens de l'orfèvrerie profane : le lit d'Antoine, duc de Lorraine et de Renée de Bourbon, sa femme (1515) ; une collection de coffrets, des bustes en terre cuite de Philippe le Beau et Jeanne la Folle, etc., etc.

Toutes ces pièces rarissimes aujourd'hui, sont l'œuvre de ces fameux *orfèvres du Roi* qui furent des maîtres.

L'ensemble de ces objets est évalué modestement à quarante millions.

La galerie de gauche est un musée d'architecture. On y voit la reproduction dans leur grandeur naturelle des principales parties de nos monuments historiques, chaires en dentelle de pierre, jubés à jour, statues colossales, tombeaux, portiques, rosaces, portails des plus belles cathédrales tel que celui de Chartres, cloître de Saint-Trophyme ; tout cela est représenté avec la fidélité de détail et le fini d'exécution de l'original même. Après un examen attentif de tous ces fragments colossaux, on connaît le passé architectural de son pays, du moyen-âge, de la Renaissance, car aujourd'hui, l'éclectisme le plus absolu règne dans nos monuments modernes. Les architectes actuels empruntent à chacun des cinq ordres ce qui leur convient le mieux, sans s'occuper le moins du monde de rester classique. Ils sont les fondateurs d'un sixième ordre, *l'Ordre du Mélange.*

Et la suite de cette visite rétrospective et un peu sévère, on éprouve une véritable satisfaction à promener dans les jardins du Trocadéro et à se retrouver au milieu des fleurs qui toujours jeunes et belles sont de tous les temps.

On dirait qu'elles sont les Benjamines de la Nature qui les chérit tout particulièrement et aime à renouveler sans cesse leur fugitive beauté.

C'est d'elles qu'on peut surtout dire : les fleurs sont mortes, vivent les fleurs ! Chaque saison, que dis-je ! chaque semaine presque apporte une flore différente et c'est ainsi que nous voyons se succéder les camélias, les azalées, les cynéraires, les pensées, les jacinthes, les tulipes, les geraniums, les roses, les œillets, les marguerites, les dalhias, les chrysantèmes la dernière fleur d'automne et peut-être la plus belle parce qu'elle trône seule, toutes ses autres sœurs, les frileuses ont déserté la place. Ah ! oui les fleurs sont sans rivales, dans l'art de charmer, de ravir.

Quel enchantement pour les yeux, quel régal pour l'odorat ! Si j'osais je dirais que toutes les fleurs de pourpre et de flamme d'azur et d'or étincelantes au soleil semblent tirer un véritable feu d'artifice sous les regards éblouis des promeneurs.

Le Trocadéro est non seulement rempli de fleurs mais aussi de fruits et de légumes, charmant trio qui unit l'agréable à l'utile.

Deux mille cinq cents espèces comprenant quatre mille cinq cents rosiers ouvrent ici leurs cassolettes depuis le commencement de l'été.

Des serres élégantes étalent leurs curieuses collections au nombre desquelles les orchidées brillent par leur variété. Les fruits et les légumes rangés par espèce sont groupés avec un art qui rehausse encore leur éclat.

Ces arbres fruitiers affectent en général la forme des figures géométriques cônes et pyramides mais il y en a de plus bizarres où le fil de fer et la taille jouent un grand rôle.

Question d'amour propre et de parade car les fruits n'en sont pas meilleurs.

On est aussi arrivé à cultiver les arbres fruitiers en pot. Ils sont tout à fait gentils et pimpants dans leur petite taille. Voilà une méthode parfaite qui permettra aux raffinés de servir tout un verger sur leur table et de cueillir au moment du dessert le fruit tout frais à l'arbre même.

Tous les arbres verts de la création ont ici de nobles représentants en tête desquels marchent le Sciadopitys, l'Araucaria Imbricata et le Wellingtonia gigantea qui sont les trois géants végétaux de la Chine, du Chili et de l'Amérique du Nord.

Par exemple une exposition dont je rêve encore et qui n'offre guère de géants, c'est celle du Japon. Ce jardin, orné de vases japonais blancs et bleus, palissé de bambous, garde une saveur locale très prononcée.

Presque tous ses conifères sont *nanifiés*. Ces plantes là sont bien celles que nous voyons étaler par les artistes japonais sur leurs paravents, leurs potiches, leurs meubles ; plantes invraisemblables qui paraissent plutôt l'œuvre d'une imagination fantaisiste que celle de la nature.

Ces arbres qui en liberté atteindraient une hauteur énorme, ici, vivent en pots. Voilà un érable de cinquante ans qui n'a pas plus de cinquante centimètres de haut.

Voilà des sapins, des tuyas lilliputiens, aux troncs tourmentés, bossus, biscornus, qui ont cent et cent cinquante ans d'existence. On les a traités comme on traite le pied des Chinoises en entravant leur crue, mais quels soins il a fallu pour les empêcher de mourir, ces pauvres arbres, ainsi livrés à la torture. C'est plus curieux que beau, il faut que ces Japonais soient de fameux arboriculteurs pour réussir de pareils monstres.

Le Pavillon des forêts m'a séduite par son élégance et son originalité.

Qu'on se figure une construction toute en bois dont la façade, la galerie extérieure, les panneaux sont obtenus par la juxtaposition et l'assemblage de bois de toutes les couleurs, les colonnes sont des arbres séculaires non écorcés.

L'intérieur renferme des échantillons de tous les arbres existant sur la terre. Ce sont des rondelles épaisses, parfois d'une largeur phénoménale, sciées dans le tronc ; cette collection est unique dans son genre.

Nous avons passé la soirée à la maison, dans l'intimité de quelques bons amis que ma cousine avait conviés à son dîner hebdomadaire. Un convive retardataire, un jeune homme habitué de la maison, entre au salon en gasconnant comme un riverain de la Garonne. Ciel ! quel langage !

Qu'avez-vous, s'écrie-t-on en chœur? « Eh ! *bienne*, mais *rienne*, seulement *ze* ne veux pas avoir l'air d'un *étranzé* dans ma ville natale, puisqu'on ne parle plus français à Paris, mais toutes les langues et tous les idiomes du globe, *ze* fais comme les autres. »

Il est de fait que la multitude est innombrable partout. Paris ne s'appartient plus ; envahissement général des trains, des omnibus, des bateaux, des tramways, des fiacres, des hôtels et des théâtres. Les propriétaires et les directeurs sont dans l'allégresse ; ils ont beau augmenter le prix des chambres et des places, il n'y en a jamais assez. Quel succès que cette Exposition ! Elle mourra debout, battant son plein, aussi suivie, aussi admirée et même plus que les premiers jours.

Cependant comme il est impossible de contenter tout le monde, bon nombre de Parisiens sont furieux. On a pris leur Paris, ils ne sont plus chez eux, et ils envoient à tous les diables la province et l'étranger.

Le jeune homme s'étant assis a continué : « D'ailleurs Paris n'a jamais été aux Parisiens... En temps ordinaire, le nombre des étrangers est huit pour cent de la population ; celui des Français nés dans les départements et habitant Paris est cinquante-huit pour cent ; les Parisiens de Paris y sont trente-huit pour cent, juste le tiers. Les savants nous apprennent que sous l'Empereur Julien (qui habitait Paris et l'appelait ses délices) la population était de huit mille habitants. Il n'y avait pas d'exposition alors !

Sous Clovis, il y avait à Paris trente mille habitants. Sous Louis VII en 1220, cent vingt mille habitants. En 1590, le recensement indiqua deux cent mille âmes.

La progression s'augmenta chaque année et nous voyons qu'en 1876, Paris avait près de deux millions d'habitants. Actuellement on donne comme chiffre sûr : deux millions six cent mille. »

Notre jeune homme ne se fût peut-être pas arrêté là sans la phrase traditionnelle : « Madame est servie ».

Ce n'était plus le temps de discourir ; mais d'offrir son bras, ce qu'il a fait en s'avançant vers moi.

Rassurez-vous, lui ai-je dit en souriant, votre Paris vous sera bientôt rendu.

Vendredi, 20 Septembre 1899.

Le Jardin des Plantes, l'Eldorado

Longue promenade au Jardin des Plantes, magnifique parc d'une contenance d'environ trente hectares et comprenant le jardin botanique et les galeries zoologiques ; le labyrinthe et la vallée suisse qui renferme la ménagerie.

Le jardin des Plantes est divisé dans sa longueur en deux parties bien distinctes symétriquement dessinées : l'une se compose des carrés de l'école botanique, des bosquets de printemps, d'été, d'automne, d'hiver, et des deux belles allées de tilleuls plantés par Buffon. La fosse aux ours, les serres et les pépinières la séparent de l'autre partie, qui se subdivise en vallée suisse et jardin anglais, lequel ne forme en définitive qu'un grand et un petit labyrinthe.

C'est sur le grand labyrinthe que s'élève le majestueux cèdre du Liban rapporté tout petit de Keew près Londres par Bernard de Jussieu, non dans son chapeau, comme le dit la légende, mais simplement dans un pot à fleur. Il n'y a pas de Suisse sans chalets, ceux-ci sont tous habités et forment le jardin zoologique à proprement parler.

J'ai fait comme les enfants et acheté les petits

pains traditionnels qui doivent régaler les habitants de ce lieu de délices si apprécié du peuple parisien surtout. Nous avons donc fait la connaissance de Mignon, un jeune tigre, de mademoiselle *du Cap*, une superbe hyène, de la *Cochinchinoise*, une panthère solennelle et de son époux *Gaston* ; de deux lions *Jean-Bart* et la *belle Fathma*, du tigre *Néron* et de la tigresse *Joséphine*, de *Dora* une ourse du Tonkin ; ce qu'il y a de plus extraordinaire, c'est que tous ces animaux arrivent à l'appel de leur nom, assurent leurs gardiens. Malgré les soins qu'on leur prodigue, ils semblent malheureux, étiolés, dans leurs cages grillées de quelques pieds, ces pauvres exotiques qui avant la captivité ne connaissaient que l'immensité des forêts ou des déserts. En revanche les ours n'ont point l'air d'engendrer mélancolie dans leurs fosses profondes ; ils font les beaux, marchent debout, tendent les bras vers le public ; celui-ci leur jette des morceaux de pain, qu'ils reçoivent très adroitement dans leur gueule ouverte.

Nous avons salué *Rousset*, *Henriot*, *Tonkinois*, *Mathieu* un ours brun, *Matelot* un ours cocotier, *Firmin* un ours bien léché, *l'Africain*, un ours terrible et le *Petit-Vieux*, doyen vénéré des ours du jardin, une belle assistance comme on voit.

Les zèbres sont également très voraces ; leur grande mâchoire constamment dilatée est une cible que les enfants criblent de balles de mie de pain. Très bien éduqués aussi les éléphants : ce sont d'amusants escamoteurs d'une adresse charmante ; leur trompe passe au-dessus de plusieurs personnes, pour venir prendre fort délicatement le morceau de gâteau que vous tenez en main.

De coquettes volières logent confortablement la gent emplumée. La belle collection des oiseaux doux et inoffensifs m'a charmée. Oiseaux aquatiques, oiseaux des montagnes, oiseaux des plaines, quelle variété de formes et de plumages ! Comme les flamants sont donc jolis dans leur toilette rose ! Tous ces cosmopolites ont leur cachet particulier ; mais nos oiseaux français ont aussi leur mérite. Fauvettes, pinsons, mésanges, pierrots se donnent des airs d'écoliers en vacances qui font plaisir à voir.

Les serres, parfaitement entretenues, renferment d'innombrables spécimens de plantes exotiques ; les deux plus grandes sont, dit-on, les plus belles serres de France, de véritables palais de cristal.

Tous les animaux volant, rampant, marchant, nageant se sont donnés rendez-vous dans les vastes salles d'histoire naturelle. Très intéressante la collection des écureuils, je n'aurais jamais cru qu'il y avait tant de variétés chez ces charmants rongeurs.

Pas si agréables à voir les serpents, on les regarde avec dégoût, et même avec effroi en se rappelant l'histoire de ce savant, mort de la piqure d'un serpent, empaillé depuis vingt ans. C'est l'exacte vérité. L'empailleur avait laissé à cet ophidien d'une espèce très dangereuse ses crochets, des tubes pleins de venin ; le savant l'ignorait, on avait oublié ce détail, tout en étudiant son serpent sans y prendre garde, il fait jouer la mâchoire qui se referme sur sa main ; les crochets fonctionnent et le venin, presque foudroyant, qui n'avait rien perdu de sa force, au contraire, s'inoculait en quelques minutes dans le sang du malheureux, nouvelle victime à ajouter au long martyrologe de la science.

La salle des fruits me paraît unique dans son genre. C'est une séduction pour l'odorat. Tous les fruits des cinq parties du monde sont là, au naturel, conservés dans l'esprit de vin. Ils répandent un parfum de fruits à l'eau-de-vie tout à fait alléchant.

Bref, le muséum avec ses jardins, ses serres, ses herbiers (*hortos sicos, jardins secs*), sa ménagerie, ses amphithéâtres et ses laboratoires, ses galeries de zoologie, de botanique, de géographie, de minéralogie, en un mot avec toutes ses collections est un grand établissement national, d'une haute importance, marchant en tête des autres établissements de ce genre en Europe destiné tout à la fois à l'enseignement supérieur et à la vulgarisation des sciences naturelles.

Nous sommes rentrées par une brise frisquette comme disent les marins, le temps est toujours beau mais les nuages s'amoncellent à l'horizon, le soleil par instant reste voilé.

Aussitôt après dîner, nous nous sommes dirigées vers les théâtres de notre voisinage. Quelle audace de songer à y entrer sans places retenues d'avance. L'Odéon était comble, Cluny aussi, au Chatelet même déveine ; le Prince Soleil, qu'on y joue, est un souverain auquel il faut avoir demandé audience depuis plusieurs jours pour être reçu. Longue queue à l'Opéra-Comique, nous entrons dans le flot, au bout d'une demi-heure d'attente nous allons enfin franchir le seuil sacré. Soudain un gardien de la paix, de planton à la porte nous glisse à l'oreille : « Mesdames, quelles places avez-vous donc ? » « Aucune. » « A la bonne heure, car il n'y en a plus, ce flot vous conduit aux combles dans les places à vingt sous. » Horreur !

De guerre lasse nous allons nous échouer à l'Eldorado, juste à temps pour prendre les deux derniers fauteuils.

On nous sert les traditionnelles trois prunes à l'eau-de-vie, une opérette et beaucoup de chansonnettes dont quelques unes d'un goût douteux. Je constate avec regret que cet esprit, sel attique dont nos pères savaient si bien se servir n'existe plus. Notre génération ne demande point de sel fin, le gros sel de cuisine lui suffit. J'ai acheté la Tour Eiffel, la meilleure chansonnette du répertoire.

Nous sortons à minuit. Brrr... Aïe ! Il pleut à verse, surprise désagréable. On court, on s'agite, on hêle les cochers, qui répondent ou ne répondent pas ; à cette heure là ils sont les maîtres. Quelques parapluies s'ouvrent. Heureux ceux qui ont eu la précaution d'en apporter ! Hélas ! pour nous préserver nous ne pourrions ouvrir que nos éventails...... Enfin nous saisissons au passage un automédon libre et de bonne volonté ; sauvées, mon Dieu ! Nous sommes loin de nos pénates, mais qu'importe... en route, et fouette cocher !

Samedi, 21 Septembre 1889.

Entrées à l'Exposition, quatre-vingt-dix-sept mille neuf cent seize. Hier, elles avaient été de cent onze mille sept cent cinquante.

Intermittence de pluie et de soleil, un temps d'intérieur.

Nous nous sommes consacrées aux Beaux-Arts, exposition merveilleuse de peintures et de sculptures à laquelle toutes les nations civilisées ont pris part. Tout cela est impossible à décrire ; on a calculé que si tous les tableaux français et étrangers qui sont ici, étaient posés à la file les uns des autres, ils se développeraient sur une longueur d'une lieue un quart environ. Cela donne une idée des productions artistiques de notre époque.

Je ne suis point assez connaisseur pour me permettre aucun jugement ni en sculpture ni en peinture. Cependant les paysages finlandais m'ont absolument séduite. Ils sont ravissants ; quelle suavité de couleurs ! c'est leur ciel sans doute qui donne à la campagne ces teintes rêveuses et poétiques, que je ne retrouve nulle part.

La sculpture est splendidement représentée, le génie français, disent les connaisseurs, s'y affirme d'une façon plus triomphante encore que dans la peinture. J'admire l'Ecole française, mais j'avoue modestement mon faible pour la sculpture italienne. Elle s'attache particulièrement aux enfants, dont elle excelle à rendre les poses, l'attitude, l'expression. Tous ces petit êtres qui rient, qui pleurent, qui s'amusent, qui effeuillent une rose ou réchauffent un oiseau ont été pris sur le vif et, si ce n'était la pâleur du marbre, sembleraient vivants.

Les Italiens habillent avec une entente parfaite leurs modèles. Leurs étoffes sont si souples, leurs broderies si délicates, les gazes si légères, qu'elles laissent deviner les formes sans rien accentuer.

La sculpture française a plus de force et de grandeur. Elle s'inspire de sujets d'un ordre plus élevé ; aussi ses statues, en général plus grandes que nature, ne peuvent prendre place que dans des musées ou des palais. La sculpture italienne a plus de grâce et de douceur. Par ses proportions et les sujets qu'elle choisit, elle peut entrer dans tous les salons, c'est la sculpture de la famille et de l'intimité.

Cependant je ne suis jamais passée dans la magnifique galerie Rapp, consacrée à l'Ecole française, sans m'arrêter devant une jeune mère qui coupe du pain pour ses deux marmots lesquels, accrochés à ses jupes, se lèvent sur la pointe de leurs petits pieds pour atteindre plus vite la tartine convoitée. Leur mine éveillée et le charmant sourire de la mère qui les couve du regard, tout cela vous retient. C'est un chef-d'œuvre inspiré par la vie réelle ; c'est tout un poème, le poème émouvant de la famille. De temps en temps on rencontre ainsi quelques délicieux sujets.

A mon humble avis, l'ensemble offre encore trop de nudités. Ce sont, j'en suis persuadée, des sujets d'études remarquables, de grandes difficultés vaincues ; mais pour les curieux, les profanes qui n'entendent rien aux difficultés de l'art, pour tous ceux qui passent et ne retiennent que l'impression du moment, ces proportions colossales, ces statues dans des postures fatigantes, aux muscles tendus, aux nerfs cordés, aux expressions de visages tourmentés, semblent voulues, cherchées, et ne rendent nullement les réalités de la vie.

Ah ! que ces garçonnets et ces fillettes occupés aux choses familières de l'existence, qui pêchent assis sur un rocher, qui lisent ou cueillent des fleurs, que ces enfants nus de la tête aux pieds doivent donc avoir froid !

On les regarde sans illusion. Ce sont des statues superbes, j'en conviens ; mais cela reste du marbre. Chez les Italiens, les enfants sont d'une grâce et d'une vérité qui les rendent vivants.

Ciel ! j'entends d'ici les vrais artistes m'écraser. Oser émettre une telle opinion. Quel crime ! Puisque justement on reproche sans cesse à l'Italie la mièvrerie de ses compositions et la mollesse de son ciseau.

Les découvertes scientifiques du XIXe siècle sont renversantes. La science semble à son apogée ;

l'art se maintient à un niveau satisfaisant ; cependant il est à craindre que s'égrenant, s'éparpillant sur tant d'individus, il ne finisse par s'amoindrir. « Le talent n'est que la menue monnaie du génie. »

Dans le passé, le génie n'eut que de très rares représentants ; actuellement, tout le monde s'en croit un petit brin. Jadis, il naissait par siècle un ou deux génies sublimes qui s'appelaient Michel-Ange chez les sculpteurs, Raphaël chez les peintres, Dante chez les poëtes, Mozart chez les musiciens. Chacun de ces élus arrivait dans son genre à la plus haute expression de l'art et devenait un génie national.

Le sentiment artistique est de tous les âges ; mais l'explosion géniale, qui à elle seule illumine parfois toute une époque, est toute personnelle. Il y a des moments ou l'art reste stationnaire et même semble décliner, quand il cherche une autre voie.

A l'heure présente, la musique par exemple subit certainement une crise. Elle a banni de ses compositions savantes et mathématiques la douce mélodie ; la pauvrette ne peut plus chanter dans les âmes et prendre son vol, on lui a coupé les ailes et pourvu que nos compositeurs modernes possèdent à fond le code de l'harmonie cela suffit. Et pourtant la mélodie c'était le génie, l'harmonie c'est le talent.

Quel dévergondage de notes, quelle orgie de cuivres à présent dans certains opéras. L'orchestre n'a plus pour mission d'accompagner et de soutenir les chants, il a sa partie distincte qu'il tient aussi à faire valoir, et l'audition de cet imbroglio musical devient pour les simples mortels qui l'écoutent attentivement, un véritable travail. Mme de Sévigné, en parlant de la musique de Lulli, disait : « Il n'y en aura pas de plus belle au Paradis »

Eh ! bien, je ne ferai pas entendre ce cri d'admiration pour la musique actuelle. Non, bien sûr, cette musique-ci n'est pas celle du Paradis. Les mélodies célestes sont autre chose que cela. Elles savent parler à l'âme un ineffable langage dont la musique du jour, dans un grimoire savant et compliqué, embrouillé et obscur, ne peut donner aucune idée.

C'est la musique de l'avenir ; on dit que nos oreilles s'y feront, tant mieux. La musique est donc arrivée à une époque de transition, mais il ne s'ensuit pas que cette nouvelle musique, pas plus que la nouvelle littérature, soit supérieure à celle du passé. Au contraire.

Pour la science, c'est tout différent : la science est un capital qui va toujours en s'augmentant. Chaque génération nouvelle tire profit de l'héritage légué par sa devancière. Voilà l'explication des progrès incessants et indéfinis de la science, qui ne recule jamais, comme cela peut arriver à l'Art.

Les élections. — L'Exposition. — Les fêtes

Dimanche, 22 Septembre 1889.

Grand jour des élections !

Les afficheurs sont aujourd'hui les maîtres de Paris.

Ils ont mis leur colle et leurs affiches partout, sur les plus beaux monuments, sur les statues même, sans respect pour les illustres qu'elles représentent.

Nous sommes en septembre, et comme autrefois à Rome, à cette époque, ils usent et abusent de ce que l'on appelait *septembri libertas*.

C'est une véritable débauche, une frénésie, une fureur.

Et les philosophes s'en vont répétant le mot connu : « colle dessous, colle dessus, colle partout ! »

On voit des affiches de toutes les couleurs . jaunes, vertes, rouges, bleues, violettes, etc.

On calcule qu'il est dépensé six cent mille kilogrammes de papier à affiches pendant la période électorale à Paris seulement. Un joli chiffre comme on voit.

Il pleut à verse. Puisse cette douche calmante rafraîchir les cerveaux surexcités par la politique.

On dit que chaque peuple n'a que le gouvernement qu'il mérite ; eh ! bien, il faut croire que nous ne valons pas grand chose à en juger par nos gouvernants.

Le *Pilori* a publié dernièrement cette jolie chansonnette qui peint la situation :

GRANDES MANŒUVRES ÉLECTORALES

(*Air de* : La Boiteuse.)

Au ministère, en ce moment,
Il y a tout un chambardement :
On prépar', pour les élections,
De grandes mobilisations,
Chaque jour arriv'nt par paquets
Des préfets et des sous-préfets,
Des maît' d'écol', des percepteurs,
Que c'est comme un bouquet de fleurs !

REFRAIN :
Il faut les voir tous ces Parlementaires,
Pots-d'vins par devant, pots-d'vins par derrière,
Il faut les voir, disant d'un air confit
A l'électeur : « Mon p'tit ! mon p'tit ! mon p'tit ! »
Pendant que l'écho leur répond :
« Fripons ! fripons ! fripons ! »
« — Ah ! dit le peuple, tas d'coquins,
Vous êtes fins, mais cett'fois j'vous tiens,
Oui, je vous tiens ! »

De tous côtés on en fait v'nir
Des milliers par les trains d'plaisirs ;
En guise de préparation,
On les mèn' voir l'Exposition,
Et, quand, levant leurs nez au ciel,

Ils ont bien vu la tour Eiffel,
Leur cornac les pri' poliment
D'crier : Vive le Gouvernement !

Au refrain.

Puis on les conduit chez Carnot,
Qui, toujours raid' comme un poteau
Et souriant d'un air serein,
Leur donne à tous un' poigné' de main.
Après, Rouvier et Thévenet
Les prennent en leur cabinet ;
Enfin, vient le tour de Constans
Qui leur tient le discours suivant :

Au refrain.

« Faut que chacun dans vot' région,
Vous m' fassiez un' bonne élection,
Sinon — retenez c' que j' vous dis —
J' vous fauch'rai tous comm' des épis !
Au contrair' si ça marche bien,
Avec vous je n' serai pas chien,
J' vous promets mêm', cré nom de nom,
Un tout p'tit bout d' mon saucisson !

Au refrain.

Ces deux mots à peine entendus,
Chacun reçoit un' pil' d'écus,
C' qui fait que le plus attiédi
Paraît tout d' suite ragaillardi.
Bientôt, i' r'prenent, gais et contents,
Le ch'min de leurs arrondiss'ments,
Emportant d' merveilleux engins
Pour la grande pêche aux bull'tins !

Au refrain.

Electeurs, vous êt's avertis
Qu' les v'là lâchés sur le pays ;

Ils vont mentir, d'ici quéqu'temps.
Pis que des arracheurs de dents,
Ce qu'ils diront n'est pas dang'reux,
Mais ne les quittez pas des yeux ;
Méprisez tous leurs sots caquets,
Et prenez garde aux pickpockets !

Au refrain.

Dimanche soir, le soleil un peu pâli a daigné paraître. Cette après-midi il nous a envoyé quelques sourires que nous eussions trouvés charmants s'ils avaient été moins mélancoliques ; c'est déjà l'automne, et l'automne fait penser à l'hiver. Foule énorme partout, fort gaie, fort réjouie. On ne s'imaginerait jamais que les destinées du pays sont en jeu, sauf cependant qu'à l'Exposition comme ailleurs, le beau sexe domine ; ce vingtième dimanche de l'Exposition, pourrait être appelé la journée des dames. C'est à peine si l'on aperçoit quelques timides pantalons, quelques jaquettes isolées dans ce flot de jupes et de chapeaux coquets. Décidément la politique est bien plus absorbante en province qu'à Paris. La province, à défaut de tous les plaisirs qui encombrent la capitale et attirent ses habitants, la province en est réduite à faire de la politique une occupation. Je n'ose pas dire une distraction.

Ici les fêtes succèdent aux fêtes et ne se comptent plus ; promenades de tous les exotiques de l'Exposition, illuminations, retraites aux flambeaux, lunchs et punchs, vins d'honneur, et les banquets donc ! ils pleuvent depuis celui du 14 juillet, d'homérique mémoire. On parle maintenant d'organiser, au Palais de l'Industrie une fête monstre pour les victimes de la catastrophe d'Anvers. Je crois qu'il n'y a plus rien à inventer, et cependant, pour la solennité des récompenses, ce même Palais de l'Industrie, recevra pour la vingt-cinquième fois, depuis le commencement de l'Exposition, une nouvelle décoration. Ah ! il faut être inventif pour trouver ainsi toujours du nouveau, mais il paraît que l'imagination parisienne n'est jamais à bout.

A l'Exposition. — Histoire de l'habitation et du travail

Lundi, 23 Septembre 1889.

Entrées à l'Exposition, cent trente-huit mille six cent cinquante-sept.

Vent sec, beau temps sans pluie ni boue, extrêmement agréable pour marcher.

Toute la nuit il y a eu foule et encombrement dans les principaux quartiers où les journaux affichaient sur des transparents les résultats des élections au fur et à mesure qu'ils arrivaient. Les agents sur pied ont fait quelques arrestations, il y a toujours des turbulents. Dans notre quartier, beaucoup de criailleries dont Boulanger était en principe le prétexte, et quelques chansons que criaient à tue-tête les bandes qui montaient et descendaient le *Boul'miche* (lisez : Boulevard St-Michel). En somme, Paris est resté sage pendant le dépouillement du scrutin.

Un peu attrapés les bons Anglais qui abondent en ce moment ; au spectacle de l'Exposition, ils avaient rêvé d'ajouter celui des élections. Une petite émeute agrémentée de boxe, de savate, avec quelques coups de fusils, ne leur aurait pas déplu. Toujours les mêmes, les Anglais. Ceux-ci font penser à leurs compatriotes, qui impassibles, la lorgnette en main, regardaient brûler Paris en 1871.

La République est victorieuse, c'est le triomphe du nombre... et puis l'immense succès de l'Exposition lui apporte un fameux appoint. Monsieur Carnot, très correct, relève la République que le grigou de Grévy rapetissait à sa mesure.

Les feuilles gouvernementales exultent, comme le disait l'une d'elles ce matin : « Qui donc voulait l'étrangler cette excellente personne, cette république adorable, cette mère modèle qui protège également tous ses enfants. Tous les peuples pour l'aimer, pour la mieux comprendre, devraient la demander en mariage. Ils reviendraient à l'âge d'or et trouveraient le bonheur parfait. »

Nous avons donc passé notre journée à l'Exposition, où nous nous sommes croisées plusieurs fois avec l'ambassade marocaine.

El Caïd, El Hadj, et leur suite, sont de beaux hommes, ayant grand air, beaucoup de dignité dans la démarche et portant avec élégance le haïk blanc et le fez rouge.

Nous nous sommes consacrées aujourd'hui à l'histoire de l'habitation et à l'histoire du travail au Palais des Arts libéraux.

L'histoire de l'habitation, en quarante-trois spécimens, par l'ingénieur M. Charles Garnier, est fort attachante. Reconstituer les premières demeures de l'homme, rendre les diverses phases par lesquelles il passe pour sortir de la barbarie, les transformations successives qu'il opère petit à petit autour de lui, c'est faire comprendre la longue bataille qu'il dut livrer non seulement aux animaux féroces, mais encore aux éléments déchaînés contre lui ; c'est raconter d'une manière saisissante cette marche triomphale, qui, à travers les siècles, doit le mener à la civilisation.

Cette série commence par la caverne d'un Troglodyte, sombre grotte creusée par la nature, et que l'homme n'a pas même essayé d'améliorer. Puis viennent des huttes en terre, des cabanes de roseaux de l'époque lacustre, des paillotes, des tentes, demeures des peuples nomades. Nous nous arrêtons devant les chaumières de nos ancêtres les Gaulois, plantées, comme celles des Germains, à l'ombre des chênes. Ces grands arbres font penser aux Druides dont voici en effet, tout près, les pierres énigmatiques, dolmens et menhirs.

Puis enfin la terre et le bois prennent une forme, la pierre s'y ajoute et la maison est bâtie.

La série se continue avec les spécimens de l'architecture romane, gothique et de la renaissance. Nous arrivons aux plus belles périodes de notre art national « qui, en toute équité, arrive bon premier, dans ce handicap d'un nouveau genre. »

Des habitations Phéniciennes et Assyriennes apparaissent à notre vue. L'Egypte est toute pimpante avec ses colonnettes et ses couleurs vives.

Entrons chez les Hébreux, et admirons-y une riche collection d'antiquités juives. Mêmes curiosités en Etrurie ; c'est une hôtellerie du temps qui vous offre les meubles, tables, lits, escabeaux, amphores, ustensiles de ces époques lointaines.

Arrêtons-nous devant ces deux maisons gallo-romaine et grecque, que l'on dit d'une fidélité de reproduction étonnante.

Voilà les maisonnettes de bois naturel de la Norvège, et celles en bois ouvragé de la Russie. Voici l'antre des Lapons et des Esquimaux, ces demeures primitives des neiges et des glaces éternelles côtoient les demeures du Soudan et de l'Arabie, où le soleil est du feu, et c'est vraiment charmant de parcourir chaque hémisphère, sans ressentir ni froid ni chaud. Les constructions chinoises et japonaises sont pleines de fantaisie et de légèreté, avec leurs toits clochetonnés et brillants, leurs cloisons de bambous, leurs fenêtres de papier multicolore.

Nous arrivons aux derniers spécimens de la barbarie existant de nos jours, les cabanes informes des tribus de l'Afrique centrale, et les tentes des Peaux-rouges. Ces tentes pointues sont soutenues à l'aide de longues perches ou branches d'arbres réunies au sommet. Au centre, une excavation dans la terre sert de cheminée ; au-dessus, un trou dans la toile permet à la fumée de s'échapper tant bien que mal. Elles sont là, debout ces tentes primitives, auprès des maisons des Astèques et des Incas, suprêmes vestiges d'une étonnante civilisation détruite à jamais.

Et nous voilà devant la tour Eiffel, le contraste est grand, mais qu'importe ! Il ne rend que plus saisissante la comparaison entre le passé plein d'essais et de tâtonnements, et le présent qui résume sous nos yeux, les progrès constants et les résultats admirables de la civilisation moderne.

L'histoire au travail, au Palais des Arts libéraux, semble au premier abord un dédale effrayant. Il faut prendre son temps pour examiner la plus vaste encyclopédie d'objets, grands et petits, de choses hétérogènes, de machines simples ou compliquées, longue chaîne qui se rive aux grossiers ustensiles de première nécessité, pour aboutir aux conceptions du luxe le plus raffiné.

C'est une exhibition incomparable, qui attire l'œil autant qu'elle étonne l'esprit. Tous les spécialistes se trouvent donc en présence de ce qui concerne leur partie. « C'est une étude complète de ce qui fut, par la comparaison de ce qui est. »

On a groupé en suivant l'ordre chronologique, tous les produits du travail humain, depuis les temps les plus reculés jusqu'à nos jours. Des personnages de grandeur naturelle, complètent l'illusion. Ici, devant cette caverne, voilà un homme primitif, habillé de sa longue chevelure, qui travaille une pierre, un silex, dont il doit faire plus tard une arme tranchante.

Là, devant cette hutte en terre, une femme que la coquetterie n'a point encore conseillée, pétrissant la terre, s'essaie à confectionner des poteries informes.

C'est ainsi que dans toutes les branches d'industrie, on trouve le commencement pour arriver en descendant les âges, à l'outillage perfectionné des Arts et Métiers, aux ateliers gigantesques du Creusot, aux machines formidables des chemins de fer avec leurs trains luxueux. A cette section se trouve le premier wagon-salon construit pour le duc de Wellington.

Un jour, peut-être, nos machines actuelles que nous trouvons si perfectionnées, prendront place à leur tour comme ce wagon-salon, au nombre des souvenirs rétrospectifs. L'électricité est appelée à révolutionner le monde. Que de surprises elle ménage à l'avenir !

Je me suis vivement intéressée à l'histoire de la musique, c'est-à-dire à la reconstitution de tous les instruments depuis la flûte en roseau des premiers pasteurs, la harpe égyptienne conservée au Louvre, le Rébec copié sur une statue du musée de Chartres, jusqu'aux pianos, dont quelques modèles ont des panneaux de verre qui permettent en jouant de se rendre compte du mécanisme, jusqu'à l'orgue colossal, effrayant. Instruments à cordes et instruments à vent ; quelle nombreuse famille ils forment, aussi bien chez les anciens que chez les modernes.

L'histoire du théâtre : costumes, affiches, programmes, portraits des virtuoses, architecture des salles, machinerie, cette machinerie si simple autrefois, si compliquée aujourd'hui qu'il faut être de la partie pour y comprendre quelque chose. Cette histoire du théâtre m'a paru très complète aussi.

Les travaux de sculpture et de peinture sont absolument remarquables. On suit là, pas à pas tous les efforts faits par l'homme, depuis le premier coup de pinceau et la première pierre taillée, pour progresser et perfectionner ses œuvres.

Très intéressante la reproduction avec personnages de grandeur naturelle des ateliers de céramique et de cloisonnés chinois à toutes les phases du travail. De loin on croirait ces ouvriers vivants.

L'aérostation a aussi ses représentants personnifiés par la timide Montgolfière et l'audacieux ballon.

Des plans de ponts, de barrages, de phares ; des cartes de cosmographie et de géographie se développent sur un espace immense.

Quel est l'irrévérencieux qui s'était permis au siècle dernier de faire cette réponse en parlant des savants ? « Un savant c'est un monsieur décoré qui ne sait pas la géographie. » Nous n'en sommes plus là, si tant est que cette épigramme ait jamais été vraie. Et combien de Français, savants ou hardis voyageurs, s'en vont aujourd'hui dans les pays les plus lointains à travers les glaces et les déserts, étudier la géographie sur place.

Saluons dans tous ces charmants spécimens, le daguerréotype, principe de tant d'inventions précieuses.

Je n'ai fait que passer dans la section d'anthropologie, sans doute c'est l'histoire de l'homme, mais c'est aussi celle de ses difformités, de ses maladies, de ses souffrances physiques. Ces corps écorchés, ces chairs qui semblent palpiter encore, tout cela m'a paru trop vrai. Parcourus aussi rapidement les instruments de chirurgie. Ils sont innombrables. Toutes ces scies, ces ciseaux, ces lames, ces pinces aux mille formes, en bel acier poli, brillant, me faisaient frissonner. Je croyais les voir et les entendre fonctionner dans la chair vive et le sang chaud.

Ah ! ciel, si le destin m'avait fait naître du côté fort, je n'aurais jamais pu être chirurgien.

Mardi, 24 Septembre 1889.

Montmartre. — Le Musée de Cluny

Journée encore bien remplie : le matin à Montmartre. l'après-midi à Cluny, le soir au théâtre.

Le nombre des curieux et des pèlerins qu'attire l'église du Sacré-Cœur est considérable. Cette construction grandiose, dans le style bysantin, de cent mètres de long, et dont la flèche aura quatre-vingts mètres de haut, s'élève sur une éminence qui a elle-même cent vingt-huit mètres d'altitude. C'est de ce site exceptionnel qu'il faut voir Paris et tous ses monuments. La vue de cette grande capitale, se développant aux pieds de la magnifique basilique qui la domine et semble la protéger, est indescriptible. C'est de là qu'il faut contempler la tour Eiffel, pour comprendre sa prodigieuse hauteur.

En ce moment on ne peut juger la basilique du Sacré-Cœur, enfouie comme elle l'est dans les échafaudages. De loin, on ne peut pas non plus se rendre compte des fondations cachées dans le sol. Ces fondations sont déjà une première église souterraine, qui à elle seule coûte plus de quatre millions. Quoi qu'il en soit, je crains que l'ensemble ne paraisse toujours un peu lourd, un peu écrasé.

Jusqu'à présent, vingt-deux millions ont été

dépensés, mais les recettes sont supérieures à ce chiffre, l'argent ne manquera pas. Le devis général s'élève à quarante millions.

Actuellement quatre clochetons dégagés de tout échafaudage, se détachent de la maçonnerie. Au milieu, s'élève la niche monumentale dans laquelle sera placée plus tard la statue du Sacré-Cœur. On n'a point encore commencé la grande coupole tout en pierre (c'est un des caractères distinctif de cet édifice colossal, qu'il n'y entre ni fer, ni bois, ni ardoises), devant être placée à l'intersection de la nef et du transept : elle sera dans le style de Saint-Pierre de Rome. L'échafaudage pour la construction de cette coupole ne sera pas une petite affaire.

La deuxième plate-forme atteindra juste à la hauteur de la colonne Vendôme. Sur cette plate-forme on dressera deux sapines de vingt mètres de hauteur chacune, et qui seront reliées par des croisillons. On se trouvera alors à la hauteur de cinquante-trois mètres, et ce ne sera pas fini. Sur ces sapines mêmes, il faudra élever une énorme charpente de dix-huit mètres, laquelle atteindra la naissance de la flèche, en sorte que le sommet de l'échafaudage se trouvera à soixante-douze mètres au-dessus du sol. Ainsi construit, cet échafaudage aura coûté cent cinquante mille franc.

Après cela on songera au campanile qui ne mesurera pas moins de quatre-vingts mètres de haut. Il y aura encore l'installation de l'éclairage électrique dans toute la basilique, et l'organisation des combles sur lesquels on pourra se promener. Plusieurs centaines de personnes pourront aller et venir, comme en plein boulevard, sur les toitures tout en pierre de l'édifice, d'où on jouira d'un splendide panorama, la vue s'étendant sur un espace de près de soixante kilomètres autour de Paris.

Un escalier intérieur, très bien éclairé par des prises de jour pratiquées dans l'épaisseur des murs, conduira sur ces toitures, d'un travail jusqu'ici inconnu.

C'est dire qu'il faudra encore plusieurs années pour que ce plan gigantesque soit entièrement achevé. La mosaïque sera l'ornementation intérieure des murs. Cette décoration des basiliques primitives s'harmonisera d'ailleurs mieux que toute autre avec le style byzantin.

Toutes les chapelles sont affectées aux grandes corporations modernes, Chapelles de la Marine, de l'Armée, de la Justice sous le vocable de Saint-Louis, des Arts, de l'Industrie, du Commerce. Les chasseurs auront aussi la leur due à l'initiative de Monsieur le Comte de Chabot et c'est la duchesse d'Uzés qui sculpte, m'a-t-on dit, la grande statue de Saint-Hubert qui en sera le principal ornement. Le croirait-on, la corporation qui passe pour la plus athée, la plus irréligieuse, y est aussi représentée, les médecins auront leur chapelle.

On est admis à faire figurer son nom parmi les fondateurs de l'Eglise sur des pierres qui coûtent cent vingt et trois cents francs, suivant qu'elles sont plus ou moins en vue. Treize mille trois cent quatre-vingt-trois pierres à cent vingt francs et deux mille sept cent douze à trois cents francs sont déjà retenues, il faut y ajouter la demande de cent quatre-vingt-dix-huit claveaux et de trente-trois pierres de bandeaux.

C'est à Annecy que se fera le moulage de l'énorme cloche *La Savoyarde*, qui sera la reine des bourdons de France, offerte par la Savoie, son nom l'indique.

Ce bourdon, du poids de près vingt mille kilogrammes, de quatre mètres de haut, de dix mètres de circonférence, donnera comme son, le contre ut, et s'entendra à quarante kilomètres.

Le battant en fer forgé sera du poids de huit cent trente-cinq kilos ; l'anneau qui le fixera au cerveau de la cloche, à lui seul pèsera quatre-vingt-quatorze kilos.

Le mouton de bois qui supportera la Savoyarde doit-être taillé en plein cœur de chêne, dans un arbre superbe, un des rois des forêts du Limousin, offert par le comte de Montbron.

La Savoyarde ne sera pas encore la plus pesante des cloches fondues jusqu'à ce jour.

On sait, en effet, que la fameuse cloche de Moscou, la *Géante*, était si lourde qu'il fallait vingt-cinq hommes pour la mettre en branle. Son poids était de trois cent mille livres.

En Chine, notamment à Pékin, on en voit plusieurs qui pèsent soixante mille kilos.

A Marseille, le bourdon de Notre-Dame-de-la-Garde est d'un poids d'environ dix-huit mille kilos.

Quant à la célèbre cloche de la « Liberté », à Philadelphie, elle pèse cent cinquante mille livres, et il faut douze hommes pour la mouvoir.

En ce moment les dames catholiques parisiennes et provinciales travaillent avec zèle au tapis splendide qui ornera le chœur.

Le dessin de ce tapis représente Paris et Montmartre, qui se trouvent au centre. Les armes de Paris, soutenues par deux grandes chimères, sont placées dans la partie inférieure et accostées à droite et à gauche par deux blasons rappelant que Henri IV et Jeanne d'Arc ont campé l'un et l'autre à Montmartre avec leurs soldats.

Au-dessus de Paris, sur la première marche de l'autel, l'abbaye de Montmartre représentée par ses trois écus successifs. Celui du milieu est la croix de Lorraine. Deux motifs de style roman, enguirlandés de banderoles, portant le nom des nobles ouvrières, sont placés sur les côtés ; enfin, dominant tout l'ensemble, les armoiries des deux archevêques constructeurs de la basilique. Ce tapis reviendra à cent mille francs.

Chacun sait que c'est à Poitiers en 1871, pendant nos désastres que le vœu national prit naissance. Approuvé par les évêques, béni par sa Sainteté Pie IX, adopté par des milliers d'adhérents, reconnu d'utilité publique par l'assemblée législative, on peut dire qu'il est devenu moralement grand et vraiment national.

Durant ma visite de ce matin, c'est du fond du cœur que j'ai demandé à Dieu qu'il répande ses meilleures bénédictions sur ma chère patrie.

Le musée de Cluny ou Palais des Thermes oblige à faire un peu d'histoire. Le palais primitif entouré de magnifiques jardins fut l'œuvre des Romains. A partir du IVe siècle, les rois Francs l'habitèrent jusqu'au Xe ; puis il fut abandonné et les Normands achevèrent en partie sa ruine. Au XIVe siècle, il fut acheté par Pierre de Chalus, abbé de Cluny, et resta, jusqu'à la révolution, la propriété des moines qui d'ailleurs possédaient déjà, auprès de la Sorbonne, un collège ayant une grande réputation. En 1790, il devint propriété nationale, fut vendu et passa en plusieurs mains.

M. du Sommerard l'achète en 1833 pour y installer des curiosités archéologiques, des meubles rares, des objets d'art qu'il a passé la plus grande partie de sa vie à réunir. Ce vieux palais n'est-il pas un cadre à souhait pour y collectionner des antiquités ? Hautes murailles crénelées, fenêtres à meneaux, balustrades ajourées, portes avec arc surbaissé, clochetons, gargouilles, frises enguirlandées d'animaux et de feuillages finement fouillés dans la pierre. La chapelle est un bijou d'élégance à mettre dans un écrin, comme le Campanile de Florence que

Charles-Quint trouvait si beau qu'il aurait voulu le conserver dans un étui.

M. du Sommerard qui avait consenti à céder ses collections à la ville de Paris pour la somme de cinq cent quatre-vingt dix mille francs, et à la condition d'en rester le conservateur, mourut en 1842.

« La ville de Paris ayant alors pris possession effective de l'hôtel et des collections, les rétrocéda à l'Etat l'année suivante, avec les ruines romaines des Thermes de Julien, limitrophes de l'hôtel de Cluny.

Ces ruines, seuls vestiges de l'occupation de Lutèce par les Romains, servaient autrefois de caves à un tonnelier, et les voûtes, couvertes de terre végétale, soutenaient un jardin où le brave homme cultivait des légumes, et même aussi des arbres fruitiers. Louis XVIII fit abattre, en 1820, les maisons qui obstruaient ces ruines curieuses, fit enlever les terres qui les écrasaient, et restituer la forme des bâtiments enfouis, par un travail de restauration intelligente ; des fouilles habilement menées amenèrent de nouvelles découvertes intéressantes.

La partie la mieux conservée est la grande salle, dont la voûte s'élève à quarante pieds de hauteur, d'une architecture étonnante par le grandiose des proportions. On croit que ce hall immense constituait la piscine froide des bains romains ».

Le musée rétrospectif de Cluny est un amas, une

profusion de richesses qu'il faut aller voir et revoir. Voilà des meubles incomparables de tous les pays, des tapisseries merveilleuses, des tombeaux, des bas-reliefs, des autels, des chaires, un lutrin gothique, des cheminées superbes, des médailles, des émaux, des ivoires, d'admirables dentelles, des objets de serrurerie et de ferronnerie, des panoplies encombrées d'armes de toutes les époques, des marbres, des bronzes, des tableaux, des vitraux, des statues, des vases précieux, des bijoux anciens, des instruments de musique extraordinaires, des voitures de galla, des chaises à porteurs d'une élégance hors-ligne, des traîneaux sculptés en forme de cygne ; les carosses sont magnifiques et vraiment « beurrés d'or », suivant l'expression pittoresque d'un gardien.

La collection céramique m'a paru très remarquable par ses nombreux spécimens de tous les temps et de toutes les écoles : faïences hollandaises, italiennes, mauresques, arabes, chinoises, japonaises et françaises comprenant les plus beaux modèles de Bernard Palissy.

La collection de chaussures m'a également intéressée. La chaussure, comme la numismatique, raconte l'histoire des peuples d'une façon plus fragile, sans doute, que le bronze ou l'argent, mais la forme des souliers a varié sous chaque règne, et cela est tout à fait amusant à constater. Anciennement, n'était pas cordonnier qui voulait, ce n'était pas une mince corporation que celle de la chaussure. Au XIVe siècle Paris avait une rue qui s'appelait : la rue *Aux Petits Solers de Bazenne*, et ce nom lui venait des *cavetonniers* ou fabricants de petits *solers*, qui s'y trouvaient en grand nombre. On peut voir à la bibliothèque nationale une ordonnance du roi Jean datée du 30 Janvier 1350, dans laquelle sont indiqués les prix des diverses chaussures depuis huit deniers jusqu'à quatre sols. Au XIIe siècle, les souliers sont pointus ; puis viennent les souliers à la poulaine, mode inventée par un comte d'Anjou qui avait une difformité aux pieds. On finit par allonger si démésurément cette pointe recourbée, qu'on nomme poulaine, que l'Eglise s'en mêle et la défend aux clers et aux moines. Charles V à son tour fait paraître un édit qui proscrit la poulaine sous des peines sévères. Il paraît qu'avant nous les Grecs et les Romains avaient donné l'exemple en portant d'extravagantes chaussures. Nous en avons comme preuve ces sages paroles de Cicéron : « Si vous me donniez, dit-il, des souliers sicyoniens, je ne m'en servirais pas : c'est une chaussure trop efféminée, j'en aimerais peut-être la commodité ; mais à cause de son indécence, je ne m'en permettrais pas l'usage ».

La poulaine cède le pas à la chaussure large, très large, et donne lieu à la phrase proverbiale que nous prenons maintenant au figuré : *Etre sur un grand pied*. Du reste, dès le VIIIe siècle, nous voyons les souliers accentuer fortement la forme du pied droit et la forme du pied gauche pour mettre à l'aise les cors qui font souffrir les natures sensibles.

Le soulier se présente sous Louis XIV avec un talon rouge modérément haut pour les hommes, ridiculement élevé pour les femmes, voici pourquoi : la Reine Marie-Thérèse d'Autriche est de petite taille, elle ne trouve d'autre moyen de corriger ce défaut naturel qu'en portant des talons pyramidaux. Le peuple, les religieux et les religieuses gardent des souliers plats, et ce soulier plat fut pour Mme de la Vallière, lorsqu'elle entra aux Carmélites, un assujetissement des plus pénibles à cause de sa claudication. La cour enjoliva ses talons de peintures charmantes représentant des amours, des fleurs, des bergères signées Watteau. Sur les talons de Louis XIV étaient peintes des batailles signées Joseph Sarrocel.

Sous Louis XV, les dames portent des mules avec escarboucles, et la Camargo inaugure à l'Opéra un soulier qui fait fortune. La Pompadour revient aux souliers pointus avec une rosette et une boucle, cette mode passe à la chaussure des hommes et Louis XVI élargit si bien la boucle de ses souliers qu'elle effleure le parquet des deux côtés. Après la Terreur, nous voyons paraître timidement la bottine pour dame et la botte hessoise et Souvaroff pour homme.

Je ne sais si l'on collectionnera nos chaussures actuelles ; mais en tout temps le soulier ne devrait avoir qu'une devise : commodité.

Le temps passe..., avant de partir je veux donner un coup d'œil aux dentelles. Il y a là des points à l'aiguille et de vieilles guipures sortis bien certainement de la main des fées. Où sont-elles les élégantes, les reines de la mode ou les vraies reines, peut-être, dont elles faisaient jadis ressortir la beauté ?

> « Quoique j'aye assez de beauté
> « Pour asseurer sans vanité
> « Qu'il n'est point de femme plus belle
> « Il semble pourtant à mes yeux
> « Qu'avec de l'or, de la dentelle
> « Je m'ajuste encore bien mieux ! »

La beauté des choses a été plus durable que celle des personnes.

Je reviendrai certainement passer quelques heures encore dans ce musée qui est une évocation saisissante des richesses et des splendeurs du passé.

Mercredi, 25 Septembre 1889.

"Le Prince Soleil" au Châtelet.
Le Dôme Central.
L'Exposition de nos manufactures nationales.

C'est hier soir que nous étions au Châtelet. Ah ! quelle féerie que *Le Prince Soleil !* C'est un rêve vécu dont il est impossible de rendre compte. Vingt-deux tableaux se succèdent, tous plus extraordinaires, plus fantastiques les uns que les autres. Le ballet est un fouillis de maillots roses et de jupes de gaze. La *danseuse étoile* et la *Mouche d'or* font des merveilles ; la danse des éventails est pleine d'originalité, où vous voyez cent cinquante personnes accompagnent en s'éventant, les plus jolis airs. Il y a un naufrage épouvantable où personne ne se noie. A la bonne heure, voilà comment je comprends les accidents en mer.

On voit la Suède, le Portugal, Gibraltar, l'Océan Indien, le Japon, le royaume du soleil ; on assiste à des fêtes populaires et à des réceptions royales, dont tous les personnages, vêtus de soie, de pierreries et d'or, se meuvent dans des décors étincelants. Bref, de huit heures du soir à minuit, on voyage en plein conte de fées. C'est une fascination, un éblouissement à vous donner le vertige. Ah ! sultane Schehérazade, où êtes-vous ? Vos récits deviennent ternes comme un coucher de lune comparé aux éclatants rayons du *Prince Soleil*.

Quand vous arrivez de l'Exposition, on vous demande tout de suite : « Avez-vous vu la Tour, le Dôme central, le Palais des Machines ? » Le fait est que cette trinité titanesque est bien faite pour vous troubler. On le serait à moins. Après cela vous percevez deux sentiments très distincts et diamétralement opposés : d'un côté, votre extrême petitesse personnelle ; de l'autre, la prodigieuse grandeur de l'humanité !

Le Dôme Central est une œuvre superbe, « pondérée de lignes, harmonieuse de formes » d'une circonférence de trente-deux mètres de diamètre, et dont la coupole atteint une hauteur de cinquante-cinq mètres au-dessus du sol. Son ornementation est fort belle ; quatre cartouches symboliques représentent les quatre forces principales de la nature appliquées à l'industrie : la vapeur, l'électricité, l'air et l'eau. Entre ces cartouches sont inscrits les noms des quatre arts que leur nature met en contact avec l'industrie : l'architecture, la sculpture, la peinture et la musique.

Tout en haut une peinture d'un grand effet, imitation de mosaïque, représente la caravane des peuples du globe dans leur costume national et pittoresque, marchant à ce rendez-vous général qu'on nomme l'Exposition.

Ce magnifique dôme renferme de magnifiques

choses ; contenant et contenu sont dignes l'un de l'autre.

Nos quatre grandes manufactures nationales s'épanouissent ici : Sèvres, Beauvais, les Gobelins et les mosaïques de l'Ecole du Louvre. Celles-ci, déjà remarquables quoique ne datant que d'hier. Quant aux tapisseries des Gobelins, malgré les produits admirables des Orientaux, elles restent sans rivales. Ces panneaux sont de véritables peintures où les nuances sont aussi fondues, aussi adoucies que celles d'un pinceau. Les porcelaines de Sèvres sont bien belles aussi : pâtes irréprochables, dures ou tendres, ainsi que cette porcelaine nouvelle, faite d'une pâte ni dure ni molle et qui rappelle celle de Chine, dont les Célestes gardent toujours le secret ; peintures d'une finesse exquise, dessins d'une correction parfaite, mais point de nouveautés de genre ni de forme. Si j'osais hasarder une critique, je dirais que ce genre compassé, un peu raide et régulier, paraît presque démodé, si on le compare à l'imprévu des décorations, au caprice et à l'élégance de formes des autres expositions. La fantaisie qui se niche partout n'a point encore osé franchir le seuil de Sèvres qui reste le temple austère de l'art classique. Après cela, on entre dans un torrent de merveilles qui vous entraîne à l'infini, et l'on rapporte, de cette vision féerique, un fouillis inextricable de souvenirs...

Me voici donc devant une feuille blanche et un encrier noir, essayant de ressaisir, de rattraper tout ce que j'ai vu, mais c'est impossible ; je ne puis me rappeler que ce qui m'a frappée davantage et d'ailleurs je suis encore si éblouie, toutes ces merveilles dansent ensemble une si jolie farandole dans mon imagination, que je sens bien que je ne pourrai jamais mettre d'ordre dans ma mémoire. Mais tous les livres ne sont-ils pas là pour vous promener méthodiquement et remettre les choses en place.

Jeudi, 26 Septembre 1889.

L'Hôtel de Ville.

De la fenêtre de ma chambre, je plonge sur plusieurs cours intérieures, sombres, étroites, sales! J'entrevois le réduit noir d'un charbonnier, le pétrin d'un boulanger, le four d'un pâtissier. le laboratoire d'un charcutier. Ah ! ce dessous de Paris est bien à l'antipode du dessus, et je n'aurais jamais cru que le beau côté pouvait avoir un si vilain envers. De quels antres sortent cette charcuterie appétissante, ces affriolants gâteaux, ces excellents petits pains frais, croissants d'un sou, croissants de deux sous, qui tiennent une si grande importance dans la boulangerie parisienne. Certaines maisons en vendent jusqu'à dix mille par jour. Le pain de Paris, au dire des étrangers, des provinciaux, et je suis de ce nombre, est du vrai gâteau. Le pain de luxe se divise en deux grandes variétés : le pain français et le pain viennois. Celui-ci est plus agréable au goût ; mais ne se conserve pas. Détail plein d'enseignement : le pain viennois, aujourd'hui le pain de consommation courante à Paris, ruina celui qui en inaugura la vente. Le comte Zang, secrétaire de l'ambassade d'Autriche, fonda, en 1840, la première boulangerie qui se servit des procédés de fabrication communément employés à Vienne. Le comte Zang avait installé sa boulangerie rue Richelieu. Dès le matin, on faisait queue pour acheter ses petits pains et ses croissants. Le comte Zang, grisé par le succès, voulut faire grand et se ruina en frais d'installation. Il dut quitter Paris après les évènements de 1848.

Mais le pain viennois est resté à la mode. C'est celui qu'on vous présente, fluet et à gerçures, en tire-bouchon, rond, et cinq fois fendu ; celui-ci a nom : « l'Empereur » ; il y a aussi le petit mirliton Richelieu et le brahoura ou nonette.

Cependant le pain français est d'une vente plus considérable que le pain viennois.

Le plus apprécié des pains de luxe français est le pain de gruau. Puis viennent le pain de gluten, le pain de seigle, le pain noir, ce qui ne laisse pas que d'étonner fort nos paysans bas-bretons, qui s'écrient d'un ton de suprême dédain : « ça du pain de luxe, jamais ! Fi donc !

De mon lit, j'entends le refrain monotone d'un frileux grillon attiré par la chaleur du four. Il chante toute la nuit. Cette petite voix infatigable, qui domine toutes les rumeurs de la ville, me fait rêver. Il m'apporte comme un écho du pays : le grillon chante aussi à nos foyers bretons.

J'ai dépensé ma matinée à l'Hôtel de Ville et au bazar qui porte son nom. Ah ! ce bazar, quelle cohue ! quelle bousculade ! Ce doit être un lieu de prédilection pour les pickpockets. Du reste nous voyons chaque jour aux fait-divers que ces honorables industriels ne savent pas résister à la tentation.

L'Hôtel de Ville est bâti sur l'emplacement même du magnifique Hôtel de Ville pétrolé, incendié par les communards de 1871, celui-ci avait coûté quinze millions. Celui-là atteindra le chiffre de vingt-cinq millions quand toutes les décorations intérieures seront terminées.

Voilà donc le monument qui remplace aujourd'hui la modeste maison *aux Piliers* de 1529.

Dans ce temps-là les échevins royalistes étaient logés comme de simples bourgeois, aujourd'hui nos édiles socialistes sont logés comme des rois.

Il y a beaucoup de gens ainsi : autocrates pour tout ce qui est au-dessous d'eux, égalitaires pour tout ce qui est au-dessus. J'ai connu un maître de maison, imbu de ces bons principes qui n'a jamais permis que ses domestiques mangeassent du poulet.

Revenons à l'Hôtel de Ville actuel, l'un des plus beaux et des plus vastes monuments de Paris. Il présente un quadrilatère de cent cinquante mètres sur quatre-vingt-dix, et recouvre une surface de treize mille mètres carrés.

Très belle la cour d'honneur, dite cour Louis XIV, entourée d'une galerie vitrée. Encore plus belle la galerie vestibule du rez-de-chaussée, avec son plafond cintré en pierre et ses douze colonnes de six mètres de hauteur en granit de la Côte-d'Or, aussi beau que du marbre.

La partie centrale est précédée d'un parvis entouré de balustres de marbre et ornée de deux superbes bronzes : *l'Art et la Science*. Beaucoup de statues, ce qui donne grand air. Sur le fronton deux statues soutenant les Armes de la Ville, au-dessus une troisième statue assise personnifiant la Cité. Même décoration des deux côtés du cadran de l'horloge : un homme et deux enfants représentant le Travail et l'Etude.

Les quatre façades logent dans cent dix niches principales, les célébrités parisiennes : Jean Goujon, François Muiron, de Harley, l'Estoile, etc.... Enfin des statues partout, même sur les toits.

J'ai visité les superbes appartements du préfet, non habités. Le conseil municipal, qui est un petit état dans le grand, a mis son veto. Il n'entend pas que le préfet s'installe chez lui, que dis-je, *chez eux*, et le préfet cède.

J'ai remarqué dans cette enfilade grandiose la salle des Prévôts où sont gravés, sur des plaques de marbre, les noms des Magistrats municipaux de la Ville de Paris. Cette salle est partagée en trois nefs, séparées par deux rangs de belles colonnes en pierre, la magnifique salle Saint-Jean de quarante-sept mètres de long sur dix-sept mètres de large, formant nef avec travées latérales.

C'est dans cette salle qu'a lieu le tirage au sort; chaque arrondissement occupe une travée, et c'est ainsi qu'elle peut contenir tous les conscrits de Paris à la fois. La Salle des Fêtes est au-dessus, un double escalier orné de statues de marbre y conduit. Cette salle est splendide, tout y est beau, sauf pourtant le plafond bien froid, bien nu et qui attend, faute d'argent probablement, les peintures de maîtres qui doivent l'embellir et l'harmoniser avec un ensemble qui ne laisse rien à désirer.

C'est égal, quand cette salle est remplie de belles toilettes, de fleurs, de musique, de lumière, le coup d'œil doit être féerique.

Cette après-midi nous avons fait quelques visites. J'ai été heureuse de voir enfin la Vicomtesse de Renneville, la fondatrice de la *Gazette Rose* qui fut longtemps le code very select du hight life, et avec laquelle j'étais en correspondance depuis plusieurs années sans la connaître.

On gratte en ce moment toutes les affiches des élections, ce travail qui ne semble rien ne coûtera pas moins de trente mille francs à la Ville de Paris.

Tous ces murs sont bariolés, c'est une débauche de couleurs et de noms, une véritable orgie de nuances, avec calembour. Quelques candidats, M. Hervé du *Soleil*, entr'autres, avaient eu recours à un procédé plus nouveau : à l'aide de je ne sais quel moyen, il a fait imprimer son nom sur l'asphalte des trottoirs. Les mauvais plaisants prétendent que c'est trop se mettre sous les pieds des électeurs. Sous leurs yeux, passe encore ; mais sous leurs pieds......

Les élections de dimanche ont porté le coup fatal et final à Boulanger et au boulangisme.

Les collectionneurs vont avoir beau jeu. Collectionner est pour certaines gens une fièvre non intermittente. On collectionne tout depuis les boutons de culotte... jusqu'aux affiches électorales. Ces dernières font le bonheur des chiffonniers qui les vendent bien, et comme rien ne se perd, leurs débris servent à fabriquer des poupées, des bourres de fusils, et surtout des boutons de bottines.

Ces affiches, transformées en feuilles de carton de l'épaisseur d'un bouton, sont alors coupées en bandes, puis présentées à une machine qui découpe le bouton et fixe la tige qui formera la queue.

Les boutons sont durcis dans des étuves chauffées à cent cinquante degrés, puis vernis et séchés.

Une seule usine fabrique cinq millions de ces boutons par jour.

Grandeur et décadence des professions de foi !

Ce soir, dîner en ville chez des Parisiens pur-sang fort aimables, fort spirituels, mais qui ne comprennent pas qu'on puisse vivre ailleurs que dans leur Paris.

Vendredi, 27 Septembre 1889.

**Le Panthéon. — Les Grands Magasins.
L'Hôtel des Ventes.
La « Famille Benoîton » à l'Odéon.**

Temps délicieux, tout m'a paru charmant sous le soleil d'or et le ciel bleu. Le soleil est l'émissaire de la gaîté. C'est incroyable l'influence qu'il exerce sur l'esprit ; s'il se montre, tout sourit, s'il se cache tout devient triste.

Le Panthéon, chef-d'œuvre de l'architecte Soufflot, est bâti en forme de croix. L'entrée représente un temple grec ; mais la coupole rappelle celle de Saint-Pierre de Rome. Louis XV en posa la première pierre en 1764. Cette église construite pour remplacer la vieille église Sainte-Geneviève qui tombait en ruines n'a pris le nom de Panthéon que sous la première Révolution, le 4 Avril 1791, à l'occasion de la mort de Mirabeau. Un instant, l'ignoble Marat reposa au Panthéon, mais bientôt le peuple justicier jeta ses restes à l'égout de Montmartre. Jusqu'en 1822, le Panthéon resta temple. A cette époque, il fut rendu au culte catholique. En 1832, il redevint temple ; vingt ans après, il redevint église catholique. Enfin après la chute du second empire, il cessa d'être église pour devenir définitivement le temple de la gloire. Ces transformations sont absurdes ; les athées auront beau faire, ils ne pourront jamais substituer le culte des grands hommes au culte du vrai Dieu. Enfin ils ont décrété que l'église souterraine contiendrait désormais les cendres de nos grands hommes. Victor Hugo y a pris place.

Ce temple, d'une architecture grandiose, est imposant, mais l'intérieur est bien froid. Si ce n'étaient les admirables fresques encore inachevées qui le décorent, il serait fort triste dans sa nudité rigide. Le long de ses hautes murailles se déroulent heureusement de belles peintures nous racontant l'histoire de sainte Geneviève, de saint Louis, la bataille de Tolbiac, le baptême de Clovis, le couronnement, par le pape, de Charlemagne, empereur d'Occident, le martyre de saint Denis. Et ces peintures sont signées : Puvis de Chavannes, Delaunay, Meissonnier. Ce sont là de grands souvenirs qui obligent ce temple à rester chrétien, malgré ses destinées profanes ; d'ailleurs la croix domine toujours la coupole du Panthéon. On voudrait bien la faire disparaître, cette croix qui gêne les libres-penseurs du Conseil municipal ; mais c'est difficile. Des architectes compétents ont déclaré qu'il serait à peu près impossible de la desceller sans enlever en grande partie la calotte de la lanterne, dans laquelle elle est fixée, et ce petit travail ne coûterait pas moins de trente à quarante mille francs. On songe à la scier, ce serait moins cher; mais comme on le voit, il en coûte de détruire presque autant que d'édifier.

L'après-midi nous sommes allées nous promener, c'est le mot, au Louvre, au Bon-Marché, au Printemps, au Gagne-Petit qui gagne gros sans sacrifier à la réclame, à Pygmalion, à la Samaritaine. Mon Dieu, oui, nous avons été faire un tour de magasins comme on fait un tour de place. Nous avons vu partout des étalages *mirobolants*, séduisants, provoquants et des choses pour rien.

Si j'avais été seule, je ne me serais pas plus facilement débrouillée au milieu de ces galeries immenses qui se croisent dans tous les sens, montent à tous les étages, que dans un labyrinthe inconnu. Ah ! quelle lanterne magique que ces immenses magasins, où passent sans cesse, du matin au soir, des milliers de personnes. C'est très amusant à voir quand on n'a pas besoin d'acheter; car j'aime mille fois mieux faire mes emplettes tranquillement, chez moi, le catalogue en main, examinant et comparant les échantillons dont les magasins sont prodigues. Comme cela, à cent lieues du magasin on fait son choix; dans le magasin c'est impossible. Ces jours derniers, une de mes amies tenant à utiliser son voyage à Paris, s'achète une toilette toute faite. Les essayeuses lui assurent qu'elle lui va divinement. C'est une toilette chère mais qu'importe, mon amie a presque fait le voyage de Paris pour l'acheter. Elle revient enchantée, puis, voilà que dans le calme de sa chambre à coucher, en face de sa psychée, elle s'aperçoit que la fameuse robe ne lui va pas... divinement... mais indignement. Elle en a été quitte pour la retourner. Elle déclare à qui veut l'entendre, qu'on ne l'y reprendra plus.

Bousculé à perpétuité, à peine si l'on peut parler aux commis qui ne savent à qui entendre. Ce n'est peut-être pas toujours de même, il doit y avoir de temps en temps quelques jours de morte saison.

En rentrant pour dîner, nous avons été témoins sur les boulevards, d'un phénomène qui n'a été que plaisant, mais qui aurait pu être fort dangereux. Les câbles pour l'éclairage à l'électricité passent sous les rues. A la hauteur du café Napolitain, un courant par dérivation s'est, paraît-il, produit sous la chaussée, et une déperdition d'électricité se faisait à travers le pavage en bois (le pavage en bois, encore une innovation qui ne me plaît guère; chevaux et voitures sont près de vous avant que vous ne les ayez entendus); si bien que les chevaux, en arrivant à cet endroit, étaient tout à coup pris d'une danse folle ; au moment même où leur sabot garni de fer touchait un certain point de la chaussée, les pauvres quadrupèdes subitement électrisés faisaient des bonds désordonnés, peu en rapport avec leur allure fatiguée généralement. Il y a eu bien vite rassemblement, c'était un spectacle inusité qui a duré jusqu'au moment où les gardiens sont venus interrompre la circulation, car on craignait de graves accidents. On est allé chercher des ouvriers électriciens pour couper les fils ; mais on pense que tout cela va prendre du temps et que les boulevards courent risque d'être plongés dans une obscurité complète.

L'Hôtel des Ventes de la rue Drouot est un endroit « bien parisien. » Tout le monde y est entré au moins une fois dans sa vie pour voir ce que c'est, et j'ai voulu faire comme tout le monde. C'est l'hôtel du bric à brac, le très beau coudoie le très laid ; et parfois de belles antiquités sont éclipsées par le moderne tapageur qui saute aux yeux. Je suis de l'avis de ce monsieur qui ne faisait collection que de porcelaines modernes. « Collectionner du nouveau, c'est insensé », lui disait un amateur qui n'aimait que le vieux. « Pardon, quand j'achète du moderne, je suis sûr de ne pas être trompé, on ne me vendra jamais de vieilles porcelaines pour des modernes, tandis que vous, collectionneur de pièces authentiques, vous risquez tous les jours d'acheter du neuf pour du vieux. »

C'est à l'Hôtel des Ventes qu'on peut philosopher et réfléchir aux vicissitudes humaines. Le mobilier de plus d'un personnage célèbre est venu s'échouer là. Ce dispersement des objets familiers qui lui furent chers est comme l'émiettement de sa vie. Que de souvenirs personnels jetés ainsi aux quatre vents de l'indifférence !...

L'Hôtel des Ventes est aussi un hôtel où la misère vient souvent frapper... Que de chose luxueuses vendues hier, pour acheter le pain de demain !... Douloureuse étape pour la fortune devenue infortune. C'est ici que les cœurs sensibles peuvent venir s'attrister, les naïfs se faire voler, les malins trouver des occasions et les brocanteurs s'enrichir !

La famille Benoîton, avec Mademoiselle Réjane, une grande artiste, nous a fait passer une bien agréable soirée. Quoiqu'elle soit vieille d'un quart de siècle, cette pièce n'a pas vieilli. En effet, si j'ai bonne mémoire, c'est le 4 novembre 1865, qu'elle vit le jour, ou plutôt la lumière, sur la scène de l'ancien Vaudeville. Elle reste jeune, parce qu'elle est vraie et que Sardou a su peindre des caractères. Je pense cependant que ces caractères sont l'exception, et j'espère que les étrangers ne s'imaginent pas que toute la société parisienne ressemble au tableau qu'en a peint M. Sardou.

C'est une satire un peu exagérée de nos mœurs. Si les individus passent, l'humanité reste avec ses mêmes défauts et ses mêmes qualités, et à côté de tant de familles dignes et respectables, il y aura toujours des familles Benoîton. Des mères écervelées et sans cesse sorties, des jeunes femmes imprudentes, des jeunes filles légères et parlant argot, des pères uniquement occupés d'argent ; en un mot, il y aura toujours des intérieurs dont la devise sera : luxe et plaisir.

Le théâtre de l'Odéon est le second théâtre français, c'est-à-dire qu'on y joue supérieurement, puisque tous ses artistes vont ensuite à la **Maison de Molière** chercher la consécration de leur talent. Comme au **Théâtre Français** la diction est donc parfaite, le style excellent, le naturel complet. On souligne le mot, juste ce qu'il faut pour qu'il ne soit pas trop accentué. On s'imagine qu'à la fin de la représentation tous les artistes doivent être bien fatigués. Ils se sont dépensés sans compter ; identifiés à leur personnage, pénétrés de leur rôle, on pense que les émotions qui ont gagné tout l'auditoire, et qu'ils ont si bien rendues, ont dû les épuiser. Il paraît que non. Le talent doit être avant tout le fruit de l'étude, de l'effet cherché et voulu, pour chaque phrase, on pourrait dire pour chaque mot. C'était du reste un principe de Talma, que pour faire beaucoup d'effet, il ne faut plus que le rôle vous en fasse à vous-même, autrement qu'arrive-t-il? on joue suivant les dispositions du moment, on se laisse guider par les situations, entraîner par la passion et comme cela on est un jour bon et le lendemain mauvais. Le jeu ne peut être égal que si l'on est avant tout parfaitement maître de soi.

On raconte que Talma apprenant la mort de sa fille jeta une exclamation douloureuse. C'était le cri du père, mais presque aussitôt l'artiste reprit le dessus et il murmura : « Ah ! si je pouvais retrouver ce cri-là sur la scène ! » Si cela est vrai, la recherche de l'effet pourrait donc chez certains acteurs dominer tous les sentiments.

Samedi, 28 Septembre 1889.

Le Palais des Machines

Ah ! ce Palais, il confond l'esprit, saisit l'imagination, éblouit les yeux, assourdit les oreilles. C'est un ensemble absolument indescriptible, c'est l'apothéose du métal ; c'est la plus haute expression des arts mécaniques arrivés à leur apogée, sauf pour l'électricité, qui n'a pas dit son dernier mot et qui, jouant un rôle aussi important quoique plus nouveau que la vapeur, pourrait bien la détrôner un jour.

Les électriciens, ça ne doute de rien ; ils assurent que l'électricité arrivera à tout faire, à éclairer la maison, à cuire le rôti, à faire rouler les voitures, etc., etc. La voilà déjà en Amérique qui remplace la corde et le couperet. D'un seul coup de baguette, c'est-à-dire d'une simple décharge, elle envoie de vie à trépas les condamnés, sans qu'ils s'en aperçoivent. Allons, encore quelques perfectionnements et elle sera capable de ressusciter les morts !

Ce colossal palais des machines est dans son genre d'une conception aussi audacieuse, aussi gigantesque que la Tour Eiffel. C'est une merveille d'équilibre et de hardiesse, de force et de légèreté. Le Palais des Machines a cent quinze mètres de largeur, sur quatre cent vingt mètres de longueur, sa hauteur est de quarante-huit mètres. L'Arc de Triomphe de l'Etoile pourrait s'y loger, aussi bien que la colonne Vendôme, qui n'atteindrait pas son sommet. En totalisant les espaces qu'offrent ce Palais et ses galeries, on arrive au chiffre étonnant de quatre-vingt mille quatre cents mètres carrés — huit hectares ! Une armée de trente mille hommes pourrait y dormir à l'aise, chaque homme disposant de plus de deux mètres carrés, et les dégagements restant libres, quinze mille chevaux pourraient y être installés, pendant que leurs cavaliers coucheraient dans les galeries du premier étage. Voilà ses proportions !

Dans cet immense hall pas un coin n'est inoccupé. Partout le travail et le mouvement sans arrêt, partout des représentants des œuvres les unes géantes, les autres minuscules.

Il y a là des merveilles de mécanique. La métallurgie, la fonderie, ont fait d'immenses progrès. Nous revenons à l'âge de fer du monde civilisé ; ce métal devient le roi des constructions et prend la place du bois et même de la pierre, il se plie à tous les besoins, gardant sous un petit volume une force énorme. Cet amoncellement fantastique de fer, de fonte, de bronze, de cuivre, donne bien cette impression de *vacarme pétrifié* dont parle Victor Hugo. Il y a des choses qui frappent même les moins compétents. Une scie sans fin, en acier, d'une longueur de trente-cinq mètres cinquante, des blindages extravagants, il y en a qui pèsent vingt-huit mille kilos ; effrayant aussi le *fac-simile* d'un lingot d'acier de cent mille kilos.

Il y a des machines charmantes qui font les plus jolies et les meilleures choses du monde. On dirait que les inventeurs de ces machines leur ont communiqué leur intelligence. Elles font tout ce qu'on veut : des dragées, des bonbons, des fleurs, des rubans et des dentelles ; elles fabriquent des chaudières et tricotent des bas ; elles ravaudent le linge et tissent merveilleusement le coton, la laine, la soie.

Ce sont des ouvrières incomparables !

Après les machines aimables, il y a les machines effrayantes qui hachent, coupent, brisent, broient tout et qui fabriquent de tels engins de destruction qu'elles finiront, j'espère, par rendre la guerre impossible.

A la hauteur de sept mètres, deux grands ponts roulants à l'électricité, marchent constamment d'un bout à l'autre de cette titanesque Galerie des Machines, ce qui permet aux visiteurs qu'ils promènent, d'embrasser d'un coup d'œil cet ensemble colossal, et l'on passe ébloui, fasciné de section en section, de galerie en galerie, de palais en palais, on admire, on admire encore, on admire toujours !... mais l'on ne peut retenir que ce qui frappe davantage.

Dimanche, 29 Septembre 1889.

Grand'messe à Saint-Sulpice. — Exposition
Fontaines lumineuses
Embrasement de la Tour

C'est donc aujourd'hui le grand jour des récompenses : jour de joie pour les uns, jour de déception pour les autres.

La matinée est belle, le soleil luit sur les têtes et l'espérance dans les cœurs. Ce soir il y aura moins d'heureux.

Notre programme est arrêté : grand'messe à Saint-Sulpice ; après le déjeuner, un tour aux Champs-Elysées, pour voir défiler le cortège se rendant au Palais de l'Industrie ; dîner à l'Exposition, afin d'assister le soir aux jeux des fontaines lumineuses et à l'embrasement de la tour. Il faut nous hâter, les soirées deviennent de plus en plus fraîches.

Après la grand'messe officiée solennellement, j'ai parcouru cette belle église de Saint-Sulpice, dont le portail est de Servandoni. La chaire remarquable fut donnée par le cardinal de Richelieu, les bénitiers formés de deux gigantesques conques marines, par François Ier. J'ai surtout admiré les belles peintures de la chapelle des Anges, la lutte de Jacob ; Héliodore, chassé du temple, saint Michel

terrassant le démon, qui sont d'Eugène Delacroix.
Ces peintures commencées en 1840 furent payées
vingt mille francs au grand artiste. Deux autres
églises seulement Saint-Denis du Saint-Sacrement
et Saint-Paul-Saint-Louis, possèdent deux toiles
de ce maître : *La déposition de la Croix*, peinture
murale payée six mille francs, en 1843, et *Jésus
au Jardin des Oliviers*, payée deux mille quatre
cents francs, en 1827. Ces peintures sont aujourd'hui d'une valeur inestimable. L'église Saint-Sulpice fut fermée pendant la Révolution. Le gouvernement l'accorda ensuite aux Théophilantropes,
qui l'appelèrent le Temple de la Victoire. Le 5 novembre 1799, il y fut donné un grand banquet au
général Bonaparte.

L'église Saint Sulpice, au dire des connaisseurs,
n'est point un modèle d'architecture, peu m'importe.
Avec ses tours, ses grandes baies, ses colonnes,
son vaste perron, je lui trouve fort grand air et
elle me plaît ainsi. La belle fontaine qui la précède semble faire partie de son ornementation,
c'est ainsi que l'a compris son auteur Visconti,
puisqu'elle abrite dans ses niches quatre maîtres
de l'éloquence sacrée : Bossuet, Massillon, Fénelon
et Fléchier.

Dès une heure, une foule compacte envahit les
Champs-Elysées. C'est un enchevêtrement de piétons et de voitures, qui donne le frisson. On n'avance qu'à tour de roues, les moyeux se touchent
et nous sentons sur nos épaules les naseaux du

cheval traînant la voiture qui nous suit. Nous regardons de très loin le nombreux défilé qui escorte le carosse présidentiel. Après avoir entrevu le visage glacial de Monsieur Carnot, nous nous sauvons à l'Exposition.

Dans de pareilles foules, on peut dire qu'on ne se rend compte de rien, c'est en lisant le programme que l'on *voit* mieux la fête. Le voici :

La cérémonie des récompenses aura lieu au Palais de l'Industrie.

Vu l'exiguité de la nef, les récompensés ne seront admis que depuis les médailles d'argent jusqu'aux grandes médailles d'honneur. Les récompenses plus modestes seront remises ultérieurement ; d'ailleurs on n'aurait pas le temps de tout distribuer en un jour.

Cinq mille hommes de troupes en grande tenue, cavalerie, infanterie et artillerie, occuperont une partie des Champs-Elysées, de la place de la Concorde et du Cours-la-Reine.

Sur le passage du Président de la République, les musiques joueront, les tambours, les clairons, les trompettes battront, sonneront aux champs.

A l'intérieur ce sera la même chose, l'éloquence et la musique complèteront cette fête superbe. On jouera la *Marche héroïque* de Saint-Saëns comme ouverture ; *La Marseillaise*, à l'arrivée du Chef de l'Etat ; pendant le défilé des groupes français et étrangers, le chœur des Soldats, de *Faust*, l'Apothéose de la *Symphonie triomphale* de Berlioz et le cortège du premier acte d'*Hamlet* ; entre les deux discours officiels, *Lux*, paroles de Victor Hugo, musique de B. Godard.

La proclamation des récompenses sera divisée en trois parties, annoncées chacune par des *Fanfares* écrites spécialement pour la circonstance par M. Léo Delibes. Enfin, la cérémonie sera terminée par la finale du deuxième acte du *Roi de Lahore*, de M. Massenet, suivi d'une reprise de la *Marseillaise*. L'orchestre et les chœurs, composés des artistes de la Société des concerts, de l'Opéra, et de l'Opéra-Comique, auxquels seront adjointes les deux musiques de la garde républicaine et de l'école d'artillerie de Vincennes, formeront un total de huit cents exécutants, sous la direction de M. Jules Gracin, chef d'orchestre du Conservatoire.

Le défilé sera composé ainsi :

Les comités étrangers, classés par ordre alphabétique, ayant à leur tête, autour du drapeau, les gardiens de leur section ou de leur pavillon ; un peloton de soldats français ; les neuf comités français de groupe précédés de bannières ; enfin, les commissariats de l'Algérie, de la Tunisie, des colonies et des pays de protectorat.

Il descendra par le grand escalier, traversera la salle dans sa partie centrale et dans toute sa longueur, puis faisant un crochet à droite, passera au pied de la tribune présidentielle en faisant doucement flotter les drapeaux et les étendards.

Ensuite, il pénètrera par une porte latérale sur la scène, où il prendra place.

Au moment de l'entrée du public, le rideau sera baissé. Il ne sera levé que lorsque l'orchestre aura attaqué son premier morceau. A ce moment, la scène sera déjà occupée par les gardiens français de classes portant leurs bannières. Ceux-ci ne prendront pas part au défilé.

Quand le cortège sera arrivé et placé, les groupes seront disposés sur la scène de la façon suivante :

Sur l'avant-scène, deux cent vingt-cinq places auront été réservées aux membres du jury. De chaque côté, quatre porteurs de bannière de groupes français prendront place. La neuvième bannière se tiendra au centre, derrière le jury. Sur les degrés qui conduisaient à l'autel de la Patrie, pour l'*Ode triomphale*, seront groupés les étrangers, ayant tout autour d'eux les gardiens français de classe. Au fond de la scène, figureront les colonies.

On le voit, rien n'a été négligé pour donner à cette cérémonie le plus d'apparat possible.

Le richissime M. Osiris offre un prix de cent mille francs. Ce prix est destiné à l'auteur de l'œuvre la plus utile figurant à l'Exposition.

Le comité a examiné successivement toutes les candidatures possibles, les inventeurs, les philantropes et même les gastronomes. Tout en rendant hommage aux architectes des autres constructions de l'Exposition, la majorité des membres du syndicat s'est accordée pour décerner le prix Osiris à tous les constructeurs de la Galerie des Machines. Ils ont jugé que leur œuvre, aussi imposante que la tour Eiffel et aussi saisissante par ses vastes dimensions, avait réalisé un immense progrès dans l'art des constructions utiles.

Le commissariat de la section des colonies françaises publiera, en même temps que le palmarès officiel, un palmarès spécial des récompenses accordées à nos exposants d'outre-mer.

Ces récompenses, au nombre de mille deux cent dix-sept, sont ainsi réparties :

Quinze grands prix,

Cent soixante-deux médailles d'or,

Trois cent vingt-et-une médailles d'argent,

Trois cent vingt-six médailles de bronze.

Trois cent quatre-vingt-treize mentions honorables,

En 1878, les exposants des colonies françaises n'avaient obtenu que sept cent soixante-cinq récompenses.

Plus on va à l'Exposition, plus on a envie d'y aller. Je déclare, en conscience, qu'il faudrait largement les six mois qu'elle durera pour tout voir, et encore... Aujourd'hui, cependant, nous n'avons fait que flâner. Nous nous sommes amusées à regarder passer les passants... qui passaient. Le spectacle des visiteurs eux-mêmes constitue la plus vaste section de l'Exposition ; que de physionomies particulières, de types exotiques, de toilettes fantaisistes. Nous sommes allées prendre une glace ici, un bock là. Nous nous sommes assises pour écouter les musiques de toutes sortes qui se font entendre un peu partout. La musique étrange et pittoresque des Tziganes dans leurs costumes flamboyants m'a surtout frappée. C'est vraiment merveilleux de voir avec quelle volubilité et en même temps quelle perfection ces virtuoses, qui sont surtout musiciens d'instinct et n'ont fait aucune étude sérieuse, font résonner le violon, la flûte de Pan et leurs instruments nationaux. Leur chef, Miéhesi Nestulescou, un nom qui n'est pas facile à retenir, est un violoniste hors ligne ; ses solos, pleins de couleur et d'originalité, admirablement soutenus par l'orchestre, m'ont paru délicieux. En revanche, le *Cheval dans les Steppes*, solo de musique imitative avec la flûte de Pan, m'a plus étonnée que charmée : c'est un peu trop roumain pour moi ; mais c'est égal, un concert comme celui-là de temps en temps ferait plaisir. Nous avons aussi entendu le Xilophone et l'Ocarina : celui-ci est un petit instrument en terre, une petite poterie trouée et l'autre un instrument en bois, un petit clavier sur lequel on frappe avec deux baguettes de fer. Les artistes qui manient ces instruments, de la main ou des lèvres, en tirent des sons d'une douceur infinie et d'une justesse extrême. Orphée avait le don d'animer les pierres ; ici c'est la terre et le bois qui parlent. On peut encore entendre la musique caractéristique du tambourin, du galoubet, du biniou, de la cornemuse, de la vielle, de la mandoline, de la guitare, sans oublier les instruments pittoresques propres à chaque peuple et les grandes auditions : concours, festivals et concerts.

Nous sommes allées dîner aux Bouillons Duval. Il y avait foule pour y arriver. Nous avons dû serpenter près d'une heure et nous armer de patience. Nous nous sommes mises à table à sept heures et demie ; mais je pense que les derniers n'auront pas dîné avant neuf heures.

Puis, nous sommes allées prendre nos places aux Fontaines lumineuses. C'est un spectacle magique, difficile à décrire. Comment peindre la transparence, la limpidité de ces cascades aériennes, s'irradiant de toutes les couleurs du prisme, de ces gerbes lumineuses s'élançant dans la nue, semblables à des flocons de neige argentée, à des nappes d'or en fusion. Comment dépeindre et l'embrasement de la tour qui fait pâlir les étoiles et paraît tout en feu dans la nuit sombre, et ses projections électriques. De son phare, se détache un fil mince et lumineux qui, traversant l'espace vient envelopper d'une clarté céleste les groupes sculpturaux des jardins, ou couronner d'un nimbe vaporeux le génie triomphant.

Ces projections électriques s'étendent, par les nuits claires, jusqu'à dix kilomètres. Leur puissance lumineuse peut atteindre l'intensité de seize millions de becs Carcel. Les savants expliquent très bien tout cela et le jeu de ces fontaines multicolores et les projections lumineuses ; moi, je me contente de les regarder sans chercher les explications, et c'est le conseil que je donne à tous les curieux : Venez et admirez.

Nouvelle de la dernière heure : on annonce la prochaine arrivée à Paris de cinq cents highlanders, qu'un de leurs compatriotes, le colonel écossais David White, conduit en corps visiter l'Exposition.

Voilà qui nous promet une triomphale exhibition de mollets !

Lundi, 30 Septembre 1889.

**Les Ruines du Palais de la Cour des Comptes.
Promenade en voiture dans Paris.**

Ce matin, nous sommes allées visiter, au quai d'Orsay, les ruines du Palais de la Cour des Comptes et du Conseil d'Etat. J'avais envie de voir de près ces amas de pierres calcinées et de fers tordus qu'on aperçoit continuellement en se promenant dans Paris. Une végétation luxuriante les entoure maintenant. Des gerbes de fleurs tapissent les murs, des fusées de feuillages s'élancent des fenêtres, des lianes flexibles enguirlandent les colonnes : on dirait que la nature réparatrice cherche à cacher le mal fait par la fureur des hommes. Ces ruines ont un portier. Pourquoi faire ? Est-ce pour ouvrir la fenêtre aux oiseaux et fermer la porte aux souris ! Les fenêtres sont béantes et les portes brisées...

Ces ruines sont peut-être aujourd'hui le seul souvenir attristant, encore debout, légué par la Commune.

« Jadis, il n'était pas beau ce palais, me disait hier un critique d'art, à présent je le trouve superbe dévoré de verdure tel qu'il est ; tantôt, il me donne les illusions d'une substruction romaine ; tantôt, j'y vois une fantaisie bobélique ou une eau-forte de Séranèse. J'y trouve encore une forêt vierge en miniature où le vent et les oiseaux ont semé, disent les botanistes, cent cinquante-deux espèces de plantes, le feu a été l'artiste capricieux de cette architecture, bien banale, quand elle était crue, et qui est devenue admirable maintenant qu'elle est cuite ».

Les gens, amateurs de vues pittoresques, qui trouveraient que Paris manque de ruines — amour du contraste — pourront demander leur conservation, d'autres voudront les garder à un tout autre point de vue, comme l'enseignement perpétuel des générations futures. N'est-ce pas l'histoire racontée aux yeux ; l'image vraie des horreurs que peut enfanter la guerre civile. On viendra là, dans ce joli décor de fleurs nouvelles, méditer sur le néant des choses de ce monde, dont les plus merveilleux monuments sont tous appelés à faire un jour des ruines.

C'est dans un linceul de flammes et de sang que la Commune voulait ensevelir Paris. Elle alluma de terribles incendies. Celui-ci fut épouvantable, et les débris de toutes les archives qui brûlaient et s'envolaient, emportées par le vent, vinrent tomber en pluie de petits papiers à plus de trente lieues. Louis Esnault, dans son *Paris brûlé par la Commune*, raconte qu'on en trouva jusqu'en Normandie, dans un jardin d'Evreux.

« Quand, le mardi 23 mai 1871, les insurgés, serrés de près par les troupes de Versailles, se virent contraints d'abandonner la rue de Lille, l'un de leurs quartiers généraux, ils voulurent élever un rempart de flammes entre eux et leurs adversaires. Ce furent les premiers incendies allumés.

« Précédés d'un spahi du plus beau noir, enchanté de faire payer aux Français de Paris la profanation des mosquées algériennes, les révolutionnaires se rendent d'abord à la Cour des Comptes. Toutes les grilles sont fermées ; le concierge appelé ne répond pas.

« Une porte s'ouvre sur la rue de Belle-chasse, donnant accès dans les bâtiments du Conseil d'Etat ; un baril de poudre est roulé dans la salle des séances, on y défonce un tonneau de pétrole ; l'huile minérale se répand sur le parquet des salons, sur les marches des escaliers.

« En franchissant la galerie extérieure, on gagne vivement la Cour des Comptes. — *Taïeb !* (bien !) grogne le spahi. Des hommes qui viennent de trouver un stock de médailles de Sainte-Hélène et qui en ont leurs tabliers remplis, lancent les glorieux insignes à la volée dans les cours ; des femmes, armées de seaux et de pinceaux d'afficheur, badigeonnent les boiseries de liquide inflammable.

« Il est six heures : la nuit approche ; une sonnerie de clairon retentit ; un officier des fédérés lâche à bout portant un coup de revolver sur le ruisseau où coule le pétrole, qui flambe instantanément.

» Le Conseil d'État, la Cour des Comptes et des archives, la Caserne du quai d'Orsay, la Caisse des Dépôts et Consignations s'allument en même temps. »

La parure la plus belle de cet édifice moderne qui ne comptait que quatre-vingts ans était la double série d'arcades superposées, entourant la cour intérieure. Une perte bien regrettable aussi est celle des peintures qui ornaient les salles et qui étaient signées : Isabey, Flandrin, Delaroche.

Nous projetons une nouvelle promenade champêtre au Parc Monceau, aux Buttes Chaumont, au Parc Montsouris.

Quand il fait beau, le lundi est le jour qu'on doit choisir pour se promener.

C'est le jour hebdomadaire du nettoyage des établissements publics. Les théâtres font relâche, point de matinées et les musées sont fermés.

Nous avons donc fait l'après-midi une longue promenade en voiture, parcouru les principaux quartiers, salué les monuments au passage, enfin admiré tout cet ensemble grandiose et élégant qui donne tant de physionomie à notre capitale.

Ah ! que Paris est grand ! et dire cependant que c'est une ville qui ne s'achèvera jamais, grâce à ses réparations, constructions, embellissements et changements. — Le mieux est souvent l'ennemi du bien. — Il paraît qu'on se fatigue même du beau. Le désir du changement appartient à la nature humaine en général et à l'esprit français en particulier. Et voilà pourquoi on a bouleversé de fond en comble et l'on modifie encore sans cesse la vieille cité de Clovis, la capitale des Rois de France.

La place de la Concorde par ses proportions grandioses, sa magnifique ordonnance, ses fontaines monumentales, ses colonnes et ses statues qui personnifient les principales villes de France, est l'une des plus belles places que l'on puisse voir.

L'obélisque de Luxor couvert d'hiéroghyphes contribue aussi à son ornementation.

Ce pauvre enfant du désert, comme l'appellent les uns, cette aiguille de Cléopâtre, comme l'appellent les autres, ce remarquable monolithe de vingt-trois mètres de haut d'un marbre rose qui brave les siècles, apparaît comme l'admirable spécimen d'une civilisation disparue et peut-être supérieure à la nôtre......

Que restera-t-il de nos palais somptueux, de nos monuments si orgueilleux, quand ils auront l'âge des monuments d'Egypte ?

Peu de chose sans doute ; mais présentement Paris est bien beau avec ses Palais : Louvre, Luxembourg, Palais-Royal, Palais-Bourbon, Palais de Justice ; avec ses Hôtels des Invalides, de la Légion d'Honneur, de la Monnaie et son admirable Hôtel de Ville, et *Tutti Quanti* ; avec ses Arcs de Triomphe de l'Etoile et du Carrousel ; ses portes Saint-Denis et Saint-Martin ; ses belles rues, ses quais, ses magnifiques boulevards, ses vingt-huit ponts sur la Seine, ses fontaines monumentales, ses théâtres, ses colonnes et ses statues colossales, ornant ses places, ses squares et ses jardins.

La colonne Vendôme, à la gloire de Napoléon, fondue avec le bronze de douze cents canons pris à l'ennemi, est une imitation de la colonne Trajane de Rome.

La colonne de Juillet garde le souvenir d'une autre dynastie ; le lion qui orne son piédestal, du sculpteur Barye est, dit-on, une œuvre d'art de la plus rare beauté.

Paris est réputé pour l'une des plus belles villes du monde ; c'est aussi mon avis et j'en suis fière.

Cette promenade le jour dans notre capitale m'a paru si agréable que j'ai voulu la continuer après dîner. Paris, le soir, avec ses interminables cordons de lumières qui brillent le long des rues, des quais, des boulevards, se présente avec plus de prestige encore ; quand la lune s'en mêle, c'est un véritable enchantement.

Les monuments de l'ancienne cité se dressant dans l'ombre vaporeuse et grandissante forment un décor grandiose, magnifique ; l'imagination est séduite au plus haut point. Notre-Dame, le Palais de Justice, la Sainte-Chapelle, la Tour Saint-Jacques, toutes ces merveilles de l'art gothique vous ramènent à trois siècles en arrière, et pendant cette minute de rêve et d'oubli du présent, on se demande si les archers sont encore là montant le guêt au sommet des tours.

Les descriptions que Victor Hugo a faites du vieux Paris dans son ouvrage *Notre-Dame de Paris*, sont d'une rigoureuse exactitude. Je le constate avec plaisir.

Mardi, 1ᵉʳ Octobre 1889.

Ascension à la Tour.

Ah ! cette tour, c'est la neuvième merveille du monde, puisque Mᵐᵉ de Sévigné a déjà déclaré que le Mont Saint-Michel est la huitième. Et l'Exposition, c'est aussi une merveille. Le présent surpasse l'antiquité. Enfoncés les Jardins suspendus de Babylone, les Pyramides d'Egypte, le Phare d'Alexandrie, le Colosse de Rhodes ! Enfoncés le Temple de Diane, la Statue du Maître des Dieux, le Tombeau de Mausole. Le passé est une belle chose dont nous gardons un souvenir respectueux ; mais vivent les temps modernes dont nous admirons les splendeurs infinies !

Je faisais mon ascension seule ; ma cousine, un peu fatiguée de la vie étourdissante que nous menons était restée chez elle.

Partie à une heure, j'avais promis d'être de retour à sept heures pour dîner. Et bien ! je suis rentrée à huit heures un quart ! Ma cousine était dans une inquiétude extrême. Depuis une heure la femme de chambre, debout au balcon, interrogeait du regard toutes les passantes, cherchant à me reconnaître. L'attente rend le temps long et toutes les deux, loin de se calmer, de s'exhorter à la patience, s'exhaltaient de plus en plus.

« Ma cousine aura eu un accident de voiture, disait la maîtresse du logis », et la femme de chambre reprenait en sourdine : « Elle se sera fait écraser par un omnibus ».

— A moins que pour changer de locomotion elle n'ait voulu revenir par les bateaux-mouches et qu'elle se soit ensuite trompée de rues pour rentrer à la maison.

— Peut-être s'est-elle en effet égarée ? Vous avez raison, cette pensée me tranquillise. Mon Dieu ! pourvu qu'elle ne soit pas tombée aux mains d'un bandit qui, lui donnant de fausses indications, l'aura entraînée...

— Taisez-vous, Anne-Marie, vous me faites peur... !

— Si Madame n'est pas rentrée à neuf heures, je courrai à la police.

Ma cousine avait la tête à l'envers.

— Il faudra que j'écrive à sa famille, a-t-elle murmuré.

— Et que j'aille à la morgue demain, a continué Anne-Marie, une si bonne dame, quel malheur ! que devant Dieu soit son âme ! Et Anne-Marie a poussé un gros soupir ».

J'ai entendu son hélas et la fin de sa phrase en ouvrant la porte du vestibule. J'arrivais juste à temps pour dire *Amen* à mon oraison funèbre. Ma cousine s'est jetée dans mes bras : « Que t'est-il donc arrivé ?

— Mais rien, du moins une chose bien simple,

j'ai été arrêtée par l'enterrement du général Faidherbe et j'ai, non pas perdu, mais dépensé deux heures à voir le défilé, de sorte qu'au lieu d'arriver à la Tour avant deux heures, j'y suis arrivée vers quatre, et j'y suis restée jusqu'à la nuit et même un peu plus, pour la voir à la clarté des lumières après l'avoir vue à la clarté du jour. Je reviens enchantée sans avoir éprouvé le moindre incident, sans parler d'accident ».

Nous nous sommes mises à table, ma cousine n'a pas mangé, ses doubles émotions de crainte et de joie lui avaient fermé l'estomac, en revanche, comme le mien battait le rappel depuis longtemps, je me suis montrée fort belle fourchette en faisant honneur aux sauces fines de la cuisinière et même fort belle cuiller en savourant jusqu'à trois reprises une crème aux fruits absolument délicieuse.

Mercredi, 2 Octobre au matin.

L'enterrement du général Faidherbe a été une imposante cérémonie que je suis bien aise d'avoir vue. Dans ce diable de Paris, il y a toujours de l'imprévu dont les étrangers profitent. L'affluence était énorme sur tout le passage du cortège, c'est à grand'peine que les agents chargés d'assurer le service d'ordre parvenaient à faire faire place; chacun se huche comme il peut; on loue une petite table pour monter dessus deux francs, un barreau d'échelle cinquante centimes.

A midi précis, une batterie placée sur le quai d'Orsay a tiré plusieurs salves et le cortège s'est mis en marche.

En tête le 23e de ligne, le 1er régiment du génie et les Sénégalais de l'Esplanade des Invalides portaient une couronne de lauriers, immédiatement après les troupes, venait le char funèbre attelé de quatre chevaux tenus en mains par des piqueurs; aux quatre coins du corbillard, des faisceaux de drapeaux; la bière était recouverte par un drapeau tricolore. Les cordons du poêle étaient tenus par MM. de Freycinet, ministre de la Guerre, l'amiral Duperré, M. Testelin, sénateur du Nord, les généraux Lecointe, Bressonnet et M. Barbier de Meynard, membre de l'Institut.

Autour du char se tiennent des tirailleurs sénégalais. Les sapeurs du génie, en deux files, marchent le long du cortège, l'arme renversée.

La musique est lugubre, *la Marche funèbre* de Chopin produit un grand effet.

Les délégations qui sont venues apporter des couronnes sont très nombreuses ; il y en a des quatre coins de la France ; il y en a même de l'Algérie et du Sénégal. Les plus remarquées sont celles-ci :

« *A Faidherbe, la colonie du Sénégal. — Au président d'honneur de la Société amicale des anciens élèves de l'Ecole polytechnique. — La ville de Saint-Quentin au général Faidherbe. — Au Grand-Chancelier, les gens de service de la Légion d'honneur. — A son illustre enfant, la ville de Lille. — La marine au général Faidherbe, ancien gouverneur du Sénégal. — Maison de la Légion d'honneur, Saint-Denis. — Maison de la Légion d'honneur, Les Loges. — Au général Faidherbe, les Enfants du Sénégal et du Soudan. Reconnaissance. — Les anciens élèves de l'Ecole polytechnique, etc.* »

Derrière les couronnes, vient M. Gaston Faidherbe, fils du général, entouré des officiers d'ordonnance du défunt. Puis les pensionnaires des maisons de la Légion d'honneur, conduites par leurs directrices portant en sautoir le cordon rouge sur la robe noire. M. le général Brugère, représentant M. le président de la République.

L'amiral Krantz, les généraux Saussier et Billot, suivis de nombreux officiers représentant l'armée. Viennent encore : MM. Tirard, Rouvier, Faye, Thévenet, Yves Guyot, suivis de nombreux sénateurs députés, conseillers municipaux et de délégations de tous les corps constitués.

Parmi ces délégations, on remarquait particulièrement le roi nègre Oussman-Gassi, entouré de Sénégalais, ainsi que les spahis et les tirailleurs sénégalais, dont plusieurs portent la croix d'honneur et la médaille militaire.

Comme M⁻ᵉ veuve Malbrough, « je suis montée si haut que j'ai pu monter » au faîte de la célèbre tour et de là j'ai contemplé par un temps à souhait un panorama inoubliable, indescriptiblement beau, car le spectacle change à chaque étage. De la première plate-forme le regard charmé contemple l'ensemble de l'Exposition, qui lui apparaît comme une ville enchantée dont toutes les rues sont des jardins et toutes les maisons des palais. On ne voit que dômes, minarets, tours, villas, chalets, châteaux, pagodes, kiosques, chaumières, pavillons, palais, velums, colonnades, galeries, statues, fontaines ; et, couronnant toutes ces constructions bizarres, élégantes, chatoyantes, le Dôme central et le Palais des Machines, c'est éblouissant...

J'ai très bien vu de là l'orme colossal qui se trouve dans la cour de l'Institution des Sourds-Muets. Il a six mètres de circonférence à sa base et mesure plus de quarante-cinq mètres de hauteur de la base au faîte.

Son origine remonte à l'an 1600. Il paraît que c'est un des ormes que Sully, sur l'ordre de Henri IV, fit planter à la porte de chaque église de Paris.

La tradition lui a conféré le nom d'*Orme de Sully*.

De la deuxième plate-forme, on a la vue splendide de Paris dans sa vaste enceinte. Voilà ses monuments, ses flèches, ses dômes, ses places, ses avenues ; le regard domine tout, et Montmartre et le Mont-Valérien, dont la silhouette paraît si haute. Plus loin, on aperçoit Versailles s'abritant dans la verdure ; ce filet blanc qui serpente, c'est la Seine ; ces fines aiguilles, ce sont des clochers ; ces petits sentiers, ce sont des boulevards ; ces points noirs, ce sont des hommes.

De la troisième et dernière plate-forme, la vue n'est plus qu'un immense lointain trop confus pour être décrit. Le point le plus éloigné que l'on puisse apercevoir est un sommet de forêt, à quatre-vingt-dix kilomètres. A cette hauteur, il n'y a plus ni mouvement, ni bruit, cette ville morne, ces campagnes silencieuses ne sont-elles qu'un décor, une peinture ? la vie n'est-elle plus là ? Instinctivement, on lève les yeux au ciel dont l'ampleur est infinie, cette impression, très saisissante, est pleine de grandeur.

La Tour Eiffel, qui n'a rien d'une tour, qu'on se représente généralement ronde, massive, bâtie en pierres, me fait l'effet d'une énorme colonne carrée se retrécissant par le haut, percée à jours et toute bâtie en fer. En effet, elle se compose uniquement de treillis de fer très résistants, très élastiques et très légers assemblés par des goussets en fer rivés.

Cette conception est gigantesque et l'exécution ne l'est pas moins. La Tour Eiffel dont chaque côté a cent vingt-neuf mètres de large occupe une superficie de plus de seize mille mètres carrés, plus d'un hectare et demi. C'est le monument le plus haut, non seulement de Paris, mais du globe. L'arc de Triomphe de l'Etoile a quarante-neuf mètres, le Panthéon, quatre-vingt-trois, le Dôme des Invalides, cent cinq, Saint-Pierre de Rome, cent trente-deux, la cathédrale de Strasbourg, cent quarante-deux, la grande pyramide d'Egypte, cent quarante-six, la cathédrale de Rouen, cent cinquante, la cathédrale de Cologne, cent cinquante-neuf, le monument de Washington, à Philadelphie, cent soixante-neuf ; dans le plan, il devait avoir six cents pieds, mais dès le quarante-sixième mètre il s'inclinait d'une façon si inquiétante, qu'on suspendit les travaux ; on les reprit, mais en réduisant la hauteur assignée de plus de deux cents pieds.

L'idée de construire une tour colossale n'est pas nouvelle ; les descendants de Noé l'avaient déjà eue. En 1832, l'ingénieur anglais Trevithick proposa de bâtir un monument de mille pieds (trois cent quatre mètres quatre-vingts). Les Américains caressèrent plusieurs projets de ce genre mais ils ne furent jamais exécutés.

Que de science, que d'études, que de savantes recherches, que de combinaisons multiples pour mener à bien le chef-d'œuvre que j'ai sous les yeux ! Que de calculs, depuis la base assise dans le sol, qu'il a fallu étudier lui-même, jusqu'au faîte, jusqu'à cette lanterne de trois cents mètres de hauteur. C'est après avoir construit dans le Cantal, pour la ligne du chemin de fer, le viaduc de Garraby, que monsieur Eiffel eut l'idée de sa tour. Le viaduc est situé à cent vingt-quatre mètres au-dessus du niveau de la rivière, l'arche centrale qui sert d'appui a la même hauteur et mesure cent soixante-cinq mètres d'ouverture ; le tablier métallique a quatre cent quarante-huit mètres de long et la longueur totale est de plus d'un demi-kilomètre. Cet ouvrage audacieux était alors considéré comme l'œuvre la plus colossale du monde. Monsieur Eiffel pensa que ces armatures de fer qu'il avait placées horizontalement pour relier les deux collines de Marjevols, pourraient aussi bien être posées verticalement et s'élever jusqu'à trois cents mètres de haut. Et il l'a fait comme il l'avait dit.

Le poids total de la tour Eiffel est évalué à neuf millions de kilos ; le nombre des pièces métalliques qui s'entrecroisent en tous sens est de douze mille ; chacune d'elles, en raison de sa forme sans cesse variée, a nécessité un dessin spécial ; tous ces dessins ont été préparés au bureau des études de l'usine Eiffel à Levallois-Perret.

C'est d'une double montagne de fer travaillé et de papiers dessinés qu'est sortie cette merveilleuse colonne ; et dans tout cela, les rapports l'ont constaté, il n'y a pas eu une seule erreur de calcul, une seule incertitude d'exécution. La dépense totale a été de six millions et demi.

La tour Eiffel présente un grand avantage sur toutes les constructions maçonnées, elle est « amovible ». L'État auquel elle appartient pourrait la transporter ailleurs si cela lui convenait, l'opération ne serait pas difficile et la dépense relativement minime : un demi-million.

Nous sommes loin de la protestation qui se produisit lorsque le programme officiel annonça l'érection d'une tour de trois cents mètres. Cette protestation fut adressée en février 1887, sous forme de lettre à Monsieur Alphand et signée de noms célèbres : Messonnier, Gounod, Ch. Garinier, Gérôme, Bonal, Bougreau, Sully-Prudhomme, Robert Fleury. Victorien Sardou, Pailleron, Leconte de Lisle, Guy de Maupassant, etc., etc. Ces messieurs affirmaient que cette tour serait le déshonneur de Paris et que « cette cheminée d'usine écraserait de sa masse barbare tous nos monuments humiliés, toutes nos architectures rapetissées. Sur la ville entière frémissante encore du génie de tant de siècles, on verrait s'allonger, comme une tache d'encre, l'ombre odieuse de cette odieuse colonne de tôle ».

Presque tous ont fait amende honorable et reconnaissent volontiers que la tour Eiffel est le clou de l'Exposition ; ils rendent hommage au génie qui l'a construite. Le succès est une puissance qui s'impose.

Il y a seize guichets délivrant les billets d'entrée, pour aller au premier étage on paye deux francs, pour aller au second un franc, pour atteindre le sommet deux francs. En somme, l'ascension coûte cinq francs, sans compter tous les bibelots qu'on y achète ; il est impossible de ne pas rapporter au pays un souvenir de cette ascension qui fait rêver, de cette ascension à neuf cents pieds du sol et qui s'accomplit si aisément ; on pourrait presque dire sans qu'on s'en aperçoive, grâce aux ascenseurs dont le plus rapide s'élève de deux mètres par seconde. On peut aussi monter par les escaliers, il y en a deux qui servent à gravir la tour jusqu'à la deuxième plate-forme et les deux autres à la descendre. On monte trois cent cinquante marches pour arriver au premier étage ; sa galerie promenoir est vraiment superbe ; on en fait le tour, on s'oriente, puis on achète quelques souvenirs aux nombreuses boutiques qui en ont pris possession. Au centre se trouvent quatre restaurants pouvant contenir chacun cinq à six cents personnes : Bar flamand, Restaurant russe, Bar anglo-américain, Restaurant français. On peut dire que le monde entier a passé dans les salons de ces luxueux établissements. C'est à cette première plate-forme que l'on trouve la médaille de bronze à l'effigie de la tour ; au second se vend la médaille d'argent, au troisième celle de vermeil. Il faut ensuite monter trois cent quatre-vingts marches pour arriver à la seconde plate-forme. C'est là qu'il faut visiter la curieuse installation du *Figaro*, avec son imprimerie spéciale, sa rédaction, sa composition.

Le *Figaro* connaît le monde, il s'est dit que les quatre cinquièmes des visiteurs seraient flattés de voir leur nom dans un journal, il a donc établi un registre où chacun peut écrire son nom et son adresse, lesquels sont imprimés le lendemain dans le journal dit *Le Figaro de la Tour Eiffel*. Les demandes pleuvent, l'argent aussi ; ce journal fait florès et vit, en ce moment, de la vanité humaine. L'incommensurable vanité !

De cette plate-forme au sommet il y a cent soixante mètres, l'escalier qui y conduit a mille soixante-deux marches, c'est un simple escalier de service dont le public ne peut profiter, il faut prendre les ascenseurs. Bref, il y a en tout mille sept cent quatre-vingt-douze marches, avis aux gens malades du cœur ou que l'obésité oppresse.

Cette troisième plate-forme est à deux cent soixante-seize mètres ; au-dessus, à trois cents mètres, se trouvent des salles réservées à des expériences scientifiques, météorologiques, biologiques, micrographiques de l'air, etc., et un petit appartement particulier que Monsieur Eiffel habite quelquefois ; c'est là que se trouve le livre d'or où les personnages de marque apposent leur griffe.

Le phare de la tour a une puissance égale à celle des feux de première classe établis sur nos côtes ; il est fixe mais entouré de plaques de verres tournantes, blanches, bleues, rouges qui promènent ainsi chaque nuit nos couleurs nationales sur l'horizon sans bornes.

Un drapeau de trente-six mètres carrés flotte à l'extrême pointe. On assure que des Anglais ayant pu pénétrer jusque là ont coupé dans ce drapeau de petits morceaux d'étoffe qu'ils ont emportés en souvenir de leur ascension. Où il y a de la gêne, il n'y a pas de plaisir ; toujours les mêmes ! ces braves Anglais...

Moi, j'ai eu quelque peine lorsque j'ai voulu écrire la fameuse carte postale datée de la tour et portant son effigie, qu'il est du devoir de tout bon visiteur d'envoyer à sa famille. On m'avait prévenu que tous les encriers sont assiégés et qu'on ne peut mettre la main sur un porte-plume qu'après une longue attente. J'avais alors fait ce judicieux raisonnement : on peut toujours tremper le bec d'une plume dans un encrier, mais sans la plume on ne peut rien, et j'avais glissé dans ma poche un porte-plume muni d'une belle plume neuve. J'ai pris place au coin d'une table entre un Chinois jaune et une Flamande rousse, haute comme un tambour-major. Tous les porte-plumes fonctionnaient fiévreusement autour de moi. J'ai pris le mien et après l'avoir plongé dans l'encre j'ai écrit :

C'est entre ciel et terre, du haut de cette tour titanesque, devant cette exposition incomparable où sont venues aboutir, sous les formes les plus variées, et dans leur développement le plus parfait, toutes les conceptions du génie humain que ma pensée s'envole vers vous. A mes pieds, les hommes s'agitent comme des fourmis, Paris et ses monuments ont les dimensions de jouets d'enfants ; au loin, la campagne encore feuillée ressemble à un immense tapis vert, capitonné de points blancs qui s'appellent villages et châteaux. Voilà le tableau, voilà mes impressions sur le vif.

Mais à travers cette féerie, je revois ma douce Bretagne, ma famille chérie, et ce petit mot d'affection que je lui envoie est une preuve nouvelle que le cœur sait faire valoir ses droits en face des plus grandes merveilles de l'intelligence, des plus hautes conceptions de l'esprit et qu'il garde quand même et toujours l'image de ceux qu'il aime ! Oui, au milieu de l'une des plus grandes foules humaines qui se soient jamais rencontrées devant cette Exposition qui tient du miracle, c'est le souvenir qui m'a empoignée, et pendant que ma pensée voguait dans le ciel pur de la science et des beaux-arts, habitant l'idéal le plus élevé qui se puisse atteindre : soudain, la vision de la famille et du pays se présentait à moi et je souriais en même temps à cet autre et si délicieux idéal du cœur.

Quand j'ai quitté la table où j'écrivais, six ou

huit personnes m'entouraient, attendant que je leur fisse place, mon premier mouvement a été de remettre mon porte-plume dans ma poche, mais déjà les mains se tendaient pour le saisir. J'ai hésité un instant. Ah ! si j'avais tenté de le garder, que serait-il arrivé ? les gens qui le reluquaient auraient dit que je prenais un porte-plume ne m'appartenant pas, que j'emportais le mobilier de la tour. On se serait ameuté, on aurait sans doute crié : au voleur, les plus calmes m'eussent traitée de vulgaire pick-pocket, les exaltés auraient fini par jurer que je voulais escamoter la tour. On serait peut-être allé jusqu'à dire que je voulais la fourrer dans ma poche.

J'ai remis mon porte-plume dans la dextre d'un méridional qui gesticulait fort et parlait haut, tout en regrettant un peu les cinquante centimes qu'il m'avait coûté, et beaucoup la jolie tour en miniature qu'il représentait.

Ah ! si j'avais le temps ! je ne ferais peut-être pas quatre ascensions comme le comte de Flandres, mais je reviendrais certainement jouir de ce spectacle sans pareil, et dont on ne se lasse pas.

Mot de la Fin

M. Eiffel — comme une dame bien connue — monte à sa tour : il est accompagné de son ingénieur. A une certaine hauteur, il veut prendre des points de repère, mais ni lui ni son compagnon n'ont apporté, pour cette opération, la chose essentielle... un mètre.

L'ingénieur descend immédiatement pour se munir de l'instrument indispensable.

On demande à quelle hauteur ils étaient montés l'un et l'autre ?

A... *deux sans mètre.*

Savez-vous où M. Eiffel se trouvait lorsque son ingénieur l'a rejoint ?

— ???

Assis sans mètre.

Mercredi 2 octobre 1889.

**Parc Monceau. — Buttes Chaumont
Parc Montsouris.**

Nous avons fait aujourd'hui la visite projetée au parc Monceau, aux Buttes Chaumont et au parc Montsouris. Promenades charmantes, oasis délicieuses, dans cet infernal Paris où l'on ne connaît ni le calme ni la sécurité. Les enfants et les vieillards qui ont si grand besoin d'air pur et de soleil les trouvent ici dans l'espace et le repos, le poète et le savant peuvent également lire, rêver, promener dans une quiétude parfaite loin de ces rues tumultueuses où l'on craint sans cesse d'être bousculé, volé, écrasé ; où l'on va, vient, s'agite dans un perpétuel qui-vive.

« Pages, laquais, voleurs de nuit, carrosses, chevaux et grand bruit, voilà Paris ». C'est Scarron qui disait cela de son temps. Ciel ! que dirait-il du nôtre ! J'avoue humblement mon incapacité à me tirer d'affaire. Je ne suis point *débrouillarde*. Je me sens toute ahurie par le bruit et très effarouchée de tant de voitures et de piétons.

Le parc Monceau est l'œuvre de Philippe d'Orléans. Louis-Philippe l'affectionnait aussi beaucoup. Une cascade, des statues de marbre et de bronze l'embellissent encore. Son principal ornement est ce qu'on appelle la *Naumachie*, colonade de style corinthien, imitant une belle ruine debout au bord d'une pièce d'eau. Le parc des Buttes Chaumont, trois fois plus grand au moins que le parc Monceau, est très accidenté, très pittoresque : ces mouvements de terrain s'expliquent lorsqu'on sait que ces grands espaces sont de vieilles carrières de plâtre abandonnées, converties en jardin, Les Buttes Chaumont ont aussi elles une grotte, des cascades, un lac d'où s'élance un immense rocher de cent mètres de hauteur, surmonté d'un temple, et un joli pont qui surplombe le lac ; c'est dans ce lieu si fleuri et si charmant que se trouvait autrefois le gibet de Montfaucon. Antithèses et contrastes, la vie en est faite, le monde en est plein !

Il faut aller chercher fort loin aussi, derrière l'Observatoire, le parc de Montsouris. Grandes pelouses verdoyantes, ombrages épais, allées unies, sablées et larges comme des grandes routes, vaste pièce d'eau où s'ébattent des familles de canards, de cygnes, d'oies, tel est son ensemble. Ses principaux ornements sont une pyramide élevée à la mémoire de la mission Flatters, massacrée par les Touaregs en 1881, et la reproduction du Bardo, palais du bey de Tunis, qui figura à l'Exposition universelle de 1867, et qui sert d'observatoire météorologique.

Peu de statues, l'une pourtant m'a frappée par son extrême laideur. J'ai demandé quel était ce personnage aussi affreux qu'illustre, après bien des informations, j'ai appris que c'était l'ami du peuple, Marat ! Mon Dieu oui, voilà les grands hommes qu'on glorifie aujourd'hui et qu'on offre du même coup à l'admiration et à l'imitation des générations nouvelles. C'est un choix heureux, mes félicitations aux édiles parisiens, comme à l'artiste Baffier qui a su s'inspirer d'un être aussi hideux au physique qu'au moral. J'aimerais à voir à côté de lui Charlotte Corday « l'ange de l'assassinat », suivant l'expression de Lamartine dans *les Girondins*, mais il est là, tout seul... avec son déshonneur. Il paraît que c'est en 1883 que le conseil municipal commanda cette œuvre d'art, d'un placement difficile, on ne savait où l'ériger. On a trouvé charmant de l'utiliser au parc Montsouris. Cette statue ne passe pas inaperçue, mais le public qui se promène ignore bien certainement son nom.

La statuomanie est à son comble ; est-ce donc pour honorer le crime et le vice qu'on élève des statues ? C'est l'athéisme qui invente tout cela. Ayant décrété que Dieu là-haut n'existe pas, il déifie l'homme pour le faire Dieu ici-bas ; et tous les petits pigmées rêvent d'avoir une grande statue. C'est ainsi qu'agissaient les Athéniens de la décadence ; ils s'envoyaient leurs bustes commandés par douzaines, comme nous nous envoyons nos photographies. Et voilà pourquoi le sol de la Grèce est pavé de statues. M. Paul de Cassagnac a raconté des choses charmantes à ce sujet.

« Souvenez-vous, dit-il, de l'histoire édifiante

de Démétrius de Phalères, qui, vers ce temps-là, consacrait son talent, sa vertu, son génie à relever sa patrie ruinée, abaissée par la domination Macédonienne.

Les Athéniens, reconnaissants et enthousiasmés, lui élevèrent de son vivant, sous ses yeux, trois cents statues de bronze, pas une de plus, pas une de moins.

Mais peu de jours après, le fils d'Antigone, celui qui fut surnommé Poliorcète, le preneur de villes, s'empara d'Athènes, chassant Démétrius, et séance tenante les Athéniens, oublieux des services fraichement rendus, brisèrent les trois cents statues de bronze, et élevèrent à Poliorcète autant de statues en or.

Puis, à quelque temps de là, Poliorcète était battu près d'Ipsus, et un Athénien avisé, plein d'expérience et d'économie, proposa de ne plus renverser, en entier, les statues élevées aux hommes qu'avait trahis la fortune, et de se contenter de changer les têtes, les corps pouvant continuer de servir pour tout le monde, indistinctement et successivement.

Voilà une ingénieuse idée que les Français pourront mettre un jour en pratique, pour moi, je ne verrais aucun inconvénient à mettre la tête d'un honnête homme sur les épaules de Marat.

Jeudi, 3 Octobre 1889.

Repos complet. — Les Voitures à Paris.

J'ai mis un peu d'ordre dans mon journal pendant que ma cousine recevait des visites, le jeudi est son jour.

Le soir je suis restée au salon ; nos soirées, même lorsque nous ne sortons pas, sont toujours bien employées. Coupé par la causerie, la musique et les cartes, le temps passe vite. D'ailleurs, les Parisiens ne trouvent jamais qu'ils veillent trop tard. Le whist est paraît-il un jeu empoignant, mais il me semble que c'est aussi un jeu où l'on s'empoigne. Autrefois il se jouait avec quatre personnes puis on s'est réduit à trois. Aujourd'hui à l'aide de combinaisons savantes on peut le jouer à deux. Quand on aura inventé le moyen de le jouer seul, je me mettrai à l'apprendre, car je le répète, ce jeu ne me paraît pas fait pour adoucir les caractères.

Pendant que les robs se succédaient sans interruption, j'ai causé avec un vieux savant qui ne se prodigue pas et passe généralement ses soirées dans son cabinet de travail en tête-à-tête avec lui-même. Mais non, que dis-je ! il n'est jamais seul il l'affirme du moins : la science est sa maîtresse favorite et les livres ses meilleurs amis. Il m'a fort intéressée. A un moment, comme je me plaignais du brouhaha de Paris :

« Que vous avez donc raison, m'a-t-il répondu, et que nous sommes loin du temps — c'était sous François Ier — où il n'y avait à Paris que deux carosses : celui de la Reine et celui de la belle Diane.

Sous Henri IV, il n'y en avait même plus qu'un, le Roi s'en privait quand la Reine en avait besoin. Les rois voyageaient à cheval, les princesses allaient en litière et les dames en trousse derrière leurs cavaliers. C'était charmant : pas d'écrasés et jamais de réclamations. Une des clauses insérées au bail que passait aux fermiers de sa terre, près Paris, Gilles Lemaître, premier président du Parlement sous Henri II, était qu'aux grandes fêtes de l'année et au temps des vendanges, les fermiers lui amèneraient une charrette couverte et de la paille fraîche dedans pour y asseoir sa femme et sa fille, et encore qu'ils lui amèneraient un ânon ou une ânesse pour servir de monture à leur chambrière. Ce fut fini ces idylles quand un individu s'avisa d'inventer les voitures de place.

Ce serviteur de la civilisation portait un nom de circonstance : il s'appelait Sauvage, il demeurait rue Saint-Martin, à l'hôtel Saint-Fiacre. Le premier carosse de louage, le carrosse à cinq sous, n'était pas très confortable. Le fameux dominicain Labat l'a vu et décrit. Il pouvait contenir six personnes ; il était délabré et traîné par de pauvres bêtes étiques. Au XVII° siècle, on ne comptait que trois ou quatre cents carrosses dans la capitale, mais la vogue en prit et Paris cessa d'être habitable.

Ecoutez cette appréciation d'un contemporain :

Les carrosses sont confortables, mais que dire des autres voitures, vinaigrettes, diables, cabriolets, que dire sur la route de Versailles des carrosses appelés « pots-de-chambre », ouverts à tous les vents, où l'on brûle en été, où l'on gèle en hiver ? que la poussière vous y étouffe ou que la pluie vous y transperce ; le majestueux Carabas est encore pis avec ses six chevaux qui font quatre petites lieues en cinq longues heures.

On connut les accidents. Pour les prévenir on inventa les petites lanternes, ce qui ne servit à rien, les piétons étaient écrasés quand même. Un seigneur étranger traversait avec rapidité, à l'entrée de la nuit une rue étroite, sa voiture légère heurta une borne et se brisa en éclats. Pour comble de malheur, un carrosse qui la suivait, dédaigna de s'arrêter et ses roues passèrent sur le corps d'un cheval de grand prix attelé à la voiture fracassée. Le seigneur s'élança sur le cocher, lui demandant avec fureur pourquoi il ne s'était pas arrêté en voyant un cheval par terre : « Pardonnez-moi, Monseigneur, répondit ce cocher modèle, mais il fait nuit et je l'ai pris pour un homme ! »

— Ah ! monsieur !...

— Madame, c'est l'exacte vérité et d'ailleurs,

c'est cette tradition que les cochers suivent toujours. Non, non, j'admire leur adresse et je m'étonne qu'avec tant de chevaux et de voitures en circulation il n'y ait pas plus d'accidents...

— Quel est le nombre de voitures à Paris, le savez-vous ?

— Comment, Madame, vous voulez de la statistique ? cela n'intéresse que ceux qui la font...

— Si, cela instruit en passant. Tout le monde n'est pas à même de faire de la statistique et je suis sûre qu'ici, dans ce salon, personne que vous ne pourrait me donner ce renseignement.

— Vous le voulez, soit, mais je parlerai bas, car on se moquerait de moi.

En 1818, il n'y avait à Paris que deux mille neuf cent quarante-huit voitures publiques, n'ayant pour la plupart qu'une place à côté du cocher.

En 1828, les omnibus firent leur première apparition. Il y eut bien vite toutes sortes de concurrences. Mais en 1866, le monopole abusif vint mettre son holà et depuis la population parisienne se plaint sans pouvoir rien changer à cet état de choses.

En 1873, on vit les premiers tramways. Leur développement fut assez lent ; mais, aujourd'hui, ils ne comptent pas moins de trois cents kilomètres sur lesquels la traction est variée : chevaux, électricité, vapeur, air comprimé.

Actuellement, il y a à Paris mille quatre cent cinquante-six omnibus, quatorze mille deux cent soixante-sept voitures de place et treize mille voitures bourgeoises ; seize mille voitures pour le transport des marchandises ; total, quarante-quatre mille voitures ».

Et j'ai été très contente de ma conversation avec ce vénérable septuagénaire au crâne dénudé, comme il convient à tout savant qui se respecte.

Décidément, je suis comme le jeune Anacharsis, je m'instruis en voyageant.

Vendredi, 4 Octobre 1889.

La France. — Entrées à l'Exposition.

Depuis l'ouverture de l'Exposition jusqu'au 30 septembre, plus de vingt-et-un millions de tikets ont été délivrés aux guichets. Septembre a été le mois des Anglais, cent mille ont traversé la Manche pendant ce mois, mais il en est venu un nombre bien plus considérable. Ces voisins qui ne veulent pas être nos amis sont cependant débarqués en foule chez nous ; on en a compté un demi-million. Preuve évidente que si l'Anglais n'aime pas les habitants il apprécie fort le pays.

Nous entreprenons aujourd'hui notre Tour du Monde. Ici ce n'est plus le Tour du Monde en quatre-vingts jours, mais en quatre-vingts heures si l'on veut et même moins. Cela est fort amusant de s'en aller ainsi de pays en pays, de ville en ville, à travers les cinq parties du monde, sans fatigue ni danger, sans guide ni interprète.

A tout seigneur. tout honneur : nous commençons par la France qui, dans toutes les sections, affirme sa supériorité. Elle est chez elle, et il est toujours plus facile de s'installer chez soi que chez les autres. Que de choses à voir et à admirer, cependant je ne saurais parler que de ce qui m'a frappée davantage.

L'exposition somptueuse du mobilier m'a plu excessivement.

Ces ébénistes, ces ornementistes, ces sculpteurs sur bois, ces dessinateurs qui ont su créer tant de formes charmantes et variées, sont de véritables artistes.

« L'industrie française est incomparable dans cette branche de la production nationale.

Depuis la *chayère* de chêne aux fines dentelures gothiques et la *caquetoire* dont Henry Estienne disait si plaisamment à propos des Parisiennes de son temps : « Il n'y a pas d'apparence qu'elles aient le bec gelé, pour le moins j'en réponds, puisqu'elles ne se sont pu tenir d'appeler des *caquetoires*, leurs sièges ».

Les meubles modernes ne le cèdent en rien aux meubles anciens ; quels ravissants bonheurs du jour, couverts d'incrustations de marqueterie d'une finesse exquise, ce sont des mosaïques des bois les plus rares et les plus précieux.

L'art du tapissier est également poussé aux extrêmes limites. « C'est l'essence même du goût parisien que nous retrouvons ici. Il sait tirer un parti merveilleux des étoffes et tissus de tous genres. Tout ce que la soie, la laine, le fil et le coton peuvent produire, se montre sous les aspects les plus séduisants. Le tapissier parisien drape à ravir, non seulement les lampas, les satins, les damas, mais les plus simples cretonnes, ces tentures si harmonieuses de couleurs, si variées de formes sont tout un poème, le poème séduisant du confort intérieur.

Même succès pour les papiers à tapisser ; en entrant on se croit d'abord à une exposition de soieries, velours de Gênes, brocards de Lyon, verdures de Flandres. Ces magnifiques papiers peints jouent si bien l'étoffe qu'il faut les toucher pour faire tomber l'illusion, celle-ci disparaît, mais l'admiration reste.

Aujourd'hui, on est arrivé à reproduire jusqu'en vingt-six couleurs les dessins les plus compliqués. L'exposition des cristalleries de Baccarat, de St-Louis, de Choisy-le-Roi m'a vivement intéressée.

Mais celle des glaces de St-Gobain m'a plongée dans la stupéfaction. Je ne me figurais pas qu'on pût arriver à de pareilles dimensions. Il faut voir cela pour y croire.

L'industrie des glaces énormes, comme on les fait maintenant, est toute moderne, mais les miroirs étaient connus des Egyptiens, des Grecs et des Romains, quoiqu'on dis eque l'antiquité ne fabriquait que des miroirs en métal poli, le musée de Turin possède des miroirs en verre, trouvés dans des tombeaux égyptiens. Aristote écrit : « Si les métaux et les cailloux doivent être polis pour servir de miroir, le verre et le cristal ont besoin d'être doublés d'une feuille de métal pour reproduire l'image qu'on leur présente ».

A son tour, Pline parle des miroirs dans son Histoire naturelle. Après avoir proclamé la renommée immense dont jouit la ville de Sidon en Phénicie, pour les verreries, il ajoute que ce fut dans ce pays que furent inventés les miroirs de verre.

Pendant mille ans, on perd la trace de cette invention. Au Xme siècle, Venise fabrique des miroirs, mais ce n'est qu'au XVIme siècle que cette invention prend de l'importance, et Venise garde si jalousement le monopole de ces glaces limpides, blanches, d'une pureté et d'un éclat incomparable qu'elle décrète qu'elle punira de mort tout ouvrier qui transportera son art dans une ville étrangère.

L'industrie des glaces commença en France l'an 1660, sous Louis XIV, grâce à l'habileté de Colbert qui parvint à déterminer dix ouvriers vénitiens à venir à Paris ; ils n'y restèrent pas longtemps et on peut dire que ce fut un Français, Richard de Néhon, très habile verrier de Tour-la-Ville, près Cherbourg, qui établit la première manufacture de glaces en France. En 1691, son neveu, Louis de Néhon, accomplit une véritable révolution dans cette industrie.

Jusque-là, on fabriquait les glaces comme les vitres, c'est-à-dire par le procédé du soufflage, et ce procédé imposait une limite fort restreinte aux dimensions des glaces. Louis de Néhon parvint à obtenir des glaces par la difficile et grandiose opération du coulage, et à partir de ce moment on put fabriquer des plaques de verre de dimensions considérables et d'une épaisseur régulière.

L'exposition de Saint-Gobain n'a pas son égale. Elle tient la première place, non seulement en France, mais dans le monde entier.

La glace principale qu'elle expose et qui bien entendu, ne laisse rien à désirer comme pureté, comme poli, est la plus considérable qui ait été coulée jusqu'à ce jour, elle mesure six mètres de hauteur et quatre mètres onze centimètres de largeur ; cela fait une superficie de vingt-six mètres cinquante. Bref, c'est partout l'effort suprême du travail. Chaque spécialiste a envoyé les spécimens les plus perfectionnés de son art, c'est inouï.

Le regard s'arrête stupéfait, croyant toujours que ce qu'il vient de voir est le suprême du genre et quelques pas plus loin il s'aperçoit qu'il s'est trompé et qu'il y a mieux encore.

Les étoffes de soie sont une des supériorités de la France. Lyon et Saint-Etienne s'avancent majestueusement en tête.

Loin de l'amoindrir, les siècles passent en améliorant cette industrie, il y aura bientôt cinq siècles que le premier métier à tisser la soie fut monté à Lyon. Il y a dix ans, Lyon comptait douze mille métiers, aujourd'hui il y en a cent vingt-cinq mille et la valeur des étoffes tissées dépasse quatre cents millions de francs.

Dans le domaine féminin même gloire pour la rubanerie et les fleurs artificielles. La rubanerie de Saint-Etienne depuis six siècles conserve son monopole sur les autres nations. Tous ces jolis rubans, aux nuances si tendres, aux fleurs si fraîches sortent du noir pays du charbon et rapportent peut-être plus que lui : cent millions par an.

Les fleurs artificielles sont extraordinaires de vérité. Les femmes se penchent instinctivement vers elles, comme pour les respirer. Je suis sûre que si on les exposait dehors, les papillons, amants de toutes les fleurs et les scarabées d'or, amoureux de la rose, voltigeraient autour d'elles.

Les petites ouvrières parisiennes ont des mains de fées et je leur trouve beaucoup d'esprit au bout des doigts. Toutes ces fleurs sont d'une fraîcheur, d'une élégance, d'une fidélité de détails et d'une finesse de coloris qui dénotent un véritable talent.

C'est à Paris, qui tiendra toujours le sceptre de l'élégance et du bon goût, que toutes les grandes modistes des pays civilisés viennent faire leurs emplettes.

Après nos désastres, le jour de la signature du traité de Francfort, le général Grant recevait à la Maison-Blanche. L'indemnité de cinq milliards, imposée par l'Allemagne à la France était le sujet de la conversation. « Les Français ne pourront jamais la payer ! » disait-on. Le Président des Etats-Unis seul se taisait. On lui demanda son opinion. « Les cinq milliards, répondit-il, mais c'est nous qui les paierons. Il suffira à la France de nous envoyer quelques bateaux chargés de rubans et de fleurs ».

Et les bijoux. Quel rêve, quelle fascination, c'est

un ruissellement de pierreries inoubliable. C'est le pays d'Omphir. Les fleurs qu'on voit ici sont en rubis, saphir, topaze, leurs feuillages, en émeraude, les rochers qui les abritent, en agate et les rivières qui les baignent, en diamant. Dans ma jeunesse, cette éblouissante vision m'eût empêchée de dormir. Il y a là pour cinquante millions de joyaux et de pierreries ; jamais exposition n'a présenté une telle profusion de richesses et d'œuvres d'art.

Que de fortunes dorment là dans leurs écrins de velours et de satin. Au centre, une vitrine contient l'un des plus gros diamants qui existent, il pèse cent quatre-vingts carats. Seuls, quatre diamants historiques le dépassent en dimension : le diamant du *Rajah de Matan*, le *Grand Mongol*, le *Ko-hi-Noor* et l'*Orloff*. Comme pendant à ce diamant, on peut voir une perle invraisemblable de cent soixante-deux grains.

C'est égal, quelle fascination que cet amoncellement de pierres et de perles, il n'y en a pas que là ; ce sont des monceaux de diamants qu'on voit dans les tailleries, et aux articles pêche et chasse se trouve une toute petite collection de perles brutes estimée trois millions. On aperçoit se balançant au bout d'un fil une seule perle de soixante-quinze mille francs.

Une autre exposition pleine de charme et d'enchantement encore, c'est celle de la dentelle. La mécanique est arrivée à des prodiges d'imitation. C'est à ne plus savoir discerner comme pour les diamants le *vrai* du *faux*, et c'est à vous dégoûter du vrai, puisque le faux est aussi beau et dix fois moins cher. Cependant les vraies, les belles dentelles sont celles faites à la main, soit avec l'aiguille, soit sur le carreau, ou pour mieux dire la pelote où s'enchevêtrent les bâtonnets. Dans cet ordre supérieur, les dentelles du Puy, de Mirecourt, de Bayeux et d'Alençon faites à la main, ces dernières, analogues au vieux Chantilly, sont bien les plus belles. Alençon est resté fidèle au point de France créé sous Colbert ; il marche avec le point à l'aiguille en tête de toutes les dentelles et peut rivaliser avec les guipures de Venise, les Malines de Belgique et les points d'Angleterre. Ces dentelles sans doute sont de genre différent, mais immuable chacune dans leur beauté et leur perfection. Deux cent mille ouvrières vivent en France de cette industrie.

Il faut aussi rendre hommage aux brodeuses plus nombreuses encore que les dentellières.

Comme les dentelles, les broderies à la main l'emporteront toujours sur les broderies à la mécanique qui crée cependant des merveilles. Une machine à broder fait plus de cinq cent mille points par jour et remplace ainsi cinquante brodeuses. Elle fait la broderie blanche au plumetis et au crochet, les broderies de couleurs, d'or et d'argent, des ornements d'église, mais elle s'incline devant la tapisserie faite à la main, elle ne peut l'égaler.

La passementerie fait ses preuves depuis longtemps. C'est l'une des industries françaises les plus anciennes ; Etienne Boileau a donné une place importante aux *Crépiniers* ou passementiers dans son livre « *des Mestiers du XIIIe Siècle* ». La pelleterie nous convie aussi à une exposition superbe. La France lutte presque victorieusement avec l'Allemagne et la Russie. Quelles belles fourrures ! Quels beaux manteaux elle expose ! Cela fait penser à l'hiver, mais non, que dis-je ! Le froid ne peut se faire sentir à travers ces poils épais, longs et soyeux ; ils sont faits pour vous raccommoder avec les frimas en les éloignant de vous.

L'exposition des jouets est une féerie bien séduisante pour les enfants et même pour les grandes personnes. Certainement, l'esprit s'est mis à la torture pour inventer tant de choses nouvelles et amusantes.

Je pense que les jeux mécaniques sont à leur apogée ; je ne vois pas ce qu'on pourrait inventer de plus. Les bateaux marchent tout seuls, les locomotives courent sur les rails, les équilibristes font du trapèze, les jongleurs escamotent leurs muscades, le petit soldat français, toujours guilleret, bat du tambour, Pierrot et Arlequin se battent pour Colombine.

Il y a de beaux théâtres avec décors nombreux et personnages costumés ; des ménageries, des arches de Noé contenant tous les animaux de la création.

Ah ! que de jolis rôles remplissent tous ces

animaux, il y a des ours qui dansent, des chèvres qui jouent du tambourin, des chats qui miaulent, des poules qui gloussent, des vaches qui donnent du lait, des chiens qui tournent après leur queue, des chevaux qui galoppent, il y a des grenouilles qui sautent, des souris qui trottent, des serpents articulés qui font fuir, il y a des singes savants qui jouent du violon en battant la mesure avec la tête, il y a des lions majestueux, des tigres aux crocs féroces, des dromadaires et des éléphants, voire même une girafe.

Le nombre des poupées est infini ; quelques-unes grandes comme des enfants et dont la toilette doit coûter plus que celle de beaucoup de bébés. Du reste on peut les mettre dans leurs meubles et leur acheter une maison complète, chambres, salons, cuisines avec fourneaux économiques, c'est insensé ! Voici un salon Louis XV du plus pur style, canapé, chaises, fauteuils, garniture de cheminée. Une jeune poupée, en délicieuse robe Pompadour, tient une harpe ; à côté d'elle, son professeur, chevelure poudrée, culottes courtes, bas de soie, souliers à boucles d'argent, bat la mesure. Ce jouet, puisqu'il faut l'appeler par son nom, est un modeste bibelot de cinq cents francs et il y en a encore d'un prix plus élevé. En somme, c'est trop beau et c'est trop cher. C'est trop beau, puisque le sort des jeux est d'être brisés, c'est trop cher, puisque ces coûteuses fantaisies ne sont que des amusements enfantins ; ces jeux-là se payent avec des billets de banque et n'amusent pas plus que ceux qui se payent avec des sous.

Envisagée au point de vue commercial, cette exposition est une preuve incontestable que la fabrication des jouets est devenue une branche d'industrie artistique et des plus importantes.

Les armes de chasse et les engins de pêche se présentent dans un cadre original tendu d'énormes filets et de peaux de bêtes, entourés d'aigles, de vautours, de chamois, de chevreuils qui se regardent aussi tranquillement que le grand ours blanc polaire toise le lion de l'Atlas qui lui fait vis à vis.

Samedi, 5 Octobre 1889.

La France

Hier, c'était le triomphe du bois et des étoffes, des bijoux et des dentelles, du cristal et du verre, des fleurs et des joujoux, aujourd'hui c'est le triomphe du fer, du bronze et du cuivre maniés par des ouvriers d'une habileté rare. Je ne puis me lasser de regarder l'autel en cuivre doré de onze mètres cinquante de haut sur six mètres de large, du style gothique le plus pur, commandé pour l'église Saint-Ouen de Rouen. Voilà des groupes et des statues admirablement coulés, voici des pendules, des urnes, des lampes gigantesques, celle-ci est une copie très exacte de la tour Eiffel et comme modèle de lampe c'est tout-à-fait réussi, mes compliments à l'auteur de l'idée.

La fonte paraît à son tour et fait une rude concurrence au bronze, en imitant ses plus beaux sujets artistiques en les rendant accessibles à toutes les bourses. Le domaine du cuivre est non moins étourdissant depuis l'humble bougeoir, la pelle, le landier, en remontant toute la gamme des ustensiles de ménage, jusqu'aux foyers des locomotives. Au dire des connaisseurs, les lamineurs et les fondeurs ont fait de véritables tours de force. Du reste, le matériel des chemins de fer est tout simplement prodigieux. Cette locomotive est admirable, aussi perfectionnée que possible il me semble et déjà l'on parle de la remplacer par la locomotive électrique ! L'humanité est insatiable !

Les cyclopes tant vantés ne seraient ici que des pygmées et comme ils admireraient l'exploitation actuelle des mines représentées avec toutes les apparences de la vérité ! Appareils à monter et descendre, machines d'extraction, de ventilation, wagonnets, cages, biennes, puits dont on voit l'orifice béant. Dans la réalité, certains de ces puits de mine atteignent un demi-kilomètre de profondeur et dire qu'il y a des gens effrayés de monter tout en haut de la tour Eiffel ! Dans l'air, la lumière, le ciel bleu ! Que serait-ce donc si on les invitait à descendre au milieu des ténèbres, à cinq cent trente mètres dans les entrailles noires de la terre !...

Anzin expose les modèles de ses habitations, à cent ans de distance. Les baraques de 1789, sont devenues en 1889 d'élégants pavillons. Entre ce chaume et ces briques, il y a un siècle d'efforts constants et de progrès soutenus.

Le Creusot, l'une de nos gloires industrielles, est la plus considérable de nos usines françaises.

En 1837, le Creusot n'était qu'un établissement de peu d'importance ; aujourd'hui c'est une ville métallurgique de vingt mille âmes, ne laissant rien à désirer au point de vue du bien-être de ses habitants. C'est le modèle par excellence des cités ouvrières, qu'on en juge.

Non seulement le salaire des ouvriers n'est pas inférieur au salaire que l'on donne dans les autres établissements industriels, mais de plus ils ont droit, par exemple, à la « chauffe », c'est-à-dire à la fourniture gratuite du charbon pour leur usage personnel. Les frais médicaux et pharmaceutiques leur sont assurés gratuitement.

Tout ouvrier malade ou blessé perçoit un tiers de son salaire pendant son chômage ; de même quand il accomplit une période militaire de vingt-huit ou de treize jours il touche le tiers du prix de sa journée. Une somme de soixante francs par an et par enfant est allouée aux pères de famille qui ont plus de cinq enfants.

L'administration verse, sans aucune retenue sur les salaires, un tant pour cent à une caisse de retraite créée par Monsieur Schneider. D'ailleurs, les fondateurs du Creusot ont multiplié autour de leurs ouvriers les œuvres d'assistance et de bienfaisance.

Au Creusot, il existe plusieurs écoles primaires, une école professionnelle et un hôpital entretenus aux frais de Monsieur Schneider. Les ouvriers bien notés peuvent habiter dans les confortables cités et cela moyennant un modique loyer qui ne dépasse pas huit francs par mois. Chaque logement est composé de trois, quatre ou cinq pièces avec un petit jardin. De plus, Monsieur Schneider a encouragé, facilité le développement des Sociétés coopératives qui fournissent, presque aux prix coûtants, aux ouvriers, les aliments, vêtements et objets de ménage dont ils ont besoin.

On calcule que les œuvres instituées par ce philanthrope et richissime propriétaire, dépassent annuellement la somme de deux millions. Les services de retraites et de secours atteignent la somme d'environ sept cent mille francs, les allocations aux réservistes et aux pères de famille ayant plus de cinq enfants se montent à près de huit cent mille francs.

L'horlogerie nous accueille plus bruyamment. Elle sonne sans cesse, dans tous les tons, mêlant à des voix claires et vibrantes le chant monotone du coucou et le trille enchanteur du rossignol. On peut ici étudier tous les systèmes depuis le modeste réveil-matin jusqu'aux carillons les plus célèbres, depuis la simple cloche que manie le choriste jusqu'au gros bourdon qui ébranle les cathédrales.

Ce n'est pas sans fierté que nous voyons figurer le génie français civil et militaire.

Voilà des spécimens de tous les matériaux de construction. Les pierres, le bois, le fer, le plomb, les chaux, les mortiers, les ciments, les briques, les tuiles, les carreaux, les ardoises, les cartons bitumés pour toiture, etc., etc. A l'aide de ces matériaux nous voyons l'ingénieur qui conçoit et l'ouvrier qui exécute, accomplir de nos jours sans hésitation, sans tâtonnement, les travaux les plus gigantesques dans la mer comme sur la terre.

Le génie militaire se présente avec son contingent de produits effrayants, formidables. Dans ce pavillon ou plutôt ce Palais de la Guerre on marche si serrés les uns contre les autres qu'une épingle ne tomberait pas à terre, comme on dit vulgairement.

Les pièces d'artillerie sont, paraît-il, très remarquables, pour moi, la vue de toutes ces choses effrayantes m'a donné le frisson. On ne pourra plus résister à de tels engins. A force de trouver de pareilles machines à tueries on n'osera plus s'en servir. C'est ma consolation en voyant cet amoncellement de canons, d'obus, de projectiles de toutes sortes qui vomissent avec le fer et le feu, la mort !

Nous quittons le côté de la destruction pour entrer dans celui de la réparation, le service des ambulances si parfaitement organisé. Auprès des choses de première nécessité, que d'objets ingénieux pour soigner délicatement les malades, les blessés, les soulager d'abord et ensuite les guérir. Cependant, le cœur ne se détend pas encore, il évoque la vision des souffrances qui tortureront tant de malheureux, il voit les membres brisés, les opérations douloureuses, les fièvres terribles, il entend les plaintes désespérées, le râle des mourants...

J'aime à croire qu'il y avait plus de patriotisme que de curiosité dans cette foule nombreuse inspectant les provisions de guerre de la France. Elle venait puiser confiance et foi... dans ses armements puissants de terre et de mer. Cette force dans la paix, c'est la sécurité de l'avenir. Du reste, aucun peuple ne songe à la guerre en ce moment, mais dans trois ou quatre ans, ce sera peut-être différent.

Le traité de commerce de Francfort, imposé pour vingt ans, par un ennemi qui nous guette comme le chat guette la souris, ce traité qui nous ruine prendra fin. Nous ne voudrons pas le renouveller, et qu'adviendra-t-il alors ?

Le Palais de la Guerre contient aussi d'immenses cartes en relief fort remarquables et qui font parfaitement comprendre la topographie de la France et de ses colonies.

Dimanche, 6 Octobre 1889.

Cent cinquante-quatrième journée et vingt-deuxième dimanche de l'Exposition. — Grand'Messe à Notre-Dame. — Promenade au Bois de Boulogne.

Notre-Dame est la reine des églises de Paris, qui compte soixante-sept églises paroissiales et un nombre infini de chapelles.

Avant la réalisation du projet de Maurice de Sully, deux églises, Saint-Etienne et Sainte-Marie, couvraient à peu près l'emplacement de la cathédrale actuelle. Notre-Dame fut commencée en 1163 et terminée sous Philippe-Auguste en 1223. Mais le monument de Maurice de Sully subit depuis de sensibles modifications. Il reste un chef-d'œuvre de l'architecture gothique du XIII° siècle, et excite l'enthousiasme de tous les connaisseurs. Notre-Dame a été le théâtre de plusieurs évènements historiques.

Philippe de Valois, après la victoire de Cassel y entra à cheval entouré de ses barons. Raymond VII y vint nu-pieds, en chemise abjurer son hérésie. Henri VI, roi d'Angleterre, y fut couronné roi de France en 1431. Cinq ans plus tard on y célébrait par un *Te Deum* solennel le départ des Anglais. Pendant la domination des Seize, sous la ligue, Notre-Dame servit de caserne aux troupes fidèles.

Au siècle dernier la déesse Raison y fut célébrée. Les Théophilantropes y prêchèrent. Notre-Dame fut rendue au culte en 1802, Napoléon s'y fit sacrer en 1804. Autour de Notre-Dame restèrent longtemps groupées plusieurs petites églises qui en dépendaient: St-Jean-le-Rond, la chapelle de l'Hôtel-Dieu, Saint-Denis-du-Pas, Sainte-Geneviève-des-Ardents. Plus loin se trouvait le *Cloître*, réunion de petites maisons avec jardins, habitées par les chanoines du Chapitre.

Le Palais de l'archevêché, démoli en 1838, était contigu à la cathédrale. Jadis on voyait sur la Place du Parvis, devant le portail principal, une échelle patibulaire, marque de la haute justice de l'évêque. En 1767 cette échelle fut remplacée par un carcan, qui lui-même disparut en 1792. C'est de ce poteau que partaient les distances itinéraires de la France.

Notre-Dame, bâtie sur pilotis, a cent trente-trois mètres de long et quarante-huit de large. La nef principale mesure trente-cinq mètres de haut et les tours soixante-six mètres.

Autrefois on y entrait par un perron de treize marches, ce qui lui donnait un aspect plus imposant ; il a disparu à la suite de remblais faits pour la préserver d'inondations. La façade, avec son admirable rosace de quinze mètres de diamètre, ses galeries ogivales, ses trois grandes portes merveilleusement fouillées, ses vingt-huit niches contenant les statues de nos rois, depuis Childebert jusqu'à Philippe-Auguste (ces statues sont modernes les anciennes ayant été brisées en 1793), est du plus grand effet. Trois cent soixante-huit marches conduisent à la plate-forme des tours. C'est dans la tour sud que se trouve le gros bourdon. Sa grande voix domine tout Paris. La couverture est en plomb ainsi que la flèche de quarante-cinq mètres de hauteur.

L'intérieur est aussi grandiose ; ce vaste temple contient outre les trois nefs, deux cent quatre-vingt-dix-sept colonnes et soixante-dix-huit stalles en chêne sculpté ; la lumière qui l'éclaire est tamisée par cent treize vitraux peints. Plusieurs évêques et archevêques dorment à l'ombre de cette magnifique cathédrale, construite par la piété à la gloire du christianisme et où s'identifient en même temps l'art français et la foi chrétienne. Voici les tombeaux des Archevêques Affre, Sibour, Darboy, de Quélen, des cardinaux Morlot du Belloy, de Noailles, de Beaumont, du marquis de Juigné et du maréchal de Guébriant. On remarque aussi les statues de Louis XIII et de Louis XIV et des plaques de marbre noir où sont inscrits les noms des otages fusillés sous la Commune.

L'orgue est d'une incomparable puissance, il comprend quatre-vingt-six jeux et six mille tuyaux. Quelle belle musique, comme elle élève l'âme !... Si j'habitais Paris, j'irais tous les dimanches entendre la grand'messe à Notre-Dame. Tout était fini et je croyais encore que la cérémonie venait à peine de commencer. Ah ! je ne m'attirerais pas la réponse de cet évêque à une élégante qui se plaignait de la longueur de la messe.

— Ce n'est pas la messe, madame, répondit finement le prélat, qui est trop longue, c'est votre dévotion qui est trop courte.

Je n'ai pu visiter le Trésor ouvert toute la semaine excepté le dimanche.

En sortant, j'ai donné un coup d'œil au réseau des petites rues désertes, noires, silencieuses, étroites, qui serpentent autour de Notre-Dame et semblent dormir du sommeil profond des nécropoles. Je suis dans la Lutèce d'autrefois et la rue Massillon me semble aux antipodes des rues enfiévrées du Paris moderne.

Nous avons hésité entre l'Exposition et le Bois de Boulogne, mais il faisait si beau que nous avons choisi ce dernier et bien nous en a pris. La foule a paraît-il été effrayante à l'Exposition. Ce vingt-deuxième dimanche a été une des plus belles journées qu'on ait vue depuis son ouverture.

Dès midi une foule compacte a commencé à affluer dans toutes les parties de l'Exposition. A une heure et demie une queue interminable se pressait à la porte des affaires étrangères ; il est vrai que la direction des finances, dont les chefs n'ont sans doute jamais mis les pieds dans cette partie de l'Exposition, avait encore une fois jugé à propos de n'ouvrir que trois guichets sur six.

A trois heures, les deux passerelles qui joignent

e pont d'Iéna au Trocadéro se sont trouvées encombrées comme elles ne l'avaient jamais été ; du côté du Trocadéro, plus de deux mille personnes attendaient leur tour pour passer.

A partir de ce moment jusqu'à six heures, les visiteurs se sont portés en si grand nombre vers les galeries de l'alimentation, à l'extrémité de l'avenue de La Bourdonnais, qu'il était impossible de voir le moindre vide dans la foule ; plusieurs dames se sont trouvées mal. Les entrées ont atteint le chiffre incroyable de trois cent trente-cinq mille neuf cent six personnes, le temps marche, on sait qu'on n'a plus que quelques jours à jouir de ce spectacle unique : et on se hâte... on peut donc dire qu'en ce moment, l'Exposition est le salon de l'univers !

Nous avons pris une voiture pour aller au Bois de Boulogne, mais nous n'avons pu suivre le proverbe qui dit : Si vous voulez aller vite, prenez un cocher jeune. Nous n'avions pas le choix. Trouver en tous temps et particulièrement en temps d'Exposition, un bon cocher, complaisant et poli, c'est trouver l'oiseau rare, le merle blanc, comme on disait jadis. Notre cocher était vieux, fatigué, et son cheval le paraissait encore davantage ; nous avons admiré à l'aise les beaux sites du Bois de Boulogne, cela nous a dépensé plus de temps et d'argent, je ne le regrette pas. Nous avons traversé la belle place de la Concorde, remonté les Champs-Elysées, qui justifient leur nom, salué l'Arc de Triomphe de l'Etoile, élevé à la gloire de l'armée française, et fait notre entrée au Bois de Boulogne par le Ranelagh ou la Muette, qui n'est à proprement parler, qu'une immense pelouse entourée d'allées ombreuses et ornée de statues. C'est un fort beau vestibule que le Bois de Boulogne s'est donné là. Cette entrée a grand air et prépare agréablement à toutes les beautés qu'il renferme. Le Bois de Boulogne a été dessiné en pleine forêt de Rouvray (rouvre-chêne). Sa contenance est d'environ huit cent cinquante hectares.

Le nom de Boulogne lui vient d'une église construite en 1319 *au Menu Saint-Cloud,* à l'imitation d'une église renommée de Boulogne-sur-Mer. Paysages enchanteurs, grands lacs et petites îles, cascades bondissantes et ruisselets langoureux, kiosques et châlets, cafés et restaurants, larges avenues et sentiers solitaires, grands arbres de haute futaie et massifs d'arbustes, en un mot promenade ravissante. Voilà ce qu'on va chercher au Bois de Boulogne et ce que nous avons trouvé.

Le château de Bagatelle, bâti en 1773, est un pur bijou style Louis XVI, enclavé dans le Bois de Boulogne.

On rapporte qu'il fut bâti en trente jours par le Comte d'Artois, (il avait donc une baguette de fées), pour répondre à un désir de Marie-Antoinette, d'avoir un pied à terre entre Paris et Versailles ; il aurait coûté six cent mille louis, c'est-à-dire douze millions. En ce temps-là, le jardin de Bagatelle était public. Sous la Révolution on y donna des fêtes champêtres. Napoléon et Joséphine s'y arrêtaient souvent. Le duc de Bordeaux l'habita avant 1830. A cette époque le gouvernement le vendit à un Anglais, lord Wallace, qui refusa plus tard de le céder à l'Impératrice pour le prince Impérial; lord Wallace en fit un musée; il fut question après sa mort de le lotir; de là l'idée de l'acheter et d'y faire l'Auberge des Rois, car Saint-Cloud et les Tuileries sont en cendres et le Palais d'Orsay est nécessaire au ministre des Affaires étrangères.

A noter encore le pré Catelan, les ruines pittoresques du château de Madrid et le Moulin de Longchamp. Le pré Catelan est un éden, le plus délicieux jardin qu'on puisse rêver. Son nom lui vient du troubadour Alfred Catelan, qui fut tué là. Non loin se trouve un obélisque élevé à sa mémoire.

Le château de Madrid fut bâti par François Ier et démoli par Louis XIV. Le Moulin de Longchamps qui évoque tant de souvenirs mérite une mention particulière. Il est le seul vestige qui rappelle maintenant la fameuse abbaye de Longchamps fondée par Isabelle de France, sœur de Louis IX, et dotée par celui-ci de quarante arpents dans la forêt de Rouvray. Le Mont Valérien en formait un calvaire naturel et vénéré. L'abbaye fut d'abord l'objet de pieux pèlerinages. Elle devint surtout célèbre par les concerts spirituels qui s'y donnaient le Mercredi, le Jeudi et le Vendredi-Saints. Tout le Paris élégant s'y retrouvait, et voilà l'origine du rendez-vous annuel des Parisiens et surtout des Parisiennes qui s'en vont encore, les trois jours saints, se promener aux Champs-Elysées et sur la route de Longchamp. Il ne s'agit plus d'un pèlerinage pieux, c'est maintenant un pèlerinage mondain, un concours de mode, où les élégantes du *hight-life*, et les lanceuses de magasins, vont donner le ton et exhiber les nouvelles toilettes de printemps dont la vogue durera... une saison.

Lundi, 7 Octobre 1889.

**Exposition. — Palais des produits alimentaires
Exposition de l'agriculture**

Que dire du Palais alimentaire ? Qu'il est vraiment « le temple du Dieu Boyau » et que Gargantua lui-même en resterait stupéfait.

Pyramides de Liebig dans leurs pots de grès, de conserves dans leur boîtes métalliques, montagnes de jambons, colonnes remplies de pâtes variées, meules de fromages, gâteaux secs, flots de dragées et de fondants, torrents de fruits confits, avalanches de confitures, bibliothèque de bouteilles de vin, etc., etc. Ah ! quel consommateur que l'homme et quelle est sa puissance d'assimilation, de pouvoir ainsi absorber une si grande variété d'aliments.

Voilà les nouveaux appareils qui torréfient le café et les puissantes machines qui broient le chocolat. La boulangerie est fort instructive. C'est là qu'il faut aller pour se rendre compte du travail qu'a coûté la bouchée de pain qu'on mange ou qu'on émiette si inconsciemment. On voit toutes les fillières par lesquelles elle passe avant d'arriver aux lèvres des consommateurs. Ces détails sont pleins d'intérêt. Ici se tiennent rangés en bataille les fûts et les foudres, les barriques et les tonneaux.

Quel colosse que celui d'Epernay, d'une contenance de quinze mille hectolitres, amené à grand peine sur un chariot traîné par vingt-quatre bœufs, avant de le remplir de champagne. C'est un monument, on en ferait une jolie maison, du reste, on a inauguré ce tonneau titanesque par un festin où dix-huit convives se trouvaient fort à l'aise.

L'exposition des vins et spiritueux est joliment affriolante pour les gourmets. Les bouteilles se présentent groupées de cent manières et décrivent les plus jolies figures géométriques. La salle de dégustation, faite pour titiller le palais des amateurs, ne désemplit pas. Elle est sans cesse prise d'assaut, c'est un nouveau siège, le siège des buveurs.

Un monument « obéliscal, catapultueux, hypnotisant » est le monument en tablettes de chocolat, qu'expose la maison Menier. Ce bloc immense qui atteint presque la hauteur du Palais, ne représente que la fabrication d'un jour ! soit deux cent cinquante mille tablettes pesant cinquante mille kilos, d'une valeur de deux cent mille francs. Une façade décorative donne l'idée de l'usine célèbre de Noisiel. Derrière cette façade, des machines travaillent et à l'arrière des machines, un diorama reproduit en grandeur naturelle, un des ateliers de broyage. Cette vue fait illusion.

M. Menier possède une plantation considérable de cacao, au Nicaragua, avec une flotte spéciale pour les transports, une sucrerie à Roye et sa chocolaterie de Noisiel. Le personnel de ces trois établissements dépasse trois mille ouvriers.

Chaque année les droits payés à l'Etat s'élèvent à treize millions, les transports de chemin de fer à un million et la provision de papier d'étain pour envelopper le chocolat à six cent mille francs. Six cent mille francs de ces minces feuilles de papier d'argent, cela fait rêver. On comprend facilement par ces chiffres que la chocolaterie de Noisiel est la plus considérable du monde entier.

L'Agriculture est largement représentée. Tout le monde rend hommage à cette vaillante, qui offre aux campagnards des centaines de machines les plus variées et les plus perfectionnées.

Après l'agriculture, la pisciculture. La terre et la mer ne sont-elles pas les deux grandes nourricières du genre humain. On fait donc maintenant l'élevage du poisson comme on fait celui du bétail. Seulement cet élevage récent me paraît plus difficile, et je pense qu'il lui faudra encore bien des perfectionnements, avant qu'il puisse entrer dans le domaine des choses usuelles et pratiques.

L'aquarium du Trocadéro est donc fort intéressant à visiter. Il vous initie aux secrets de la vie cachée au fond des eaux. Vous pouvez suivre son développement complet depuis l'incubation artificielle des œufs, la naissance, l'élevage, jusqu'au jour où le petit poisson devenu grand, viendra s'échouer sur votre table.

On songe à repeupler les rivières d'espèces supérieures, comme la truite et le saumon.

Les chambres de commerce maritimes de France se sont fait construire un joli pavillon, non loin du Palais de l'alimentation. Elles exposent des cartes, des plans, des vues panoramiques des villes et ports, en un mot, beaucoup de choses intéressantes, et particulièrement une réduction des ateliers du grand port marseillais, avec toutes les machines en mouvement.

Le Trocadéro est toujours encombré de fleurs, que le ciel s'est chargé d'arroser aujourd'hui.

On en est au dixième concours d'horticulture, le onzième et dernier avant la clôture de l'Exposition, aura lieu du 18 au 23. Charmantes fleurs. Ce sont elles qui joueront la première mesure de la valse des adieux, qui se continuera jusqu'au point d'orgue final, qui marquera la fin de l'Exposition.

Mardi, 8 Octobre 1889.

**La Tour en diamants. — Le chêne antédiluvien
"La Fille du Tambour-major" à la Gaîté.**

J'espère que nous aurons meilleur temps aujourd'hui. Il ne faisait pas beau hier à l'Exposition, la pluie avait détrempé toutes les allées et les visiteurs portaient de la boue partout. Le soir, c'est devenu un vrai désastre, au moment où les fontaines lumineuses allaient s'embraser, la pluie a redoublé avec une telle intensité que les plus intrépides ont fui.

Nous avons visité ce jour deux curiosités, l'une toute naturelle, l'autre très artistique.

Un chêne antédiluvien, une tour en diamants.

Cette tour exposée dans la Galerie Georges Petit, 8, rue de Sèze, est une reproduction fidèle de la fameuse tour du Champ de Mars, dont M. Eiffel lui-même a bien voulu donner les plans. Elle mesure un mètre de hauteur et comprend quarante mille diamants du poids de trois mille carats. Sa carcasse est en or recouvert d'argent, dans lequel sont serties les pierres.

L'exactitude de cette reproduction est absolue ; rien n'y manque, ni les escaliers intérieurs en or, ni les pilastres *en pierres fines*, ni les restaurants, ni les ascenseurs, ni les colonnades, ni même les becs de gaz. Enfin, au sommet, il y a le fameux phare électrique et tournant comme l'autre.

M. Martin Posno est l'artiste de grand mérite qui a dirigé la construction de cette pièce unique en joaillerie et vraiment française, qu'on estime plus de 200.000 francs et à laquelle 20 ouvriers ont travaillé 13500 heures. Pourquoi n'est-ce pas à l'Exposition qu'on va admirer ce chef-d'œuvre dont la place était marquée parmi les plus belles choses ? Je l'ignore et personne n'a pu m'en dire la raison.

Ici il n'est vu que d'un petit nombre et saura-t-on plus tard qui s'est payé ce joyau ?

Le chêne antédiluvien (que nous avons été voir dans un bateau ad hoc a été découvert près de Lyon dans le Rhône. Ce mastodonte de l'espèce végétale d'un noir d'ébène pèse 5500 kilogr. mesure 31 mètres de haut et 9 mètres de circonférence à sa base. Il était à côté de deux arbres plus colossaux encore, mais qu'il a été impossible d'extraire de leur lit de vase et d'eau (1.)

Nous avons rencontré quantité de petites charrettes à bras remplies de meubles. Le 8 octobre est un jour de déménagement pour les modestes

---

(1) J'ai lu depuis dans un journal cet entrefilet :
Le métier de commissaire priseur est farci d'imprévu. L'un deux mettait samedi aux enchères un chêne antédiluvien. Cet arbre géant, témoin des temps préhistoriques que l'on trouva il y a quelques années, dans le lit du Rhône, a été vendu, avec le bateau spécial qui l'avait apporté lors de l'Exposition 4300 francs.

loyers. C'est là un de ces tableaux, tableaux qu'on n'oublie pas « le déménagement des petits termes. » Il donne à Paris une physionomie toute particulière ce jour-là. On voit la charrette tirée par le mari, poussée par la femme, suivie par les enfants qui portent, l'un, un oiseau dans sa cage ou un pot de fleurs ; l'autre, un objet fragile, le globe d'une pendule antique ou le simple coucou. Les petits portent généralement le balai sur leurs épaules aussi fièrement que s'ils portaient un fusil.

Ajoutons à cela l'arrivée des « Hirondelles d'hiver », c'est ainsi qu'on appelle les petits ramoneurs, et celle des marrons grillés, « marrons de Lyon, châtaignes de Redon », qui s'établissent aux carrefours des rues populeuses, hélas ! ce sont déjà les avant-coureurs de la froide saison...

La « *Fille du Tambour-Major* » est une pièce charmante, pleine d'entrain et de patriotisme. L'entrée des troupes françaises à Milan transporte la salle. C'est un défilé saisissant de soldats à pieds, d'artilleurs aux canons, de cavaliers sur leurs chevaux, tout ce monde passe vainqueur, superbe. Uniformes chatoyants, pompons, plumets, galons, panaches ; c'est indescriptible. On se sent empoigné, on applaudit, on crie hurra comme si vraiment on se trouvait en présence de la réalité. Le Français s'emballe facilement pour l'armée ; les uns appellent cela du chauvinisme, les autres du patriotisme, en tout cas c'est une des bonnes fibres du cœur qu'il est toujours bon de faire vibrer.

Nous irons demain de bonne heure à l'Exposition, car outre notre voyage autour du monde que nous voulons continuer, nous avons des billets pour assister à une séance d'orgue au Palais du Trocadéro.

Mercredi, 9 Octobre 1889.

L'Exposition. — Europe, Angleterre et Russie.

Nous commençons par la Grande-Bretagne, la reine des mers que l'on pourrait aussi appeler, après la France toutefois, la reine de l'Exposition.

On la retrouve partout, elle nous montre ses colonies dans des pavillons et des palais spéciaux et les exposants se présentent au nombre respectable de 1600, chiffre que n'a atteint aucun pays. Comme on le voit, les Anglais « ce peuple amphibie qui gouverne la terre par la mer », ont tenu à prendre une large part à notre Exposition que les uns appellent la plus magnifique foire de l'univers et les autres les marchés aux idées nouvelles.

L'Angleterre expose donc une infinité de choses : Ses faïences, ses porcelaines et son argenterie sont remarquables ; également superbes les fourrures qui lui viennent de ses colonies. On voit encore beaucoup de vêtements, des étoffes de laine chaudes et moëlleuses, des meubles, tout ce qui fait partie du confort anglais.

Le côté alimentaire n'a pas été négligé par les fils d'Albion qui pourraient s'intituler les pantagruels des temps modernes. J'ai remarqué une statue noire, c'était une Vénus en chocolat, non loin d'un buste d'une blancheur éblouissante ; le buste en stéarine de la reine Victoria. L'Angleterre expose aussi une meunerie modèle qui occupe un bâtiment de deux étages. Toutes les opérations se font automatiquement depuis le broyage du grain, jusqu'à la mise en sac de la plus pure farine. La laiterie qu'elle expose est également bien organisée. De jolies vaches d'Ecosse, d'Islande, du Wilhshire offrent aux visiteurs leur blanche liqueur chaude et mousseuse.

Les Indes anglaises se sont bâti un palais des plus brillants ; colonnes, galeries, fenêtres jumelées, coupoles, tout cela doit appartenir au style hindou. Il rappelle, dit-on, le type de la tour Outab de Delhi.

Tous les exposants sont de réels Indiens, à commencer par le Maharajah de Mysore.

Pas brillant le Canada, les Canadiens " au cœur français " auraient-ils donc oublié la mère patrie ? C'est le cas de répéter le mot d'où lui vient son nom a canada (ici rien). On raconte qu'au commencement du XVI° siècle les Espagnols n'ayant trouvé aucune trace de mines d'or ou d'argent sur les côtes de ce froid pays se retirèrent en répétant a canada (ici rien). C'est ce mot qui répété plus tard par les indigènes fut pris par les Français pour le nom véritable de cette contrée ; qui l'a gardé depuis.

La Nouvelle Zélande a orné son Exposition de

grandes peintures murales résumant les trois principales occupations de cette colonie; les vendanges, la chasse aux animaux et la chasse... à l'or, au milieu une immense carte. La chose la plus curieuse de cette exposition est un portique très décoratif en briques dorées dont le volume représente tout son or extrait jusqu'ici ?

L'île de Ceylan ne m'a rien dit, on y vend à boire ; la colonie de Victoria non plus, on y peut déguster à son aise tous les vins australiens dont on fait l'éloge... Mais cela ne m'intéresse pas. Toute différente pour moi l'exposition du cap de Bonne-Espérance.

On ne s'arrête guère à regarder l'architecture de son pavillon, c'est l'intérieur qui vous éblouit, il est rempli de diamants, c'est inimaginable. Là vous avez l'illusion complète d'une visite aux mines de diamant. Nous sommes arrivées juste à temps pour assister au lavage de la terre diamantifère qui a lieu tous les jours de 3 à 5 heures avec explications, nous avons vu le triage, la taille et le polissage.

Un immense coffre-fort transparent qu'un ingénieux mécanisme permet d'éclairer le soir à la lumière électrique contient pour plusieurs millions de pierres brutes. Au milieu de cette collection brille le plus gros diamant du monde, on l'a trouvé il y a quelques mois à peine dans les mines de Beers, il pèse 482 carats.

J'ai trouvé fort agréable l'audition d'orgue à

laquelle nous avons assisté, grande et belle musique, morceaux de savante facture.

Voici le programme :

L'orgue est un instrument magnifique d'une puissance de sons extraordinaire surtout quand il est manié par des maîtres qui s'appellent Charles Widor, Théodore Dubois, Alexandre Guilmant. On n'entend pas seulement de la musique au palais du Trocadéro, on y entend aussi beaucoup de discours et de conférences. Il est *phylloxéré* de congrès : congrès géodésique, congrès de l'hypnotisme, du magnétisme humain appliqué à la guérison des maladies, congrès de physiologie, congrès des poids et mesures, congrès du repos dominical, congrès des chemins de fer, etc., etc.

Après la reine des Mers, le colosse du Nord ; cinq cents exposants le représentent ici. La façade de la section russe est magnifique, l'architecte a eu l'heureuse idée de reproduire les plus beaux monuments du style byzantin de Moscou, le mur du Kremlin, les fenêtres du palais de Tehrem, les tours de la cathédrale de Wassili-Lajenij, le clocher d'Ivan le Terrible, la tour Soukareff. L'intérieur a un aspect gai orné de couleurs vives où le rouge et le bleu dominent. Au fond un énorme écusson représente Saint Georges terrassant le dragon. La Russie est encore une nation neuve, mais son développement commercial et industriel prend depuis quelques années des proportions colossales — les arts suivent la même marche ascendante et la Russie devient un grand peuple, comme elle est déjà un grand pays. A moins d'avoir un calepin en main et de prendre des notes, il est impossible d'énumérer tout ce qu'elle expose.

Les fourrures par leur nombre et leur beauté tiennent une place considérable ; elles font rêver aux belles élégantes enfouies l'hiver dans leurs manteaux de zibeline, aux riches boyards qui s'achètent couramment une pelisse en renard bleu dans les prix de vingt à trente mille francs.

L'orfèvrerie est remarquable particulièrement les bijoux de style byzantin les objets nickelés et filigranés ; très jolies aussi les broderies au point russe qui est tout simplement notre point de marque, point facile qui va certainement se généraliser et devenir à la mode.

Voilà encore des dentelles, des costumes, des tapis en soie de chèvres, des étoffes en duvet de cygne, des tableaux religieux en véritables pierres précieuses des Monts Ourals, de la vaisselle en bois verni inaltérable à l'usage, etc.

Jeudi 10 Octobre 1889.

Famosa Corrida à la gran plaza (cirque) di Toros, rue Pergolèse.

Eh bien, là, franchement, les combats où plutôt les courses de taureaux ne sauraient m'amuser longtemps une fois suffit comme pour Buffalo et puis pas bon marché ce spectacle vingt francs les bonnes places. Les gens qui se passionnent pour ce genre d'exercice vont sans doute y chercher les émotions fortes que donne la lutte quand il y a aussi danger pour l'homme et que le taureau doit être mis à mort ; mais ici rien de cela, c'est un simulacre, cheval et cavalier peuvent quelquefois recevoir un coup de corne, mais c'est rare.

L'arène est entourée d'une palissade tout le long de laquelle règne une saillie en bois, une espèce de marche, qui sert à l'homme poursuivi, de point d'appui pour franchir la palissade et se sauver dans l'étroit corridor qui sépare l'arène des gradins.

Je ne puis m'empêcher de reproduire ici le passage d'un article de journal qui traduit parfaitement ma pensée.

« Tous ces personnages se prennent au sérieux

et finissent par se croire le Cid en personne, ainsi que le faisait si bien remarquer un de mes confrères qui n'est pas plus que moi partisan de cette sorte de distraction, tout cela fait pitié et il faut n'y voir qu'une exhibition du cabotinage poussé à ses extrêmes limites.

On objecte que le toréador joue sa vie. Qu'importe ! autant il est méritoire et héroïque de la risquer pour porter secours à son semblable dans un incendie ou dans un naufrage, autant il est bête et blâmable de la risquer inutilement en affrontant les cornes d'un taureau qui, en se défendant, essaiera de crever le ventre soit du cheval, soit du toréador.

En Espagne, les assistants sont pris de délire lorsque le sang coule. Comme cela est beau, en effet de voir un taureau tué d'un coup d'épée, ou un cheval éventré laissant tomber ses entrailles dans l'arène. De tels spectacles sont faits pour ces peuplades sauvages de l'Afrique, où des roitelets s'amusent à jouer avec des têtes, avec le même sang-froid que nous jouons avec des quilles.

Et cependant, il y a des gens parfaitement civilisés, de mœurs douces et doués d'une grande intelligence qui se sont pâmés devant des courses de taureaux. Il faut citer Alexandre Dumas et Théophile Gautier, qui les ont décrites avec un enthousiasme égalant celui qu'ils éprouvaient à la Comédie-Française en écoutant les chefs-d'œuvre du grand répertoire.

Je reviens à la représentation : Tout a parfaitement marché, l'orchestre, les quadrilles, le défilé superbe où l'on voit paraître dans leur costume chatoyant les torreros, les caballeros, les picadores qui combattent à cheval armés de leurs longues lances et les *chulos* à pied.

Nous avons vu figurer sur le programme les épées les plus célèbres, les primaspadas d'Espagne. Ces jeunes toréadors jouent avec les taureaux comme avec des moutons. On suit aussi les passes du manteau, la pose des bandrilles, mais le plus beau moment c'est lorsqu'armés de la muletta ils amènent la bête où ils veulent et feignent de la mettre à mort puisque cela n'est pas permis en France.

Les chulos harcellent le taureau en agitant leur grand manteau d'étoffe pourpre, banderillos, caballeros, picadores lancent sans pitié sur le pauvre animal des banderolles multicolores qui munies d'une pointe de fer se piquent et s'enfoncent dans la peau, rien de plus original que de voir le taureau courant, mugissant, combattant avec sa douzaine de banderolles sur le dos, du reste le combat est bien inégal, le taureau les cornes emboulées pour atténuer les coups qu'il peut porter reçoit l'attaque de ses adversaires qui eux ne ménagent pas leurs coups.

S'ils se sentent poursuivis de trop près, les picadores ont plusieurs moyens d'échapper au danger, d'abord les chulos qui sont là pour faire diversion, dérouter le taureau, le défiler à leur tour en lui jetant le gant ou plutôt le manteau.

Si le taureau indifférent à leur provocation continue de poursuivre le picadore, celui-ci prend le parti héroïque de s'élancer vers la palissade qu'il franchit d'un bond abandonnant comme Joseph de biblique mémoire son manteau qu'il jette au nez de son ennemi, celui-ci s'arrête surpris et s'acharne sur cette masse de plis flottants, qu'il déchire du sabot et des cornes, pendant que le picadore à l'abri regarde tranquillement passer sa colère. Chaque taureau paraît à son tour et combat seul. On l'agace, on l'excite, on le blesse parfois, enfin il entre en fureur et alors on l'applaudit : « bravo toro » ; mais s'il est de trop bonne composition que rien ne l'irrite et qu'il s'accule dans un coin le regard vague, ennuyé, rêvant peut-être à sa liberté dans les plaines herbacées, oh ! alors le public s'impatiente et crie : à bas ! à bas ! à mort ! comme si l'animal pouvait comprendre l'injure.

La semaine dernière un taureau s'était montré magnifique d'emportement, joutant rudement contre les hommes et les chevaux, le toréador stimulé à son tour se montrait d'une témérité inouïe. Un jeune Madrilène qui assistait à la représentation, saisit d'enthousiasme, a failli jeter au héros de cette lutte toute sa toilette.

Son chapeau, ses jumelles, son jonc à pomme d'or, son mouchoir parfumé, ses gants, son habit et son gilet auquel pendait un magnifique chronomètre, jonchaient l'arène.

On a craint un instant que ce fanatique se jetât lui-même en signe de satisfaction. On a dit que ses vêtements lui avaient été rendus. J'espère que le chronomètre est resté dans la poche du gilet.

Très originale la manière dont le taureau s'en va ; libre et furieux, il serait difficile à prendre, comment s'en débarasser ?

On voit paraître six, huit, dix bœufs qui ont été habitués à faire plusieurs fois de suite le tour de la piste, bientôt le taureau se mêle à cette bande, la suit et disparaît avec elle.

Cette course de bœufs, dressés à chercher leur congénère pour le ramener au toril est fort amusante. On regarde cela tranquille sans appréhension.

C'est un moment d'accalmie pour tout le monde, bêtes et gens.

La course à laquelle nous avons assisté a été des plus émouvante, un peu trop pour mon goût, dix mille personnes y assistaient. Les taureaux très braves ont culbuté plusieurs fois chevaux et picadores. L'émotion du public était à son comble.

On attend encore d'Espagne une cinquantaine de taureaux de combat, curieux train de chemin de fer que celui qui transporte ces animaux voyageant isolé chacun dans son petit appartement, une immense et solide boîte.

Il y a des jours où la recette dépasse ici cent

mille francs ; voilà un chiffre qui fait rêver et qui me semble un fâcheux pronostic pour l'avenir, car il est à craindre qu'après le simulacre qui obtient tant de succès, on arrive au vrai combat plein d'imprévu et souvent d'accidents. Espérons que les Français ne se passionneront pas pour les exercices tauromachiques et que ce spectacle, voir éventrer des chevaux et daguer des taureaux qui se sont d'abord rués sur les hommes, restera l'amusement favori et national des Espagnols.

Nous sommes sorties du cirque par une pluie diluvienne, ce qui a contribué encore à refroidir mon enthousiasme, toutes les voitures prises, tous les omnibus envahis ; attendre! attendre! Patience! c'est le grand mot à Paris et nous avons attendu une heure. Nous étions parties gaîment, mais comme l'a écrit un profond philosophe :

« On rit aux arrivées
Et l'on pleure aux départs ».

Vendredi, 11 Octobre 1889.

**Exposition
l'Autriche-Hongrie, la Belgique, la Hollande.**

La section Austro-Hongroise est ornée à l'intérieur, de cartouches portant le nom des principales villes de ce royaume très civilisé et riche en industries de tous genres.

Son exposition de bijoux m'a frappée; l'Autriche possède sans doute des mines de grenat car elle présente des vitrines entières de bijoux qui ne sont absolument composés que de cette pierre taillée et montée de toutes les façons ; l'Autriche se fait donc remarquer par ses bijoux de grenat qui ont leur cachet propre comme les coraux, les camées et les mosaïques d'Italie.

On voit aussi quantité de bibelots variés en porcelaine, les plus drôles sont la série des bonshommes branlant la tête au moindre frôlement, mais je crois que ce genre est redevenu jeune à force d'être vieux.

Je me souviens avoir vu dans mon enfance des magots de ce genre là, qui remuaient leur chef à perpétuité et même vous tiraient la langue.

Par exemple ce qui est vraiment beau c'est la

cristallerie de Bohême qui ne craint aucune concurrence.

La petite Belgique peut marcher de pair avec les plus grandes nations, elle expose dans toutes les classes.

Les dentelles, la verrerie, les faïences, la draperie, les tapisseries sont les principales spécialités qui font la réputation de l'industrie belge.

La dentelle en est sans contredit la plus ancienne.

Tous les genres de dentelles véritables s'y fabriquent aujourd'hui ; telles sont les dentelles connues sous le nom de Valenciennes, Malines, Flandres, application de Bruxelles, Duchesse, torchons, points gaze, Burano, Venise et autres points qui se font à l'aiguille et celles qui s'exécutent à l'aide de fuseaux. Les dentelles aux fuseaux se fabriquent généralement dans les Flandres, sur un petit métier portatif ; quant à la dentelle à l'aiguille, elle se fait au moyen d'une simple aiguille et d'un morceau de parchemin retraçant le dessin.

Depuis 1878, les fabricants belges ont fait de grands progrès dans leurs dessins et beaucoup de leurs produits ont un caractère très artistique ; on peut, en effet, voir cette fois des panneaux et de petits tableaux exécutés comme en peinture par des dentellières qui n'ont à leur disposition pour produire les ombres et les effets que la différence de grosseur de leur fil ou de leur soie.

La pièce principale de l'Exposition de dentelles est un grand voile de mariée Louis XVI, en point à l'aiguille, de trois mètres de long sur deux mètres de large. Des fleurs en forment le motif ; ce voile se compose de trois cent cinquante morceaux et il a fallu plus de deux ans pour l'exécuter. Son prix est de neuf mille francs.

Dans le même genre, il convient de citer des robes, des nappes d'autel, des mouchoirs et des éventails qui font l'admiration des visiteuses.

Charmantes les dentellières flamandes travaillant sous les yeux du public.

L'éloge de la verrerie de Charleroi n'est plus à faire. Dans son exposition remarquable, elle expose des glaces magnifiques qui peuvent rivaliser avec celles de Saint-Gobain. Mêmes compliments aux porcelainiers et faïenciers, tout ce qu'ils exposent est ravissant.

La manufacture royale de tapisseries de Malines nous montre quatre panneaux qui peuvent soutenir la comparaison avec les plus beaux produits des Gobelins. L'une de ces tapisseries appartient au Sénat belge ; en voici la légende :

« Le 3 avril 1566 les gentilshommes confédérés remettent à Marguerite de Parme, au palais de Bruxelles, une requête par laquelle ils réclament la liberté de conscience. »

Les ébénistes belges sont également des artistes, tous leurs meubles sont frappés au bon coin de l'originalité.

Une chose fort curieuse encore c'est le plan complet du port d'Anvers; cette miniature permet de comprendre d'un coup d'œil l'importance de ce port gigantesque.

La Hollande tient un bon rang. Ce petit pays qui n'a pas quatre millions d'habitants, mais qui en compte vingt avec ses colonies, est fort intéressant à étudier. Sa façade construite dans le style de la Renaissance néerlandaise, se compose d'une large porte et de quatre baies symétriques en plein cintre, ornées de draperies.

La Hollande est une nation active, industrieuse, intelligente. Ses toiles incomparables, ses velours d'Utrech, ses faïences de Delft justifient leur vieille renommée.

Très belle l'exposition de la manufacture royale d'Eventer dont certains tapis ont jusqu'à dix centimètres d'épaisseur.

Les Hollandais " ces rouliers des mers " comme on les appelait jadis étaient alors renommés dans le monde entier comme constructeurs de navires. A remarquer aussi les cartes, plans, dessins techniques de ports, de digues, de ponts, de canaux, ces canaux qui servent de rues dans les villes et de routes dans les campagnes, et qui prouvent que les Hollandais sont des ingénieurs hors ligne.

Leur pays est une conquête, un empiètement fait sur la mer. Ils ont accompli des travaux prodigieux pour faire une terre riche, fertile de ce pays de *polders* (marais, aux côtes semées d'îlots). Amsterdam seulement, cette Venise du Nord, compte quatre-vingt-dix îlots reliés par trois cents ponts ; elle est entièrement bâtie sur pilotis — en sorte que si l'on pouvait retourner cette cité, elle présenterait l'étonnant spectacle d'une immense forêt dépouillée de feuillages. — Oui, ce pays entièrement plat, quelquefois au-dessous du niveau de la mer, n'est défendu contre les inondations de l'Océan que par un ensemble admirable de digues et un système de canalisation qui donne aux eaux leur libre cours. On peut donc dire que les Hollandais sont en lutte perpétuelle avec l'élément liquide. L'Océan est leur ennemi intime en temps de paix, mais en temps de guerre il devient leur meilleur ami. Les habitants ouvrent les digues et submergent les envahisseurs. Cependant un jour il advint que grâce à la glace la cavalerie française y fit une prouesse dont le souvenir reste dans l'histoire.

La Hollande présente aussi une taillerie de diamants évaluée à deux millions.

Voilà la table où les pierres sont d'abord coupées, puis taillées grossièrement ; la taille s'achève à l'aide de meules disposées autour des tables, ces meules sont mues par un moteur à gaz. Une meule ancienne qui marchait à l'aide du pied permet de juger des perfectionnements mis au service du lapidaire.

Récemment encore, Amsterdam était la seule

ville du monde où se fit la taille régulière du diamant : elle a maintenant Paris pour rivale en cette industrie très spéciale ; mais les ouvriers hollandais, tailleurs de diamants, d'origine portugaise, sont restés les maîtres de cet art délicat où il faut autant de tour de main que de probité.

Les colonies hollandaises font honneur à la mère patrie : étoffes indiennes de tous genres, trophées d'armes et d'instruments de musique, objets richement incrustés, vases en matière précieuse.

Le vaste empire batave est là tout entier.

Autre curiosité très pittoresque et très couleur locale : c'est le village javanais (Kampong). Soixante personnes de la peuplade des Prangers sont là, nous initiant à la vie que mènent vingt millions d'êtres humains. Toutes les cabanes, à commencer par celle du chef, sont en bambou, élevées sur pilotis pour protéger les habitants contre les attaques des fauves. Ici, ce sont des chapeliers tressant d'immenses chapeaux en bambous, là, une vieille Javanaise fait la cuisine au riz. Les femmes très peu vêtues ont les cheveux huilés et les joues fardées ; tout cela est d'une couleur locale et d'un pittoresque saisissant.

Le théâtre achève de nous transporter dans un autre monde : l'orchestre, composé d'un violoncelle primitif, de xilophones et de jeux de cloches, de gongs de différents calibres fait danser des bayadères, des almées très authentiques et qu'on a eu mille peines à obtenir du Prince de Pranger qui ne voulait pas les laisser partir de son harem. Elles apparaissent vêtues de bijoux et d'étoffes superbes, un carquois sur l'épaule et une auréole de plumes autour de la tête. Leurs poses sont langoureuses, leurs danses ont beaucoup de charmes. Elles tournent lentement et longtemps. C'est un spectacle étrange pendant lequel on se croit bien loin de Paris.

Nous songeons à aller demain samedi et le mardi suivant à l'Opéra-Comique voir *Carmen* et *Sigurd*, deux opéras que je tiens à entendre pendant mon séjour ; nos places sont retenues : deux fauteuils d'orchestre au premier rang.

Samedi, 12 Octobre 1889.

L'Exposition. — Europe. — La Grèce. — L'Espagne. — Le Portugal. — La Suisse

Le Palais grec construit dans l'ancien style du pays, ne s'élance point en dôme, campanile, clochetons ; il reste droit, sévère, régulier. Sur les deux murs qui s'étendent à droite et à gauche de l'entrée principale, on aperçoit de grandes peintures qui représentent la Grèce ancienne et la Grèce moderne. D'un côté l'Acropole, de l'autre les usines du Laurium.

La même idée se poursuit à l'intérieur. D'un côté, on a inscrit le nom des quatre villes les plus importantes de la Grèce antique : Athènes, Corinthe, Sparte et Thèbes, de l'autre les premières villes de la Grèce moderne : Le Pirée, Syracuse, Corfou et Patras.

Les tissus de soie faits à la main par les femmes d'Athènes et de Corinthe, les broderies soie sur soie et les tapis également tissés à la main, sont d'une perfection hors-ligne.

Les échantillons de marbre sont nombreux et magnifiques, les verts sont de toute beauté, les colonnes de Sainte-Sophie à Constantinople, ont été taillées dans des marbres pareils. On remarque beaucoup un morceau de marbre inconnu jusqu'ici, rouge veiné de bleu et noir, il a été ramassé dans l'île de Chio. Une suite de photographies du plus haut intérêt reproduisent les statues trouvées dans ce pays pétri par les arts et dont plusieurs sont antérieures à Périclès.

On retrouve l'Espagne dans les salons de peinture où ses artistes exposent de superbes tableaux qui font le plus grand honneur à son école moderne, au Palais des Industries diverses où elle prend un salon, et au Palais des Arts libéraux où elle occupe une grande galerie, ce qui ne l'empêche pas d'avoir en outre plusieurs pavillons et kiosques pour l'exposition de ses colonies et la dégustation de ses excellents vins.

Le grand pavillon espagnol des produits alimentaires rappelle les monuments historiques de style muzarabe que l'on voit en Espagne principalement à Tolède. Très beau aussi le Pavillon des colonies espagnoles tout rempli des richesses de ces terres fortunées. On pourrait dire que Cuba est le sucrier du monde et quel est le fumeur qui ne recherche pas les cigares de la Havane ?

Le Pavillon du Portugal avec sa tour de trente-six mètres de hauteur fait grand effet. Le style général de ce pavillon est le Louis XV portugais avec des ornements copiés sur les monuments de Bélem notamment du cloître. Les vins portugais sont paraît-il comme les vins espagnols réputés chez les gourmets : j'ai mieux aimé m'arrêter aux faïences émaillées et terres cuites genre Bernard Palissy qui m'ont paru très décoratives.

La Suisse

La Suisse est une vaillante nation, son exposition le démontre. Très remarquables les soieries de Zurich et les broderies d'Appenzell ; excellent le chocolat Suchard et le fromage de gruyère. La Suisse est la patrie des fromages comme l'Italie est la patrie des pâtes. Après cela le grand triomphe de la Suisse c'est l'horlogerie. Cette branche si remarquable occupe à elle seule deux cent cinquante mètres avec cent soixante exposants. On y voit tous les modèles connus de montres, pendules, horloges et même des modèles inconnus. Je suis restée en extase devant une montre de vingt-cinq mille francs.

Je viens de consulter une petite personne qui ne me quitte guère, mais cependant se montre à ses heures capricieuse à l'égal d'une jolie femme. Elle est brillante, pimpante, élégante, comme une beauté à la mode. Elle ne marche qu'avec des rubis, des joyaux, s'il vous plaît comme une raffinée du jour. Elle fait entendre incessamment son petit babil et trahit parfois des mouvements d'une regrettable indépendance. Il lui arrive même de bouder.

Quoique très maîtresse d'elle-même comme vous le voyez, elle porte une chaîne comme un prisonnier ou un esclave.

Je dis que c'est une petite personne très libre

dans ses mouvements, car sortant presque toujours avec moi il arrive qu'elle marche encore lorsque je m'arrête ou qu'elle s'arrête lorsque je marche. Cette organisation délicate, fantasque, difficile à discipliner qui subit les influences de la gelée et de la chaleur, comme une sensitive lady, vous l'avez déjà deviné, n'est-ce pas ? C'est Mademoiselle ma montre.

Voilà comment Leo Lespès parlait jadis si spirituellement de la sienne. Alors les montres coûtaient cher, parce qu'elles étaient bonnes et on les soignait en conséquence, aujourd'hui qu'elles sont pour rien on n'y fait plus attention, et cependant cette gentille personne est ni plus ni moins qu'une merveille.

Je l'ai bien compris après les renseignements curieux qui m'ont été donnés sur le degré de perfection atteint par ces mécanismes minuscules aussi remarquables que ceux de n'importe quelle machine. Quelques chiffres sont nécessaires.

Le ressort moteur entraîne le barillet ; son mouvement est transmis par trois roues à l'échappement dont la roue frappe l'ancre ou le cylindre du balancier, à raison d'une moyenne de huit mille coups par heure (avec des différences de trois mille à quatre mille suivant les systèmes); en chemin, un autre engrenage ralentit dans le rapport de douze à un le mouvement qui est transmis à l'aiguille des heures. Tous les mouvements de la montre sont discontinus, et s'exécutent par petits sauts égaux dont le nombre dépasse deux cent millions par an pour certaines montres.

Les personnes soucieuses de conserver leur montre la font nettoyer tous les deux ans, c'est-à-dire après trois cent à quatre cent millions de chocs. Au bout d'une vingtaine d'années, une montre bien faite et qui n'a pas été détruite prématurément, doit subir le changement de quelques pignons ; mais c'est après plusieurs milliards de de ces petits sauts dont nous parlons, et après que la roue d'échappement a exécuté des dizaines de millions de tours.

Si l'on ajoute à cela des complications telles que chronographe, quantièmes, répétitions à minutes, on reste émerveillé de leur possibilité. Quant au chemin décrit à l'extérieur par le balancier, il est si inattendu qu'on ne peut admettre le résultat qu'après avoir refait le calcul. Le balancier d'une montre dix-neuf lignes mesure, en moyenne, dix-sept millimètres de diamètre sur les vis de réglage ; il fait par seconde cinq oscillations d'un tour et demi, soit trois cent quatre-vingt-quinze millimètres de chemin parcouru par seconde, trente-quatre kilomètres par jour, douze mille cinq cents kilomètres par an en nombres ronds ; or, les montres à quantième perpétuel, portent une roue qui exécute un tour en quatre ans ; pendant ce temps, le balancier aurait fait le tour du monde.

Désormais, je ne toucherai plus à ma montre qu'avec un certain respect et mille précautions.

Dimanche, 13 Octobre 1889

" L'Ode triomphale " d'Augusta Holmès. — " Excelsior "

L'Ode triomphale d'Augusta Holmès, qui déifie la République, a eu lieu à deux heures de l'après-midi, ce qui a permis de faire l'économie de l'éclairage, soit huit mille francs ; c'est bien quelque chose.

On a beaucoup parlé de cette fête des fêtes, exécutée aux frais de l'Etat et de la Ville de Paris, qui dépensent trois cent mille francs pour cette représentation, et l'on dira encore que la République n'est pas prodigue ! Elle a sans doute pensé que pour consacrer sa gloire elle ne dépenserait jamais trop d'argent. L'ensemble est des plus grandiose !

La scène a soixante mètres de long sur trente de large. Au fond de la scène s'étale une peinture panoramique représentant des villes et des campagnes, montagnes, forêts, rivières, cela représente la France. Au centre de la scène se dresse un autel très élevé et de forme ancienne ombragé d'un voile d'or. Au pied de l'autel brûlent quatre trépieds remplis de parfums ; devant l'autel un large escalier orné de trophées d'armes, de drapeaux et de fleurs ; au-dessous, une vaste plateforme sur laquelle défile le cortège en costume symbolique.

Les Arts précédés par le Génie.

Les Sciences précédées par la Raison.

Les corps de Métiers précédés par le Travail et l'Industrie. Les vignerons suivent le Vin que représente un pavois couvert de pampres verts et de grappes vermeilles. Les moissonneurs suivent la Récolte représentée par des gerbes de blé enguirlandées de fleurs des champs. Ils chantent :

> Forts et renovés,
> Mangez et buvez,
> Fils du rire et de la vaillance,
> Le pain et le vin,
> Sans quoi tout est vain
> La chaire et le sang de la France.

Quand ils ont fini, ils vont se ranger en haut de la vaste scène, où iront successivement s'étager les autres chœurs. Les soldats suivent la Guerre que représente un amoncellement de boucliers entourés de palmiers, de lauriers, et de colonnes chargées de trophées.

Les marins suivent la Mer, que représente des monceaux de coraux et de plantes marines. Ils chantent la France. Les soldats disent :

> Nous voulons mourir en l'aimant
> Car c'est vivre immortellement
> Que de mourir pour la Patrie.

A quoi les marins répondent :

> A toi la conquête féconde,
> A toi l'or et la perle ronde,
> Qu'importe les morts
> Si par nos efforts
> La France obtient les richesses du Monde !

Puis viennent les jeunes gens précédés par l'Amour, et les jeunes filles par la Jeunesse. Les jeunes filles offrent des fleurs et les jeunes gens des palmes de myrte. Leurs chants sont poétiques et harmonieux. Les enfants terminent le défilé. Ils apparaissent sur un char traîné par des bêtes féroces. Ils chantent aussi des vers symboliques et parfois très beaux.

Cette première partie de l'œuvre de Mme Holmès est d'une grande puissance et d'une haute inspiration.

A ce moment la scène s'obscursit, l'orchestre fait entendre des roulements sinistres. Il entame une marche funèbre. Soudain surgit une femme voilée de noir, chargée de chaînes, aux longs cheveux blonds épars. Elle se dirige vers l'autel les bras tendus.. L'Amour et la Jeunesse se sont séparés pour la laisser passer. Cette figure douloureuse, c'est la France blessée qui a perdu ses provinces.

Le peuple va la secourir en appelant la République à son aide.

C'est une sorte de litanie avec le répons

> Apparais, déesse, apparais.

Alors des plis du drapeau déployé sur l'autel surgit « la terrible, clémente, triomphante et fière République » qui se présente ainsi :

O peuple me voici, du haut de l'Empyrée
Où je règle à jamais tes destins glorieux,
Je viens à ton appel, et de flammes entourée
J'apparais à tes yeux.
Venez à moi vous qui souffrez pour la Justice
Pauvres, déshérités, martyrs suivez ma loi,
Il faut que le clairon terrible retentisse !
La Justice, c'est moi !

On est empoigné... Quelle belle république ce serait. Malheureusement... celle que nous avons, hélas, ne lui ressemble guère...

Cette représentation comprend douze cents acteurs. M. Colonne, de son bâton de maëstro, dirigeait trois cents instrumentistes et neuf cents choristes ; tout a marché à ravir, l'ensemble a été magnifique, mais trop païen, digne des temps mythologiques. C'est ainsi que se faisaient autrefois les fêtes de l'Être suprême, chères à Robespierre et les grotesques cérémonies présidées par la déesse Raison. La Troisième République voudrait-elle, comme sa grand'mère, substituer le culte païen au culte chrétien ?

Croyances pour croyances, j'aime mieux les anciennes. Autel pour autel, je préfère celui devant lequel priaient nos aïeux, avant d'aller mourir pour la Patrie, pour Dieu et le Roi.

Après dîner, nous sommes allées à l'Eden-Théâtre, voir *Excelsior*, une féerie d'un autre genre.

En un jour, c'est beaucoup, mais nous avions des billets. *Excelsior* est un ballet monstre en six parties et douze tableaux. Six cents personnes en costume *ad hoc* dansent, défilent, s'agitent sur la scène aux sons d'un orchestre bien nourri, de cent musiciens. Tout cela brille, ruisselle, étincelle, et se retrace bien mieux sous les yeux que sous la plume.

Lundi, 14 Octobre 1889.

Les Bouquinistes

Nous avons flâné aujourd'hui, admiré les beaux étalages et bouquiné du Pont-Royal au Pont St-Michel. C'est là le marché des volumes en plein vent. Les marchands étalent sur les parapets les boîtes où sont jetés pêle-mêle les vieux livres, et cela m'a beaucoup amusée de fureter dans toutes ces boîtes. Ces modestes étalages sont une tentation permanente pour bien des gens.

On jette un coup d'œil en passant sur cette bibliothèque au grand air.

Un titre plaît, on prend le livre, on le feuillette, on en lit des passages, cela n'engage à rien, s'il convient on l'achète, s'il ne convient pas on le remet à sa place et l'on poursuit son chemin. La clientèle est très variée : savants, prêtres, étudiants, petites ouvrières, artistes, stationnent devant ces étalages que le propriétaire laisse complaisamment prendre en main, regarder et lire, dans l'espérance d'une vente à *bref délai*.

Autrefois, plus d'un collectionneur trouva là des occasions merveilleuses, mais ces heureuses trouvailles sont rares maintenant. Les bouquinistes ne se laissent plus attraper, ils connaissent généralement aujourd'hui la valeur de leur marchandise. Sans doute, ils achètent des lots de livres à l'hôtel des ventes, mais tous les livres de prix ont été préalablement enlevés par les libraires et les collectionneurs, et cette *chasse* au livre rare si pleine d'imprévus, de surprises agréables autrefois, n'existe plus, cependant le bouquiniste ne vend pas moins, puisque tout le monde achète des livres. On ne trouve plus la qualité, mais on trouve la quantité. Jadis, le roi des bouquinistes était M. Achaintre, un savant, un grand latiniste tombé dans la misère, et qui plus d'une fois donna son avis à des littérateurs sur un passage de Virgile ou un vers d'Horace. Sans doute il y a des collectionneurs raisonnables, respectueux du bien d'autrui, mais il y en a d'envieux, avides de posséder seuls le trésor convoité, et pour lesquels tous les moyens sont bons, même les plus mauvais.

On connaît l'histoire de ce bibliophile, riche de science, mais pauvre d'argent, tous les jours à l'étalage il reluquait un livre rarissime de grand prix ; d'abord il l'avait regardé, puis il l'avait feuilleté, enfin il s'était mis à en lire des passages, et chaque fois la tentation plus forte faisait son œuvre, et une idée diabolique hantait son cerveau.

Le marchand, qui ne se doutait de rien, le laissait faire, rêvant au contraire une vente avantageuse et prochaine. Un jour en effet le savant se décide. Vous demandez cent francs de cet ouvrage, dit-il ?

C'est le minimum que je puisse le vendre, répond le marchand.

Vous assurez qu'il est complet ?

Je l'assure, et je ne diminuerai pas un liard sur ce prix.

Le savant se mit pour la centième fois peut-être à feuilleter le livre.

Soudain il s'arrête, son regard brille d'une joie immense : Marchand, s'écrie-t-il, vous me trompiez, il manque deux pages, voyez vous-même, de la page 113 on passe à la page 116.

Le marchand reste atterré, son livre a perdu la moitié de sa valeur, et cependant il était sûr, oh ! mais bien sûr qu'il était complet. Bref, après une heure de marchandage, le savant triomphe et obtient pour quarante francs l'ouvrage si longtemps désiré. Huit jours après, le savant réunissait ses amis, pour leur montrer le rarissime ouvrage très complet qu'il venait d'acheter, le feuillet manquant avait été habilement recollé à sa place.

C'était l'astucieux bibliophile lui-même qui l'avait subtilisé un jour que le marchand entouré d'acheteurs lui tournait le dos.

Les âmes élastiques se rassurent en se disant : « après tout, les choses d'art n'ont qu'une valeur de convention ».

Les âmes honnêtes appellent cet acte indélicat, voler, et ils sont dans le vrai. Je connais une dame qui a fini par se monter une jolie bibliothèque avec les volumes qu'on lui a prêtés ; de même qu'il y a différentes catégories d'emprunteurs, il y a aussi différentes catégories de prêteurs. Il y a ceux qui ne tiennent guère aux livres qu'ils ont et les prêtent volontiers ; ceux qui oublient à qui ils les ont prêtés, ceux enfin qui n'osent pas les réclamer. Ces gens-là sont tout ce qu'il y a de plus commode à dévaliser. Aux personnes d'ordre qui réclamaient leur bien, la digne dame répondait : « Patientez un peu, je n'ai pas fini la lecture intéressante de vos ouvrages, ou, ils sont si jolis que je les ai prêtés moi-même, mais soyez sans inquiétude, on ne tardera pas à me les rendre. Et le temps passait, et si plus tard le propriétaire hasardait une nouvelle réclamation, la dame prenait un air des plus surpris et s'écriait : « Vous faites erreur, je vous les ai rendus dans le temps, vous les aurez prêtés à d'autres ». Mon Dieu, elle était peut-être de bonne foi, et à force d'emprunter des livres et de les mêler aux siens, elle finissait par ne plus s'y reconnaître... Concluons qu'il est plus facile de retenir les livres que ce qu'il y a dedans. C'est ce que disait déjà Helvétius, il y a cent ans. Je compte visiter les catacombes, je suis en instance pour cela.

Mardi, 15 Octobre 1889.

**Musée de Minéralogie et Géologie. —
Musée du Louvre —
Dîner en famille avec une nouvelle arrivée.**

Temps froid, avec soleil et ciel bleu ; d'ailleurs on peut aller par n'importe quel temps à l'Exposition, ses palais, ses galeries, ses arcades et ses vélums sont là pour vous protéger.

Nous avons visité ce matin un musée où ma cousine et moi nous nous sommes trouvées seules ! Cela m'a paru tout à fait drôle, puisque partout il y a foule compacte. Provinciaux des villes et même des campagnes continuent de donner avec un entrain qui stupéfie les Parisiens. Cela prouve qu'il n'y a pas qu'eux à savoir se débrouiller.

Oui, nous avons visité à Paris, en temps d'Exposition, d'immenses salles ouvertes au public... où il n'y avait personne !

Nous étions boulevard Saint-Michel, à l'Ecole des Mines, qui contient le Musée de minéralogie et de géologie.

Des peintures murales représentent les lieux minéralogiques les plus remarquables. Au premier étage sont les collections minéralogiques et géologiques groupées pour la France par départements. Nous ne sommes point montées au second étage qui contient une collection paléontologique de grande valeur et dont tous les spécimens sont étiquetés. Ce sanctuaire d'une science qui n'est pas à la portée de tout le monde ne peut intéresser que des savants.

Nous avons donc vu au premier des pierres de toutes sortes, mais nous ne nous sommes arrêtées que devant les pierres précieuses et nous avons également admiré les œuvres de la nature et celles du travail humain. Les diamants fabriqués ont la pureté et la dureté des diamants naturels, malheureusement, ils sont très petits, on est pas encore arrivé à produire de gros diamants, les autres pierres précieuses, saphirs, rubis, émeraudes, sont aussi des poussières comparées à la grosseur des pierres naturelles. les émeraudes surtout qu'on trouve aux Monts Ourals en blocs énormes.

J'ai été éblouie par toutes les merveilleuses peintures et sculptures que renferme le Musée du Louvre. Mais il faudrait y passer des semaines, le catalogue en main pour le voir et l'admirer à son aise. Je n'ai donc fait que passer de galerie en galerie, de travée en travée, de salle en salle : salle ronde, salle carrée, salle des Sept Mètres, etc., etc.

C'est une incomparable réunion de chefs-d'œuvre dans un cadre digne du tableau. En effet, le Louvre, par ses magnifiques proportions, la beauté de son style antique s'unissant à celui de la Renaissance l'extrême élégance de sa décoration, est considéré comme le plus beau Palais de l'Europe, et ses collections artistiques en sont les plus riches et les plus précieuses.

Mais les musées restent, l'Exposition passe, donc il faut consacrer son temps à cette dernière.

Ce soir après dîner, Mathilde, la jeune parente de ma cousine nous a raconté ses déconvenues depuis trois jours. Ses lamentations nous ont fort diverties, ô noirceur du cœur humain. Voici sa navrante odyssée :

Je n'ai pas de chance, nous a-t-elle dit.

En 1867, j'étais toute jeune fille, un de mes oncles, vieux célibataire, m'offre un voyage à Paris, je n'avais garde de refuser. J'étais joyeuse comme un oiseau le matin du départ, nous arrivons dans les meilleures dispositions et nous voilà, du matin au soir, visitant tous les deux Paris et surtout l'Exposition. Malheureusement, nous n'avions nullement les mêmes goûts. Mon oncle s'attardait devant tous les produits gastronomiques, les vins vénérables, les eaux-de-vie de la Comète, les foies-gras de Strasbourg ; les armes et les machines l'intéressaient aussi beaucoup. Moi, je n'aurais voulu m'arrêter que devant les beaux meubles, les bijoux, les dentelles et les soieries. Celles de Lyon étaient éblouissantes. Il y avait entr'autre une robe de soie blanche sur la traîne de laquelle s'épanouissait, tissée dans l'étoffe, la queue d'un paon faisant la roue. Cette robe destinée à une souveraine, me fascinait ; mais mon oncle n'entendait pas qu'on s'arrêtât à ces babioles.

Nous passions rapidement, ne stationnant que devant les vitrines favorites de mon oncle. Je déplorais, tout bas, ma jeunesse et ma dépendance. Etre libre quand on a quinze ans, quel rêve !

Les années ont passé... je suis mariée et je viens à Paris avec mon mari et mes deux enfants : Yvan, sept ans, Anne, cinq ans, pour voir cette incomparable merveille, dont les oreilles me tintent depuis tantôt six mois. J'espère cette fois la voir à ma guise ; mais la femme propose et le mari et les enfants disposent.

Nous arrivons le soir fort tard à l'hôtel, très fatigués d'un long voyage et nous nous couchons vers dix heures ayant vraiment besoin de repos.

Avant minuit nous sommes réveillés par ce cri sinistre : au feu ! au feu ! Yvan, les yeux hagards, s'est déjà jeté hors de son lit. Des lueurs blafardes passent devant notre fenêtre, les cris d'angoisse redoublent, ils sortent de la chambre contiguë à la nôtre. A peine vêtus, ma fille dans mes bras, mon fils tenant la main de son père, nous descendons l'escalier affolés et nous faisons irruption dans la salle-à-manger de l'hôtel, où plusieurs voyageurs se trouvaient déjà. Les pompiers avaient été prévenus. Voici ce qui était arrivé. Une vieille demoiselle, notre voisine de chambre, avait l'habitude de se faire enfermer et sa domestique qui logeait aux mansardes emportait la clé. Cette demoiselle en frisant ses papillotes, avait mis le feu aux rideaux et l'on juge de son angoisse, ne pouvant sortir. Voilà ce qui avait rendu ses cris si déchirants et effrayé toute la maison. Les pompiers en quelques jets d'eau, eurent bientôt éteint l'incendie et chacun, vers deux heures du matin, put regagner ses appartements ; mais comment dormir après de telles émotions ?

Nous nous levons tard et sortons aussitôt le déjeuner pour faire quelques commissions ; place Saint-Michel nous nous trouvons au milieu d'un encombrement de voitures, Yvan tirait à droite, Anne tirait à gauche, et peu s'en est fallu que nous ne fussions tous les quatre écrasés. J'étais toute frissonnante de peur et mon mari très pâle. Ma chère amie, me dit-il, nous ne sommes pas ici dans nos rues tranquilles de province, il est impossible de se tirer d'affaire avec des enfants de cet âge-là, prenons une voiture. Nous leur avons promis depuis longtemps une visite au Jardin d'Acclimatation, voilà le moment venu. Oui, oui, me suis-je écriée, sauvons-nous à la campagne. Mon mari a souri, comment, à peine arrivée à Paris le but de tous tes désirs, tu songerais à le quitter !

Les enfants ont vite oublié le danger, ravis de rouler en voiture, en attendant la promenade en palanquin sur le dos d'un éléphant.

Le fiacre est à peine arrêté devant l'entrée du Bois de Boulogne que les deux bambins sont à terre, je me précipite pour les suivre et mon mari aussi. Cinq minutes après nous nous apercevons que leurs manteaux et nos deux parapluies sont restés dans le fiacre qui était reparti de suite, et comme en naïfs provinciaux que nous sommes, nous n'avions pas songé à prendre le numéro, nos manteaux et parapluies ne se retrouveront jamais. Nous ne sommes pas les seuls à oublier ces objets, la statistique assure qu'il est perdu environ cinq mille parapluies chaque année à Paris. Nous avons donc bien des compagnons d'infortune, mais ce n'est pas une consolation.

Cette fois, nous rentrons satisfaits de notre promenade, et nous promettant bien de passer le lendemain, qui était hier, une délicieuse journée à l'Exposition. De bonne heure, nous nous y rendons tous les quatre avec les deux sœurs de ma mère qui, vous le savez, habitent Paris depuis longtemps.

Je m'intéresse à beaucoup de choses que mon mari ne regarde même pas.

J'avoue que je suis un peu ébouriffée de tout ce que je vois, on le serait à moins, nous marchons, trottons, circulons et finalement mon mari qui s'arrêtait d'un côté, moi et mes tantes d'un autre, nous finissons par nous perdre, et nous voilà nous cherchant mutuellement et perdant une grande heure à cet agréable exercice. Yvan adore son père, et le voilà tout en larmes. Papa est perdu! Papa est perdu!

— Mais non, mon chéri, calme-toi, nous allons le retrouver.

Anne très fatiguée commençait déjà à faire la grimace ; son chagrin éclate à son tour, mais il ne s'agit que d'elle.

— Maman, je suis lassée...

— Ma petite fille, nous cherchons ton papa, tout à l'heure tu vas te reposer.

— C'est maintenant que je veux me délasser ; je veux m'asseoir.

Et nous prenons des chaises, qu'entre parenthèse on nous fait payer deux fois. On ne peut pas discuter pour quelques centimes.

Au bout d'un quart d'heure, Anne en avait assez et Yvan pleurait toujours. Anne n'était plus lassée, elle avait faim.

— Je voudrais un gâteau.

— Mais, ma petite, il n'y en a pas ici, nous irons en chercher plus tard.

— Je veux un gâteau, j'ai faim...

Nous nous dirigeons vers une pâtisserie. — Allons, Yvan, ne pleure plus, veux-tu un bonbon ?

— C'est pas un gâteau que je veux, c'est papa.

Les enfants mangent des brioches, et j'espère avoir enfin la paix.

Mais généralement quand on a eu faim, on a également soif, et quand on a mangé, il faut boire, et nous voilà à la recherche d'un bock, mais c'est bien une autre affaire, Anne ne veut ni bière ni vin, elle veut de l'eau et c'est justement ce que les limonadiers n'aiment pas à vendre.

Yvan refuse énergiquement de boire. Je ne veux pas boire, je veux papa.

Anne a donc bu et mangé consciencieusement, elle éprouve un troisième besoin sur lequel je n'appuie pas, et nous voilà courant jusqu'au diable vert pour trouver le dit pavillon..., et Yvan pleurait toujours. Tout cela avait pris beaucoup de temps, et nous étions véritablement tous très fatigués.

J'ajouterai même que mes bonnes tantes qui n'ont jamais eu d'enfants étaient positivement atterrées. Nous retrouvons mon mari maussade et de mauvaise humeur, me reprochant de l'avoir perdu, et moi à mon tour me révoltant d'être restée seule à subir la corvée des enfants.

Nous prenons le petit decauville qui nous conduit au pied de la célèbre tour. Je n'aurais pas mieux demandé que de me promener, de voir, d'admirer mais j'avais mes deux terribles boulets, non aux pieds, mais aux mains et cela paralysait mon enthousiasme.

Nous dînons à l'Exposition pour prendre les premiers nos places aux fontaines lumineuses. Anne bâillait et Yvan avait fini par dormir sur les genoux de son père. Nous sommes rentrés vers onze heures, harassés. C'était à se demander si nous avions fait vingt-cinq lieues à pied.

Nous nous couchons, mais mon fils très fatigué est pris de fièvre, et nous avons passé la nuit dans l'inquiétude mon mari et moi. De grand matin nous avons fait venir un médecin qui nous a complètement rassurés. Ce n'est que de la fatigue et de l'émotion. C'est pourquoi vous me voyez seule aujourd'hui.

Je viens vous embrasser en courant, dit-elle à ma cousine, et vais relever mon mari qui, assurément. en venant à l'Exposition, ne s'attendait pas à remplir le rôle de garde-malade.

Espérons que notre voyage s'achèvera mieux qu'il n'a commencé.

C'est la grâce que je te souhaite, a murmuré ma cousine en l'embrassant.

MORALITÉ

Laissons la tendre fleur qui pousse,
La rose à l'abri du buisson,
Les oiseaux dans leurs nids de mousse,
Et les enfants à la maison.

Mercredi, 16 Octobre 1889.

Le Jardin d'Acclimatation

Le Jardin d'Acclimatation, établi dans le Bois de Boulogne, est un parc délicieux de vingt hectares.

L'arrivée est charmante sous bois, dans des voitures découvertes courant sur rails à travers les allées. On se croirait assis sur un banc de jardin qui soudain se met en marche entraîné par un cheval endiablé !

Oui, le Jardin d'Acclimatation m'est apparu comme une miniature du Paradis terrestre. Tout le monde doit l'envisager ainsi. Paradis des grands, soit que ceux-ci s'égarent dans les parties ombreuses et solitaires, soit qu'ils aillent rêver des tropiques dans la grande serre centrale ou regarder les caravanes exotiques.

Toutes les races humaines ont campé sous le ciel du Bois de Boulogne : Nubiens, Esquimaux, Fuégiens, Galibis, Cynghalais, Araucaniens, Kalmoucks, Peaux-Rouges, Achantis, Hottentots, Circassiens, Lapons norwégiens et *tutti quanti*.

Paradis des petits, qui s'en vont chevaucher sur les dromadaires, se faire traîner en voiture par une autruche ou les petits zébus (bœufs trotteurs) monter dans le palanquin de l'éléphant, assister au repas des phoques. Du reste, il n'y a pas que les enfants à monter en palanquin. Le samedi, jour où on se marie le plus à Paris, on y voit les épousées d'un certain monde dans leurs blanches toilettes. Cette promenade est, paraît-il, la distraction favorite inscrite au programme des noces ouvrières.

Les serres avec ruisselets tranquilles et grottes mystérieuses sont des palais de fleurs, où toutes les plantes frileuses de la création se donnent rendez-vous : il en est de même des animaux remarquables. Ils ont ici leurs représentants : tapirs, sangliers, zèbres domestiques, rennes, chamois, isards, antilopes, daims, cerfs. sans oublier le cerf nain de la Chine, qui pèse environ douze livres. Comme antithèse, je citerai Juliette (Roméo est mort en 1886), l'éléphant offert par le feu roi Victor-Emmanuel. Juliette et Roméo avaient succédé à Castor et Pollux, vendus vingt-sept mille francs à la boucherie parisienne pendant le siège ; du reste ils ne furent pas les seuls animaux du Jardin d'Acclimatation que les Parisiens dévorèrent. On mangea alors des côtelettes d'antilopes, des biftecks d'ours, des rôtis d'éléphants, des filets d'hippopotames.

A la suite de tous ces désastres, la ville de Paris dut dépenser cent quatre-vingt mille francs pour remplacer les victimes et repeupler le Jardin d'Acclimation. Ces beaux animaux doivent être heureux, ils ont tout à souhait, sauf la liberté, et pour ceux qui l'aiment, c'est peut-être manquer de tout.

Les singes ont un palais revêtu à l'extérieur comme à l'intérieur de plaques de faïences pour empêcher les murs de s'imprégner de mauvaises odeurs, les ouistitis sont charmants ainsi que les écureuils gris, ces jolis écureuils qui fournissent la fourrure dite petit-gris ou vair.

Il y a des moutons et des chèvres de tous les pays : de Russie, d'Egypte, de Chine, d'Afrique ; la petite chèvre naine de ce dernier pays est un vrai joujou vivant, moins grande que la plupart de celles qu'on achète chez les marchands de jouets.

Je me suis arrêtée longtemps devant le palais des kanguroos : peu gracieux, mais très drôles ces animaux, avec leur grande poche sous le ventre pour élever leurs petits. Ils ont les membres postérieurs très développés, et en s'aidant de leur queue qui leur sert tour à tour de point d'appui dans le repos, de tremplin au départ, de balancier pour la course, ils franchissent d'un seul bond des distances énormes. Les espèces de kanguroos sont très nombreuses, et presque toutes représentées ici.

Très intéressant encore les lamas qui sont les chameaux du Nouveau-Monde et fournissent ces riches toisons dont on fait de si beaux tissus et même de la dentelle maintenant. La vacherie possède les meilleures laitières et pas mal de petites vaches bretonnes. J'en ai été toute fière. La laiterie est auprès, et pour les Parisiens c'est une régalade de pouvoir boire une tasse de lait tout chaud, tout écumeux, il y a des jours où il s'en débite mille tasses.

Les variétés infinies de la race canine se retrouvent en offrant aux regards charmés des amateurs les types les plus purs. Voilà des sujets qui ont toutes les qualités requises pour satisfaire les plus difficiles, le rude chasseur ou la petite maîtresse.

On peut en dire autant des chevaux dont la collection est des plus complètes, depuis le percheron pur-sang, le cheval de trait breton jusqu'au cheval d'Arabie.

Et les poneys ! en voilà de tous les pays : de Java, de Siam, de Cochinchine, d'Ecosse, d'Islande, de Russie, de Corse, des Landes, de Navarre, de l'Ile d'Yeu, de Pologne, de Finlande. Ils ont de jolies robes, des formes élégantes, ce sont de mignons petits chevaux, mais en général ils n'ont pas l'air commode.

J'ai admiré en face des écuries le *sequoïa gigantea*, le sapin géant de la Californie, qui ne croît naturellement que sur un seul point, dans la vallée de Calaveras, donné il y a vingt ans par Monsieur Leroy d'Angers.

Il est autrement beau que celui que je possède à la campagne, mais cela n'est pas étonnant, le mien a été la victime d'une aventure extraordinaire, il commence une seconde vie... Donc cet arbre, déjà fort beau pour ses quinze ans, vivait tranquille et solitaire sur le bord d'une allée qu'il fallait élargir. Je regrettais bien le sacrifice, c'était devenu nécessaire : l'arrêt fatal fut prononcé. Le sequoia est arraché, scié au bas du tronc, et les racines qui formaient un gros bloc, jetées sur un tas de bois à brûler. Ceci se passait au printemps. Tout l'été la pauvre souche resta exposée au grand soleil. Plusieurs fois, je dis à mon cordon bleu : « Mais brûlez donc cette souche, c'est une bûche toute faite pour cheminée de cuisine ».

Au fond cela m'agaçait de voir en l'air les racines de mon pauvre séquoia, de mon unique. Et chaque fois la cuisinière me répondait : « Il n'est pas sec.

— Par exemple !

— Il lui pousse sans cesse de petites branches vertes tout autour, que Madame vienne voir ».

Je fus voir et la souche du pauvre arbre mutilé se montrait toujours verdoyante. J'en eus pitié. La racine fut remise en terre et les petites branches se mirent à pousser vigoureusement. La première année, nos voisins, des agriculteurs entendus, me disaient : « C'est impossible que cet arbre reprenne vie... C'est un peu de sève restée dans la souche qui fait son dernier jet ». Je le craignais, mais non, depuis trois ans mon cher sequoia continue de les démentir. On dirait même qu'il veut rattraper le temps perdu et dépasser ses congénères qui poussent d'un mètre par an et qui atteignent jusqu'à cent dix mètres, deux fois la hauteur des tours Notre-Dame. (1)

---

1) Voilà neuf ans que j'écrivais ces lignes, mon sequoia est re-

Mais revenons au Jardin d'Acclimatation.

Les gallinacées sont un monde où se retrouvent les espèces les plus rares comme les plus communes. Impossible de les énumérer, je dirais cependant que les petites nègres blanches soie, les padoues dorées et les campines proprettes, plus que les grosses espèces qui leur sont comme rendement très supérieures, m'ont séduite. Les faisans sont aussi légion. Ah ! les beaux et séduisants plumages, que de reflets, que de bigarrures, d'étincellements, dans ces couleurs plus chatoyantes et plus variées que celles du prisme. Quant aux pigeons, il faut venir ici pour en voir la plus complète collection qui ait été jamais réunie. Le colombier est merveilleusement installé. C'est une élégante construction en briques et fer formant une tour de trente mètres de hauteur sur six mètres de diamètre, divisée en quatre étages ; quatre cents couples de pigeons peuvent nicher là. Tout le service se fait à l'aide d'un ascenseur, ce qui simplifie les choses. Les combles de la toiture, en forme de champignon, abrite la nuit les pigeons en liberté. Parfois le vol d'une troupe nombreuse tournoyant autour du colombier produit un sifflement sonore, ce bruit étrange provient de gros sifflets en courge ou bambou attachés sur les plumes de la queue et qui sont d'un usage général en Chine pour effrayer les

---

devenu arbre. Je livre aux savantes méditations des arboriculteurs ce cas de puissante végétation absolument exceptionnelle.

oiseaux de proie. Nous avons salué au passage les pigeons-voyageurs dont on n'a pas oublié les hauts faits pendant le siège de Paris. Il en est qui franchirent à plusieurs reprises les lignes prussiennes porteurs de ces dépêches microscopiques photographiées sur des feuilles de collodion si légères, que les cen q uinze mille dépêches reçues pendant le siège, ne dépassèrent pas à elles toutes le poids d'un gramme, c'est du moins ce qui nous a été dit.

Voilà deux pavillons très bien habités, celui-ci par les grands-ducs qui appartenaient à Gustave Doré, celui-là par un harfang de Norwège ou chouette des neiges, cet oiseau très rare remplace celui qui fut tué méchamment en 1884 par un Anglais, lequel poursuivi devant le tribunal correctionnel fut sévèrement condamné, comme il le méritait d'ailleurs.

Très intéressant le parc des échassiers, hérons, cigognes, flamands, ibis communs et celui des grues qui viennent de tous les points du globe. Très beaux les casoars et les autruches, ravissants les ibis d'espèces rares, roses et rouges, quel magnifique plumage ; on dirait des bouquets de roses ou de flammes qui marchent. Cette beauté qui parle aux yeux explique le culte que certains peuples avaient autrefois pour l'ibis, dont ils avaient fait l'oiseau sacré. Les Égyptiens le vénéraient comme une divinité bienfaisante, son apparition coïncidait avec les inondations du Nil. Lorsque les ibis entretenus dans les temples mouraient, on ne les empaillait pas, mais on les embaumait et on les enfermait ensuite dans des nécropoles dont Hermopolis était la principale.

Excessivement curieuse, la pêche qu'on fait faire aux cormorans tous les jours et à heure fixe. Le cou de ces pêcheurs emplumés est entouré d'un anneau qui les empêche d'élargir leur gorge et de pouvoir avaler le poisson qu'ils sont allés capturer au fond de l'eau.

La pêche du cormoran était un sport fort apprécié des anciens rois de France. Pendant longtemps abandonné, on ne le pratiquait plus qu'en Chine. Aujourd'hui il reprend faveur en France et particulièrement chez les Anglais, grands amateurs de tous les genres de sports. Ces animaux peuvent arriver à un dressage parfait. Oui, ces oiseaux pêcheurs de poissons lâchés en liberté s'en vont plonger au loin puis reviennent à tire d'aile vers leur maître déposer entre ses mains le butin conquis et recevoir ensuite la récompense méritée par leurs efforts.

Nous avons pu assister au repas des phoques et des *otaries*, ou lions de mer des glaces polaires. Ces animaux connaissent très bien l'heure du repas, on les voit alors s'agiter, nager vivement, se dresser hors de l'eau, comme pour dire que l'heure de la réfection est arrivée. Les otaries, par leurs formes étranges font penser aux grands animaux antédiluviens, ils n'ont que des nageoires dont ils se servent comme les quadrupèdes de leurs membres et leur agilité contraste avec la marche lente des phoques qui se traînent sur le ventre.

Les otaries sont d'une docilité extraordinaire ; au commandement de leur gardien, ils montent en quelques bonds au sommet du rocher qui surplombe leur grand bassin et se jettent dedans la tête la première. Ils ressemblent alors à des sirènes, bondissent comme des poissons volants et décrivent les courbes les plus gracieuses au milieu de la blanche écume qu'ils font jaillir autour d'eux.

Les oiseaux de volières, parleurs et chanteurs, ramagent dans tous les tons. C'est un concert un peu bruyant, mais on leur pardonne, ils sont si jolis, depuis le perroquet vert, le cacatois huppé, jusqu'aux bengalis, jusqu'aux délicieux oiseaux-mouches. Ah ! si les ibis ont l'air de bouquets qui marchent, les colibris ressemblent à des pierres précieuses qui voltigent. Les oiseaux d'eau habitent la rivière qui traverse tout le jardin. Ah le joli lieu pour s'ébattre, se baigner et vivre dans la plus douce quiétude. Nous avons admiré les canards de toutes les espèces, des cygnes majestueux et un grand pélican qui heureusement

> Ne se perçait pas le flanc
> Pour nourrir de son sang
> Ses petits enfants
> Blancs.

L'aquarium est encore un palais, le palais d'Amphitrite, aurait dit ma grand'mère.

Cet aquarium m'a remis en mémoire la petite

aventure arrivée à un de mes voisins, le plus honnête homme de la terre, mais campagnard jusqu'aux moelles, c'est-à-dire un peu naïf, souvent étonné et pas débrouillard du tout. Paris a toujours été l'objectif des gens qui ne voyagent guère ; aller à Paris, c'est le rêve des jeunes fiancés qui projettent d'y passer le premier quartier de leur lune de miel. C'est ce que fit mon voisin après son mariage, il vint visiter la capitale plaçant au nombre de ses principales curiosités le Jardin d'Acclimatation, de création récente alors, et l'aquarium.

Il le visita dans ses plus grands détails, s'intéressa à tout, s'extasia devant les plantes et les animaux, épuisa tous les termes admiratifs du vocabulaire et quand il fut sorti glissa tout bas à l'oreille de sa jeune épousée : « Eh bien là, franchement, j'ai tout vu, sauf la chose que je tenais le plus à voir.

— Et quoi donc ?

— Mais la *croix Riome,* et mon voisin fulmina ainsi son mécontentement, la croix si admirable du dénommé *Riome.* Est-ce un savant, un explorateur, un martyr de la science, qu'est-ce qui l'a rendu célèbre, on ne nous l'a seulement pas dit ? ».

L'aquarium compte dix grands bassins d'eau de mer et quatre d'eau douce. Ces bassins ou bacs, sortes de caisse en ardoise, ont une paroi garnie d'une glace mesurant un mètre quatre-vingts sur quatre-vingts centimètres, ils reçoivent la lumière seulement par en haut, de telle sorte que le visiteur étant dans un demi-jour, voit très bien les objets placés dans l'eau derrière la glace. Ce système très simple, est partout adopté aujourd'hui.

Chacun des bacs est un petit océan où s'agitent les êtres les plus étranges : « les pieuvres promènent en tous sens leurs huit tentacules et fixent le visiteur de leur œil vitreux, les crevettes voltigent comme des papillons sur le devant des bacs et se poursuivent en bondissant sur le sable, formant des ballets fantastiques, auxquels leurs corps transparents donnent une apparence spectrale. Les Bernard l'Ermite sont des Diogènes sybarites vivant dans un tonneau parfaitement approprié à leur taille, c'est-à-dire dans une coquille dont ils ont remplacé le légitime propriétaire. L'anémone parasite se fixe sur la coquille habitée par le Bernard l'Ermite, comme le vieillard de la mer sur les épaules de Simbad, dans les contes des mille et une nuits. »

« Des hippocampes ou chevaux marins peuplent un des bassins et l'on distingue facilement les mâles à la poche abdominale où ils recueillent les œufs pondus par les femelles et abritent leurs petits comme les kanguroos. On peut voir les spinachis ou les épinoches construire leur nid d'algues et de vase, tandis que les macropodes ou les poissons arc-en-ciel de la Chine établissent à la surface d'un bac plein d'eau douce un plafond de bulles d'air au centre duquel ils déposent leurs seuls comme dans un radeau d'écume et dont ils empêchent les jeunes de s'éloigner pendant les premiers jours. Si on examine le sol sablonneux de certains compartiments, on est surpris de le voir constellé d'yeux qui regardent en tous sens ; les soles, les plies, les turbots sont là, ensevelis sous une légère couche de sable, juste assez pour cacher le corps en laissant l'œil dépasser. »

Plusieurs poissons s'apprivoisent d'une façon étonnante et connaissent leurs gardiens ; telles sont particulièrement les anguilles de mer et les trigles, qui viennent manger dans la main du gardien et le reconnaissent quand il passe.

Derrière l'aquarium existe le pavillon de la pisciculture dans lequel se trouve réunie une collection très complète des poissons d'eau douce et les appareils de pisciculture les plus perfectionnés. Les visiteurs peuvent suivre les opérations de fécondation artificielle et d'élevage qui se font sous leurs yeux.

Si on ajoute à toutes ces choses si curieuses et si intéressantes l'excellent buffet-restaurant, le cabinet de lecture avec bibliothèque et le kiosque de la musique, où se fait entendre un orchestre parfait, on conviendra que le Jardin d'Acclimatation est pour les Parisiens l'oasis délicieuse où ils peuvent venir se reposer et oublier les exigences de leur vie enfiévrée.

Nous sommes revenues perchées sur l'un de ces matadors d'omnibus qui contiennent quarante personnes. Rien de plus amusant entre six et sept heures du soir que cette promenade sur les grands boulevards noirs de monde et de voitures ; simples fiacres, coupés de maîtres, colosses d'omnibus, camions, fardiers s'enlacent et serpentent dans tous les sens, s'enchevêtrent et se désenchevêtrent avec une adresse extraordinaire.

L'impériale d'un omnibus, disait Victor Hugo, c'est un balcon ambulant, et en effet, de ce balcon on découvre mille choses nouvelles dans cette immense ville où tout est un sujet d'observation.

Jeudi, 17 Octobre 1889.

**La Messe rouge. — La Sainte - Chapelle.
Le Palais de Justice.
2ᵐᵉ Visite au Musée de Cluny. — Carmen, Sigurd.**

Nous avons pu assister à la messe solennelle de rentrée des Cours. Nous autres, provinciaux, nous disons la Messe rouge, à cause des grandes robes rouges fourrées d'hermine que portent la plupart des magistrats. C'est l'abbé de Beuvron, chanoine de Notre-Dame, qui célébrait la messe. La cérémonie est fort belle, le défilé très imposant. Le garde-meuble prête pour la circonstance de belles vieilles tapisseries pour orner les corridors et l'entrée. La Sainte-Chapelle est un peu petite ce jour là, mais quelle admirable perle de l'art gothique. Je regrette bien que ce délicieux joyaux soit dans un vilain écrin, une cour du Palais de Justice où il est trop caché. Les hommes ont besoin d'air et les monuments aussi, il leur faut l'horizon et l'espace. La Sainte-Chapelle bâtie par saint Louis en 1242, comprend une chapelle basse et une chapelle haute. On remarque dans la chapelle basse ses quarante colonnes, ses clefs de voûte en bois de chêne sculpté et la grande rose du pignon. Dans la chapelle haute on remarque les magnifiques vitraux de seize mètres d'élévation et ses statues des douze apôtres, l'autel et le baldaquin ogival en bois sculpté. La chapelle haute était autrefois réservée au roi et à la reine ; on y voit la place où se tenait Saint Louis, à gauche et en face la place de Blanche de Castille. Louis XII y avait une petite logette où sans être vu il pouvait surveiller l'officiant. En 1630, un incendie détruisit la charpente des combles. La flèche en tombant effondra la voûte de l'escalier dû à Louis XII. C'est sur cet escalier en ruine, que Boileau a transporté le théâtre de son lutrin. Pendant la Révolution, la Sainte-Chapelle fut profanée et transformée en club et en magasin. Ce n'est qu'en 1837 qu'on commença à la restaurer. Les travaux ont duré trente ans.

Nous nous sommes promenées dans la salle des pas perdus du Palais de Justice. C'est dans cette salle que les clercs de la Basoche jouaient les mystères de la Passion, des *farces*, des *moralités*, des *sotties*, c'était l'enfance du théâtre.

Nous avons visité quelques pièces seulement, descendu des escaliers magnifiques dans la partie récemment construite qu'occupe la Cour de Cassation. Ce palais est tout un monde et que de souvenirs il renferme !

Le Palais de Justice est le plus ancien monument de la Cité ; il a soutenu deux sièges contre les Normands. Robert le Pieux en fit son château. Saint Louis, son palais. Philippe le Bel l'agrandit, Louis-XII le restaura, Louis le Gros y mourut et

Philippe Auguste s'y maria. Quand le Palais de Justice cessa d'être la résidence officielle des rois de France, elle devint celle du Parlement. Quatre tours couronnent ce beau monument. La tour carrée de l'horloge, la tour sinistre des Oubliettes, la tour d'Argent où le roi renfermait ses trésors et la tour crénelée de César, élevée dit-on sur l'emplacement d'un fort construit par cet empereur.

La Cour d'honneur forme un cadre digne du tableau. Ce que j'ai visité avec le plus d'intérêt c'est la *Conciergerie*, non loin des anciennes cuisines de saint Louis qui servent de prison. Cette conciergerie est devenue tristement célèbre depuis; elle rappelle les massacres de septembre, Marie-Antoinette, sa belle-sœur Elisabeth, Madame Rolland quittèrent la Conciergerie pour monter à l'échafaud. Les girondins Danton, Robespierre, Saint-Just, Camille-Desmoulins et tant d'autres scélérats révolutionnaires passèrent de la Conciergerie à la guillotine, juste retour des choses d'ici-bas.

L'après-midi, pendant que ma cousine recevait ses visites, je suis retournée au Musée de Cluny, comme je le désirais depuis ma première station « au plus exquis des musées français ».

Oui, ce joyau d'architecture du XVme siècle est un chef-d'œuvre et peut-être le monument le plus complet de la transition de l'art ogival à l'art de la Renaissance.

Originairement construit vers 1360, il avait été

complètement réédifié, vers 1492, par Jacques d'Amboise, frère du ministre de Louis XII. Les abbés de Cluny l'habitèrent rarement, ils y donnèrent le plus souvent l'hospitalité à de hauts personnages. Marie d'Angleterre, veuve de Louis XII, l'occupa et aussi Jacques d'Ecosse, le cardinal de Lorraine, le légat du pape.

Lorsque le musée s'ouvrit au public, il comprenait deux mille objets catalogués, aujourd'hui le nombre s'augmentant d'acquisitions nouvelles et de dons généreux a plus que doublé. Sauf le musée de Naples, unique aussi dans son genre, aucun musée, fut-ce celui de Munich et la maison Plantin d'Anvers, ne peuvent lui être comparés ; il y a là des objets sans prix, aussi bien comme valeur intrinsèque que comme valeur artistique ou historique, d'une indéniable authenticité Telle l'éblouissante collection d'ivoires du IIIe au XVIIe siècle, que j'étais avide de revoir ; tels l'admirable jeu d'échecs de saint Louis, en cristal de roche, enrichi de pierreries, le lit de François Ier, dont le dôme est supporté par des guerriers en chêne sculpté, plus grands que nature ; le prie-Dieu de la reine Blanche, et le miroir de Venise, que les Médicis apportèrent à la cour de France ; l'épée damasquinée de Lahire, le vaillant capitaine. Voici plus loin la colossale armure de François Ier, et les gants énormes qu'il avait, dit-on, à Marignan, le jour même où Bayard eut l'honneur de lui donner l'accolade et de le faire chevalier. Quelle prison pour les mains que ces gants, et comment les doigts pouvaient-ils s'y mouvoir. Mais la main enfermée là devenait une arme terrible, et d'un seul coup, le guerrier ainsi ganté pouvait terrasser ou même occire net son ennemi. Cet objet pointu n'est pas une arme, ceci est une fourchette, la première qui ait paru sur une table royale, et datant de Henri III.

Et sous les vitrines, quelles merveilles de bijouterie et d'orfèvrerie, sans compter les petites vierges de plomb que Louis XI priait si dévotement, par précaution, avant de commettre un crime, ou par repentir, après l'avoir commis.

Mon Dieu ! que de choses, que de belles choses !

En sortant j'ai remarqué dans la cour deux énormes pierres datant du XIVᵉ siècle, l'une représente, gravée en creux, l'effigie de Jehan de Sarthenay, provincial de la collégiale de Cluny ; l'autre celle de Simon de Gillans, abbé de Cluny en 1394.

Puis j'ai donné un dernier regard au jardin servant de cadre au musée de Cluny et aux Thermes de Julien, oasis fleurie, ombrageant la ruine romaine et le vieil hôtel français.

J'ai donc entendu *Carmen* samedi et *Sigurd* hier. Je suis revenue ravie de *Carmen*, mais ce n'est pas à une première audition qu'on peut juger cette musique très difficile, étrange, brillante, originale, pleine de contraste, de douceur et de feu. *Carmen* est le chef-d'œuvre de Georges Bizet, la preuve, c'est que cette pièce, donnée pour la première fois au mois de mars 1875, en était arrivée à sa quatre centième représentation le mois dernier.

Sigurd a de fort beaux passages, c'est une musique savante et compliquée qui vous surprend d'abord, aussi me faudrait-il l'entendre plusieurs fois avant de me permettre de l'apprécier.

Je fais une simple réflexion : autrefois quand on venait d'entendre la *Favorite, Lucie,* la *Dame blanche,* le *Comte Ory, Guillaume Tell* et tous les chefs-d'œuvre des maîtres de cette époque, on fredonnait en quittant le théâtre, les jolis airs dont ils sont remplis, aujourd'hui il serait bien difficile en sortant de fredonner quoi que ce soit, on ne peut rien retenir.

Sigurd, pour lequel les Parisiens se pâment à présent, a dormi vingt longues années avant de voir le jour au théâtre de la Monnaie, à Bruxelles. Notre vie est un vrai tourbillon, nous sommes toujours en l'air, toujours en mouvement, sous le sceptre du Plaisir agitant ses grelots. Ah ! si cet aimable fou nous rencontrait dans les rues, il nous saluerait certainement comme étant de sa famille.

Vendredi, 18 Octobre 1889.

Je suis très contente de ma visite aux Catacombes. Après avoir vu le desssus de Paris qui est tout ce qu'il y a de plus brillant, j'ai pris intérêt à voir son dessous. Les Catacombes de Paris ne remontent point à une haute antiquité, ce sont tout simplement les carrières de pierres et de plâtre qui ont servi à bâtir en partie la capitale. Plus tard, par mesure sanitaire, l'administration ayant fait disparaître les cimetières qui entouraient les églises, on résolut de déposer tous ces ossements dans les excavations du sous-sol.

On commença par le cimetière des Innocents supprimé en 1786.

La bénédiction de cette nécropole eut lieu la même année. En 1787, les ossements des cimetières Saint-Eustache et Saint-Etienne-des-Grès y furent également transportés. Sous l'ère révolutionnaire, on y déposa les corps des individus tués pendant les troubles ; ces carrières contiennent actuellement les restes de plus de six millions de personnes. Au siècle dernier, des affaissements s'étant produits à différentes reprises, on dût en 1776 procéder à un examen minutieux de ces immenses excavations, le péril était redoutable et le travail de consolidation offrait de grandes difficultés. Un groupe d'ingénieurs s'en chargea. On créa des galeries, correspondant aux rues du dessus et portant le numéro de chaque maison. Malgré ces travaux considérables de soutènement, on est tenté de se demander comment Paris tient debout. On estime à cent trente kilomètres le développement des galeries de circulation, soit maçonnées, soit conservées dans les remblais. Les catacombes demandent une grande surveillance ; la solidité du dessus dépend beaucoup de l'entretien du dessous.

Il y a une quarantaine d'années on visitait facilement les catacombes, mais plusieurs accidents s'étant produits, l'administration en a interdit l'entrée permanente ; il faut une autorisation.

Le principal escalier par lequel on descend est situé dans le pavillon ouest de l'ancienne barrière d'Enfer et avant de franchir le seuil de sa lourde porte on aperçoit les premières marches sombres et étroites. Chaque visiteur reçoit une bougie allumée qu'il devra tenir en main pendant toute l'exploration. Le gardien compte ses visiteurs, si quelque téméraire allait s'égarer... Cette entrée dans les catacombes n'a rien de réjouissant. Il faut descendre, descendre encore jusqu'à vingt mètres dans le sol, là on s'engage dans une galerie voûtée et maçonnée des deux côtés. Cette galerie est très longue, très étroite, on n'y peut marcher deux personnes de front. Elle se dirige vers la plaine de Montsouris et mène à un caveau qui renferme tous les ossements. C'est un long chemin dans lequel on rencontre parfois un ouvrier solitaire et silencieux qui ressemblerait à une ombre qui passe, si ce n'était la lueur vacillante de la petite lanterne qui l'éclaire.

Les ossements sont rangés symétriquement dans plusieurs galeries dont ils tapissent tous les murs. Les tibias et autres gros os alternent avec des cordons de crânes. Cela rappelle avec moins de fantaisie le cimetière des capucins à Rome. Tout cet ensemble est d'un lugubre achevé, l'air humide qu'on respire vous oppresse et la vue de ces choses sinistres vous angoisse. Je n'ai point éprouvé cette impression pénible aux catacombes de Rome.

Là il semblait que l'auréole éclatante de ces saints, de ces martyrs rayonnait jusque sur leurs ossements. On sent que cette terre est bénie et qu'il s'en échappe les plus nobles souvenirs et les plus grands enseignements.

Les principales curiosités rencontrées dans cette excursion macabre sont : la Fontaine de la Samaritaine, le tombeau de Gilbert, les Cloches de Fontis.

La Seine et la Bièvre divisent les carrières de Paris en trois groupes distincts et n'ayant aucune communication entre eux. Les carrières de Chaillot occupent une étendue de quatre cent vingt-deux mille mètres carrés, celles du faubourg Saint-Marceau cinq cent quatre-vingt-dix mille mètres carrés. Sous les faubourgs Saint-Jacques et Saint-

Germain elles forment un polygone très irrégulier de trois millions quatre cent sept mille mètres carrés ou un peu plus de trois cent quarante hectares. Les catacombes m'ont suffi ; je n'ai pas demandé à visiter les égouts, presque tous de date récente ; les plus anciens remontent à 1750. Au commencement du siècle leur développement atteignait vingt-cinq kilomètres. C'est l'ingénieur Belgrand qui conçut en 1854 le réseau d'égouts collecteurs auquel Paris doit en partie ses conditions de salubrité. Sur les sept mille huit cents hectares que renferme l'enceinte de Paris, six mille huit cent soixante-dix sont desservis par ce réseau.

Paris renferme des légions de rats. Je ne parle pas des rats à deux pattes qui grignottent si gentiment les fortunes les plus solides, mais simplement des rats à quatre pattes. Ah ! j'en ai appris de belles sur leur compte !

Les égouts sont leurs demeures favorites et les halles leur quartier général d'approvisionnements.

Le rat parisien, descendant du surmulot ou rat d'Asie est souvent gros comme un chat et d'une force peu commune. Des escouades de chiens sont dressées à leur faire la chasse. Ce sont des combats homériques où vainqueurs et vaincus se déchirent à belles dents. Parfois les assaillants succombent sous le nombre toujours croissant de leurs redoutables adversaires.

Pline dans son livre VIII raconte l'histoire de

cités entières détruites par les rats ! Ce triste sort serait-il réservé à notre capitale. La nature n'a point attaché aux rats leur microbe destructeur. Ils pullulent... et bien des gens assurent sans rire qu'ils dévoreront Paris, c'est effrayant, mais comme ce sont les pessimistes seuls qui le disent, il est toujours permis de croire le contraire.

J'aime autant cela.

Samedi, 19 Octobre 1889.

A l'Exposition. — L'Europe : Norwège. — Suède. Danemarck. — Finlande — Italie.

La Norwège.

Le bois sous toutes ses formes est la grande attraction de son exposition. On suit toutes les transformations de l'arbre, depuis le tronc brut qui sort de la forêt jusqu'à la sculpture délicate, la dentelle légère qui orne les meubles les plus charmants, l'art de travailler le bois est poussé si loin qu'on voit ici des maisons complètes, des chalets considérables, entièrement en bois, si bien combinés, si bien agencés, que chaque pièce numérotée se monte et se démonte à volonté. On vous expédie la plus coquette maison du monde par morceaux que vous n'avez plus qu'à déballer et à remettre en place. Le pavillon dans lequel nous sommes est arrivé ainsi.

Voici d'ailleurs deux modèles remarquables de ce genre de construction, l'un en bois verni, luisant et sculpté, d'une grande élégance, l'autre plus rustique en bois naturel avec escalier extérieur.

La Norwège se distingue ensuite par sa pelleterie et sa clouterie qui est un art chez elle. On voit des soleils, des arabesques fleuries, des lettres, des tableaux même, entièrement composés de clous de différentes grandeurs.

Au centre, un beau groupe en bronze représente un maréchal en train de ferrer un cheval.

La section maritime est aussi très importante, elle offre des types particuliers de bateaux marchands et de baleinières avec leurs agrès.

Les Norwégiens ont toujours préféré la mer aux champs. Ce sont des pêcheurs hors ligne. Pendant de longues années la pêche à la baleine fut une de leurs principales sources de richesse, leur marine marchande vient au troisième rang après celle de la France et de l'Allemagne, l'Angleterre exceptée bien entendu.

En définitive, l'ensemble de leur exposition est fort intéressant et je suis bien aise de l'avoir vue en détail.

La Suède

La Suède également a son chalet en sapin verni, construit là-bas et remonté ici pièce à pièce, mais son exposition est minime, son gouvernement n'ayant accordé aucune subvention pour cela ; cependant ce chalet contient de belles fourrures entourant une colossale tête d'élan et des échantillons de coutellerie remarquables. Les aciers de Suède sont renommés dans le monde entier.

La vieille orfèvrerie suédoise est ouvragée et ornementée d'une façon très originale. Quatre ouvriers orfèvres dans leur chambre d'artisan fidèlement copiée, vieux sièges en bois, peintures naïves, travaillent devant les visiteurs qui les regardent curieusement.

Le Danemark

Le Danemark a mieux fait les choses que la Suède, il est représenté par cent cinquante exposants.

La décoration de cette section est due au pinceau de Monsieur Lornd, le premier peintre décorateur danois, il y a représenté les châteaux royaux de Danemark.

Les pièces d'orfèvrerie où l'or, le vermeil et l'argent se mélangent d'une façon spéciale, sont d'une parfaite distinction.

Les menuisiers et serruriers danois exposent des choses très artistiques, des objets en fer forgé remarquables et de ravissants meubles incrustés. Il faut aussi admirer les broderies, souvent imitées, des Gobelins, elles sont exquises. On remarque particulièrement un paneau de fleurs, d'après nature brodées par une femme du monde Madame Ida Hauten ; ce panneau est tout simplement une merveille. On est tenté de cueillir et de respirer ces fleurs là.

La ganterie tient aussi une place importante, car c'est le Danemark qui fabrique les gants de Suède.

La Finlande

Le pavillon de la Finlande est bâti d'après les principes de l'architecture scandinave, en bois verni ; fenêtres pointues et étroites, toiture très épaisse et sans ouvertures, laissant à cette construction son cachet de vérité. En effet, cette toiture ne doit-elle pas supporter la chûte des neiges pendant six mois. C'est toujours ici, comme en Norwège et en Suède, le règne du bois souverain ; l'industrie finlandaise le plie à toutes les formes et l'emploie à tous les usages, tout se fait donc en bois, depuis le papier jusqu'aux maisons.

Les pierres de ce pays sont d'un aspect tout particulier. Voilà des portiques d'un granit à reflets d'opale qui ne se voit nulle part qu'en Finlande. Toute cette contrée présente un cachet bien étrange. Tout s'y empreigne d'un charme mélancolique, d'une douceur idéale. Les peintres la caractérisent merveilleusement dans leurs tableaux, où ils vous montrent des ciels d'une poésie et d'une sérénité incomparables. J'en ai été bien frappée au Palais des Beaux-Arts.

Malgré les neiges qui chaque année semblent les séparer du monde entier, les Finlandais sont instruits. Ils s'occupent des arts avec succès et recherchent avidement toutes les nouvelles découvertes que la science, à pas de géants, fait chaque jour.

Et maintenant quittons Madame la Neige et re-

tournons chez Monsieur le Soleil, l'Italie nous ouvre ses portes.

La façade de la construction qu'elle représente est tout marbre et mosaïque ; elle produit un grand effet.

L'intérieur est pittoresquement décoré, le rouge domine et donne beaucoup de relief aux objets exposés. La verrerie et les cristaux occupent une place importante. La fabrique de perles et les mosaïques de Murano marchent en tête avec les verres de Venise et les belles céramiques de Florence. Ah ! les jolis miroirs de toutes les grandeurs encadrés de fleurs, d'oiseaux, de papillons ayant leurs formes et leurs couleurs naturelles. Ah ! les belles statuettes ! Ah ! les beaux vases de toutes les dimensions depuis dix centimètres de haut jusqu'à un mètre et plus ; girandoles, candélabres, consoles même, tout cela en porcelaines et faïences artistement peintes. Certains de ces objets sont d'une délicatesse et d'une élégance exquises, mais d'une fragilité effrayante et ce qu'il y a de moins pratique à mon avis.

Les verroteries si charmantes à regarder sont de vrais nids à poussière ; et quel ennui quand il faut nettoyer ces girandoles que le plumeau peut briser, ces consoles qu'un coup de balai peut fendre et que devant ces débris votre domestique vous réponde comme cette femme de chambre qui venait de casser un vase de prix : « Dame, c'est comme ça que ça s'use ! ».

Je n'achèterai pas davantage camées et coraux

napolitains, ils sont toujours les mêmes et voilà longtemps qu'on en est rabattu. Comme bijou, c'est tout à fait vieux jeu.

J'achèterais plus volontiers une sculpture, les belles statuettes, les jolis groupes, les charmants enfants ; comme ils sont gracieux et souriants, les formes sont peut-être un peu efféminées, les contours un peu mous, le ciseau qui les a taillés a sans doute au point de vue de l'art strict, plus de douceur que de force, mais qu'importe, ce qui me plaît me paraît toujours bien fait, et je ne suis pas la seule. Voilà un ravissant marmot qui a séduit bien des gens, je n'en veux pour preuve que le long ruban enroulé autour de son cou et qui porte le nom des cent cinquante-trois personnes qui jusqu'ici en ont demandé une reproduction.

On retrouve encore l'Italie dans les quatre maisons qui figurent à l'Histoire de l'Habitation, maison étrusque et maison pélasge qui servent de bars ; la maison pompéienne qui vend des reproductions très fidèles des objets retrouvés à Pompéi, et enfin la maison Renaissance où l'on a établi un four et où l'on fabrique des perles et des verroteries de Venise. Pour cinquante centimes, chacun peut emporter un souvenir, ou l'objet fabriqué devant lui.

Dimanche 20 Octobre 1889.

**Grand'messe à Ste-Clotilde.
La grande pantomime de Skobeleff
et le lion cavalier.**

Vilaine journée grise et humide à rester chez soi, ou à s'enfermer ailleurs ; à l'église le matin, au cirque l'après-midi, c'est ce que nous avons fait.

L'église Sainte-Clotilde est une construction toute moderne, dans le style ogival du XIV° siècle. La façade est très belle avec ses trois portails à frontons aigus et ses deux hautes tours. L'intérieur est des plus élégants : peintures, sculptures, riche maître-autel, stalles ornées de pierreries ; tout cela est dû au ciseau, au burin, à la palette d'artistes en renom.

Les pompes du catholicisme sont toujours belles et touchantes, respect des choses saintes, dignité des officiants, chants suaves de la maîtrise, harmonie puissante et religieuse des orgues, tout cela vous arrache aux réalités de l'existence, et pendant cette heure bénie, l'âme toute rayonnante d'amour et d'espérance soulève sans effroi les voiles mystérieux de l'au-delà.

La grande pantomime de Skobeleff intéresse vivement par sa couleur locale, par le caractère altier de ces personnages en grand costume et dont l'ensemble est imponast. Skobeleff, ce guerrier des temps modernes est déjà un héros légendaire.

Tous les peuples ont des penchants romanesques et ne peuvent se représenter leurs favoris qu'à travers la légende qui est le prisme enchanteur de l'histoire.

Bien des envieux disaient que Skobeleff ne devait qu'à la protection sa carrière phénoménale; en dix-sept ans il était devenu, de simple porte-enseigne, général en chef.

Non, il le devait à sa bravoure et à ses qualités guerrières, aux circonstances qui l'ont toujours servi. Sans vouloir raconter son histoire, voici un épisode qui en est une nouvelle preuve.

Skobeleff a servi longtemps sous les ordres du général Kaufmann, le gouverneur général bien connu du Turkestan. Dans l'origine, il ne jouissait ni de son affection, ni de sa protection. A une expédition contre les Boukhares, Skobeleff commandait l'avant-garde. Il avait l'ordre de garder l'expectative jusqu'à l'approche des forces principales commandées par Kaufmann lui-même. Mais en se voyant en face d'un ennemi quinze fois plus fort que lui, et son petit détachement pouvant être facilement cerné par la cavalerie ennemie, Skobeleff ne put se conformer à ses instructions et se vit obligé, après une reconnaissance faite pendant la nuit, d'attaquer les Boukhares, qu'il mit en fuite après leur avoir fait subir des pertes énormes.

Le messager envoyé au général Kaufmann rapporta l'ordre de laisser le champ de bataille intact jusqu'à l'arrivée du commandant en chef. Celui-ci ne tarda pas à paraître. Il se rendit droit au champ de bataille et contrôla le rapport de son subordonné. Il ne lui fut pas difficile de constater la véracité absolue de celui-ci. Alors, en présence des troupes, il tendit la main à Skobeleff et lui dit : « Colonel, je ne vous ai jamais aimé, je ne vous aime pas et je ne vous aimerai jamais, mais vous êtes un brave et je vous utiliserai ». Et Kaufmann tint parole.

Le lion cavalier est vraiment fort extraordinaire, et l'on se demande lequel admirer le plus : de ce lion en liberté qui galope sur un cheval ou du cheval qui se laisse monter par un lion. — Pour moi, la palme est à celui qu'on ne voit pas, c'est-à-dire au dompteur. Quelle dose de patience et d'habileté il a fallu pour arriver à un pareil résultat.

Un grand chien l'air tranquille et rassuré court à côté du cheval et gambade autour de la piste ; tous trois, le chien, le cheval et le lion semblent les meilleurs amis du monde.

Les clowns sont très amusants, les équilibristes d'une force rare ; l'un marche au plafond la tête en bas, un autre, en vélocipède, dévale à toute vitesse un escalier. On applaudit, mais le grand succès est celui du lion, le roi des animaux l'emporte aujourd'hui sur celui de la création.

Une séance de tableaux vivants termine dans un calme agréable ce spectacle parfois un peu trop émotionnant.

Lundi 21 Octobre 1889.

L'EXPOSITION

San-Marino. — Monaco. — La Serbie. — La Roumanie. — Grand-duché de Luxembourg.

San-Marino

San-Marino, avec ses soixante-deux kilomètres de superficie et ses huit mille habitants, doit son origine à un tailleur de pierre dalmate nommé Marin ; au VIe siècle, celui-ci se retira dans cet endroit désert et bâtit un petit ermitage pour prier et servir Dieu loin du monde. Sa réputation de sainteté appela bientôt, autour de lui, un grand nombre de fidèles et l'ermitage devint une ville. De tous temps l'indépendance des habitants a été respectée, sauf par César Borgia qui leur imposa un gouverneur et Alberoni qui envahit leur territoire en 1739. Il fallut céder à la force, mais leur soumission ne fut que passagère.

En 1797, Bonaparte leur offrit d'agrandir leur minuscule état ; ils refusèrent, ne demandant qu'une chose, c'est qu'on les laissât tranquilles possesseurs de ce qu'ils avaient depuis quinze cents ans. Enclavés dans l'Italie, ils ont trouvé, jusqu'ici, le moyen d'éviter toute annexion. La république aristocratique (elle tient beaucoup à cet adjectif) de San-Marino a donc voulu, elle aussi, prendre part dans le bon combat de la paix et de l'industrie. Elle s'annonce par une façade monumentale ornée de son blason : d'azur aux trois monts de sinople supportant trois tours d'argent couronnées de panaches de même; des armes superbes. on en conviendra. Une ville qui se trouve bâtie à 738 mètres d'altitude peut bien mettre quelques monts dans ses armoiries. Son passé est représenté par des armes anciennes, des mosaïques du IIIe siècle et de vieilles tapisseries ; le présent par une reproduction en relief de San-Marino et des environs — ce travail est très remarquable — et par une très belle cheminée sculptée La sculpture est l'industrie nationale de San-Marino ; il y a des familles entières où l'on manie le ciseau de père en fils depuis 1500 ans.

Parmi les produits du sol, les racines d'iris tiennent une grande place ; c'est au mont Titan qu'on cueille en abondance ces racines odorantes qui parfument le linge d'une si douce senteur.

La principauté de Monaco peut marcher de pair avec la minuscule république de San-Marino quant à la grandeur de son territoire et au nombre de ses habitants.

Monaco, cette terre bénie qui garde un reflet du paradis terrestre, Monaco, cette perle de la Côte d'azur, au dire de ses admirateurs, Monaco s'est bâti un très élégant pavillon dans le style italien avec peintures extérieures blanches et rouges qui rayonnent au soleil, cet ensemble est des plus riants ; des palmiers, des grenadiers, des orangers, des aloès, toute la flore du midi complètent l'illusion. L'intérieur offre des spécimens fort remarquables de poteries monégastes.

C'est aussi le palais des parfums, les fleurs les plus embaumées sont ici chez elles sous la forme d'essences délicates et de senteurs exquises ; les poteries monégastes sont aussi très remarquables, mais le clou, c'est l'exposition particulière du prince héréditaire de Monaco. Le Prince Albert est un savant, c'est lui qui a su fixer la route parcourue par le gulf-stream, et un explorateur des plus distingués. Sa collection comprend des plantes sous-marines qu'il est allé lui-même cueillir dans l'abîme ; des poissons extraordinaires, des crevettes d'un mètre de long par exemple, et enfin tous les engins qui ont servi à faire ses recherches au fond des mers. Les naturalistes doivent être ici dans leur élément.

La Serbie.

La construction serbe est de style serbo-byzantin le plus parfait, le marbre et les mosaïques lui donnent un aspect excessivement riche, mais ce qu'il y a de plus curieux et de tout à fait particulier, c'est que cette architecture, celle de l'ancienne Serbie ne se retrouve plus et que nous voyons ici ce qu'on ne pourrait voir dans le pays même, l'occupation turque ayant détruit jadis tous les beaux monuments de ce genre. La Serbie expose beaucoup d'étoffes, des tapis superbes et bon marché, des broderies genre turc et des objets en filigrane d'un cachet spécial.

La Serbie expose encore beaucoup de prunes sèches (elle en fait un grand commerce et les expédie jusqu'en Amérique), puis, à côté de ses prunes sèches et pour qu'elles ne s'arrêtent pas dans le gosier, des bières excellentes très appréciées dans toute la région du bas Danube.

La Roumanie, comme les autres pays en général, présente une construction gardant très fidèlement, dit-on, le type national.

On a tenu à reproduire le même caractère à l'intérieur. La façade, les portes, les pavillons latéraux, les vitrines même, sont copiés sur des motifs empruntés aux églises de la Roumanie. La plus grande de ces vitrines, celle du centre, est une reproduction du dôme de la fameuse cathédrale d'Ardgesch.

Comme dans tous les pays semi-orientaux, les broderies prennent une grande place. Ces broderies de toute beauté sont faites à la main par des ouvrières souvent mal outillées, sans modèle, n'ayant à leur disposition que des métiers fort défectueux.

Parmi ces broderies, il faut citer celles de Madame de Lucesco, qui lui ont pris sept années de travail ; il est bon d'ajouter qu'elle a tout fait, même tissé l'étoffe sur laquelle elle a brodé.

Du reste, les tapis et les étoffes sont aussi des

œuvres féminines qui défient le temps, ces étoffes-là sont d'une solidité à user plusieurs générations. Ceux qui les achètent n'en voient pas la fin, ce sont elles qui voient passer les familles.

Les costumes roumains qui sont semblables à ceux que portaient leurs ancêtres font très bon effet, c'est autrement joli pour les hommes et les femmes que la mode actuelle qui, chez nous, a étendu son monotone et égalitaire niveau sur presque toutes nos provinces. Le costume national a vécu en France et s'en est allé comme tant de bonnes choses... du bon vieux temps. Là-bas, il n'en est pas ainsi et la reine elle-même tient beaucoup à voir conserver dans ses états le costume national et si pittoresque de la Roumanie. La Roumanie expose encore des armes perfectionnées et des objets de céramique à côté d'un obélisque de sel, l'une des richesses du sol roumain. Il produit encore des bois magnifiques, et j'ai admiré une rondelle de noyer de deux mètres de diamètre.

Je termine par l'exposition de confiserie bien alléchante, j'en réponds, de Monsieur Capsa qui s'intitule élève de Boissier, c'est de la modestie, il aurait pu mettre émule. Voilà qui est très bien, cela prouve que les Roumains aiment la France.

Le chalet-restaurant roumain dans le prolongement de la rue du Caire est plein de couleur locale, c'est la vraie maison de campagne de ce pays-là, avec son pignon, sa tour et son toit saillant. On y entend des tziganes roumains, des vrais, beaucoup plus purs que les tziganes hongrois, un peu mélangés par les voyages. On est servi par des roumaines authentiques dans leurs costumes pittoresques et comme elles ne savent pas un mot de français, on voit bien qu'elles ne sont pas nées à Nanterre ou dans le faubourg de Montmartre, La cuisine est à l'avenant. On dit que la *fleica*, beefteak et les *frigarui*, filets de bœuf sont excellents ainsi que la *tzuica*, eau-de-vie de prunes et de tamaïosa, sorte de vin muscat. Il y a encore bien d'autres mets indigènes ; c'est ici l'exotisme culinaire en pleine floraison. Nous terminons notre promenade à travers l'Europe par le Grand-Duché de Luxembourg qui est fort petit, ce qui ne l'empêche pas de tenir ferme son drapeau dans la voie du progrès : chartres anciennes, parchemins authentiques, médailles précieuses racontent l'histoire de son passé.

Des plans, des cartes, beaucoup de dessins modernes nous parlent de son présent et les nombreux échantillons de ses productions industrielles nous montrent les progrès accomplis depuis cent ans par ce vaillant petit pays qui pourrait prendre pour devise : En avant !

Mardi 22 Octobre 1889.

**Entrées payantes ce jour à l'Exposition: 123.284
La Chine et le Japon. — La Perse.
Le Siam. — Le Maroc.
L'Egypte et la Rue du Caire.**

Nous avons parcouru l'Europe, visitons aujourd'hui quelques pays de l'Asie et de l'Afrique. Demain nous nous occuperons des possessions françaises. Après cela l'Amérique et l'Océanie auront leur tour.

Chine et Japon.

Sauf le thé qui étale ses nombreuses espèces dans des sacs de différentes tailles, le pavillon du Céleste-Empire n'est encombré que d'objets artistiques : broderies étincelantes, vrais chefs-d'œuvre de souplesse et de moëlleux. Pour obtenir cette souplesse étonnante, le procédé est bien simple, ces belles soies sont battues longtemps avec de lourds marteaux avant d'être envoyées à la teinture. Puis viennent les sculptures sur ivoire d'une finesse exquise, les incrustations superbes de nacre et d'ivoire sur bois dur, sandal, ébène, etc., les peintures capricieuses et fantaisistes au suprême degré. Tous ces trésors sont accompagnés d'une armée de bibelots hors ligne comme originalité et exécution. Il n'y a que les Chinois pour réussir de semblables merveilles de patience et d'art. Quant à leur exposition de porcelaines, c'est un éblouissement.

Le Japon a fait les choses plus magnifiquement que la Chine. Il a dépensé six cent cinquante mille francs à s'organiser et il a envoyé en chiffre exact cinq cent quatre-vingt-seize exposants.

Tous les matériaux de ses constructions sont venus directement du Japon, ici ce n'est donc pas une imitation même parfaite, c'est la réalité : toitures, bois, pierres, portes, panneaux, cadres, laques, tout cela a été préparé dans le pays et mis en place par des ouvriers japonais. La porte d'entrée qui date du XVIme siècle, en bois sculpté, de Klyaki, est un chef-d'œuvre. Son exposition de porcelaines, de meubles incrustés, de cloisonnés, de bronzes incomparables est un rêve. C'est pour les yeux le régal suprême que viennent savourer les friands de japonisme quintessencié. Oui, tous ces vendeurs japonais et chinois sont bien authentiques, avec leurs robes à grands ramages, leur teint jaune, leurs yeux obliques et leur longue natte de cheveux qui pend comme un cordon de sonnette. On a une envie folle de tirer dessus quand ils ne répondent pas de suite à votre appel.

La Perse.

La Perse a sa mosquée des plus élégantes où s'étalent, à côté des produits naturels du pays, des sabres effrayants, des tapis d'un moëlleux et d'un coloris remarquables, des châles d'une telle finesse que pliés ils passeraient dans le cercle d'un bracelet. Puis, à côté de ces produits modernes, des objets anciens, vieilles étoffes, vieilles faïences, vieux cuivres, aussi beaux que curieux.

Je regrette seulement que le Shah n'ait pas laissé quelques unes de ses tiares qui ont tant ébloui les Parisiens pendant son séjour. L'exposition eut été complète.

Le Siam.

Le Pavillon du Siam encombré de mille choses est construit dans le style le plus pur du pays. Le roi seul a fait tous les frais de cette exposition. Il a envoyé des palanquins, des instruments de musique profane et sacrée, des vêtements de soie couverts de broderies d'or et d'argent, des défenses d'éléphants, des fleurs conservées, des bois merveilleusement sculptés. Tout cela nous initie à des mœurs bien différentes des nôtres et à des travaux que nos artistes ignorent.

A propos de Siam, voici les noms et prénoms du souverain de ce royaume :

Pra-Bat-Samdath-Pra-Paramadis-Maha-Tschulas-Loucorn-Pra-Tschula-Tchau-Reao-Tchau-Yu-Hua !

Il paraît que, là-bas, cela se prononce sans respirer (1).

---

(1) Les plaisants qui n'ont pu en retenir un traître mot offrent 500 fr. à la personne capable de les retenir après dix minutes d'étude.

Le Maroc

Le Maroc nous présente avec son pavillon impérial une tente marocaine, un grand bazar et un café-restaurant. L'architecture marocaine ou plutôt celle des Maures d'Espagne se retrouve là moins pure cependant que dans l'Alcazar et la Merquitta de Cordoue qui restent le type de la perfection, mais c'est toujours une profusion de colonnes d'ouvertures ogivales, de nefs surbaissées et de cintres rétrécis à la base en forme de croissant.

Le pavillon impérial est rempli de belles choses qui ne sont point à vendre ; heureusement que le grand bazar est là pour satisfaire l'envie des visiteurs qui retrouvent à peu près les mêmes objets : armes damasquinées, plats de cuivre ciselés, étoffes de laine et de soie, sparterie en écorce, en paille, en jonc, en feuilles ; broderies d'or et d'argent, et enfin des maroquins bien authentiques du pays même où le maroquin a pris naissance, d'où son nom. On voit ici en exemplaires de premier choix tout ce que comporte l'industrie des pays orientaux.

Le restaurant vous sert sa cuisine et sa musique marocaines, ce n'est ni très bon à manger ni très agréable à entendre, mais on retrouve là une saveur toute particulière, celle de la couleur locale au plus haut degré.

L'Egypte et la rue du Caire

Cette pittoresque rue, comme il s'en trouvait tant autrefois dans la vieille ville égyptienne, cette rue qui apporte à Paris en plein XIXe siècle un spécimen de l'art arabe des khalifes est tout ce qu'on peut voir de plus curieux et de plus intéressant. A elle seule, elle personnifie pour moi toute l'Egypte. Ses nombreux bazars sont remplis de tous les produits orientaux les plus connus, tapis, étoffes voyantes, bibelots de toutes sortes et bijoux assez remarquables en filigrane.

On voit donc dans cette rue unique, beaucoup de boutiques, beaucoup de marchands, beaucoup de promeneurs et les plus drôles sont ceux qui circulent sur de petits ânes conduits par des guides indigènes.

Tout cet ensemble forme un spectacle qui vaut bien la peine d'être regardé.

C'est à Monsieur Delort de Gléon, premier député de la nation française au Caire que revient l'honneur de cette création saisissante au plus haut point. Son but était de donner à Paris un spécimen de l'art arabe des khalifes, si élégant et si différent de l'art brutal de l'Algérie et de la Tunisie et aussi de l'art surchargé d'ornements et de dentelles que les Maures ont importé en Espagne ; il fallait surtout être sincère et faire vrai.

C'est le problème qui a été résolu, les mûrs ont

l'aspect brut des crépissages du Caire, toutes les boiseries sont authentiques et proviennent des anciennes maisons des siècles passés. Les *Moucharabiés*, ces ingénieux grillages en bois qui s'avancent en balcon sur la rue, permettant aux femmes de voir sans être vues, ont été collectionnés dans les quartiers démolis ; les portes ont de 200 à 300 ans.

« La rue du Caire du Champ de Mars n'est donc point tout à fait une restitution exacte des rues actuelles ; il n'y a plus au Caire, ni dans aucune autre ville égyptienne, de rues qui soient aussi vierges de toute construction moderne ; la pluie, les tremblements de terre, le temps surtout ont eu raison des anciennes maisons. Quand on parcourt un vieux quartier du Caire, on trouve la plupart des façades éboulées et raccommodées tant bien que mal. Si le quartier est commerçant, elles sont rebâties à la franque, c'est-à-dire dans le plus mauvais goût.

Ici, nous avons une rue ancienne absolument complète, ayant conservé tout son caractère. La monotonie des maisons est rompue par des motifs d'architecture : deux mosquées, une école qui sert de commissariat, un minaret, trois portes. Comme je l'ai dit plus haut, ces portes sont authentiques et datent des XVe, XVIe et XVIIe siècles. Quant au Minaret, c'est une reproduction d'une parfaite exactitude, car il eut été impossible de transporter un Minaret authentique du Caire à Paris, celui-ci est le frère cadet du célèbre Minaret de Kaïd-Bey.

La maison située à côté et qui sert de café est du XVIIIᵉ siècle. Le Louis XV arabe, c'est bien moins élégant que le Henri II du minaret. L'influence turque s'est fait sentir, mais l'exactitude commandait le mélange des styles tel qu'il existe réellement.

Tous les ornements plaqués sur les murailles : les crocodiles, les sphinx, les enseignes, ont été apportés d'Egypte, de même que les faïences anciennes. Ces faïences, arrachées du cylindre d'une coupole et que l'indolence orientale n'a pas eu le courage de replacer, ont été recueillies et utilisées. C'est presque un musée de céramique égyptienne.

Comme population, on a fait venir cent soixante Arabes, pas des Arabes des Batignoles, des vrais Arabes, arrivés avec les matériaux égyptiens. Ils parlent fort peu français, mais c'est leur affaire, leur baragouin ne fait que corser la couleur locale Il faut qu'en entrant dans la rue du Caire, on soit bien au Caire et non pas dans une Egypte d'opéra-comique.

Ces habitants sont divisés en trois catégories : les ouvriers, les marchands et les âniers. Ouvriers orfèvres, tisserands, potiers, tourneurs, incrusteurs, ciseleurs, confiseurs, etc., marchands de bibelots, de soieries, de vieilles broderies… il y a même un fripier, — on a songé aux peintres, qui probablement, seront très heureux de se procurer des costumes véritables — un café avec musique arabe, des débitants de pâtisserie, de nougats et de confitures, de roatloukoum, retenez bien le mot pour avoir l'air de comprendre déjà la langue du pays.

Le seul moyen de transport qu'on connaisse au Caire, ce sont les ânes, de petits ânes blancs qui trottent comme des pur-sang M. Delort en a fait venir cent, avec leurs âniers et tout le personnel d'ouvriers qui en découle, tondeurs, maréchaux-ferrants, selliers, bourreliers, etc... Ces ânes font le bonheur des enfants, car la promenade n'occasionne aucun danger, l'ânier ne quitte jamais la bête qu'il conduit, il court à côté d'elle, réglant son pas sur le sien et guettant sans cesse le cavalier novice ; si celui ci perd l'équilibre, le conducteur est là pour le recevoir dans ses bras.

Donc, pour le visiteur, l'illusion est complète ; sur les portes, les marchands indigènes étalent leurs produits, les ouvriers travaillent, le forgeron bat le fer sur son enclume, le potier tourne avec le pied la roue qui fait mouvoir l'argile qu'il modèle sans autre outil que ses mains, le tisserand est attelé à son métier antique, qu'à aucun prix il n'a voulu changer depuis des siècles. Au fond du café, les guzlas, les tambourins et les tarboucks retentissent, du haut du minaret le muezzin appelle à la prière. Avec un peu de bonne volonté, on peut se figurer que derrière les moucharabiés, les femmes du sérail vous observent. »

Mercredi 23 Octobre 1889.

Possessions françaises

Nos colonies font honneur à la mère patrie. En première ligne l'Algérie et la Tunisie, la Cochinchine, l'Annam, le Tonkin, présentent chacune leur palais. Celui de l'Algérie avec son dôme, son minaret, ses décors de faïence franche et brillante, sa grande galerie ornée de vitraux est des plus séduisants ; à l'intérieur, trois grandes salles représentent les trois départements d'Alger, d'Oran et de Constantine. Le jardin qui entoure le palais contient les plus belles plantes d'Algérie et quantité de bazars tenus par des indigènes. Tous les ouvriers sont là à l'ouvrage, travaillant chacun selon son métier ; en voilà qui tournent, d'autres qui brodent, d'autres qui travaillent les métaux ; voilà des bibelots de toute espèce et des bijoux sans fin ; les colliers de sequins sont fort élégants.

Il y a foule dans la rue d'Alger, c'est un mouvement, un va-et-vient tout à fait réjouissant, distrayant. Les uns vont au café Maure pour prendre cet excellent café où l'on trouve tout à la fois à boire et à manger et pour voir les belles danseuses mauresques. Les autres vont à la maison Kabyle admirer les méharis pur sang, chameaux coureurs ; ces vaisseaux (ship) du désert, suivant l'expression pittoresque des Anglais. Le désert lui-même n'a pas été oublié, une grande toile peinte nous donne l'illusion de ces espaces infinis, arides et désolés : au centre, jaillit un puits bouillonnant avec une oasis qui se détache agréablement sur le sable éternellement jaune et le ciel éternellement bleu.

Le palais tunisien a copié ses façades, dôme, véranda, mosquée sur les meilleurs modèles des Palais de Tunisie et de la cité sainte de Kérouan ; tout cet ensemble est plein de caractère et de couleur. Sous notre ciel un peu terne rayonne l'orient lumineux. Voici un intérieur arabe qui semble très animé ; ce ne sont cependant que des mannequins, hommes et femmes revêtus des riches costumes du pays.

Le souk ou bazar dans ses vingt-six boutiques offre un spécimen de toutes les industries de Tunis ; ici le fabricant de *chéchias*, plus loin les brodeurs en or et argent, le bijoutier, le parfumeur, le barbier, le peintre sur poterie, le damasquineur, le menuisier, le cafetier, le confiseur, le tourneur, le tisserand, le sculpteur d'arabesques, l'écrivain ; ils sont là, travaillant sous de belles voûtes blanches, soutenues par des colonnes bariolées de rouge, couleur favorite de tout bon musulman. Ah ! le beau tapis de Kérouan et les belles soies de Tunis, les beaux burnous de Djeriet et les belles couvertures de Djerba.

La Tunisie a, comme l'Algérie, des forêts de chênes-liège, des chênes, des eucalyptus et des dattiers dont on compte deux cent cinquante variétés.

Nous voyons encore figurer ici le Sénégal, le Gabon, le Congo, l'île de la Réunion, Madagascar, Mayotte, les Comores, l'Inde française, Pondichéry, Chandernagor, Mahé, la Nouvelle-Calédonie, les îles du Pacifique, la Guyane française, le Cambodge; chaque peuple, chaque contrée a envoyé ses meilleurs produits, et l'on dit que les Français ne sont pas colonisateurs ! Allons donc ! toutes ces possessions prouvent le contraire. Nous avons un vaste empire colonial et c'est dans le palais central qu'on peut s'en rendre compte du haut des galeries surtout. — Voyage facile qu'on fait en s'accoudant aux balustrades.

Que d'admirables choses, dont l'énumération est impossible, dues à la nature d'abord, au travail patient, au génie inventif de l'homme. Je citerai cependant la pyramide des dieux soudiens, une pyramide de ces dieux Bouddha comme les gravures nous les représentent depuis des siècles et que l'Asie adore toujours, ils s'abritent sous un bouquet d'énormes bambous et cet ensemble frappe vivement par son étrangeté. Devant le palais central se trouve une jolie pièce d'eau avec son pont cintré tonkinois et ses sampans ou barques anamites, et maintenant parcourons les villages indigènes ; voici les grandes cases Onolof de St-Louis, habitations des gens qui n'ont pas le moyen d'avoir des maisons. Les cases de bois coûtent de cinq à six cents francs et finissent généralement par un incendie ; il y a des cases encore plus modestes, celles des pêcheurs de St Louis, elles ne coûtent que deux cents francs, celles-là flambent un peu plus vite, voilà tout.

Mais en voilà bien d'autres, celles des *Toucouleurs* aux murailles et au mobilier en terre sèche.

Case bambara copiée aux environs de Batrel, case du *Cayor*, maison de chef Gourbi de Souls (pasteurs), habitation rudimentaire de nomades, tente de Maure Trarza, tente d'homme de qualité, enfin tente des captifs en vieille cotonnade bleue où vivent les esclaves des Maures

Examinons le *Bambal Soulouron*, haut fourneau primitif des forgerons du Fouta-Djallon, pays riche en minerais. Le Sak ou grenier à miel et le poste du gardien du Lougan, espèce de mirador d'où le garde agite un épouvantail pour chasser les oiseaux qui viennent picoter les semailles.

Toutes ces choses qui nous révèlent des pays lointains, inconnus sont bien curieuses et très attachantes. Pendant quelques instants, on oublie les civilisations outrées de la vieille Europe pour ne voir que les primitifs auxiliaires des peuples à demi sauvages.

La tour de Saldé est un modèle remarquable des postes construits par le général Faidherbe au Sénégal.

Ce genre de forteresse est imprenable par un ennemi non muni de canon ; c'est ainsi que la tour de Médine avec son commandant et 25 hommes a soutenu quatre mois le siège de vingt mille noirs. En vis-à-vis se trouve le *Tata de Kedougou* (Soudan français), la fortification des noirs, de là aussi ils défendent et tuent les blancs ; toujours la guerre on la retrouve partout en permanence.

Donnons un coup d'œil au pavillon de Madagascar, à l'habitation malgache, et sans transition passons au restaurant anamite où Dieu merci on ne mange pas du poisson pourri, d'œufs couvés et des côtelettes de chien domestique.

Les théâtres anamites à coups de tam-tam appellent les spectateurs; j'aime autant me reposer dans les serres coloniales. Ah ! les beaux palmiers, les énormes fougères, les incomparables orchidées ! Décidément, c'est bien le pays du soleil que nous visitons. Quelle magie, quel rayonnement dans les couleurs. Je crois l'avoir déjà dit, n'est-ce pas charmant de voir sans cesse le Nord et le Midi se tenir par la main ! Les quatre points cardinaux voisinent ensemble et fraternisent dans la plus touchante intimité.

Voilà le pavillon de la Guadeloupe avec son joli modèle d'usine à sucre et à rhum.

Ceci c'est une factorerie française du Gabon absolument exacte ; cette case est celle d'un colon concessionnaire de la Guyane française, ces colons-là en général sont les forçats.

Nous nous arrêtons volontiers dans le village cochinchinois ; mais nous traversons hâtivement le village canaque, ces indigènes-là, c'est comme le bloc enfariné de la Fontaine, ils ne nous disent rien qui vaille, les avons-nous vraiment corrigés de leur anthropophagie et ont-ils bien perdu l'habitude de festoyer d'un blanc ? chassez le naturel...

Le palais de la Cochinchine est du plus pur style annamite c'est-à-dire d'architecture chinoise, le bois y joue un grand rôle. La Cochinchine possède d'immenses forêts de bois durs très résistant à l'humidité comme aux insectes ; les charpenteries et menuiseries de ce palais authentique ont été exécutées à Saïgon par 300 ouvriers annamites et chinois.

La porte d'entrée supportée par 4 colonnes finement sculptées donne accès dans une cour intérieure, ornée de vases en porcelaine et de dragons en faïence. Cette cour et le complément obligé de toute demeure anamite ; cela m'a rappelé l'atrium des maisons de Pompéï avec leur bassin comme ici.

Le palais de l'Annam et du Tonkin est construit sur une place carrée avec une cour centrale en partie occupée par un riche baldaquin abritant un magnifique Bouddah, celui d'Hanoï, une œuvre capitale de fondeurs indo-chinois.

Ce palais est très remarquable, beau bois sculpté, faïences, peintures l'embellissent à l'envie, ainsi que deux grandes terrasses décorées d'écran à jour de balustres de vases contenant des arbustes rares. Ces terrasses font partie des riches maisons tonkinoises et font grand effet.

Ici, comme dans le palais de la Cochinchine on voit des bateaux, des armes, des instruments, des laques, des incrustations de nacre, des bronzes, des soieries, des nattes, des porcelaines, des statues, le bambou dans toutes ses applications industrielles, des meubles admirables, des coffrets, des cercueils ; ce meuble essentiel dont personne ne peut se passer et que les fils en signe d'affection s'empressent d'offrir à leurs parents. Les Annamites sont d'industrieux uvriers, mais mon Dieu qu'ils sont donc laids avec leur petite taille, leur face glabre, leurs dents noircies et rongées par le bétel et leur posture accroupie, c'est leur manière de s'asseoir — pas élégante il faut en convenir.

L'exposition cambodgienne a rassemblé ses envois dans la fameuse pagode d'Angkor-Wât, le nom de pagode d'Angkor-Wât n'est pas juste en ce sens que l'étrange construction que nous avons-là sous les yeux n'est qu'une des portes d'angle de ce temple fameux extraordinaire, un des monuments les mieux conservés de ceux laissés par les Khmers ce grand peuple disparu d'où les Cambodgiens prétendent descendre.

La région d'Angkor renferme des constructions absolument merveilleuses, des ruines respectées des âges et découvertes au XVIe siècle par des missionnaires français.

Qu'étaient les Khmers ? ce peuple d'une haute culture intellectuelle, ces incomparables architectes dont quelques monuments remontent au III° ou II° siècle avant J.-C.?

Bien des civilisations et vingt races ont disparu depuis et l'esprit se suspend en point d'interrogation devant cette architecture d'une beauté inouie et d'un luxe extravagant.

Le véritable sanctuaire d'Angkor-Wât occupait une surface de près de 6000 mètres. Le fossé qui l'entourait avait 200 mètres de largeur et le rectangle qu'il englobait ne mesurait pas moins de 827 mètres de largeur, la tour centrale avait 80 mètres. Voilà quel était ce monument unique — ce que nous voyons ici n'en est donc qu'un diminutif bien amoindri ; le principal motif de sa façade est la tour partagée en nombreux étages simulant une accumulation de parasols, abritant la partie occupée par l'image de la divinité. Sur chaque face, des frontons formés d'un encadrement représentant un serpent à cent têtes, décorent les étages. Les 40 mètres de cette tour extraordinaire sont ornés de la sorte et n'ont rien de lourd ni d'inexact tout en rappelant un monument, qui, reconstitué tel qu'il était dans les temps anciens, couvrirait à lui seul le champ de Mars tout entier sans souffrir de l'écrasant voisinage de la colonne Eiffel.

Le visiteur n'a pas le temps de philosopher et de méditer sur ce passé plein de grandeur.

D'autres merveilles l'appellent encore et il marche, marche toujours comme Isaac Laquedem.

Jeudi 24 Octobre 1889

Repos et Repas

Quand je dis repos, c'est une manière de parler. Oui, repos l'après-midi dans le salon de ma cousine, mais le matin j'ai joliment trotté à faire des commissions.

Ce n'est déjà pas amusant pour soi, mais pour les autres c'est tout ce qu'il y a de plus ennuyeux !

On craint de se tromper, de ne pas bien faire la chose, on se donne une peine infinie et l'on ne contente pas toujours cette clientèle improvisée.

« Vous allez à Paris, achetez-moi donc ceci, rapportez-moi cela ». Comme vous seriez aimable si vous pouviez me rassortir cette étoffe, il m'en faut 3 mètres, je l'avais prise au Bon-Marché.

— Mais, chère amie, c'était l'hiver dernier, la pièce doit être épuisée depuis longtemps.

— Peut-être que non, informez-vous ; vous me rendrez service.

« En passant au Louvre, prenez un béret pour mon petit garçon. Ils sont pour rien ces bérets et charmants, je les ai vus dans le catalogue. »

« Madame si j'osais… je vous chargerais aussi d'une commission, d'une seule.

— Laquelle ?

— Permettez-moi de vous demander d'aller place

Louvois chez M. Feuardent, le grand numismate, et de lui remettre la note suivante, il vous confiera quelques médailles que vous aurez la complaisance de me rapporter ».

Ah ! provinciaux mes amis, faites donc vous mêmes vos commissions. Plume en main, demandez ce qu'il vous faut, la poste et les catalogues ne sont pas faits pour les chiens, comme disait Voltaire en parlant des hôpitaux. — Servez-vous en et cessez de recourir à des personnes que vous embarrassez beaucoup et auxquelles vous prenez le plus bénévolement du monde leur temps et... leur argent. Sans doute vous les rembourserez au retour, mais c'est à Paris qu'on a besoin pour soi de son porte-monnaie et qu'il n'est pas agréable de le vider pour les autres.

Après ce préambule mettons-nous en route.

Je vais au Bon-Marché chercher la fameuse étoffe, j'avais un échantillon. Le commis me regarde avec des yeux tout ronds comme si j'étais un phénomène. « Ce lainage de fantaisie est de l'an dernier, c'est passé de mode. » Ce mot, il l'avait prononcé d'un ton de suprême dédain, on aurait dit que je lui demandais une étoffe du règne de Louis-Philippe, et je reprends timidement : Si vous vouliez avoir la complaisance de chercher quelque chose s'assortissant... Bien entendu on ne trouve rien, j'avais perdu une bonne demi-heure. En sortant, je me trouve face à face avec une ancienne amie devenue parisienne, nous causons.

« Ah ! me dit-elle, vous faites des commissions pour les autres ? grand bien vous fasse. Il y a belle lurette que je n'en fais plus pour personne.

— Et pourquoi, vous que j'ai connue si empressée ?

— Pourquoi ? je vais vous conter cela, vous pouvez bien me donner quelques instants, allons-nous asseoir dans le square du Bon-Marché.

« Au commencement de mon mariage, une mienne cousine bretonne bretonnante me pria d'aller au Printemps le jour de l'Exposition lui acheter un châle en dentelle espagnole article d'exposition offert à 50 % de rabais, ce jour-là seulement. J'avais une visite à faire rue du Havre ; je m'habille en conséquence enchantée de pouvoir faire en même temps visite et commission. J'entre au Printemps, c'était une cohue épouvantable, une bousculade indescriptible. C'est un flot humain qui vous porte et qu'il faut suivre. J'y entre bravement, j'achète la dentelle, après un quart d'heure de remous je parviens à m'esquiver. Je vais faire ma visite, la dame est chez elle ; elle me complimente sur ma toilette, sur ma jolie broche. Je conviens qu'elle est aussi fort de mon goût et j'ajoute : J'ai le bracelet pareil, c'est ma parure de noce, et je tends mon bras droit pour le montrer — rien — je crois m'être trompée, je regarde mon bras gauche — rien ! plus de bracelet ! ! ! une cruelle inquiétude me traverse l'esprit. Je me lève nous inspectons le salon, le vestibule, l'escalier.

Ou j'avais perdu mon bracelet, ou on me l'avait volé. Je retourne au Printemps, je cours au bureau des réclamations. On me répond : Madame vous venez de formuler la 43ᵉ réclamation de la journée, mouchoirs de poche, en-cas, porte-monnaie. Il y a même une dame qui a perdu son soulier et une a... e son enfant...

— Et vous n'avez jamais retrouvé votre bracelet ?

— Jamais ! ce petit service où j'économisais six francs pour ma cousine m'a coûté cher ; mon bracelet, perte sèche de 800 francs, 2 courses de voiture, plus une scène de mon mari furieux, suivie d'une bouderie de plusieurs jours.

— Voilà qui n'est pas encourageant, ai-je murmuré.

— Non, aussi personne, entendez-vous bien, fut-ce le grand Turc lui-même ou le Czar de toutes les Russies, personne ne me rattrapera à faire des commissions. »

Du Bon-Marché je me suis précipitée au Louvre pour chercher le béret, là ça marchera tout seul, pensai-je.

J'ai été reçue par de jeunes factrices, dédaigneuses, mises comme des gravures de mode, ces petites plébéiennes jouant à la grande Dame et se prenant au sérieux m'ont paru cocasses.

« Nous n'avons pas ce béret, et l'on m'a renvoyée à 2 ou 3 comptoirs.

— Je suis certaine que vous avez ce béret bleu marine dans vos catalogues.

« Il fallait le dire tout de suite, nous ne nous occupons pas ici des articles de province, écrivez pour le demander.

Hein ! « écrivez pour le demander. » ce n'était donc pas la peine de me déranger pour venir le prendre.

Et puis allez donc raconter cela à la maman qui attend le béret, elle ne vous croira pas et se plaindra bien-haut que vous n'avez même pas voulu entrer au Louvre pour lui faire cette petite commission. Je vais à la Belle-Jardinière, au Pont-Neuf, à la Samaritaine, impossible de trouver un béret conforme à celui dont j'ai la description. J'ai déjà une heure et demie de voiture, il est bientôt 10 heures, je me fais conduire place Louvois et je congédie mon cocher, je prendrai l'omnibus pour revenir.

Place Louvois je monte au premier étage et je me trouve devant une porte hermétiquement close.

Je sonne, un grand flandrin de domestique vient m'ouvrir — « M. Feuardent ?

— M. Feuardent n'est pas encore arrivé.

« Ah ! il est cependant 10 heures.

— Oui, mais Monsieur ne vient généralement qu'après son déjeuner, vers 11 heures 1/2.

« Alors j'attendrai, et je fais un pas pour franchir la porte.

— Pardon, Madame, on n'entre pas.

— Comment, on ne peut pas attendre là dans ce vestibule ?

— Personne ne peut entrer ici avant l'arrivée de mon maître, cette mesure a été prise à la suite d'une tentative de vol commise justement par un individu qui, pendant une demi-heure qu'il avait attendu M. Feuardent avait eu le temps de prendre l'empreinte de plusieurs serrures. »

Fallait-il attendre ou m'en retourner ? j'hésitai un instant ; revenir me prendrait encore plus de temps.

Je n'avais plus qu'à m'asseoir sur une marche de l'escalier ou à faire les cent pas dans la rue.

Je descends, en face de moi, rue Richelieu, je vois écrit en gros caractère : Bibliothèque Nationale.

Voilà mon affaire pensai-je aussitôt, je vais pouvoir lire pendant une heure et calmer mon impatience ; plusieurs personnes entraient en ce moment je les suis et je m'engage avec elles dans un long corridor. Soudain j'entends une grosse voix qui crie : « Hé ! là-bas, avez-vous votre carte ? Je ne devine pas tout d'abord que cette demande s'adresse à moi et la grosse voix devenue plus rogue reprend : « Avez-vous votre carte, répondez-donc, Madame, c'est à vous que je parle.

— Je croyais qu'une bibliothèque nationale c'était comme un musée national et qu'on pouvait y entrer sans formalités.

— C'est ce qui vous trompe. Il faut une carte

personnelle. Que diable, on doit se conformer aux règlements.

Je cours encore. — De guerre lasse, je suis allée m'asseoir dans le joli square Louvois où j'ai contemplé tout à mon aise la belle fontaine d'un goût si pur de Visconti. Les quatre figures en bronze qui l'ornent sont de Klagmann. Elles représentent la Seine, la Loire, la Saône et la Garonne. Tout en regardant mélancoliquement l'eau tomber je pensais que ce joli square si plein de calme, de verdure et de fraîcheur occupe l'emplacement de la salle d'opéra, où fut assassiné le duc de Berry, le 13 février 1820. Tout change et se transforme, seul le souvenir et l'espérance subsistent. Le Souvenir qui est le passé et l'Espérance qui est l'avenir. — C'est donc avec le Souvenir que se pétrit l'histoire.

A onze heures et demie je sonnais de nouveau chez M. Feuardent auquel je remettais la lettre de mon digne ami. Les médailles demandées obligeaient M. Feuardent à quelques recherches, les désirait-on en or ou en argent...? encore une question à laquelle je ne pouvais répondre qu'après avoir écrit au pays. Je vis avec effroi que les choses ici ne marcheraient ni plus vite, ni plus facilement (1).

Il était midi passé quand je suis sortie. Après

---

(1) En effet j'ai dû écrire à mon estimable ami ; retourner une seconde fois chez M. Feuardent, et enfin une troisième et dernière pour prendre la livraison des dites médailles, en un mot cela m'a coûté 5 heures de temps et 3 courses de voiture.

l'angelus le mouvement des omnibus se ralenti. Entre midi et une heure les cochers dînent, c'est un moment de repos. Bref, je n'ai pu revenir que par l'omnibus d'une heure pour le déjeuner de midi.

Voilà qui est décidé je n'accepterai plus de commissions pour personne à moins de les faire comme le curé de mon village les faisait il y a 40 ans. A cette époque il fut obligé d'aller à Paris ; il ne fit pas son testament avant de partir, comme cela se pratiquait au commencement du siècle alors qu'on mettait 8 jours pour aller de Nantes à Paris, mais enfin il songea à son voyage plus d'un mois à l'avance, en parla, et ses paroissiens, mis au courant de ses projets, arrivèrent en foule pour le charger de leurs petites commissions — des commissions ridicules. — Que répondre, comment refuser à ses chères ouailles de rapporter aux unes des aiguilles perfectionnées, des flanelles *irrétrécissables* ; aux autres une lampe carcel dernier genre, un pot de la fameuse pommade du Lion qui ferait pousser des cheveux sur un caillou, une marmite *otoclave* qui cuit la soupe toute seule, etc., etc., et chacun d'ajouter : Je ne sais pas trop ce que cela coûte, je vous rembourserai au retour. — Le curé partit le porte-feuille plus bourré d'adresses que de billets de banque.

Deux personnes seulement avaient eu la délicatesse d'envelopper dans leur liste de commissions l'argent nécessaire pour les faire.

Le curé revient au bout de quelques jours ; tous les intéressés se précipitent à la cure. Le pasteur a pris un air solennel. « Mes chers paroissiens, dit-il, je n'ai pu faire vos commissions sauf deux pourtant (les figures s'allongent), et j'en suis bien marri. Il faisait très chaud ; en arrivant à l'hôtel, j'ai ouvert la fenêtre de ma chambre, devant cette fenêtre se trouvait une table, j'y ai posé, pour les classer, tous les petits papiers où vous aviez inscrit vos commissions, un coup de vent a passé soudain et toutes vos feuilles légères se sont envolées par la fenêtre, sauf, comme je vous l'ai dit, celles qui contenaient de l'argent. »

La seconde partie de la journée a été plus agréable, le jeudi est donc le jour hebdomadaire où ma cousine reçoit des visites l'après-midi et le soir ses amis à dîner.

Causeries très animées — mais vraiment ces Parisiens m'amusent : Ils sont extrêmement fiers de leur Paris, extrêmement fiers de l'habiter et les 3/4 le connaissent moins bien que les provinciaux.

L'ayant sans cesse sous la main ils pensent qu'ils auront le temps de le visiter quand ils voudront. Ils attendent les occasions qui ne viennent pas toujours, paraît-il. Les Parisiens ne sont donc pas curieux, moi qui les croyaient même badauds. J'ai connu jadis une dame qui refusa d'aller passer la Semaine Sainte à Rome, alors que les fêtes de Pâques avaient tant de solennité dans la capitale chrétienne, parce que c'était l'époque de sa grande lessive bi-annuelle, et qu'on dise après cela que les femmes sont frivoles et qu'elles ne savent pas s'occuper de leur maison. Cette dame est le modèle parfait de la femme de ménage et je la cite en exemple aux générations futures. Je connais à l'heure actuelle une autre dame qui a vécu 16 ans à Paris, deux expositions ont eu lieu pendant ce laps de temps. Et elle n'a même pas pris la peine d'y aller. — Et qu'on dise après cela que les femmes sont curieuses ! On me demande mes impressions, on me questionne aimablement : Vous avez été à Montmartre ? Oui : Vous avez visité l'hôtel de Ville ? Oui : Vous vous êtes promenée dans les catacombes ? Certainement et permettez que je vous le dise, il y a vraiment des gens qui ne sont pas dignes d'habiter Paris, puisqu'ils ne cherchent même pas à le connaître.

Ah ! mais je compte bien quelque jour visiter l'Hôtel de Ville et l'église du Sacré-Cœur, quand elle sera plus avancée, quant à visiter les catacombes, j'en serais bien fâchée.

— C'est une des curiosités de votre capitale..

— Je le sais, mais si l'on pensait souvent à ce qu'il y a sous Paris on ne vivrait plus tranquille dessus.

— C'est un sol machiné.

— Oui à croire qu'il va s'effondrer — on ne marche que sur des abîmes, écoutez cela : Il y a donc d'abord les catacombes, excavations, immenses de plus de mille hectares, puis les égouts dont les principaux sont larges comme des riviéres — les conduits d'eau propre qui alimentent les fontaines — les tuyaux du gaz, les fils du télégraphe et ceux du téléphone, les tubes pour les lettres. Maintenant on songe à creuser la voie des câbles électriques qui doivent fournir la lumière. Le gaz devient rococo et l'électricité s'apprête à user envers lui des procédés qu'il eut jadis pour l'huile.

— Vous discertez éloquemment..., et mon interlocutrice a continué d'un air sérieux et d'un ton grave :

— Je me demande ce que Paris deviendrait entre tous ces fluides, si ceux du ciel attirés par leurs semblables de la terre, essayaient de les rejoindre ! Voyez-vous des nuages pleins de foudre crevant sur la grande ville, et atteignant ses foyers d'électricités ! quelle commotion, quel cataclysme ! et j'ajouterai que les électriciens, si sûrs cependant de leurs succès, n'aiment pas qu'on les questionne là-dessus. Est-ce que cela ne vous effraie pas, moi j'ai froid jusqu'au fond des moëlles.

— Je prends les choses moins au tragique, ai-je répondu, et je dois même vous prévenir que votre beau discours n'aurait rien changé à mes projets. »

Vendredi 25 Octobre 1889.

Le Mexique, la République Argentine, le Brésil, le Nicaragua, le Guatémala. — Républiques de l'Equateur, Dominicaine, du Salvador, la Bolivie, le royaume d'Hawaï.

Le petit chemin de fer Decauville qui parcourt environ une lieue de l'Esplanade des Invalides au palais des Machines est peut-être actuellement la ligne la plus fréquentée du monde entier puisqu'il transporte toute la journée dix mille voyageurs par heure.

Je commence à me reconnaître à l'Exposition et à en comprendre l'organisation. Le ticket donne certainement le droit d'entrer, mais il faut quand même avoir souvent la main à la poche pour pouvoir circuler partout. On paie pour voir l'Exposition des aquarellistes, celle des pastellistes, celle du globe terrestre. On paie pour voir le Pavillon de la mer, le panorama du Tout-Paris, l'exposition de la Compagnie Transatlantique, etc., etc. ; enfin l'ascension complète de la fameuse tour coûte au minimum 5 francs chaque fois.

Ajoutons que lorsqu'on est fatigué les *pousse-pousse* tentateurs vous prennent encore quelques francs, les théâtres et les restaurants aussi... et les souvenirs donc ! On augmente chaque jour sa liste d'acquisitions.

Il ne faut pas oublier la famille, les amis, les serviteurs, tous ceux qui n'ont pu visiter cette grande exhibition universelle.

Je rapporte un stock de tours Eiffel sous toutes les formes.

On croirait que l'on doit trouver sous la main tous les moyens de réfection et qu'on ne doit manquer de rien, pas du tout les restaurants exotiques, les bouillons Duval, les comptoirs de dégustation, de pâtisserie, les bars, les brasseries, les cafés etc., sont assiégés il faut attendre et pour cela s'armer d'une robuste patience.

L'Exposition est vraiment une ville unique ayant des bureaux pour la poste, le télégraphe, le téléphone. Un service médical avec salle de secours pour les blessés et les indisposés ; des cabinets de toilette et autres. Des salons de lecture et correspondance, des bureaux de change pour l'argent, des bureaux de police pour les réclamations, des bureaux de tabac, et le bureau des interprètes parlant toutes les langues.

Le Mexique

Le Mexique aussi a fait grandement les choses. Il s'est construit un magnifique palais dans le style ancien du pays, avant sa découverte par les Européens ; le palais est l'un des plus beaux. Au centre de cette construction, reluit le Temple du Soleil, symbole des croyances primitives. Produits naturels et industriels se groupent autour de l'astre Roi on pourrait même dire de l'astre dieu. Si l'on me demandait ce qui m'a frappée dans l'exposition mexicaine, je répondrais sans hésiter, les chapeaux masculins — Ah ! quels monuments et comme ils doivent être lourds à porter — rien que de les voir me donne mal à la tête. Ces chapeaux très ornés, très artistement faits, coûtent fort cher. Si j'avais eu 150 francs à perdre, j'aurais acheté un de ces chapeaux là pour l'offrir au musée de ma ville natale. Dans le pays, c'est bien une autre affaire cela devient un luxe insensé. Certains Mexicains ont leurs chapeaux garnis de pierres précieuses, de diamants. C'est toute une fortune que ce couvre-chef, l'adroit filou qui parviendrait à le dérober sans être pris pourrait ensuite vivre de ses rentes. Voilà des chapeaux bien tentants mais il paraît qu'au Mexique les indigènes sont tentés par tout ce qu'ils voient. L'Evangile dit tout homme est né menteur et voleur, ce dernier qualificatif convient surtout aux Mexicains. On est obligé dans les églises d'enchaîner aux marches de l'autel la sonnette dont se sert le choriste qui répond la messe, sans cela il l'emporterait... par mégarde.

Au repas, que donnait jadis l'infortuné empereur Maximilien, l'argenterie subissait un rude assaut. Au moment où les convives se levaient de table les serviteurs rejetaient promptement les pans de la nappe sur le couvert qui se trouvait ainsi caché autrement les invités eussent glissé l'argenterie dans leurs poches... par distraction.

Honneur aux deux palais de La République Argentine et du Brésil, celui-ci avec sa tour de dix mètres, ses galeries, sa terrasse, son jardin et sa serre vous retient longtemps. La serre est ornée de merveilleuses fleurs toujours épanouies, et le jardin renferme un échantillon des arbustes et des plantes remarquables du Brésil. On y rencontre les orchidées les plus rares et les plus extraordinaires ; il y a là pour quatre cent mille francs de fleurs et de plantes valeur marchande.

Le bassin dont l'eau est chauffée à trente degrés de chaleur contient la *Victoria regia* de l'Amazone. Cette magnifique plante atteint des proportions incroyables. Elle peut facilement porter un petit enfant sur une seule de ses larges feuilles blanches auxquelles les indigènes donnent le nom de « Bancs des Uanapés », et à propos de l'Amazone une mention à son palais remarquable, aussi avec ses urnes et ses vases anciens dignes représentants de l'art primitif, des potiers de l'Amazone, c'est-à-dire de l'Ile de Marajo, une île grande comme le Portugal et qui se trouve à l'embouchure de ce fleuve gigantesque.

Le palais de la République Argentine, avec ses cinq coupoles, sa large galerie promenoir du premier étage coûte modestement un million deux cent mille francs ! C'est dire le luxe qu'on y a déployé. Il est tout en fer et fonte, et construit de manière à pouvoir être remonté à Buenos-Ayres. Un grand soleil couronne cet édifice majestueux. On l'aperçoit de très loin.

Est-ce comme république, comme civilisation, ou comme richesse que ce pays se compare au soleil ? *That is the question.* « En tout cas c'est une république qui fait les choses princièrement. »

L'intérieur du palais est orné d'un millier de cabochons de verre qui s'illuminent à la lumière électrique et lui donnent un aspect positivement féerique. Son exposition se compose principalement de produits naturels comme nous en avons déjà vu beaucoup et auxquels nous n'avons jeté qu'un coup d'œil en passant.

Nicaragua

Le Nicaragua se distingue par ses productions naturelles. Il nous présente particulièrement des collections de plantes rares et d'oiseaux superbes. Ah ! ces oiseaux des tropiques, de quel merveilleux plumage ils sont vêtus ; que de grâce dans leur délicate structure, quel éclat dans leur étincelant coloris, c'est à se demander si ce sont des oiseaux ou des papillons. Leur plumage a le châtoiement des pierres précieuses et quelle variété depuis le colibri, un saphir volant jusqu'au quetzal dont le plumage dépasse en beauté celui de l'oiseau de paradis.

Charmant, le pavillon du Guatémala ; le rez-de-chaussée renferme une collection très complète d'oiseaux et d'insectes du pays. Cette collection appartient à un Français. Au 1er étage, une grande peinture panoramique représente des animaux qu'on ne serait pas rassuré de rencontrer, — serpents, tigres, chacals, tapirs sont plus agréables à voir en image qu'en réalité.

Le pavillon de la république de l'Equateur ne se rencontrerait pas partout aujourd'hui. C'est la reproduction aussi fidèle que possible de l'un des temples que les Incas consacraient au Soleil. Le mobilier d'une grande richesse, cristal et or, se détache sur des tentures pourpre d'un grand effet.

Dans son exposition figurent principalement « les industries extractives » telles que celle du café, du sucre, du coton, des plantes médicinales : quinquina, cochenille, ivoire végétal ou noix de Corozo, cristal de roche ; puis enfin des tissus de laine, de fil et de coton, des broderies et des dentelles.

La petite république Dominicaine brille aussi par ses produits naturels, ses bois des îles et ses minerais, son café, son cacao, son sucre, son tabac et sa cire, puis elle présente quelques produits fabriqués, tels que savons, rhums, alcools. Même genre d'exposition dans le pavillon du Salvador, une heureuse république dont les finances sont si prospères qu'elle n'a pas de dettes. Ce pavillon est original. Son style où se mélange agréablement l'architecture arabe et espagnole doit donner une idée assez exacte des belles constructions du pays.

La Bolivie

Le pavillon de la Bolivie est fort joli avec ses quatre tours et son architecture bizarre. C'est un bon spécimen des constructions modernes de Bolivie. Il est rempli des principales productions du pays, parmi lesquelles figurent au 1ᵉʳ rang les minerais d'argent et de cuivre qui s'extraient paraît-il de mines inépuisables.

L'Exposition du royaume d'Hawaï ou des îles Sandwich occupe aussi un coquet pavillon, rempli des produits naturels du pays, café, sucre, tabac, riz. Les Hawaïens font d'assez jolis meubles mosaïques ; des nattes et ce qui leur est tout à fait propre, des manteaux de plumes d'oiseaux, plumes de coq principalement ; avec ces plumes multicolores et brillantes on forme des dessins superbes. Mais mon Dieu, a-t-il fallu en tuer de ces pauvres gallinacés pour faire de leurs plumes des vêtements entiers.

Le Chili, le Paraguay, l'Uruguay, le Vénézuella ont aussi leurs palais. Ah ! si l'on voulait tout voir, tout approfondir, les six mois que dure l'exposition ne suffiraient pas et la voilà qui touche à sa fin ; bientôt je vais lui dire adieu.

Samedi, 26 Octobre 1889.

Je me suis délassée toute la journée en savourant mes souvenirs, en rangeant mes bibelots et en commençant l'emballage de toutes ces jolies choses. Ma caisse ne suffit plus, j'aurai de l'excédent. Depuis six semaines que je marche comme le juif-errant, voilà franchement un repos bien gagné. Je ne suis plus la diligente mère Jeanne, debout la première pour veiller à la maison. Il y a longtemps que mon réveil-matin habituel, que le roi de ma basse-cour a lancé aux échos sa fanfare guerrière, lorsque je me lève à présent. Mon Dieu oui, je fais la grasse matinée comme une petite maîtresse ; d'ailleurs, on se couche si tard ici, que minuit est encore plus animé à Paris que midi chez nous.

Après dîner, nous sommes allées au Musée Grévin ; un musée d'un nouveau genre rempli de personnages... en cire ; c'est la ressemblance étonnante, la reproduction parfaite du modèle, dit-on. Nous avons vu la reine d'Angleterre fort laide, l'empereur d'Allemagne et son jeune fils, Bismark, nos gouvernants actuels, très ressemblants, Carnot que chacun reconnaît, tous ces personnages fort bien groupés, les uns debout semblant marcher, les autres assis semblant causer. Quelques personnes, bien vivantes celles-là, s'amusent à garder une immobilité complète, si bien qu'à la fin on ne sait plus quels sont les gens vrais ou faux. Tout en allant demander un renseignement à quelque joli mannequin, on écrase le pied d'une élégante personne que l'on prenait pour une statue.

Puis on descend un sombre escalier qui conduit à des sous-sols faiblement éclairés ; là on a la vision de scènes lugubres entrevues dans une demi obscurité. Tout cela prend alors un air de vérité qui saisit vivement. Nous assistons aux touchants adieux de Louis XVI à sa famille, à l'arrestation douloureuse de Marie-Antoinette, la voilà dans sa chambre à la Conciergerie. Donnons aussi un coup d'œil à Lafayette, à Bailly, à Rouget de l'Isle, avant ou après la *Marseillaise*, peu importe.

Si ce n'était les employés de l'établissement qui crient de temps à autre : « Méfiez-vous des voleurs, il y a des pick-pockets ici, » et qui vous rappellent que ce spectacle n'est qu'une fiction on serait joliment impressionné.

Voici la série des célèbres criminels, expressions mauvaises, visages ignobles pour la plupart. Cette triste exhibition se termine par l'exécution d'un condamné à mort. Voilà les bois de justice, le bourreau, le condamné couché sur la fatale machine. Dame ! j'ai fermé les yeux ; ce n'était qu'une image, mais j'en avais assez.

On est bien aise de remonter à la lumière et d'entendre la musique des dames hongroises. Le soir entre onze heures et minuit nous sommes revenues sur l'un de ces grands omnibus qui atteignent la hauteur des entre-sols.

Tout en roulant à la lueur du gaz et des étoiles mon esprit philosophait un peu en pensant au philosophe Pascal qui le premier eut l'idée d'installer des voitures au service du public avec itinéraire tracé d'avance. Son ami le marquis de Roanne s'empara de son idée et obtint en 1672 le droit de faire circuler les dits véhicules qui furent d'abord de vieux carosses défraîchis vendus par leurs propriétaires. On payait 5 sols la place. Mais ce ne fut qu'en 1819 que parut le premier omnibus.

J'ai trouvé ce petit voyage assez pittoresque, mais je n'aimerais pas à le recommencer souvent il y a toujours un peu de cohue pour monter et descendre et les accidents sont si vite arrivés.

Si, du fond de la Bretagne, ma famille, plongée dans le sommeil, m'avait vue perchée, ainsi passer en rêve, je crois qu'elle se serait mise à se frotter les yeux et que ce rêve l'aurait tout-à-fait réveillée.

Dimanche, 27 Octobre 1889.

Grand'messe à la Madeleine. — L'après-midi promenade aux jardins des Tuileries, et du palais Royal.

L'Eglise de la Madeleine fut commencée sous Louis XIV. C'est Mademoiselle de Montpensier qui en posa la première pierre.

Sous Napoléon Ier, elle n'était point encore achevée et ce grand conquérant rêva d'en faire un temple à sa gloire et à celle des armées françaises. Des tables d'or devaient former les pages des annales de l'Empire... Mais les conquérants passent vite parfois et la Restauration fit mieux en rendant ce bel édifice à sa première destination : Au culte de Dieu.

Le perron a 28 marches et le péristyle 52 colonnes avec 34 statues dans des niches carrées.

Les portes de bronze ont de superbes bas-reliefs. Le fronton, œuvre de Lemaire, représente le Jugement dernier.

La Madeleine a le style d'un temple grec, c'est fort beau, mais quand il s'agit des églises, je préfère bien le style gothique avec ses fenêtres ogivales, dont les vitraux de couleurs répandent de si douces et mystérieuses clartés.

L'intérieur est somptueux, on y officie comme

dans toutes les grandes églises de Paris avec beaucoup de solennité.

Le jardin des Tuileries évoque bien des souvenirs plus tristes que gais. Où est-il ce beau palais commencé sous Catherine de Médicis et qui depuis Louis XV fut la résidence habituelle de nos rois. Ils se plurent à l'embellir, Napoléon III particulièrement. Le peuple devait en avoir raison et le détruire un jour, du reste, dans tous les temps d'émeutes et de révolutions, c'est toujours le palais des Tuileries que le peuple attaque d'abord : en 1792, il s'en empare et massacre les Suisses fidèles, même scène en 1830, et en 1848, il en est le maître ; en 1871 le peuple a progressé il ne se contente plus du pillage et du vol, la torche incendiaire de la Commune passe partout et le réduit en cendres.

Quelle honte ! quelle tache incrustée au front de Paris, que ces ruines… aussi s'est-on empressé de les faire disparaître et de remplacer les beautés de l'art par celles de la nature.

On a donc créé un nouveau jardin qui cache sous ses arbustes et ses fleurs l'emplacement même du palais des Tuileries.

Sous Louis XIV, le jardin primitif renfermait une vaste volière, un étang, une ménagerie, une orangerie.

En 1665, Le Nôtre dessina un nouveau plan avec les deux belles terrasses que l'on admire encore aujourd'hui : la terrasse du Bord de l'eau donnant sur la Seine et la terrasse des Feuillants dont le monastère avoisinait les Tuileries.

Sur l'emplacement même du manège des Tuileries on éleva en 1790 une salle où l'Assemblée constituante termina sa session où l'Assemblée législative tint la sienne et où la Convention délibéra jusqu'en 1793. Le Conseil des Cinq Cents y siégea aussi jusqu'en 1798 — Rien ne manque aujourd'hui à la décoration de ce vaste jardin de 30 hectares, grands arbres ombreux, massifs d'arbustes, parterres de fleurs, bassins d'eau vive, terrasses de l'Orangerie et du Jeu de Paume, pelouses verdoyantes. Ajoutons que toutes ces délicieuses choses de la nature sont encore embellies par de nombreuses statues et des groupes de marbre et de bronze dûs à nos meilleurs maîtres français.

Nous avons promené au jardin des Tuileries avec une dame, amie de ma cousine qui nous a raconté un fait bien touchant arrivé dernièrement devant elle à la gare de l'Est.

Deux femmes et une petite fille guettaient anxieusement l'arrivée du train de Strasbourg. La grand'mère attendait son mari qui venait aussi lui voir l'Exposition.

« Grand-mère, disait l'enfant, va-t-il bientôt arriver.

— Oui, chérie, prends patience, répondait l'aïeule.

Soudain le sifflement aigu de la locomotive se fait entendre, une porte s'ouvre, le flot des voyageurs s'écoule par cette grande baie un instant trop étroite.

— Le voilà, le voilà ! crie la petite fille.

Un petit vieux, sec, cassé, simplement mais proprement vêtu apparaît. D'une main, il s'appuie sur un parapluie et de l'autre, il brandit un bouquet de fleurs et avant d'avoir embrassé sa femme, sa fille et sa petite-fille, il leur a tendu le bouquet.

Cela vient de là-bas...., dit-il simplement. La petite fille sourit, mais en contemplant ces fleurs qui avaient poussé sur la terre arrachée à la France, l'aïeule et la mère fondirent en larmes : Ce souvenir si vibrant encore après dix-neuf années prouve au plus haut degré la force et la durée des sentiments inspirés par l'amour de la patrie. Le jardin du Palais Royal est fort attrayant avec ses grands arbres, son bassin, ses parterres, ses statues. Ce beau jardin ne fut pas toujours ce lieu tranquille où les promeneurs viennent entendre de la musique. Sa longue existence a connu des périodes agitées. Beaucoup plus vaste d'abord qu'il ne l'est aujourd'hui, il s'y tenait une foire permanente.

Sous la révolution il devint le club en plein vent où péroraient les exaltés. Au centre se trouvait alors un cirque, amusement de ceux qui ne faisaient pas de politique. Le feu détruisit ce cirque en 1798.

Ma cousine m'a fait remarquer dans l'un des parterres le canon que le soleil fait partir à midi précis.

Ces superbes jardins, au centre même de Paris sont fort appréciés de ses habitants, aussi y a-t-il toujours beaucoup de promeneurs. C'est le lieu favori des bonnes d'enfants.... et des militaires.

Après cette charmante flânerie, au milieu de la verdure et des fleurs, il m'est arrivé une petite aventure qui aurait pu mal finir ; elle s'est terminée d'une manière aussi heureuse qu'inattendue.

Vers 5 heures, je devais me rendre seule, ma cousine préférant rentrer, à une matinée musicale donnée par un grand professeur de piano.

En sortant ma cousine m'avait dit : Aujourd'hui dimanche tu ne feras aucune acquisition, ne prends pas ta bourse, c'est toujours plus sûr, j'ai la mienne pour payer l'omnibus. A 5 heures moins un quart nous entrions au bureau de l'omnibus que nous venions d'apercevoir dans le lointain. Hélas, il était bondé, un monsieur d'un certain âge et un jeune Saint-Cyrien venaient d'y monter ; il ne restait plus qu'une place à prendre. Vite, dépêche-toi, me crie ma cousine, ça m'est égal d'attendre, mais toi, tu arriverais trop tard. Je me précipite et je me trouve assise au fond de la voiture, le monsieur à ma droite et le jeune homme en face de moi. Au moment où l'omnibus s'ébranlait, je me souviens, pensée terrible, que je n'ai pas d'argent. Un ah ! involontaire s'échappe presque de mes lèvres, je me sens rougir jusqu'à la racine des cheveux. Quel ennui, quelle humiliation ! L'employé a ouvert sa saccoche et reçoit les places, il s'avance... c'est le quart d'heure ou plutôt la minute de Rabelais. Que dire ! Que faire ! on va me laisser là, c'est certain. Depuis quelques semaines les compagnies sont devenues intraitables sous ce rapport, ayant depuis le commencement de l'exposition perdu plus de 20.000 fr. de places non payées. Aujourd'hui pas d'argent... pas de place et il faut obéir à cet impérieux commandement : descendez. Que vais-je devenir dans ces quartiers qui me sont complètement inconnus ? j'en frissonne. L'employé est arrivé devant le vieux monsieur : « Vos places !

— Nous vous les avons payées en montant, rappelez-vous. C'est mon fils qui vous a donné l'argent.

— Oui, oui, c'est vrai ! » et l'employé tourne sur ses talons et va sur l'impériale faire sa collecte.

Pendant ce colloque j'avais pris un air de belle indifférence. J'écoutais impassible..., j'étais sauvée. L'employé m'avait sans doute prise pour la femme et la mère de ces messieurs.

Le lendemain je suis allée au bureau des omnibus de l'Odéon pour payer ma place. L'employé m'a répondu franchement :

Cette restitution nous causerait plus d'ennuis que cela ne vaut, ne vous en préoccupez pas ; c'est le roulement ; et j'ai déposé dans le tronc d'une église le montant de ma place. J'ajouterai même que je l'ai triplé pour remercier la Providence de m'avoir tirée si gentiment de ce mauvais pas.

A sept heures et demie je suis rentrée charmée

de la bonne musique que je venais d'entendre et des jolies compositions de Chaminade, parfaitement interprétées. J'ai changé de robe à la hâte, car ma cousine réunissait ses amis en mon honneur.

C'était mon dîner d'adieu. Parmi ses invités figurait une très élégante jeune femme qui habite aux Champs-Elysées, dame ! avoir une villa délirante ou un hôtel somptueux aux Champs-Elysées c'est un rêve. Beaucoup de personnes se contentent des rues adjacentes, mais cela s'appelle quand même habiter les Champs-Elysées ; et ça vous pose tout de suite.

Les Parisiens sont ébouriffés de la vie que mènent à Paris les Provinciaux, avides de tout voir et de tout connaître.

Deux choses sont absolument nécessaires pour visiter notre belle capitale, de la patience et de l'argent et même en bien des circonstances, la première l'emporte sur l'autre, l'argent ne peut remplacer la patience.

Je regrette beaucoup de n'avoir pu aller au Théâtre Français. Sans doute le grand Opéra est une belle chose, mais j'aime à comprendre ce que j'entends, et ceux qui n'y vont pas souvent en reviennent plus qu'étonnés, ils en reviennent ahuris, abasourdis. C'est une série de roulades, de vocalises, de trilles, et de ha ! à perte de vue et d'haleine, on chante indéfiniment sur deux mots par exemple : Partons, hâtons-nous, remplissent presque un chœur. Ce départ se chante pendant plus d'un quart d'heure et le public ne peut s'empêcher de se dire que pour des gens pressés, ils y mettent le temps. Bref le public est bon enfant, il écoute sans s'impatienter il y aurait de quoi cependant. Je ne pousse pas le dédain de l'Opéra au point de ce vieux provincial y allant pour la première fois. « C'était beau, n'est-ce pas, lui dit-on ? — « Beau ! ils m'ont assourdi les oreilles ; la moitié des personnages jouaient et chantaient en même temps, sans doute pour gagner plus vite leur salaire, quant à ceux qui chantaient seuls, que vous dirais-je ! j'en fais autant tous les matins quand je me gargarise. »

Parlez-moi du Théâtre Français, on y comprend tout ce qui s'y dit. Le génie si clair, si harmonieux de notre belle langue s'y développe dans toute sa magnificence. Pour ma part je trouve que la Comédie Française et l'Opéra Comique sont les deux genres qui conviennent le mieux au tempérament français. Pour s'émouvoir, s'enthousiasmer, il me semble que les seuls plaisirs des yeux et des oreilles ne suffisent pas, il faut encore y joindre ceux de l'esprit. Je regrette donc bien de n'avoir pu voir le plus ancien théâtre de France réellement fondé en 1680. Il est considéré comme le premier théâtre du monde entier. Tous les véritables chefs-d'œuvre de l'esprit français y ont été mis à la scène. On l'appelait souvent la « Maison de Molière ». Mais il était aussi la maison de Corneille et de Racine.

C'est en 1689 que, par ordre de Louis XIV, « l'Hôtel des Comédiens du roi », entretenus par Sa Majesté, prit le nom de « Comédie Française ».

N'est-ce pas après la mort de Corneille que l'on adressa ce joli distique aux Comédiens.

> « Puisque Corneille est mort, qui vous donnait du pain
> « Faut vivre de *Racine* ou bien mourir de faim. »

« Corneille était mort en 1684, et Molière en 1673, ils ont donc précédé la constitution de ce théâtre, et c'est à l'Hôtel de Bourgogne, situé alors rue Turbigo, que leurs œuvres sauf quelques-unes, (jouées à Versailles, devant la Cour seule) ont été offertes au public. Ces deux grands hommes sont pourtant considérés comme les véritables créateurs de ce théâtre, dont Napoléon Ier a dit un jour : « Le Théâtre Français est l'orgueil de la France, l'Opéra n'en est que la vanité. »

En 1770, les artistes de la Comédie-Française furent, avec la permission du roi, s'installer aux Tuileries et y restèrent jusqu'en 1782, à cette date, ils allèrent dans une nouvelle salle élevée sur l'emplacement de l'Hôtel de Condé, salle reconstruite plus tard et devenue l'Odéon. — C'est là qu'en 1784 fut joué pour la première fois le *Mariage de Figaro*, véritable prologue de la Révolution. Là aussi en 1787 débuta Talma, qui, plus tard, devait jouer à Erfurt devant le « parterre de rois » que lui avait promis l'empereur.

« Sous l'Empire, les artistes suivent l'empereur à Saint-Cloud, à Fontainebleau, à Trianon, à Compiègne, à la Malmaison. Ils le suivent en Allemagne, à Dresde, à Erfurt. Ils étaient désignés sous le nom de « Comédiens ordinaires de S. M. l'empereur et roi ».

« On a gardé souvenir de la fameuse soirée du 22 octobre 1852 à laquelle assistait le prince Louis-Napoléon, président de la République. On y joua *Cinna*. On y entendit une ode d'Arsène Houssaye : *L'empire c'est la paix* et un proverbe d'Alfred de Musset : *Il ne faut jurer de rien*. Le prince président y fut fêté avec un indescriptible enthousiasme, et quand il remonta en voiture pour retourner à Saint-Cloud, les cris de : « Vive l'empereur ! », partirent tout seuls ».

Cette nouvelle dynastie impériale qui allait se fonder si florissante, si durable semblait-il n'existe plus. En 40 ans, le père et le fils sont morts. Vraiment le monde n'a de stable que son instabilité !

Lundi 28 Octobre 1889.

A l'Exposition. — Les Etats-Unis.

Les Etats-Unis ont voté un million deux cent cinquante mille francs pour leur installation, c'est dire qu'elle est très complète et renferme quantité d'objets fort intéressants mais impossible à énumérer. Quinze cents exposants sont venus. J'ai beaucoup admiré les boutiques en bois de rose massif d'un bijoutier qui expose quantité de diamants entre autre un collier de deux millions.

J'ai encore remarqué ce qu'à New-York on appelle le vase centenaire. Ce vase en argent massif fort artistement travaillé est d'une hauteur de 1^{m}28, il pèse 60 kilos et vaut 125000 francs.

Très curieux les bois pétrifiés du territoire de l'Avizola ; il paraît qu'une forêt entière a été ainsi transformée. Ces bois aux reflets de jade sont uniques au monde.

A la section d'agriculture, j'ai remarqué le palais du maïs qui est bâti tout en maïs et dans lequel on vous offre du maïs préparé de toutes les façons.

Mais la suprême, mais l'éblouissante exposition des Américains dont ils sont fiers à juste titre est celle d'Edison.

Pendant une grande heure je me suis extasiée

devant ces inventions extraordinaires illuminées le soir par vingt mille lampes électriques incandescentes ; cela suffirait pour éclairer une grande ville. Les premiers jours de mon arrivée ici, j'avais entendu, dans je ne sais quel coin, deux phonographes qui ne m'avaient point enthousiasmée loin de là, j'avais posé comme tant d'autres mes oreilles contre les tubes pour écouter les paroles emmagasinées par la roue tournante couverte de lamelles de cuivre qui ont retenu les vibrations de la voix. La 1re fois j'avais entendu des sons très maigres, très lointains, quelque chose comme les airs que serinent les orgues de barbarie, la seconde fois, je n'avais entendu... que le silence, j'en suis bien fâchée pour moi et pour les phonographes qui ont parlé à toute la presse et dont toute la presse a parlé. C'était à me demander si je devenais sourde puisque tout le monde avant et après moi se félicitait sur ce qu'il venait d'entendre. Cette fois-ci cela a été bien différent ; chez l'inventeur qui ne se sert que de ses instruments très perfectionnés, c'est merveilleux.

Le bâtiment Edison présente un aspect fort singulier, son exposition occupe à elle seule 675 mètres carrés. Dame ! pour un inventeur qui se fait admirer dans le monde entier, ce n'est pas trop. Le buste du grand électricien apparaît à la fenêtre la plus éclairée de sa construction que domine le formidable feu à incandescence de son invention. Il faudrait avoir des connaissances très approfondies, très spéciales et qui ne sont point de la compétence féminine pour parler de cette exposition dont l'installation coûte 400.000 francs. Les Américains sont aussi forts pour la mécanique qu'ils sont faibles pour les arts.

On dit que M. Edison conserve les premiers bégaiements de sa fille Marguerite qu'il compte lui faire entendre à sa majorité. Cet emmagasinage des sons et des vibrations de la voix, cela ne tient-il pas du prodige ! Edison est le magicien des temps modernes.

Voici sur Edison et sa famille des renseignements intéressants :

Les Edison sont originaires de Hollande, où ils étaient meuniers de père en fils, lorsque le dernier émigra en Amérique vers 1730.

La longévité est exceptionnelle dans la famille. L'arrière-grand-père du célèbre inventeur est mort à cent deux ans et son grand-père à cent trois.

Son père, qui vit encore et porte allègrement ses quatre-vingt-cinq ans, est d'une vigueur peu commune. Il a six pieds deux pouces.

Quant au fils qui étonne le monde par ses découvertes et ses inventions, qui, né dans une chaumière, habite aujourd'hui un palais, disons-le bien vite, c'est à son travail seul qu'il le doit ; sa vie est un conte de fée.

Excellent époux, excellent père, excellent maître, il rend tout le monde heureux. Il mène une existence fort régulière, cependant il lui est arrivé de rester quelquefois, hanté par le génie de l'invention, 40, 50, 60 heures même de suite au travail sans boire, ni manger, ni parler à personne. En temps ordinaire, il se borne à surveiller ses ouvriers au nombre de 3000. Constamment entouré d'un état-major d'ingénieurs, Edison, avec leur aide, est arrivé à 600 découvertes et inventions. Il est du reste bien récompensé de ses travaux car il a su doubler sa gloire de 50 millions de fortune.

Tout captive, tout retient dans cette exposition unique et merveilleuse, soit qu'on monte ou qu'on descende l'échelle des âges et des êtres. Que de rayonnements partout, il est impossible de ne pas rapporter quelques étincelles de tant de lumières.

Quel triomphe que ces conquêtes pacifiques qui apportent le bien-être et la richesse aux peuples, n'est-ce pas la vraie gloire, celle qui crée et comme elle laisse loin derrière elle celle qui détruit : la gloire sanglante des champs de bataille, ce qui n'empêche que l'exposition de la guerre ne soit formidable. C'est au frontispice de cette galerie qu'on peut mettre : « Qui veut la paix, prépare la guerre. »

Espérons donc qu'avec cette préparation permanente de la guerre nous garderons toujours la paix et que dans 10 ans nous assisterons à une autre joute pacifique de l'univers. De nouveaux perfectionnements, de nouvelles découvertes viendront nous émerveiller encore. La science est insatiable. En Avant ! c'est la devise du progrès. Oui cette nouvelle exposition deviendra alors le magnifique berceau du XX° siècle.

Mardi, 29 Octobre.

Journée pieusement employée à visiter les églises, je ne dirai pas toutes, car quoique Paris compte moitié moins d'églises et de chapelles que Rome qui en possède environ trois cents, ce serait une rude tâche s'il fallait toutes les voir le même jour. J'ai visité avec grand intérêt Saint-Séverin, une des plus vieilles et des plus curieuses églises de Paris.

Comme date primitive de sa fondation, elle remonte à la fin du XI⁰ siècle, mais elle fut réédifiée au XVI⁰ et agrandie au XVII⁰. Elle possède de beaux vitraux, de belles peintures et beaucoup d'inscriptions funéraires. C'est dans cette église que furent placées les premières orgues qu'on ait entendues à Paris.

L'église Saint-Germain-des-Prés a gardé le nom de l'ancien monastère dont elle dépendait et qui se trouvait situé au milieu de vastes prairies d'où son nom. Voilà donc tout ce qui reste de cette puissante abbaye, qui, plusieurs fois saccagée par les Normands et plusieurs fois reconstruite, avait été fondée sous Childebert. Le pinceau de Flandrin a concouru à l'embellissement de l'intérieur, les fresques et les vitraux du chœur sont de lui. Non loin de l'abbaye, se trouvait le fameux Pré-aux-

Clercs, où tous les *escholiers* et *basochiens* de la vieille Lutèce allaient promener, s'ébaudir et deviser.

Saint-Germain-des-Prés et Saint-Germain l'Auxerrois sont certainement deux des plus anciennes églises de Paris, et la monographie qu'un journaliste de loisir — mais y en a-t-il ? — en pourrait faire ne serait pas sans intérêt.

Saint-Germain l'Auxerrois, fondée par Chilpéric I, rappelle bien des souvenirs brillants, n'était-ce pas la paroisse royale où les grandes dames et les seigneurs de la cour se pressaient quand le roi de France habitait le Louvre et les Tuileries.

Saint-Gervais est une vieille église du XVe siècle, elle est de style ogivale, sauf le portail remarquable dans son genre mais qui détonne avec le reste. Elle a encore quelques beaux vitraux échappés au vandalisme de la Terreur qui en brisa la majeure partie. Les stalles du chœur, en bois sculpté, proviennent de Port-Royal-des-Champs, comme les chandeliers et la croix de bronze doré du maître-autel proviennent de l'ancien abbaye de Sainte-Geneviève. En 1795 Saint-Gervais fut concédé aux *Théophilanthropes* (amis de l'homme). Cette secte née des folies révolutionnaires et qui voulait fonder une nouvelle religion en fit le temple de la Jeunesse comme elle avait fait de Saint-Laurent le temple de la Vieillesse, de Saint-Eustache le temple de l'Agriculture, et de Saint-Roch le temple du Génie.

Devant sa façade existait encore au commencement du siècle, un vieil orme sous lequel on avait rendu la Justice, d'ailleurs c'était la coutume autrefois d'avoir à côté de l'entrée principale de l'Eglise un arbre de haute futaie autour duquel les fidèles se réunissaient en attendant l'office.

Madame de Sévigné s'est mariée en cette église ; dans la chapelle de Scarron se trouvent aussi des souvenirs de Madame de Maintenon.

Saint-Eustache est une belle église demeurée plus d'un siècle en chantier. Ses souvenirs historiques ne sont pas gais. Plusieurs prêtres y furent massacrés lors de l'invasion des Pastoureaux. C'est là que se forma la confrérie des Bouchers qui sous Charles VI causa tant de frayeur dans Paris.

Saint-Roch est très riche en œuvres d'art. Cette église garda longtemps sur la façade les traces de la mitraille et des balles que Bonaparte le 13 vendémiaire, à la tête d'un bataillon de volontaires lança sur les sections insurgées qui se dirigeaient contre la Convention.

La Trinité est une superbe église toute neuve, toute jeune, elle a à peine trente ans. On pourrait l'appeler la paroisse du beau monde. Les élégantes en remplissent la nef, pieusement accoudées sur leur prie-Dieu de velours.

Le square qui la précède avec sa fontaine monumentale, ses perrons à balustre, sa façade surchargée d'ornements, style renaissance lui donnent grand air, c'est un beau monument moderne.

Notre Dame-des-Victoires est une des églises

les plus fréquentées de Paris, ce qui prouve combien la dévotion à la Mère de Dieu est répandue dans toutes les classes. Louis XIII en posa la première pierre. en 1629 et l'appela Notre-Dame-des-Victoires, en souvenir des succès remportés par les catholiques sur les hérétiques.

Cette église servit de Bourse pendant la Révolution et fut rendue au culte en 1809. Les boiseries du chœur sont remarquables et le nombre des ex-voto de tous genres est infini. La province y a une large part. Ces témoignages de reconnaissance et d'amour symbolisent bien des grâces reçues et prouvent que la Vierge Mère comme son divin Fils aime les Francs.

Notre-Dame-des-Victoires est une des églises qui possèdent encore le plus de reliques ; avant 1871, elle en avait un nombre considérable.

Malheureusement, la Commune visita l'église et enleva pour ainsi dire tous les reliquaires qui étaient en or et chargés de pierres précieuses.

On vit disparaître aussi la couronne donnée en 1853 par Pie IX à la Sainte-Vierge et qui ne valait pas moins de soixante-dix mille francs.

On a pu réunir cependant un grand nombre d'ossements qui sont renfermés dans quatre grands reliquaires et placés au chœur et à l'autel de la Vierge.

Quelques reliques sauvées avec leurs reliquaires sont placées sur l'autel de saint Augustin.

Saint Merri est l'aînée des églises de Paris ; elle

remonte au VIII° siècle. Il y existe une crypte à l'endroit où se trouvait le tombeau de saint Médéric son patron. Les magnifiques vitraux qui l'ornaient jadis ont été enlevés, mais elle est encore très ornée de superbes peintures.

Saint-Thomas d'Aquin renferme de très belles peintures, Notre-Dame de Lorette rappelle le style d'une basilique romaine. L'extérieur est donc sévère et froid, mais l'intérieur rend bien la physionomie de ce quartier mondain.

L'église Saint-Etienne du Mont est très ancienne, elle doit son nom à sa situation sur la montagne Sainte-Geneviève. Son style se ressent un peu de la lenteur de sa construction et des remaniements apportés par ses différents architectes. On en rapporte quand même un bon souvenir : l'extérieur est assez beau et l'intérieur tout à fait superbe, tableaux et vitraux sont remarquables, mais ce qui l'est peut-être davantage parce que cela se voit plus rarement, c'est le jubé ainsi que deux escaliers qui s'enroulent autour des piliers et conduisent à la plate-forme. Ses clefs de voûtes le sont également ainsi que la magnifique galerie qui unit les piliers et fait le tour de la nef et du chœur.

Saint-Etienne du Mont est contiguë à l'ancienne abbaye de Sainte-Geneviève, dont il ne nous reste qu'une tour, la *tour de Clovis*, attenant au lycée Henri IV. La chaire est un chef-d'œuvre de sculpture sur bois. Ici reposent le *Raphaël français* Le Sueur, le profond philosophe Pascal, le célèbre poète Racine, le savant écrivain Le Maistre de Sacy. L'archevêque Mgr Sibour y fut assassiné le 3 janvier 1857.

Voilà donc les églises que j'ai le plus remarquées et que j'énumère sans ordre comme elles se présentent à ma mémoire, j'en ai visité d'autres mais qui m'ont moins frappée.

En sortant de Saint-Eustache, je suis entrée aux Halles centrales, où j'ai trouvé là un nouveau spectacle ; foule compacte comme partout, mais un tout autre monde. Quel amoncellement de victuailles ! Guirlandes de bœufs entiers, étalages de poulets dodus, montagnes de beurre et d'œufs, pyramides de légumes, colonnes de fruits, réservoirs remplis de poissons vivants et frétillants, etc., etc., et dire que toutes ces provisions se renouvellent chaque jour ; quel gouffre que Paris, quels ogres que ses habitants.

Mercredi 30 Octobre 1889.

Dernière journée à l'Exposition

Avant de m'y rendre j'ai voulu revoir les deux magasins du Louvre et du Bon Marché. J'y ai entendu le cri de guerre deux sur dix, c'est-à-dire les deux yeux des inspecteurs fixés sur les dix doigts des acheteurs qui sont parfois des voleurs. Ce mot 2 sur 10 est le : « Sentinelle prenez garde à vous. » Je ne l'avais point entendu et ça m'a beaucoup étonnée. Ensuite je me suis rendue à l'Exposition.

J'ai voulu revoir une dernière fois ce spectacle unique, cet ensemble grandiose et saisissant, encore plein de vie et de mouvement aujourd'hui et qui bientôt ne sera plus qu'un souvenir.

Je tenais à passer une dernière journée à l'exposition. Les nuages remplissaient le ciel de mélancolie, c'était vraiment un ciel couleur d'adieux, et cependant elle est toujours splendide cette Exposition, elle mourra debout !

Je suis allée revoir encore une fois tout ce que je trouvais de plus beau, donner un dernier coup d'œil, un dernier sourire à ces monuments d'un jour, à ces demeures éphémères, à ces palais, à ces pavillons cosmopolites qui ont coûté tant de millions et dont la durée aura été si courte.

J'ai parcouru les boutiques, je me suis arrêtée devant les parades, les affiches de théâtre et les clowns appelant à grands coups de tam-tam et de quelques autres instruments aussi harmonieux, les spectateurs à la danse du ventre, aux pantomimes d'almées plus ou moins authentiques.

J'ai revu les Odalisques et les Bayadères aux robes éclatantes, le cou enguirlandé de sequins ayant des castagnettes d'argent aux doigts et des grelots sonores aux chevilles, des bracelets depuis le poignet jusqu'au coude prenant les yeux mi-clos, les bras étendus, les poses les plus langoureuses.

J'ai revu avec plaisir les danses typiques des gitanos et des gitanas, les pirouettes cadensées et interminables des vertigineux derviches tourneurs, le charmeur de serpent, la danse guerrière des nègres du Kordofan.

J'ai encore croisé des gens de toutes couleurs, sans parler des Européens blancs et roses, j'ai revu des visages jaunes, marrons, bruns clair, bruns foncé et noirs.

En passant devant le panorama de la Compagnie Transatlantique je ne me suis pas laissée tenter plus que les autres fois, quoi qu'on dise que l'illusion est complète. On se croirait dit-on au milieu des flots de la haute mer. J'ai visité sur nos côtes bretonnes à Brest, à Lorient et à Saint-Nazaire de trop beaux navires pour chercher à revoir leur pâle reproduction. La réalité vaut toujours mieux que son image. Par exemple j'ai traversé avec intérêt la salle consacrée à la manufacture nationale des tabacs et j'invite tous les chiqueurs, priseurs et fumeurs à se donner rendez-vous ici.

Avant 1870, dix-huit départements avaient le droit de cultiver le tabac; depuis la guerre, cette autorisation a été étendue à 22 départements qui emploient 17000 hectares à cette culture. La production du tabac est un travail qui ne se fait pas tout seul et qui oblige ceux qui s'en chargent à beaucoup de soins et de formalités, mais le bénéfice est rénumérateur, environ mille francs par hectare.

J'ai regardé un instant la fabrication des cigarettes, j'ai suivi les opérations multiples qu'elles subissent avant de passer aux lèvres des consommateurs.

Il en est des cigarettes comme de bien des choses, des épingles, des aiguilles que l'on considère comme des riens, sans penser au temps qu'elles ont pris au travail qu'elle ont exigé.

J'ai salué sans un sentiment de tristesse le palais du Trocadéro, celui-là ne sera pas détruit, il restera toujours au milieu de ses parterres ravissants où les fleurs se montrent dans un délicieux chatoiement de couleurs, il est acquis aux grandes auditions musicales. Et depuis six mois, il a vu aussi une floraison complète de congrès permanents, congrès géodésique, congrès de l'hypnotisme, du magnétisme humain appliqué à la guérison des maladies, congrès des chemins de fer, de physiologie, etc., etc.

L'exposition a merveilleusement réussi, pas d'orage politique, et bon état sanitaire malgré cette immense agglomération d'individus accourus de tous les pays. Il est venu 5 millions de provinciaux dans les hôtels, sans compter les personnes descendues chez les amis et les parents. En estimant à 100 francs en moyenne l'argent dépensé par chaque individu on arrive au chiffre énorme de 500 millions, jetés par les départements à la capitale. Il est venu également plus d'un million et demi d'étrangers à 500 francs seulement par personne, cela fait 770 millions de francs, ce qui représente comme dépenses faites à Paris pendant l'Exposition le chiffre formidable de 1 milliard 250 millions chiffres ronds.

Les Anglais et les Américains qui apprécient fort le bien-être matériel, le talent culinaire et qui ont comme nous l'avons dit le culte du dieu Boyau, ont fait grandement les choses, on estime que les Américains du Nord et du Sud ont dépensé plus de 300 millions pendant leur séjour à Paris.

Il n'y a pas à dire le grand soleil de la civilisation a rayonné tout particulièrement sur Paris cette année, ce succès, cette exposition sans rivale nous vaudra sans doute encore quelques jalousies, quelques rancunes, mais c'est égal l'orgueil national est satisfait et je suis ravie de mon voyage.

J'ai vu Paris, j'ai été éblouie de ses pompes, j'ai admiré ses œuvres, mais cela ne m'a pas *déprovincialisée*.

N'est-ce pas d'ailleurs au milieu des plus grandes foules que le sentiment de l'isolement se fait le plus sentir et qu'on éprouve le besoin de revenir à son chez soi. Je regagne mon home champêtre, vraiment fière d'être Française !

Jeudi 31 au matin. Jour du départ.

J'ai donc dit hier un dernier adieu à cette ville unique, l'Exposition où toutes les nations en grandes dames qu'elles sont, accourues avec empressement, se sont présentées dans tout l'éclat de leur beauté et de leur splendeur, entourées de tout ce qu'elles ont de meilleur et de plus admirable. J'ai dit avec regret un dernier adieu à toutes ces merveilles qui bientôt vont disparaître.

La pioche du démolisseur a déjà commencé son œuvre ; le sol va se couvrir de débris informes et cet ensemble inoubliable ne présentera plus que l'image du chaos. Tout passe, tout croule, tout fuit.

C'est la loi ici-bas, même pour les meilleures et les plus belles choses : L'histoire est là pour nous raconter le lamentable sort des plus grandes cités et des plus beaux monuments de l'antiquité. Le temps en a fait des ruines.

Ma cousine voulait me garder encore : « Reste m'a-t-elle dit, reste pour la Toussaint et pour la fête des Trépassés, tu verras quel culte, quel respect les Parisiens professent pour les morts. Nous irons voir le cimetière du Père Lachaise, cette nécropole incomparable où pendant deux jours, le 1er et le 2 novembre une foule considérable dans le silence et le recueillement apporte aux chers disparus, à ceux qui sont déjà rendus au port, un tribut de fleurs et de larmes, de regrets et de prières. »

— Je te remercie, mais je refuse.

— Tu as tort, tu verrais une ville d'une superficie de plus de 40 hectares toute bâtie de stèles, de colonnes, de monuments splendides, toute remplie de souvenirs historiques, puisque là reposent tant de célébrités.

— C'est ça ! une ville des morts à faire envie aux vivants.

— Tu l'as dis, c'est presque un cimetière gai.... aucun aspect sombre, le trépas se voile sous les feuillages les plus charmants, les fleurs les plus parfumées.

— Grand merci quand même, non, non, ai-je répondu, je ne veux pas entendre tinter un lugubre glas sur les dernières heures d'un séjour enchanté ; j'emporte un souvenir sans nuage de cette joyeuse étape, elle restera comme un oasis délicieux rencontré sur les grandes routes poudreuses de la vie où nous marchons tous si péniblement, j'emporte un souvenir sans nuage de ce rêve vécu, de ce rêve idéal qui a déployé ses ailes dans une lumineuse et sereine beauté ; la malice des choses qui vous agace parfois avec ténacité a fait trêve, je n'ai éprouvé aucun ennui, aucune inquiétude : santé parfaite, temps superbe, réalisation momentanée de tous mes désirs, mais l'existence ne peut pas s'écouler sous le sceptre du plaisir, les vacances ne peuvent pas durer toujours, je dois partir, la famille et le devoir me rappellent au pays.

Au revoir et merci, merci de ton affectueuse et cordiale hospitalité et au revoir ; l'an prochain, tu viendras me rendre ma visite et passer avec nous l'été à la campagne.

FIN

TABLE

Amboise..	9
Blois..	14
Chaumont..	33
Chambord..	39
Azay-le-Rideau..	47
Chenonceaux...	51
Autres Châteaux historiques, L'Abbaye de Marmoutiers, Savonnière, les Jardins Mame, le Parc de Beaujardin, la colonie de Mettray, coup d'œil sur la ville de Tours...	69
Journal d'une Campagnarde à Paris pendant l'Exposition.	91
Arrivée à Paris..	95
Première impression.................................	97
Le Jardin, le Musée et le Palais du Luxembourg — Buffalo-Bill...	101
Exposition. Palais et Jardin du Trocadéro...............	107
Le Jardin des Plantes. — L'Eldorado..................	115
Exposition. Beaux-Arts................................	112
Les Elections. — L'Exposition. — Les Fêtes...........	126
A l'Exposition. Histoire de l'Habitation et du Travail...	131
Montmartre. — Le Musée de Cluny...................	139
Le *Prince Soleil* au Châtelet. — Le Dôme Central. — L'Exposition de nos Manufactures Nationales.....	150

TABLE

L'Hôtel de Ville.. 154

Le Panthéon. — Les grands Magasins. — L'Hôtel des Ventes. — La « famille Benoiton » à l'Odéon..... 160

Le Palais des Machines.. 167

Grand'messe à St-Sulpice. — Exposition. — Fontaines lumineuses. — Embrasement de la Tour......... 170

Les Ruines du Palais de la Cour des Comptes. — Promenade en voiture dans Paris................. 179

Ascension à la Tour.. 185

Défilé aux obsèques du Général Faidherbe. — La Tour Eiffel.. 188

Parc Monceau. — Buttes Chaumont. — Parc Montsouris. 201

Repos complet. — Les Voitures à Paris................ 205

La France. — Entrées à l'Exposition.................... 210

La France.. 221

Cent cinquante-quatrième journée et vingt deuxième dimanche de l'Exposition. — Grand'messe à Notre-Dame. — Promenade au bois de Boulogne........ 227

Exposition. — Palais des produits alimentaires. — Exposition de l'Agriculture............................ 235

La Tour en diamants. — Le chêne antédiluvien. — « La Fille du Tambour-Major » à la Gaîté............. 239

L'Exposition : Europe, Angleterre et Russie.......... 243

Famosa Corrida à la gran plaza (cirque) di toros, rue Pergolèse.. 248

Exposition : L'Autriche-Hongrie, la Belgique, la Hollande 254

L'Exposition : Europe, la Grèce, l'Espagne, le Portugal, la Suisse... 261

« L'ode triomphale » d'Augusta Holmès. — « Excelsior ». 266

Les Bouquinistes.. 271

Musée de Minéralogie et Géologie. — Musée du Louvre. — Dîner en famille avec une nouvelle arrivée........ 275

TABLE

Le Jardin d'Acclimatation......................	284
La Messe rouge. — La Sainte-Chapelle. — Le Palais de Justice. — Deuxième visite au Musée de Cluny. — Carmen, Sigurd............................	297
Les Catacombes................................	303
A l'Exposition : L'Europe, Norvège, Suède, Danemarck, Finlande, Italie............................	308
Grand'messe à Sainte-Clotilde. — La grande Pantomime de Skobeleff et le Lion cavalier................	314
L'Exposition : San-Marino, Monaco, la Serbie, la Roumanie, Grand-duché de Luxembourg.................	317
La Chine et le Japon, la Perse, le Siam, le Maroc, l'Egypte et la rue du Caire........................	323
Possessions françaises.........................	331
Repos et Repas................................	339
Le Mexique, la République Argentine, le Brésil, le Nicaragua, le Guatémala. Républiques de l'Equateur, Dominicaine, du Salvador, la Bolivie, le royaume d'Hawaï......................................	350
Musée Grévin.................................	358
Grand'messe à la Madeleine. — L'après-midi, promenade aux Jardins des Tuileries et du Palais-Royal......	361
A l'Exposition : les Etats-Unis..................	371
Visites de quelques Eglises.....................	376
Dernières journée à l'Exposition................	382
Jour du Départ................................	387

Errata

Page 273, *dernier alinéa*, 2me *ligne*. — Et ils sont dans le vrai, lisez : Et elles sont dans le vrai.

Page 276, *ligne* 13. — On est pas encore, lisez : On n'est pas encore.

Page 336. — Cette cour et le complément, lisez : Cette cour est le complément.

www.ingramcontent.com/pod-product-compliance
Lightning Source LLC
Chambersburg PA
CBHW060558170426
43201CB00009B/818